JANE AUSTEN

UND IHRE ZEIT

JANE AUSTEN

UND IHRE ZEIT

Deirdre Le Faye

nicolai

Schmutztitel: Die Erstausgabe von NORTHANGER ABBEY und ÜBERREDUNG auf einem kleinen Tisch aus Nussbaumholz, den Jane Austen vermutlich zur Abstützung ihres Schreibtisches verwendete.

Frontispiz: Das Esszimmer der Austens in Chawton Cottage, Hampshire. Auf dem Tisch steht Wedgwood-Geschirr aus dem Familienbesitz.

Titel: Stich nach dem Aquarellporträt von Jane Austen, das ihre Schwester Cassandra als Illustration für James-Edward Austen-Leighs MEMOIR OF JANE AUSTEN (1870) anfertigte. Er befindet sich heute in der National Portrait Gallery in London.

Die in diesem Buch enthaltene Karte von England und Wales und die Karten der einzelnen Grafschaften sind entnommen aus: THE ENGLISH ATLAS von Laurie & Whittle (1807).

Titel der englischen Originalausgabe:
Jane Austen: The Real World of the Novels

© 2002 der englischen Originalausgabe:
Frances Lincoln Limited
4 Torriano Mews
Torriano Avenue
London NW5 2RZ
© Text: Deirdre Le Faye
© der Abbildungen wie auf Seite 320 aufgelistet

Lektorat: Susan Berry
Bildredaktion: Sue Gladstone
Lektoratsassistenz: Helen Hutton
Produktion: Kim Oliver

© 2002 der deutschsprachigen Ausgabe:
Nicolaische Verlagsbuchhandlung GmbH, Berlin

Aus dem Englischen übersetzt von Anja Schünemann und Michael Windgassen

© der deutschsprachigen Zitate aus Jane Austens Romanen (außer Die Watsons):
Verlag Philipp Reclam jun.

Redaktion: lüra - Klemt & Mues GbR, Wuppertal
Umschlaggestaltung: Pauline Schimmelpenninck, Berlin
Satz: Offizin Götz Gorissen, Berlin
Druck und Bindung: Kyodo Printing Co., Singapur

Alle deutschsprachigen Rechte vorbehalten

ISBN 3-87584-447-5

INHALT

Einleitung 6

ERSTER TEIL

Jane Austens Leben 9

Turbulente Zeiten – Großbritannien im achtzehnten Jahrhundert 40

Die Schauplätze der Romane 126

ZWEITER TEIL

Die Romane: Einführung 149

Verstand und Gefühl 154

Stolz und Vorurteil 178

Kloster Northanger 204

Die Watsons 222

Mansfield Park 228

Emma 252

Überredung 278

Sanditon 299

Epilog 308

Literaturverzeichnis 311   Die Romane – Daten und Protagonisten 313

Register 317   Abbildungsverzeichnis 320

EINLEITUNG

Als Jane Austen im Jahre 1816 einen zweiten Anlauf unternahm, ihr frühes Manuskript *Susan* (das wir heute als *Kloster Northanger* kennen) zu veröffentlichen, stellte sie dem Roman, dessen Überarbeitung sie gerade abgeschlossen hatte, ein Vorwort voran.

»Dieses kleine Werk wurde im Jahr 1803 vollendet und war zur unmittelbaren Veröffentlichung bestimmt. Es wurde an einen Verleger gegeben, sogar bereits angekündigt, doch warum es schließlich nicht gedruckt wurde, hat die Autorin nie erfahren. Es scheint ungewöhnlich, dass ein Verleger es für lohnend hält, etwas zu kaufen, das zu veröffentlichen er dann doch nicht für lohnend hält. Die Autorin und ihre Leser braucht dies jedoch nur insofern zu interessieren, als es die Teile des Werkes betrifft, die nach dreizehn Jahren relativ obsolet sind. Die Leser werden gebeten, nicht zu vergessen, dass dreizehn Jahre vergangen sind, seit das Werk beendet, viel mehr noch, seit es begonnen wurde, und sich während dieser langen Zeit Schauplätze, Sitten, Bücher und Ansichten erheblich geändert haben.«

Jane Austen befürchtete also, dass ihr Buch bereits dreizehn Jahre nach seiner Fertigstellung veraltet wirken könnte. Wie sehr hätte es sie wohl gewundert, dass ihre Werke sich heute, zwei Jahrhunderte später, immer noch großer Beliebtheit erfreuen! Dies liegt nicht nur an ihren schriftstellerischen Fähigkeiten, sondern auch daran, dass es ihr in ihren Werken gelingt, die grundlegenden unveränderlichen Seiten der menschlichen Natur präzise darzustellen. Den idealen Ehepartner zu finden ist ein Wunsch, der auch die jungen Männer und Frauen des 21. Jahrhunderts bewegt, und seine Erfüllung hängt auch heute nicht zuletzt vom sozialen Umfeld der Familien und von wirtschaftlichen Faktoren ab. Allerdings haben die »Schauplätze, Sitten, Bücher und Ansichten« sich seit Jane Austens Zeit beträchtlich verändert – ja sogar in einer Weise, wie sie es sich in ihren kühnsten Träumen nicht hätte ausmalen können. Die Gesellschaft befindet sich in stetigem Wandel, doch die Veränderungen vollziehen sich so allmählich und unauffällig, dass wir sie nicht bewusst wahrnehmen. Erst wenn wir zum Beispiel alte Fotografien betrachten oder wenn im Fernsehen frühere Nachrichtensendungen gezeigt werden, wird uns klar, wie sehr sich unser Leben selbst im Laufe einer einzigen Generation verändert hat. Und wenn es um Dinge geht, die mehr als ein Menschenleben zurückliegen, müssen wir uns schon in Geschichtsbüchern über jenes zwar vertraute, zugleich jedoch seltsam fremd anmutende Land Auskunft holen, das die Vergangenheit für uns ist.

Dieses Buch soll dem heutigen Leser eine Vorstellung von Jane Austens Welt vermitteln – von ihrer Lebensgeschichte und ihrem Umfeld. Das Bild wird zudem durch Details über die Gesellschaft der spätgeorgianischen und der *Regency*-Periode abgerundet. Da sämtliche Romane von Jane Austen innerhalb einer kurzen Zeitspanne – zwischen 1811 und 1818 – veröffentlicht wurden, könnte man versucht sein, Jane Austen ausschließlich im Kontext des *Regency* zu betrachten. Erwachsen geworden ist sie, die in ihrem kurzen Leben immerhin eine Jahrhundertwende miterlebt hat, in der georgianischen Gesellschaft, und in ihr hat sie auch ihre Ansichten entwickelt. Ihre ersten drei Romane entstanden alle bereits in den Neunzigerjahren des achtzehnten Jahrhunderts, nur die letzten drei sind tatsächlich dem *Regency* zuzuordnen. In diesem Buch wird daher als zeitlicher Rahmen für die Darstellung von Jane Austens gesellschaftlichem und kulturellem Hintergrund die Herrschaft Georges III. (1760–1820) angesetzt. Die Kapitel über die sozialhistorischen Hintergründe sollen ebenso wie die Abbildungen dazu dienen, einen Zugang zu jener anderen Welt der Jane Austen zu erschließen – der Welt ihrer Romane und ihrer Figuren. Eine von Jane Austens allerersten Leserinnen schrieb über Emma:

> »Das Buch gefällt mir am besten von allen. Alle Charaktere sind durchgängig stimmig. Miss Bates ist unvergleichlich, aber erst die Geschichte mit dem kostbarsten Schatz – die hat mich schlicht umgeworfen! Es ist einzigartig & mein Vergnügen daran wirklich nicht in Worte zu fassen. Ich bin den ganzen Tag in Highbury, & es ist mir gerade so, als hätte ich einen völlig neuen Bekanntenkreis gewonnen.«

Mögen die folgenden Kapitel dazu beitragen, dass auch heutige Leser ähnlich wie Alice im Wunderland hinter den Spiegel treten und in das England von damals eintauchen können, um Bekanntschaft mit den Bennets, den Bertrams, den Knightleys und den Elliots zu schließen.

Erster Teil
JANE AUSTENS LEBEN † 18.07.1817

GEBURT UND ERSTE LEBENSJAHRE

Jane Austen wurde am 16. Dezember 1775, einem kalten, frostigen Samstag, in Steventon in der Grafschaft Hampshire geboren. Ihr Vater George Austen schrieb am nächsten Morgen in seinem Arbeitszimmer an seine Schwägerin Mrs Walter in Kent, um sie über den neuesten Familienzuwachs zu unterrichten: »Wir haben jetzt noch ein Mädchen, vorerst ein Spielzeug für ihre Schwester Cassy und später eine Gefährtin. Sie soll Jenny heißen, und ich habe den Eindruck, sie wird Henry so ähnlich werden, wie Cassy es Neddy ist.« Derweil wurden die übrigen Kinder ans Bett der Mutter geführt, wo sie ihre neue Schwester zum ersten Mal zu sehen bekamen. James, damals zehn Jahre alt, hatte die grauen Augen seiner Mutter und war ein verträumter Bücherwurm. Der achtjährige Edward war blond, klein für sein Alter, aber offenbar wesentlich praktischer veranlagt als sein älterer Bruder. Henry hatte die leuchtenden, haselnussbraunen Augen seines Vaters und war mit seinen vier Jahren schon beinahe so groß wie Edward. Cassandra war erst drei, dunkeläugig und blass, Francis schließlich war ein kleiner, äußerst lebhafter Junge von ungefähr zwanzig Monaten. Ein Familienmitglied fehlte: der zweitälteste Sohn George, der damals neun war. Er hatte von frühester Kindheit an unter Anfällen gelitten und er war wohl auch taubstumm. Seine Mutter hatte versucht, ihn zu Hause großzuziehen, was sie jedoch neben ihren übrigen häuslichen Pflichten auf Dauer nicht leisten konnte. So wurde George nach damaliger Sitte zu einer Pflegefamilie im nahe gelegenen Dorf Monk Sherborne gegeben. Seine Eltern und später auch seine Brüder hielten den Kontakt zu ihm aufrecht und zahlten für seinen Unterhalt. Und George

Jane Austens Haus, Chawton, Hampshire. Dieser Raum war vermutlich zu Lebzeiten von Jane Austen die Eingangshalle. Der Kamin wurde erst in jüngerer Zeit eingebaut.

wurde offenbar gut versorgt, denn er lebte bis weit ins neunzehnte Jahrhundert hinein und starb schließlich im Alter von 72 Jahren.

Nach Jane bekamen die Austens 1779 noch einen weiteren Sohn, Charles, der später so ähnlich wie Henry aussah – groß, sehr schlank und hübsch. Cassandra und Jane schlossen ihren »allerliebsten kleinen Bruder« ganz besonders ins Herz.

Wenige Tage nach Janes Geburt tobte ein Unwetter über dem gesamten Süden von England. Das Reisen wurde fast unmöglich, da in den heftigen Schneewehen keine Spur mehr von Straßen und Wegen zu sehen war. In vier Nächten im Januar sank die Temperatur so tief, dass selbst der Urin in den Nachttöpfen unter den Betten gefror. Es dauerte Wochen, ehe Tauwetter einsetzte, und auch der anschließende Frühling war sehr kalt. So kam es, dass Jane erst Anfang April 1776 zur Taufe in die Kirche von Steventon gebracht wurde.

Man kann sich gut vorstellen, wie die Austen-Söhne in jenem Winter draußen im Schnee tobten, während die kleine Cassy im Haus blieb und gemeinsam mit ihrer Mutter darüber wachte, dass das Baby in der Wiege nicht fror. Über Janes erste Lebensjahre ist allerdings nur wenig bekannt. Werfen wir deshalb einen Blick auf die Familie, in die sie hineingeboren wurde.

Janes Vater, Reverend George Austen (1731–1805), war von 1761 bis zu seinem Tod Pfarrer in Steventon. Eigentlich stammte er nicht aus Hampshire, sondern aus Kent, wo die verschiedenen Zweige seiner Familie seit vielen Generationen in den Dörfern um Horsmonden, Sevenoaks und Tonbridge ansässig waren. Sie hatten es mit Schafzucht und dem Verkauf von Wolle zu einigem Wohlstand gebracht. George verwaiste früh, hatte jedoch das Glück, von Verwandten väterlicherseits versorgt zu werden. Er besuchte Tonbridge School und anschließend das St. John's College in Oxford. Er wurde ordiniert, lehrte jedoch zunächst noch ein paar Jahre lang an seinem alten College. George war hoch gewachsen, schlank und gut aussehend, hatte kastanienbraunes Haar, das später silberweiß wurde, und auffällig leuchtende, haselnussbraune Augen. Er wirkte sehr gelehrt.

Ein entfernter Vetter von George, Thomas Brodnax May Knight auf Godmersham Park in Kent, besaß zwei weitere Anwesen in Hampshire – in Chawton und in Steventon –, sodass er seinem jüngeren Verwandten zu einer Pfarre in der kleinen, ländlichen Gemeinde Steventon verhelfen konnte. Die Einnahmen aus dieser Pfarre reichten gerade aus, um eine Familie zu ernähren. George heiratete Cassandra Leigh (1739–1827), die jüngste Tochter des Pfarrers von Harpsden bei Henley-on-Thames in

Die Nordseite des Pfarrhauses in Steventon. Dieser Stich wurde für James-Edward Austen-Leighs MEMOIR OF JANE AUSTEN (1870) *angefertigt, nach einer Zeichnung einer Nichte Jane Austens.*

Oxfordshire. Die Leighs, ebenfalls eine verzweigte Familie, die in Oxfordshire ansässig war, standen gesellschaftlich höher als die Austens – sie zählten zur *landed gentry*, zum Landadel. Cassandra war klein und zierlich, hatte einen blassen Teint, graue Augen und dunkles Haar. Sie war lebhaft, geistreich und ausgesprochen humorvoll. Das junge Paar heiratete am 26. April 1764 in Bath, wo Cassandra mit ihrer verwitweten Mutter gelebt hatte, und zog gleich darauf nach Hampshire.

Das alte Pfarrhaus von Steventon war allerdings zu jener Zeit so baufällig, dass George es erst instand setzen und ausbauen lassen musste, ehe er mit seiner jungen Frau einziehen konnte. Daher mieteten die Austens für die ersten Jahre ihrer Ehe das Pfarrhaus im Nachbarort Deane. Dort kamen auch ihre drei ältesten Kinder zur Welt: James (1765), George (1766) und Edward (1767). Im Sommer 1768 zog die Familie dann in das inzwischen bewohnbare Haus in Steventon um, wo die übrigen Kinder geboren wurden – Henry (1771), Cassandra (1773), Francis (1774), Jane (1775) und schließlich Charles (1779).

Das renovierte Pfarrhaus war ein durchaus angemessenes Zuhause für die Familie. Der weiß getünchte Ziegelbau hatte kleine Flügelfenster und ein rotes Ziegeldach. Im Erdgeschoss befanden sich der Salon, Ess- und Wohnzimmer und George Austens Arbeitszimmer sowie die beiden Wirtschaftsräume. Im Obergeschoss gab es sieben kleine Schlafzimmer. Die Decken waren niedrig, die Einrichtung recht spartanisch, doch alles in allem konnte sich das Haus im Vergleich mit den übrigen

Pfarrhäusern jener Zeit durchaus sehen lassen. George Austens Arbeitszimmer lag nach hinten hinaus, auf der warmen Südseite des Hauses. Es bot einen Ausblick auf den ummauerten Garten mit Sonnenuhr, Spalierobstbäumen und Gemüse- und Blumenbeeten zwischen den Rasenflächen. Cassandra Austen nutzte den nach Norden gelegenen Salon mit seinem gleichmäßigen Licht als Nähzimmer, wo sie ständig damit beschäftigt war, für die Familienmitglieder Kleidung zu schneidern und zu flicken. Das Pfarrhaus in Steventon war 25 Jahre lang Jane Austens Zuhause, und hier entstanden auch ihre drei frühen Romane.

Hampshire war im achtzehnten Jahrhundert eine der fruchtbarsten Grafschaften Englands. Die Landschaft war ausgesprochen abwechslungsreich – von den flach gewellten Kreidehügeln, den *downs*, im Norden über saftige, üppige Wiesen und Felder im mittleren Teil bis zu den Wäldern und dem sandigen Gemeindeland des New Forest am westlichen Rand und der Meeresküste mit der Isle of Wight im Süden. Entsprechend brachte das Land stets eine reiche Mais- und Hopfenernte hervor. Es gab zudem große Viehherden, Schafe mit Wolle von bester Qualität, Schinken von einer besonderen, in Hampshire gezüchteten Schweinerasse sowie Honig und Holz. Der Handel mit diesen Produkten sorgte in den Marktorten für ein reges Treiben. An der Küste lag an der Spitze einer lang gestreckten Bucht die Stadt Southampton mit ihrem florierenden Seehandel und nicht weit östlich davon Portsmouth mit der Königlichen Werft, der vorgelagerten Garnison und dem gut geschützten, großen Marinehafen. Früher war die Stadt Winchester im Zentrum der Grafschaft die Hauptstadt des angelsächsischen Königreiches Wessex gewesen. Doch inzwischen lag sie ruhig und verschlafen im Flusstal, während die beiden jüngeren Küstenstädte an Größe und Wohlstand über sie hinauswuchsen.

Das kleine Dorf Steventon lag im Nordosten der Grafschaft, eingebettet in einer Senke der Kreidehügel, auf deren rauen Hängen zu Janes Lebzeiten mehr als tausend Schafe frei umherstreiften. Das Herrenhaus, die Kirche, das Pfarrhaus und die strohgedeckten Hütten des Dorfes standen inmitten von Nutzwäldchen und fruchtbaren, abgegrenzten Feldern. Hier und da überragten Ulmen und Eichen die Hecken, die die schmalen Wege säumten. Rings um das alte Herrenhaus standen die Bäume so dicht, dass vom Haus der Austens aus nur die obersten Kamine zu sehen waren. Im Herrenhaus wohnten die nächsten Nachbarn der Austens, Hugh Digweed mit seiner Frau und den vier Söhnen John, Harry, James und William. Die Digweeds

Eine Karte von Hampshire aus dem frühen neunzehnten Jahrhundert. Das Dorf Steventon liegt im Nordosten der Grafschaft in der Nähe von Basingstoke und Overton.

hatten das Haus samt 900 Morgen Farmland bereits seit mehreren Jahrzehnten von George Austens Vettern, den Knights auf Godmersham in Kent, gepachtet.

Im Nachbarort Deane (dessen Pfarre George Austen 1773 zusätzlich übernahm) waren zwei *gentry*-Familien ansässig: die Harwoods, die seit Generationen im Deane House neben der kleinen Kirche All Saints wohnten, und die Bramstons im modernen Oakley Hall. Der junge Wither Bramston hatte Oakley Hall erst kürzlich umbauen lassen, nach seiner Heirat mit Mary Chute, einer der Töchter der Familie Chute vom Anwesen The Vyne in Sherborne St. John bei Basingstoke. Die Bramstons blieben kinderlos, die Harwoods dagegen hatten drei Söhne, John, Earle und Charles, die wohl ebenso wie die Jungen der Digweeds zu den Spielkameraden der Geschwister Austen zählten.

Hinter Deane lag der Ort Ashe, die Pfarre des wohlhabenden Reverend George Lefroy. Lefroy hatte mehrere Kinder und eine elegante, gebildete Frau, die in der Gegend als Madam Lefroy bekannt war. Die Familie zog erst 1783 nach Hampshire, pflegte aber schon bald engen Kontakt mit den Austens. Das Herrenhaus Ashe Park war an einen reichen, aber langweiligen Junggesellen mittleren Alters verpachtet, an James Holder, der von den Erträgen seines Besitzes auf Barbados lebte.

Diese wenigen *gentry*-Familien bildeten den Kreis jener, die mit den Austens gesellschaftlich auf einer Stufe standen. Die übrigen Einwohner der Pfarren Steventon und Deane – alles in allem vielleicht 300 Menschen – waren überwiegend Landarbeiter und ihre Familien.

Steventon heute

Wer auf der Suche nach Jane Austens Geburtsort nach Hampshire kommt, sollte unbedingt die Autobahn M3 und den Umgehungsring von Basingstoke meiden und sich stattdessen in Richtung Overton und Andover halten, entlang der früheren *Great Western Turnpike Road* – heute prosaischer B3400 genannt. Über diese Straße fuhren zu Janes Lebzeiten die meisten von London kommenden Kutschen in den Westen des Landes. Etwa sechs Meilen hinter Basingstoke, wo bei einer Einmündung das lang gestreckte, flache, weiß gestrichene ehemalige Mauthaus Deane Gate Inn steht, zeigt ein Schild eineinviertel Meilen bis Steventon an. Wenn man in die bezeichnete Straße einbiegt, entdeckt man eine Meile weiter – hinter dem hohen, schmalen Bogen eines Eisenbahnviadukts – zu beiden Seiten der Straße ein paar frühviktorianische Häuschen. An einer weiteren kleinen Kreuzung stehen eine Hütte, ein modernes kleines Gemeindehaus und eine Bushaltestelle mit Wartehäuschen. Dies war zu Jane Austens Zeit der Ortskern von Steventon, wo sich damals sonntagsnachmittags die Dorfbewohner im Schatten eines großen Ahornbaumes zum Plaudern trafen.

Wenn man an der Kreuzung links abbiegt, gelangt man zwischen dichten Hecken hindurch zu einem hölzernen Wegweiser, der in ein noch schmaleres Sträßchen zeigt: »zur Kirche von Steventon«. An dieser Kreuzung liegt Home Meadow, ein abschüssiges, unebenes Gelände, auf dem eine Herde fetter Friesian-Milchkühe weidet. Mal stehen sie im Schatten einiger alter Bäume – einer mächtigen Linde und einiger Rosskastanien, die fast ebenso groß sind –, mal ziehen sie am Ende des Geländes an einem kleinen, verwilderten und abgezäunten Fleckchen vorbei. Bis auf den unebenen Grund der Home Meadow und den zugewucherten, abgeteilten Winkel, in dem noch die letzten Überreste eines Brunnens mit einer alten eisernen Pumpe zu sehen sind, deutet nichts mehr darauf hin, dass auf dem tiefer gelegenen Teil des Geländes einmal das Pfarrhaus von Steventon stand. Dessen Garten und Waschhaus wurden über die Pumpe mit Wasser versorgt.

Janes Geburtshaus stand bis in die Zwanzigerjahre des neunzehnten Jahrhunderts. Zu der Zeit trat ihr Neffe William Knight das Familienerbe an und baute sich ein neues Pfarrhaus – das große weiße Haus auf der anderen Seite der Straße. Der Aussicht zuliebe ließ er das alte Pfarrhaus, in dem seine Großeltern gelebt hatten, abreißen, ebenso wie die Hand voll ärmlicher, strohgedeckter Hütten, die vereinzelt entlang der Straße auf der Home Meadow und auf dem gegenüber liegenden Feld standen. Die Bewohner wurden in neu gebaute Häuschen umgesiedelt – jene, die heute im Schatten des Eisenbahnviadukts liegen.

Eine halbe Meile weiter an der schmalen Sackgasse steht die kleine, steinerne, mittelalterliche Kirche St. Nicholas. Der Ziegelbau gegenüber steht genau an der Stelle, wo sich früher das aus Naturstein gebaute Herrenhaus befand, das nach einem wechselhaften Schicksal und zahlreichen Umbauten in den Siebzigerjahren des zwanzigsten Jahrhunderts abgerissen wurde.

Die Kirche und Bassetts Farm am anderen Ende des Dorfes dürften die einzigen Gebäude aus Janes Zeit sein, die bis heute erhalten geblieben sind. Selbst von den Ulmen, die Jane in ihren Briefen erwähnt, oder von deren Nachkommen ist nichts mehr zu sehen – die Bäume fielen vor wenigen Jahren dem Ulmensterben zum Opfer.

Die Hancocks in Indien

Eine recht ungewöhnliche Verbindung zur weiten Welt außerhalb von Hampshire stellte George Austens ältere Schwester Philadelphia (1730–92) her. Nachdem sie wie ihr Bruder als mittellose Waise zurückgeblieben war, reiste sie 1752 auf einem Segelschiff nach Indien. Dort hoffte sie unter den englischen Angestellten der Ostindiengesellschaft einen Mann zu finden, der in seiner Einsamkeit bereit war, eine

Frau ohne Mitgift zu heiraten – finanzielle Überlegungen spielten normalerweise bei den Eheschließungen der georgianischen Zeit eine wichtige Rolle. Tatsächlich war Philadelphia bereits sechs Monate nach ihrer Ankunft verheiratet, und zwar mit Tysoe Saul Hancock (1723-75), einem Arzt in der Handelsniederlassung der Ostindiengesellschaft in Kalkutta. Hancock erwies sich als ein Melancholiker, der durch Krankheit vorzeitig gealtert war und der zu spät entdeckt hatte, dass er den Arztberuf eigentlich hasste. Eine alte Freundschaft verband ihn mit Warren Hastings, dem späteren Generalgouverneur von Indien, der damals noch in einer weniger gehobenen Position bei der Ostindiengesellschaft beschäftigt war. Hancock und Hastings machten gemeinsam Geschäfte, zunächst mit gutem Erfolg. Als die Hancocks 1761 eine Tochter bekamen, wurde Warren Hastings ihr Pate und gab ihr den Namen seiner eigenen, im Säuglingsalter verstorbenen Tochter Elizabeth (genannt wurde sie »Betsy« oder »Bessy«).

1765 kehrten die Hancocks nach England zurück. Sie wollten dort ihr in Indien erworbenes Vermögen anlegen und von den Erträgen leben. Etwa drei Jahre lang blieben sie in London und frischten den Kontakt zu ihren Familien in Kent und Hampshire auf. Doch dann wurde ihnen allmählich klar, dass sich ihre Ausgaben auf 1500 Pfund pro Jahr beliefen – was beinahe das Doppelte ihrer Erträge war. Hancock sah nur einen Ausweg aus diesem Dilemma: Er musste nach Indien zurückkehren und weiteres Kapital anhäufen, damit seine Frau und seine Tochter den Lebensstil aufrechterhalten konnten, den sie von Kalkutta her gewohnt waren. Also reiste Hancock 1768 wieder nach Osten. Er rechnete sich aus, dass er die erforderliche Summe in drei Jahren aufbringen konnte. Doch seine Pläne scheiterten. Hancock starb enttäuscht und gebrochen im November 1775 in Indien.

In Hancocks Abwesenheit wohnten Philadelphia und ihre Tochter zur Miete in einem Haus im modernen, eleganten Marylebone am nördlichen Rand von London. So konnte Betsy in der Stadt Unterricht in Musik, Tanz, Französisch, Arithmetik und Schönschrift nehmen – lauter Fertigkeiten, die für eine junge Dame als unverzichtbar galten. Den Sommer verbrachten die beiden auf dem Land oder sie statteten ihren Verwandten in Kent und den Austens in Hampshire ausgedehnte Besuche ab. Hancock schickte seiner Frau regelmäßig kostbare indische Kleider- und Polsterstoffe – Seide, Chintz, schwere und leichte Baumwollgewebe und Musselin –, von denen gelegentlich auch etwas für die Austens bestimmt war. So konnte Jane vermutlich schon als kleines Kind die Farben eines geblümten Stoffes oder ein indisches Seidentuch am Hals ihrer Mutter bestaunen.

Die Nachricht vom Tod ihres Mannes erreichte Philadelphia Hancock im Sommer 1776, doch seine finanzielle Situation war so undurchsichtig, dass es ein weiteres Jahr dauerte, ehe Philadelphia erkannte, dass ihr als Witwe nur rund 600 Pfund im Jahr zur Verfügung stehen würden. Etwa 400 Pfund davon stammten aus einem Treuhandvermögen, das der generöse Warren Hastings – dessen Glücksstern ebenso steil aufgestiegen war, wie der von Hancock sank – einige Jahre zuvor für seine Patentochter angelegt hatte. Philadelphia entschloss sich daraufhin, mit ihrer Tochter – die sich inzwischen »Eliza« nannte, weil sie diese Verkürzung ihres Namens eleganter fand – auf den Kontinent umzusiedeln, wo die Lebenshaltungskosten erheblich niedriger waren als in England. So reisten sie im Jahre 1777 zunächst durch Deutschland und Belgien, ehe sie im Herbst 1779 in Paris eintrafen.

Eliza, die zu einem hübschen, lebhaften Teenager herangewachsen war, stürzte sich begeistert ins gesellschaftliche Leben der französischen Highsociety. Sie schrieb regelmäßig ihrer Kusine Phylly (Philadelphia) Walter, die einsam mit ihren alternden Eltern in einem kleinen Dorf in Kent lebte. Die Schilderungen von Partys, Bällen, Theateraufführungen und Besuchen am französischen Hof in Versailles, gespickt mit ausführlichen Beschreibungen der extravaganten Kleider, die die Königin Marie-Antoinette trug, mussten geradezu den Neid der Kusine erwecken.

Eliza lernte bald einen gut aussehenden, jungen französischen Offizier kennen – Jean-François Capot de Feuillide, Hauptmann im Dragonerregiment der Königin –, den sie 1781 heiratete. 1784 verließen die beiden Paris und zogen in den Süden Frankreichs, wo der Comte de Feuillide (wie er sich gern nannte) ein kleines Anwesen in seinem Heimatort Nérac in der Guyenne besaß. Während seines Aufenthaltes in Paris hatte der Comte vom König ein Stück Moorland unweit von Nérac übertragen bekommen. Er durfte es steuerfrei bewirtschaften, wenn es ihm gelang, das Land zu entwässern und nutzbar zu machen – ein Projekt, das der Comte begeistert in Angriff nahm. Eliza wurde schwanger und brachte 1786 einen Sohn zur Welt, den sie nach ihrem Paten Hastings nannte.

Damals, in den Jahren vor der Revolution, reisten Eliza und ihre Mutter gelegentlich nach England. Im Winter 1786 besuchten sie zum ersten Mal seit Janes Geburt das Pfarrhaus in Steventon.

DIE GESCHWISTER AUSTEN

In den letzten elf Jahren war es im Haus der Austens in Steventon äußerst lebhaft zugegangen. Seit 1773 nahm George Austen Schüler bei sich auf – teils, damit seine Söhne beim Lernen Gesellschaft hatten, teils, um mit dem Geld die Familienfinanzen aufzubessern. Nur wenn die Jungen zu Weihnachten und in den Sommerferien nach Hause fuhren, hatten die Austens genügend Platz, um Besuch von ihren Verwandten zu empfangen. George Austen und seine Schwester hatten zwar brieflich Kontakt gehalten, doch als Philadelphia, Eliza und der kleine Hastings – der inzwischen ein hübscher blonder Junge von sechs Monaten war – ein paar Tage vor Weihnachten 1786 im Pfarrhaus eintrafen, hatten sich die beiden Familien gewiss viel zu erzählen.

Zwar konnte es keins von George Austens Kindern bisher mit Kusine Eliza aufnehmen, die als Frau eines reichen Adligen in der Highsociety verkehrte, aber es zeichnete sich bereits ab, dass die Austens es – jeder auf seine Weise – ebenfalls zu etwas bringen würden. James, der gelehrsame Sohn, war von seinem Vater so gründlich in den Klassikern unterrichtet worden, dass er schon mit vierzehn Jahren in das St. John's College in Oxford aufgenommen wurde. Er schloss es bereits 1783 mit dem Bachelor of Arts ab. Anschließend studierte er als Stipendiat dort weiter, bis er 1788 den Titel des Master of Arts erwarb. Als Philadelphia mit ihrer Familie zu Besuch kam, war James gerade im Ausland, wo er bei einer sparsamen Variante der Grand Tour – einer einjährigen Reise durch Frankreich, Spanien und Holland – seinen Horizont erweiterte. Später wurde er Geistlicher wie sein Vater.

Fast jeder junge Mann der englischen Oberschicht, der etwas auf sich hielt und es sich leisten konnte, unternahm solch eine Grand Tour, um etwas von der Welt zu sehen, ehe er sich auf seinem Landsitz niederließ. Üblicherweise standen zumindest Paris, Florenz, Venedig, Rom und Neapel auf dem Programm. Die Reise diente dazu, sich mit der modernen europäischen Kultur vertraut zu machen, und oft erwarb man neben persönlichem Schliff und Weltgewandtheit auch ein paar Kunstwerke, die später das heimatliche Herrenhaus zierten.

Der praktisch veranlagte Edward hatte das Wohlwollen von George Austens vermögendem Vetter Thomas Knight II. auf Godmersham erlangt, als dieser 1779 bei seiner Hochzeitsreise einen Abstecher nach Steventon machte, um seine Braut, wie es üblich war, ihrer angeheirateten Familie vorzustellen. Als wenig später klar wurde, dass die Knights kinderlos bleiben würden, beschlossen sie, Edward als Erben zu adoptieren. Er wurde zu längeren Besuchen nach Godmersham eingeladen. 1783 willigten die Austens in die Adoption ein, und 1812 nahm Edward offiziell den Namen Knight an. Er besuchte zwar nicht die Universität wie sein älterer Bru-

Godmersham Park, der Landsitz von Jane Austens Bruder Edward Knight.
Das Hauptgebäude stammt aus den Dreißigerjahren des achtzehnten Jahrhunderts, die beiden Seitenflügel wurden in den Siebzigerjahren angebaut. Abbildung aus Edward Hasteds
THE HISTORY AND TOPOGRAPHICAL SURVEY OF THE COUNTY OF KENT (1778-99).

der, doch die Knights ermöglichten ihm eine ausgedehnte Grand Tour durch Europa, wo er sich unter anderem ein Jahr lang in Dresden bildete. Weihnachten 1786 verbrachte er in der Schweiz, 1789 reiste er nach Rom, wo er sich zur bleibenden Erinnerung porträtieren ließ, und erst Ende 1790 kehrte er nach England zurück.

Henry, der hoch aufgeschossen und temperamentvoll war, wurde noch zu Hause vom Vater unterrichtet. Er sollte vom Jahre 1788 an wie sein Bruder am St. John's College studieren und später Geistlicher werden. Francis (Frank) wiederum – klein, lebhaft und energisch – hatte zwar Freude an der Mathematik, aber kein Interesse an klassischer Bildung, und so fasste er selbst den Entschluss, zur See zu gehen. George Austen schickte ihn daher im Sommer 1786 nach Portsmouth auf die Kadettenschule, und so war Frank in jenem Jahr, als seine Kusine zu Besuch kam, über Weihnachten nur kurz zu Hause. Der kleine Charles, der erst sieben war, sollte 1791 in die Fußstapfen seines Bruders treten und ebenfalls die Kadettenschule besuchen.

Auch Cassandra und Jane hatten das Elternhaus bereits zwei Mal für kurze Zeit verlassen. Zuerst waren sie 1783 unter der Obhut von Mrs Cawley, einer Verwandten, in Oxford und Southampton gewesen, während die Eltern in Kent einen Besuch machten. Später – von 1785 bis 1786 – hatten sie Mrs La Tournelles Pensionat für junge Damen im Abbey House in Reading, Berkshire, besucht. Die Reise nach Southampton wäre den Austens beinahe zum Verhängnis geworden, denn die Mädchen erkrankten dort schwer an Typhus, sodass ihre Mutter kommen musste,

um sie zu pflegen. Die Schule in Reading war ein gut geführtes Pensionat ohne übertriebene intellektuelle Ansprüche. Doch George Austen war es offenbar auf Dauer zu kostspielig, seine Töchter dort bilden zu lassen – Mrs La Tournelle verlangte für jede Schülerin etwa 35 Pfund jährlich –, und so war es an Weihnachten 1786 beschlossene Sache, dass die beiden Mädchen nicht mehr in die Schule zurückkehren würden. Abgesehen von diesen beiden Aufenthalten in der Fremde blieb Jane nie für längere Zeit von ihrer Familie getrennt. Doch die Erfahrungen ihrer Schulzeit im Abbey House kamen ihr sehr zustatten, als sie 30 Jahre später den Roman *Emma* schrieb.

Ebenfalls in den Achtzigerjahren inszenierte der literarisch interessierte James oft mit seinen Geschwistern und Freunden oder Verwandten, die gerade zu Besuch waren, kleine Theaterstücke, die zu Hause aufgeführt wurden – entweder im Esszimmer des Pfarrhauses oder in der Scheune auf der anderen Straßenseite. James dichtete selbst Prologe und Epiloge dazu, und auch die Kulissen stellte er mithilfe der anderen selbst her. An diese lebhaften Tage in den Sommer- und Weihnachtsferien ihrer Kindheit erinnerte sich Jane, als sie in *Mansfield Park* das Theaterspiel zum Schlüsselereignis für das Verhängnis der Familie Bertram machte. Doch in jenem Winter 1786–87, in dem weder James noch Edward zu Hause waren, gab es niemanden, der Theateraufführungen organisierte. Stattdessen spielte Kusine Eliza zur Unterhaltung der Familie auf einem gemieteten Klavier, sodass bei den häuslichen Feiern zum Jahreswechsel wenigstens im Salon getanzt werden konnte.

JANES ANFÄNGE ALS SCHRIFTSTELLERIN

Nachdem Jane Austen die Schule verlassen hatte, begann sie zu schreiben. Im Laufe der folgenden sechs Jahre verfasste sie eine Anzahl witziger Essays, parodistischer Sketche und kleiner Geschichten, von denen einige nicht länger als eine Seite waren und manche unvollendet blieben. Sie versah diese Texte scherzhaft mit pompösen Widmungen an verschiedene Familienmitglieder. Später schrieb sie diese *Juvenilia*, wie sie sie zu nennen pflegte, in drei Bücher ab, die sie schlicht Band Eins, Zwei und Drei betitelte. Keiner dieser Texte wurde zu Janes Lebzeiten gedruckt, doch später erschienen die *Juvenilia* gesondert von ihren Romanen.

Aus der Zeit, in der diese frühen Texte entstanden, stammt auch der erste überlieferte Kommentar über Jane Austen als Kind.

Im Sommer 1788 reisten George und Cassandra Austen mit ihren beiden Töchtern nach Kent, um sie ihren dortigen Verwandten vorzustellen. Phylly Walter – die selbe, an die Eliza de Feuillide ihre Briefe richtete –, empfand auf Anhieb eine Abneigung gegen die kleine Jane. Sie behauptete, sie sei »ihrem Bruder Henry sehr ähnlich, gar nicht hübsch und sehr steif, nicht wie ein zwölfjähriges Mädchen ... launisch und affektiert«. Wie dem auch sei – als Jane 1792 im Alter von siebzehn Jahren in die Gesellschaft von Hampshire eingeführt wurde, war sie hoch gewachsen und schlank, hatte ein frisches Gesicht mit rosigen Wangen und galt in der Nachbarschaft vielleicht nicht als wahre Schönheit, aber doch als ein hübsches Mädchen. Eine missgünstige ältere Dame, die selbst unattraktiv und Mutter eines dicken, unansehnlichen Mädchens war, sah Jane auf einem Ball in Basingstoke tanzen und fand, sie sei »das albernste, affektierteste junge Ding auf Männerfang«, das sie je gesehen habe. Vielleicht war das, was die älteren Damen als »Affektiertheit« beanstandeten, in Wirklichkeit bereits ein erstes Aufkeimen von Janes geistreichem Witz und ironischem Humor.

Während Jane bei den allmonatlichen öffentlichen Bällen in Basingstoke unbefangen den gesellschaftlichen Umgang probte und erste Bekanntschaften knüpfte, waren ihre beiden ältesten Brüder bereits feste Bindungen eingegangen. James war wie vorgesehen Geistlicher geworden und hatte inzwischen ein Vikariat in Sherborne St. John angetreten. Er wohnte jedoch mit seiner Frau Anne Mathew und ihrem ersten Kind, der 1793 geborenen Anna, im Pfarrhaus von Deane, der zweiten Pfarre seines Vaters. Edward wiederum verliebte sich, bald nachdem er Ende des Jahres 1790 von seiner Grand Tour zurückgekehrt war, in Elizabeth Bridges, eine der zahlreichen Töchter des kentischen Baronets Sir Brook Bridges. Nach der Hochzeit stellte die Familie Bridges dem jungen Paar ein Häuschen in der Nähe von Godmersham zur Verfügung. Schon wenig später reiste Jane allein nach Kent, um ihren Bruder und seine Frau zu besuchen, bei denen sich bald reichlich Nachwuchs einstellte. So gewann sie einen ganz neuen Bekanntenkreis außerhalb ihrer Heimat Hampshire. Wann immer Jane und ihre Schwester Cassandra voneinander getrennt waren, schrieben sie sich ausführliche Briefe. Aus diesen Briefen stammt ein großer Teil der spärlichen biografischen Informationen über Jane.

DIE FRÜHEN ROMANE

Die Veränderungen innerhalb der Familie trugen dazu bei, dass Jane im Laufe der Neunzigerjahre allmählich ihren Horizont erweiterte. Sie gewann neue Kenntnisse und Ansichten, die sich nach und nach auch in ihrer schriftstellerischen Tätigkeit niederschlugen. Jane dachte damals noch nicht daran, ihre Werke zu veröffentlichen,

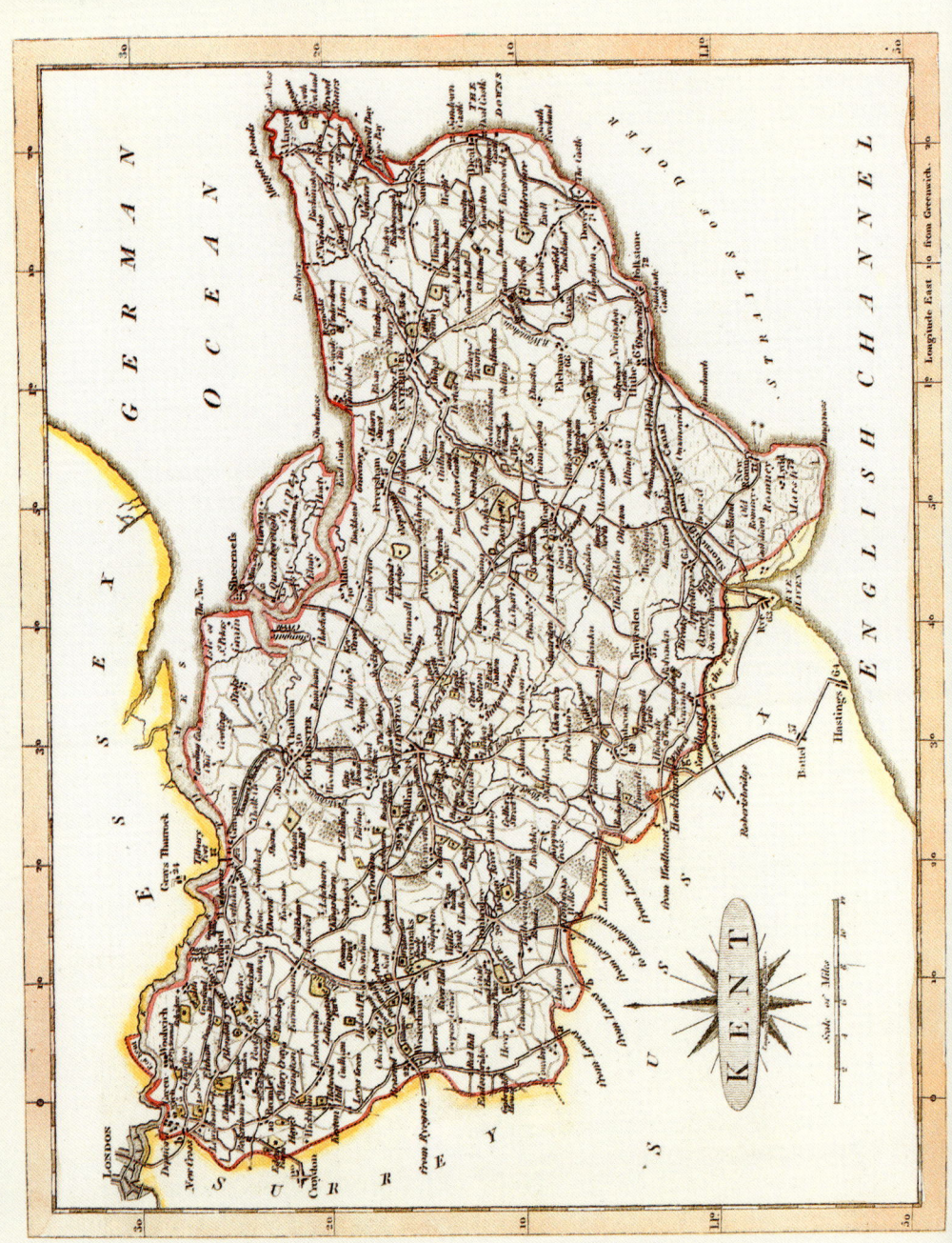

sondern schrieb nur zu ihrem eigenen Vergnügen und zur Unterhaltung ihrer Familie, der sie die Texte abends am Kamin vorlas. Nachdem sie ihre frühen, humoristischen Schriften in den Bänden Eins, Zwei und Drei zusammengestellt hatte, versuchte sie sich an einem kurzen Briefroman über ein ernsthaftes Thema aus der Erwachsenenwelt.

Die Briefe enthüllen die Machenschaften einer kaltherzigen jungen Witwe, die aus ihren Reizen Profit zu schlagen versucht. Dabei zerstört sie mit boshaftem Vergnügen durch Lügen und Intrigen glückliche Familien, während sie sich zugleich bemüht, ihre jugendliche Tochter gegen deren Willen zu verkuppeln. Jane gab dieser Geschichte keinen Titel – heute wird sie nach dem Namen der Protagonistin *Lady Susan* genannt. Man geht davon aus, dass die Geschichte etwa 1793-94 geschrieben wurde.

Jane Austens erster Versuch, einen längeren Roman zu schreiben, stammt wohl aus dem Jahr 1795. Es handelt sich um die – wiederum in Briefform erzählte – Geschichte zweier Schwestern, die sie *Elinor und Marianne* nannte. Gleich anschließend begann sie 1796 mit der Arbeit an *Erste Eindrücke*, der Urfassung von *Stolz und Vorurteil*. George Austen war von den Texten seiner Tochter so angetan, dass er fand, sie sollten veröffentlicht werden. Als das Manuskript dieses zweiten Werkes im Herbst 1797 abgeschlossen war, bot er es dem Londoner Verleger Cadell an. Leider erwähnte George Austen in seinem Brief nicht, dass es sich um eine ausgesprochen amüsante und geistreiche Gesellschaftskomödie handelte. So überrascht es kaum, dass Cadell sich nicht einmal die Mühe machte, das Manuskript anzufordern, sondern das Angebot über einen Angestellten postwendend zurückwies. Glücklicherweise ließ Jane sich nicht entmutigen – sie legte *Erste Eindrücke* vorerst beiseite, nahm sich stattdessen *Elinor und Marianne* erneut vor und arbeitete es zu dem Werk um, das wir heute unter dem Titel *Verstand und Gefühl* kennen.

Später im Jahr 1797 reiste Cassandra Austen mit ihren beiden Töchtern nach Somerset, um ein paar Wochen bei ihrem Bruder und seiner Frau in Bath zu verbringen. Das Ehepaar Leigh-Perrot (er hatte wegen einer Erbschaftsangelegenheit den zweiten Nachnamen angenommen) bewohnte während der Wintermonate ein hohes Stadthaus, Paragon Buildings 1, am östlichen Rand der Stadt mit Blick auf den engen Talkessel des Avon gelegen. Cassandra Austen hatte vor ihrer Ehe zwei Jahre lang in Bath gewohnt, und Jane und ihre Schwester waren wohl früher schon gele-

Karte von Kent aus dem frühen neunzehnten Jahrhundert.
Jane Austens Bruder Edward wohnte in Godmersham bei Canterbury. Sie besuchte ihn häufig und bereiste auch mehrere Seebäder in der Grafschaft.

gentlich dort gewesen, aber erst bei jenem Besuch 1797 lernte Jane den beliebten Badeort richtig kennen. Ihre Tante führte sie in das rege gesellschaftliche Leben von Bath ein. Die junge Jane sammelte dort viele Eindrücke, die sie im folgenden Jahr in *Kloster Nothanger* (oder *Susan*, wie sie den Roman damals nannte) verarbeitete.

DER UMZUG NACH BATH

Bath wurde wenig später Jane Austens Heimat, denn Janes Vater beschloss Ende des Jahres 1800 völlig überraschend, seine Tätigkeit als Pfarrer in Steventon und Deane aufzugeben und sich in dem Kurort zur Ruhe zu setzen. All seine Söhne hatten inzwischen ihren Platz im Leben gefunden. James hatte 1795 seine Frau Anne verloren und war allein mit der kleinen Anna, ihrem einzigen Kind, zurückgeblieben. 1797 heiratete er eine alte Freundin der Austens, Mary Lloyd, mit der er noch zwei weitere Kinder bekam: James-Edward und Caroline. Jetzt bezog er mit seiner Familie das Pfarrhaus von Steventon und übernahm das Amt seines Vaters. Er war nicht ehrgeizig, sondern vollauf damit zufrieden, den Rest seines Lebens als Landgeistlicher zuzubringen. Edward und Elizabeth auf Godmersham hatten bereits sechs Kinder – insgesamt sollten es elf werden –, und da Elizabeth selbst aus einer kinderreichen Familie stammte, hatte Edward durch die Heirat eine weitläufige Verwandtschaft und somit einen festen Platz unter den wohlhabenden Grundbesitzern in Kent gewonnen.

Henry war, statt Pfarrer zu werden, in die Oxforder Bürgerwehr eingetreten. Er brachte es zum Hauptmann und Adjutanten des Regiments und beschloss dann, den Dienst zu quittieren und nach London zu ziehen, wo er ein Bankhaus gründete und mit Offizierspatenten handelte. Er heiratete Ende 1797 seine verwitwete Kusine Eliza de Feuillide, doch die Ehe blieb kinderlos. Frank hatte als Offizier bei der Marine eine große Zukunft vor sich – vorausgesetzt, er überlebte die Kriegseinsätze. Er war noch unverheiratet, verdiente aber bereits genug, um eine Familie gründen und ihr einen angemessenen Lebensstandard sichern zu können. Charles war zu der Zeit erst Leutnant, konnte jedoch in Anbetracht der Kriegszeiten ebenfalls mit einem raschen Aufstieg rechnen.

So blieben Cassandra und Jane – die inzwischen 28 beziehungsweise 25 Jahre alt waren und nach damaligen Maßstäben alte Jungfern zu werden drohten – allein bei den Eltern zurück, die beide nicht mehr bei bester Gesundheit waren. Der Vorschlag,

Die Stadt Bath, Abbildung aus A GUIDE TO ALL THE WATERING AND SEA BATHING PLACES, *ca. 1820.*

nach Bath umzuziehen, stammte möglicherweise von den Leigh-Perrots. Einerseits mögen sie gesundheitliche Gründe angeführt haben, andererseits die Überlegung, dass die Töchter im regen gesellschaftlichen Treiben der Stadt eher noch einen passenden Mann finden würden als in der einsamen, ländlichen Gegend um Steventon. Jane hatte in den vergangenen acht Wintersaisons auf den Tanzbällen gern ein we-

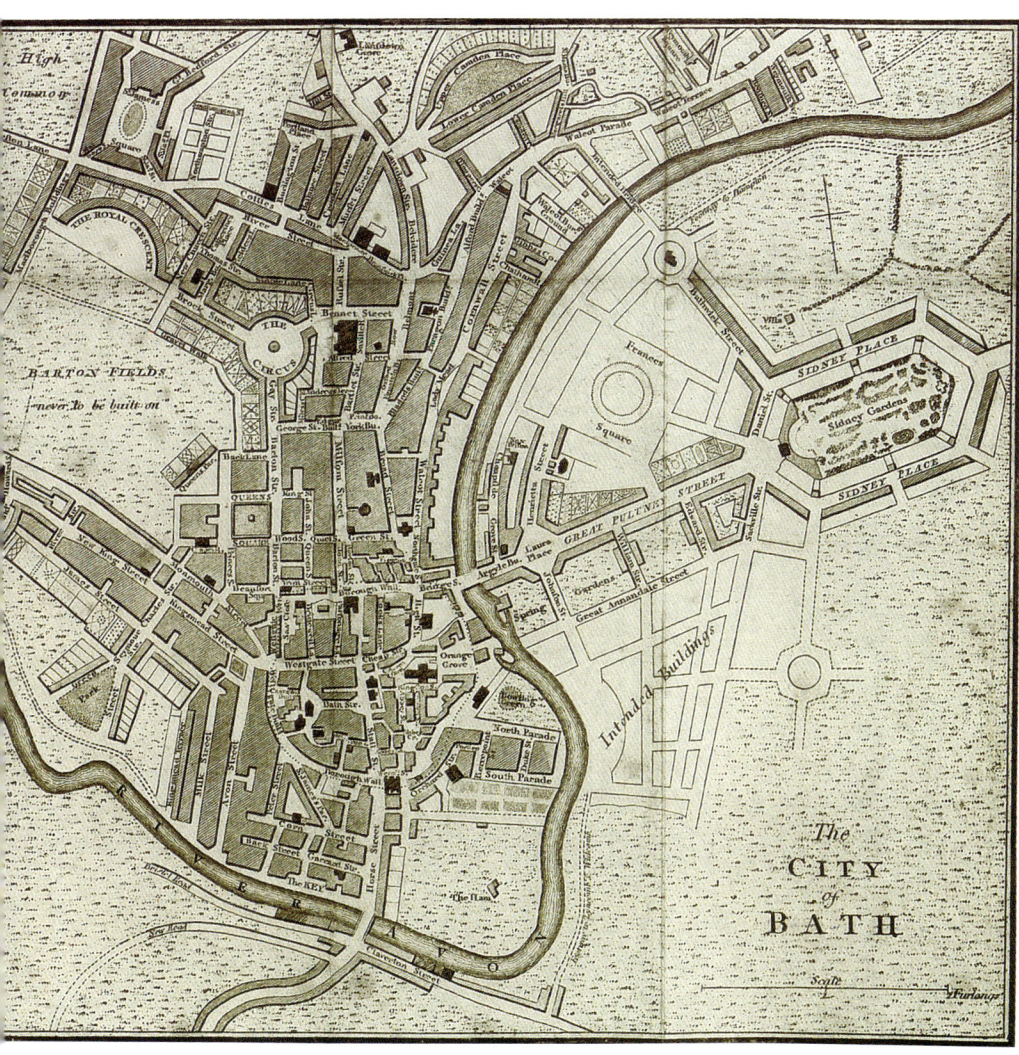

nig mit diesem oder jenem Partner geflirtet, war aber bisher weder verheiratet noch verlobt. Im Winter 1795-96 hatte sie einen kurzen, intensiven Flirt mit Tom Lefroy, einem Neffen von Reverend George Lefroy in Ashe, der in Bath zu Besuch war. Doch die Lefroys schreckten vor dem Gedanken an eine offizielle Verlobung zwischen zwei mittellosen Partnern zurück und schickten Tom nach London, ehe er eine Bindung eingehen konnte. Wie tief die Gefühle waren, die Jane für ihn empfand, ist nicht bekannt. Sie mag ein paar Tränen vergossen haben, als sie von Toms plötzlichem Aufbruch nach London erfuhr, doch andererseits begann sie schon wenige Monate später mit der Arbeit an *Erste Eindrücke* – einem Text, der wahrlich nicht als Zeugnis eines gebrochenen Herzens gelten kann. Als ihre Eltern ihr eröffneten, dass sie Steventon verlassen würden, geriet sie allerdings laut Familienüberlieferung völlig aus der Fassung.

Ein beliebter Badeort

Die Stadt Bath war schon seit beinahe 2000 Jahren ein Kur- und Badeort. Bereits vor dem Einmarsch der Römer hatte es dort einen keltischen Kult gegeben, in dem die Göttin Sul als Herrin der reich fließenden Thermalquellen verehrt wurde. Die Quel-

len entsprangen am Fuß der Hügel direkt über dem Flusstal des Avon. Die Römer kanalisierten das Quellwasser, legten Leitungen an und bauten prächtige Badeanlagen. Ringsum entstand die Stadt Aquae Sulis (Wasser der Sul). Doch im Laufe der folgenden Jahrhunderte verfielen die großen steinernen Badehäuser und verschwanden unter einer mittelalterlichen Stadt. Einige der Quellen waren allerdings weiterhin zugänglich und wurden in bescheidenerem Rahmen für medizinische Bäder genutzt. Königin Anne ließ sich zu Beginn des achtzehnten Jahrhunderts in Bath von ihren Leiden heilen, und ihrem Besuch war es zu verdanken, dass die Stadt zum Anziehungspunkt für viele Menschen wurde, die Heilung, aber auch Vergnügen suchten. Der Dandy Richard »Beau« Nash, ein raffinierter, weltgewandter Abenteurer, kam 1702 aus seiner Heimat Wales nach Bath, wo er sich zum Zeremonienmeister und Trendsetter in Geschmacks- und Modefragen aufschwang. Er regelte das gesellschaftliche Leben in der Stadt und führte für Besucher der *gentry* die Wintersaison ein. Glücksspiel, Bälle, Empfänge, Konzerte und Theateraufführungen hielten die Gesunden bei Laune, während die Kranken sich von ihren Leiden zu befreien hofften, indem sie in den heißen Quellen badeten und das mineralische Wasser tranken.

Die ortsansässigen Grundbesitzer nahmen die Entwicklung zum Anlass, große, prächtige Häuser aus dem berühmten goldgelben Bath-Kalkstein zu bauen. So wuchsen im Laufe des achtzehnten Jahrhunderts neue Straßenzüge, *crescents* (halbmondförmige Häuserzeilen) und Plätze aus dem feuchten, schwülen Flusstal immer weiter die Hänge hinauf, bis das neu entstandene Bath buchstäblich eine Hügelstadt war. Die meisten Häuser wurden im Hinblick auf das Geschäft mit den Badegästen gebaut und kurzzeitig vermietet. Um die Jahrhundertmitte war es für jeden, der etwas auf sich hielt, ein Muss, jedes Jahr wenigstens ein paar Wochen in Bath »die Brunnen zu trinken«. Die Saison dauerte von September bis Mai, denn die drei Sommermonate galten als zu heiß für das Stadtleben.

Langfristig büßte die Stadt Bath allerdings gerade dadurch, dass sie sich zur Touristenattraktion entwickelt hatte, ihre Bedeutung als Badeort ein. Als später im achtzehnten Jahrhundert die *nouveaux riches* auf den Plan traten, kamen bald Seebäder wie Weymouth oder Brighton in Mode, während Bath zum Alterssitz für die untere Mittelschicht verkam. Zu Beginn des neunzehnten Jahrhunderts machte die Stadt trotz ihrer Schönheit und der Fülle exklusiver Geschäfte bereits einen leblosen

Die Nordseite des Queen Square in Bath, von John Wood dem Älteren 1728–35 erbaut. 1799 wohnten die Austens eine Zeit lang in einem kleineren Haus an der Südseite des Platzes, mit Blick auf diese imposante Fassadenfront.

und bedrückenden Eindruck auf den Besucher. Inzwischen war sie nämlich hauptsächlich von Alleinstehenden – entweder Leidenden oder unverheirateten älteren Damen – bevölkert, an denen sich professionelle Glücksspieler und Mitgiftjäger zu bereichern versuchten.

DIE JAHRE IN BATH

Die Austens trafen im Mai 1801 in Bath ein und mieteten für die folgenden drei Jahre das Häuschen am Sydney Place 4, ein kleines Reihenhaus im moderneren Ostteil der Stadt mit Blick auf die Sydney Gardens. Im Sommer bereiste die Familie stets verschiedene kleine Seebäder an der Küste von South Devon. 1801 fuhren sie vermutlich nach Sidmouth und Colyton, mit Sicherheit waren sie 1802 in Dawlish, und 1803 und 1804 besuchten sie Lyme Regis und seine ländliche Umgebung. Jane hatte offenbar eine besondere Vorliebe für Lyme und den Nachbarort Charmouth, denn Jahre später siedelte sie einen Teil der Handlung von *Überredung* dort an.

Im Jahre 1803 wurde Kapitän Frank Austen an den Hafen von Ramsgate in Kent versetzt, wo er das Kommando über die Sea Fencibles (eine Art Bürgerwehr zur See) an diesem gefährdeten Küstenabschnitt übernahm. Wenig später verlobte er sich mit Mary Gibson, deren Familie in der Stadt wohnte. George Austen und seine Frau reisten im selben Sommer mit ihren Töchtern nach Kent, um Edward und seine Familie auf Godmersham zu besuchen und bei der Gelegenheit auch Mary Gibson kennen zu lernen. In Ramsgate sammelte Jane Eindrücke, die sie später in ihren fiktiven Ort Sanditon einfließen ließ.

Die Jahre in Bath waren eine geschäftige, aber nicht besonders glückliche Zeit für Jane. Aus ihren Briefen geht hervor, dass sie keine öffentlichen Bälle mehr besuchte, sondern ständig mit dem weniger anregenden gesellschaftlichen Umgang ausgelastet war, den die Familien der *gentry* untereinander pflegten – Kartenspiel und Tee bei Witwen und alten Jungfern. Potenzielle Ehemänner für sie oder Cassandra schien es in der Stadt nicht zu geben. In einem Sommer soll sich allerdings eine Liebelei zwischen Jane und einem Gentleman unbekannten Namens entwickelt haben, der selbst gerade zu Besuch an der Küste war. Doch angeblich starb er plötzlich, ehe er ernsthaft um Jane werben konnte. Mit Sicherheit ist jedoch davon auszugehen, dass im Winter des Jahres 1802, als Jane und Cassandra ihren Bruder James im Pfarrhaus in Steventon besuchten, Harris Bigg-Wither Jane einen Antrag machte. Er war der unscheinbare und unbeholfene jüngere Bruder einer alten Freundin und Erbe eines ansehnlichen Landsitzes in der Nähe von Basingstoke. Möglicherweise aus freundschaftlichen Gefühlen oder familiären Rücksichten nahm Jane den Antrag zunächst an, zog ihre Einwilligung am nächsten Morgen jedoch zurück – offenbar weil sie entschieden hatte, dass die materiellen Vorzüge dieser Verbindung sie nicht über eine Ehe ohne Liebe hinwegtrösten konnten.

Auch in Bezug auf ihre literarische Tätigkeit gab es Rückschläge. 1803 gelang es Jane Austen zwar mit der Hilfe ihres Bruders Henry, das 1798 entstandene Manuskript *Susan* an den Londoner Verlag Benjamin Crosby & Co zu verkaufen, der es dann auch als im Druck befindlich ankündigte. Das Buch wurde jedoch nie veröffentlicht. Wohl zur selben Zeit – vielleicht in dem Hochgefühl, dass eins ihrer Werke zur Veröffentlichung angenommen worden war – begann Jane Austen mit einem weiteren Roman, der heute unter dem Titel *Die Watsons* geführt wird. Doch sie schrieb nur ein paar Kapitel, ehe sie das Werk beiseite legte und nie vollendete.

Als der Mietvertrag am Sydney Place 4 im Herbst 1804 auslief, zogen die Austens in das etwas zentraler gelegene Haus Green Park Buildings 3 um. Nur wenige Monate später, im Januar 1805, starb George Austen ganz plötzlich nach zweitägiger Krankheit. Obwohl die Söhne sich sofort erboten, Cassandra Austen finanziell zu unterstützen, verfügte sie als Witwe doch über ein erheblich geringeres Einkommen. So wurde beschlossen, dass sie fortan den Sommer bei den Familien ihrer Söhne verbringen und sich zum Winter jeweils in Bath einmieten sollte.

FAMILIENBESUCHE

In den folgenden Monaten führte Jane ein unstetes Leben. Sie, ihre Mutter und ihre Schwester lösten den Haushalt in Green Park Buildings auf und planten Besuche bei ihrer Verwandtschaft im Süden Englands. Nachdem sie zunächst noch ein paar Monate in einer Pension in Bath, in der Gay Street 25, gewohnt hatten, reisten sie nach Steventon und anschließend weiter nach Godmersham. Im Herbst folgte ein Ferienaufenthalt in Worthing an der Meeresküste von Sussex, wo es ein Wiedersehen mit einer alten Freundin der Familie gab – Martha Lloyd, der älteren Schwester von James' Frau Mary, die viele Jahre lang mit ihrer verwitweten Mutter zusammengelebt hatte. Nun, da die Mutter gestorben war, zog Martha es vor, sich den Austens anzuschließen, statt zu ihrer Schwester nach Steventon zu ziehen. Gemeinsam kehrten die Frauen im Frühjahr 1806 nach Bath zurück, wo sie sich diesmal in der Trim Street einmieteten.

Im Sommer 1806 verließen Cassandra Austen und ihre Töchter Bath endgültig und machten sich wieder zu einer Reihe von Besuchen bei ihren Verwandten auf. Nach einem kurzen Aufenthalt in Clifton reisten sie zu Cassandra Austens Vetter Reverend Thomas Leigh nach Gloucestershire. Leigh war ein reicher alter Witwer, der mit seiner unverheirateten Schwester Elizabeth im Pfarrhaus von Adlestrop lebte. Er hatte kurz zuvor den berühmten Landschaftsarchitekten Humphrey Repton beauftragt, die Garten- und Parkanlagen zwischen dem Pfarrhaus und dem benachbarten Adlestrop House, dem Wohnsitz seiner Neffen, zu gestalten. Reptons Honorar betrug fünf Guineen pro Tag, wie Thomas Leigh offenbar gegenüber seinen Gästen erwähnte – ein Detail, das Jane sich merkte, um es später in *Mansfield Park* zu verwenden.

Von Adlestrop aus reiste die ganze Gesellschaft weiter nach Stoneleigh Abbey in Warwickshire. Dieses Anwesen, das einem anderen Zweig der Familie Leigh gehört hatte, war unerwartet in den Besitz von Reverend Thomas Leigh gelangt, und dieser hatte es nun eilig, sein Erbe in Augenschein zu nehmen.

Das Haus wies eine eigenartige Stilmischung auf – ursprünglich war es im sechzehnten Jahrhundert auf dem Gelände einer alten Abtei erbaut worden, wie der Name erahnen lässt. Im frühen achtzehnten Jahrhundert hatte dann der damalige Eigentümer den Westflügel zum neuen Hauptteil mit einer Fassade im palladianischen Stil umgebaut, den Rest des verwinkelten elisabethanischen Gebäudes jedoch unverändert gelassen. Cassandra Austen fand das Haus faszinierend und schilderte es ihrer Schwiegertochter Mary Lloyd, James' Frau, in einem langen Brief:

»... alles ist sehr prächtig & sehr vornehm & sehr groß ... Das Haus ist größer, als ich angenommen hatte. Wir finden uns inzwischen halbwegs darin zurecht – ich meine, in dem neuen, bewohnten Teil. Was die Verwaltungsräume angeht, die das frühere Kloster einnehmen, so verzweifelt Mr Leigh fast daran, sich in ihnen zurechtzufinden. Ich habe ihm vorgeschlagen, Wegweiser an den Ecken anzubringen. Ich hatte zwar erwartet, alles hier hoch vornehm usw. zu finden, aber ich hatte keine Ahnung, wie großartig es wirklich ist. Ich hatte mir lange Gänge, dunkle Krähenkolonien & düstere Eiben vorgestellt, aber solche düsteren Dinge gibt es hier gar nicht ... Nun möchte ich dir einen Eindruck von dem Inneren dieses riesigen Hauses geben und schicke voraus, dass es an der Vorderseite, die ganz gerade ist und ein flaches Dach hat, 45 Fenster gibt, 15 in jeder Reihe. Man geht zum Eingang eine erhebliche Anzahl von Stufen hinauf, denn einige Verwaltungsräume sind im Untergeschoss, und tritt in eine große Halle. Rechts ist das Esszimmer und dahinter das Frühstückszimmer, wo wir im Allgemeinen sitzen; und das aus gutem Grund, denn es ist außer der Kapelle das einzige Zimmer, das eine Aussicht hat. Links ist der beste Salon und dahinter ein kleinerer. Diese Räume sind mit ihrer braunen Täfelung & ihrem dunkelroten Mobiliar ziemlich düster, sodass wir sie nur benutzen, wenn wir sie zur alten Bildergalerie durchqueren. Hinter dem kleineren Salon ist das Galaschlafzimmer – mit seinem hohen, dunkelroten Samtbett ein Furcht erregendes Gemach, gerade richtig für eine Romanheldin. Die alte Galerie führt darauf zu. Am Ende der Halle finden sich eine Passage in ganzer Breite des Hauses, drei Treppenhäuser & zwei kleine Wohnzimmer. Im neuen Teil des Hauses gibt es 22 Schlafzimmer & außerdem viele, und zwar einige sehr gute, in dem alten Teil...«

Von Stoneleigh ging die Reise weiter nach Staffordshire, wo die Austens ein paar Wochen bei der Familie von Cassandra Austens Neffen Reverend Edward Cooper im Pfarrhaus von Hamstall-Ridware verbrachten. Soweit bekannt ist, reiste Jane nie in ihrem Leben höher in den Norden. Wieder zurück im Süden des Landes, fand sie ein neues Zuhause in Southampton im heimatlichen Hampshire.

SOUTHAMPTON

Die Idee, dass Cassandra Austen sich mit ihren Töchtern in Southampton niederlassen sollte, stammte von Frank Austen. Er hatte seine Verlobte Mary Gibson im Juli 1806 geheiratet und wollte seine junge Frau nur ungern allein zurücklassen, wenn er wieder zur See ging. So wurde beschlossen, dass sie alle gemeinsam in Southampton wohnen sollten, nicht weit vom Marinehafen in Portsmouth entfernt. Frank mietete ein Haus am Castle Square, dessen hübscher Garten sich bis hinunter an die mittelalterlichen Stadtmauern erstreckte und von wo aus man einen Ausblick über die ganze Bucht bis hinüber zur Isle of Wight hatte. Dort war während der nächsten zwei Jahre Janes Zuhause. Sie besichtigte in Franks Begleitung Portsmouth, sah die High Street, die Garnisonskapelle, die Wälle und den Hafen – lauter Eindrücke, die sie später in *Mansfield Park* verarbeitete.

»Der Tag war ungewöhnlich schön. Es war eigentlich März, aber der milden Luft, dem leichten frischen Wind und der hellen, gelegentlich von einer Wolke überschatteten Sonne nach war es April, und alles machte unter dem Einfluss eines solchen Himmels einen so herrlichen Eindruck. Die Wirkung der einander jagenden Schatten auf den Schiffen im Spithead und auf der dahinter liegenden Insel mit dem unablässig wechselnden Farbenspiel des Meeres, das bei der gerade herrschenden Flut übermütig tanzte und mit einem angenehmen Geräusch gegen die Wälle schlug...«

DIE JAHRE IN CHAWTON

Wieder einmal änderte sich das Leben von Cassandra Austen und ihren Töchtern durch traurige familiäre Ereignisse: Im Herbst 1801 starb Edwards Frau Elizabeth im Kindbett, sodass Edward plötzlich allein für elf Kinder zu sorgen hatte, wovon das älteste, seine Tochter Fanny, noch nicht sechzehn Jahre alt war. Da man absehen konnte, dass er die Hilfe seiner Mutter und seiner unverheirateten Schwestern benötigen würde, bot er den Frauen an, auf seinem zweiten Anwesen in Hampshire zu wohnen, in Chawton bei Alton. So kam es, dass seine Mutter im Sommer 1809 gemeinsam mit Jane, Cassandra und Martha Lloyd in ein recht altmodisches, aber wohnliches Häuschen im Dorf Chawton zog, das die Familie fortan »Chawton Cottage« zu nennen pflegte. Von dort aus erreichte man zu Fuß in fünf Minuten Chawton Great House, das elisabethanische Herrenhaus, in dem Edward und seine Kinder fortan jedes Jahr die Sommermonate verbrachten. In dieser Zeit herrschte stets reger Kontakt zwischen Chawton Cottage und dem Great House. Chawton lag keine zwanzig Meilen von Steventon entfernt, sodass auch James seine Mutter ohne größere Umstände gelegentlich besuchen konnte. Auch Franks Frau wohnte mit den Kindern in Alton, während ihr Mann sich auf einer langen Seereise nach China

LINKS: *Southampton – dieser Stich aus dem frühen neunzehnten Jahrhundert zeigt den Blick von der Bucht Southampton Water auf die mittelalterlichen Stadtmauern. Die Austens wohnten wahrscheinlich in dem Haus, das oberhalb der Mauer zu sehen ist (inzwischen abgerissen).*
UNTEN: *Chawton Great House, von Westen betrachtet.*

befand, und wenig später kehrte zudem Charles Austen mit seiner Frau Fanny Palmer und den beiden Kindern vom Marinedienst auf den Westindischen Inseln zurück. Das Great House wurde deshalb zum wichtigsten Familienstützpunkt der Austens, denn wenn Edward nicht selbst darin wohnte, überließ er es in der Folgezeit gern entweder Frank oder Charles, wenn sie Urlaub von der Marine hatten. Henry lebte im 50 Meilen entfernten London, wo er mit Erfolg das Bankhaus Austen, Maunde & Tilson führte. Doch da die Bank eine Zweigstelle in Alton besaß, nutzte er seine Geschäftsreisen nach Alton gern dazu, seine Familie zu sehen.

Erste Veröffentlichungen und Janes früher Tod

In Jane Austens überlieferter Korrespondenz klafft leider zwischen Juli 1809 und April 1811 eine Lücke, und man wird wohl nie erfahren, wann genau sie auf Drängen ihrer Familie erneut versuchte, eines ihrer Manuskripte zu veröffentlichen. Nach-

dem Benjamin Crosby & Co *Susan* nicht gedruckt hatten, verlangte sie zwar das Manuskript zurück, konnte jedoch die zehn Pfund nicht aufbringen, um dem Verlag wie gefordert den ursprünglichen Kaufpreis zu erstatten.

Nach dem Fehlschlag mit *Susan* bot Jane diesmal – wahrscheinlich im Herbst 1810 – dem Verleger Thomas Egerton im Londoner Stadtteil Whitehall *Verstand und Gefühl* an. Egerton war bereit, den Roman auf Kosten der Autorin zu veröffentlichen. Janes Familie muss sie bestärkt haben, ehe sie sich dazu durchrang, dieses Angebot anzunehmen, denn sie war davon überzeugt, dass der Verkaufserlös die Kosten der Veröffentlichung nicht decken würde. Jane sparte sogar etwas von dem wenigen Geld, das sie zur persönlichen Verfügung hatte, um den erwarteten Verlust auszugleichen.

Doch als *Verstand und Gefühl* im Herbst 1811 erschien, erhielt es einige recht positive Kritiken, und nachdem die erste Auflage im Sommer 1813 vergriffen war, betrug der Reinerlös für Jane etwa 140 Pfund. In der Zwischenzeit hatte sie erneut die Arbeit an *Erste Eindrücke* aufgenommen, die eine oder andere Stelle geändert oder gekürzt und den Roman in *Stolz und Vorurteil* umbenannt. Egerton bezweifelte nicht, dass auch dieses Buch sich gut verkaufen würde, sodass er diesmal im Herbst 1812

Chawton Cottage, Jane Austens Zuhause während ihrer letzten acht Lebensjahre.

das Copyright für 110 Pfund erwarb. Das Werk kam Ende Januar 1813 auf den Markt und war so erfolgreich, dass binnen weniger Monate eine zweite Auflage folgte. Janes Name erschien allerdings auf keinem der beiden Bücher, denn zur damaligen Zeit galt es für eine anständige Dame als höchst unschicklich, Romane zu veröffentlichen und damit Geld zu verdienen. Auf dem ersten Buch stand daher statt des Namens der Autorin »By A Lady« – Von einer Dame. Auf dem zweiten Buch hieß es: »Von der Verfasserin von *Verstand und Gefühl*«.

Nachdem Jane sich wieder für längere Zeit an einem Ort niedergelassen und als Autorin, deren Bücher veröffentlicht wurden, einiges Selbstvertrauen gewonnen hatte, schrieb sie ihre beiden nächsten Romane schnell und ohne Entwurfsfassungen oder Überarbeitungen. Im Herbst 1812 arbeitete sie an *Mansfield Park*, das sie bis zum Jahreswechsel bereits zur Hälfte vollendet hatte und allem Anschein nach noch vor Ende des Jahres 1813 an den Verleger schickte. Egertons Begeisterung scheint sich in Grenzen gehalten zu haben – die Geschichte war im Ton wesentlich gedämpfter gehalten als *Stolz und Vorurteil*. Folglich kaufte Egerton das Copyright nicht, sondern bot wiederum an, das Buch auf Kosten der Autorin zu veröffentlichen. Es erschien im Frühjahr 1814 mit der Angabe »Von der Verfasserin von *Verstand und Gefühl* und *Stolz und Vorurteil*«. Dies war offenbar Empfehlung genug, um den Verkaufserfolg zu sichern, denn Jane erzielte einen Gewinn von 350 Pfund.

Kaum war *Mansfield Park* verkauft, als Jane Austen im Januar 1814 auch schon mit dem Roman *Emma* begann, den sie bis Ende März 1815 fertig stellte. Ihr Bruder Henry, der wie schon zuvor in ihrem Namen mit den Verlegern verhandelte, bot das Manuskript diesmal John Murray in der Albermarle Street an, der es auf Kosten der Autorin veröffentlichte. Während Janes Aufenthalt in London wurde Henry schwer krank, sodass sie länger als vorgesehen in der Stadt bleiben musste, um ihn zu pflegen. Infolgedessen kam es zu einem gänzlich unerwarteten Ereignis: einem Besuch im königlichen Palast.

Janes Bücher wurden zwar anonym veröffentlicht, doch Henry konnte sich nie zurückhalten, stolz den Namen seiner Schwester zu nennen, wenn er hörte, wie ihre Werke gelobt wurden. So war es zumindest in der Londoner Gesellschaft ein offenes Geheimnis, dass Jane Austen diese Bücher geschrieben hatte. Es traf sich zufällig, dass der Arzt Dr. Baillie, der Henry behandelte, auch den Prinzregenten George IV. zu seinen Patienten zählte. Dr. Baillie konnte Jane daher mitteilen, dass der Prinzregent ein großer Bewunderer ihrer Werke sei, sie immer wieder lese und in seinen verschiedenen Residenzen je eine Ausgabe stehen habe. Umgekehrt verriet Dr.

Baillie dem Prinzen, dass Miss Austen sich gegenwärtig in London aufhielt. Daraufhin schickte der Prinz seinen Bibliothekar, Reverend James Stanier Clarke, zu ihr, um sie zu einer Besichtigung seines kleinen, aber äußerst prächtigen Londoner Palastes einzuladen. Während der Führung durch Carlton House legte Clarke der Autorin nahe, ihren nächsten Roman dem Prinzregenten zu widmen. Dieses Ansinnen stürzte Jane Austen in ein ziemliches Dilemma, denn sie verabscheute den ausschweifenden, unsittlichen Lebenswandel des Prinzen zutiefst. Doch da sie keine Wahl zu haben schien, fügte sie dem Manuskript von *Emma*, das bereits kurz vor der Veröffentlichung stand, die verlangte Widmung hinzu und schickte Mitte Dezember 1815 einen Vorabdruck nach Carlton House. Diese Ausgabe, die einen Prachteinband aus rotem Ziegenleder mit Goldapplikationen bekam, steht heute in der königlichen Bibliothek von Windsor Castle.

Auch nachdem *Emma* vollendet war, steckte Jane noch voller Ideen und begann im August 1815 an *Überredung* zu arbeiten. Doch die Sorge um den erkrankten Henry später im Jahr und um seinen Bankrott im Frühjahr 1816 scheint ihre Gesundheit geschwächt zu haben, denn zu jener Zeit – Anfang 1816 – spürte sie die ersten Symptome der Krankheit, an der sie schließlich auch starb. Woran sie litt, steht nicht fest. Aufgrund ihrer eigenen Äußerungen wird jedoch angenommen, dass es sich um die Addison-Krankheit handelte, ein Versagen der Nebennieren, das möglicherweise durch Tuberkulose-Erreger ausgelöst wurde. Im Sommer 1816 begannen Janes Kräfte nachzulassen, und im Juli und August gelang es ihr nur mühsam, den Roman *Überredung* zu ihrer Zufriedenheit fertig zu stellen. Zugleich überarbeitete sie das Manuskript von *Susan*, das Henry für sie von Benjamin Crosby & Co zurückgekauft hatte. Da wenige Jahre zuvor ein anderer Roman unter demselben Titel erschienen war, taufte Jane ihre Heldin in »Catherine« um. Doch dann legte sie das Manuskript wieder beiseite – offenbar entmutigt von dem Eindruck, ihre Geschichte sei so gar nicht mehr zeitgemäß.

Bis Ende 1816 schwankte Janes Gesundheitszustand, wobei insgesamt allerdings eine Veränderung zum Schlechten erkennbar war. Anfang 1817 folgte eine Zeit scheinbarer Besserung, die Jane wieder hoffen ließ, doch noch gesund zu werden. Sie begann einen weiteren Roman, den wir unter dem Titel *Sanditon* kennen. Aber die Krankheitssymptome kehrten bald zurück, und Jane verbrachte immer mehr Zeit im Bett. Dennoch versuchte sie weiterhin zu schreiben, wann immer sie sich kräftig genug fühlte. Als sie das Manuskript am 18. März endgültig aus der Hand legte,

Nische im »goldenen Salon« von Carlton House, London. Aquarell von C. Wild, 1817.
Hier muss Jane vorbeigekommen sein, als sie den Palast besichtigte.

bestand es aus einer Rohfassung der ersten zwölf Kapitel dessen, was offenbar eine lange, unterhaltsame Geschichte werden sollte.

Im Mai 1817 brachte Cassandra ihre Schwester Jane nach Winchester, wo sie Dr. Lyford, einen Arzt am dortigen Krankenhaus, konsultieren sollte. Die beiden Frauen wohnten ein paar Wochen lang zur Miete in der College Street 8. Mit dem medizinischen Wissensstand der damaligen Zeit konnte Dr. Lyford Jane nicht heilen, und ihr Bruder Henry schrieb später: »Zwei Monate lang ertrug sie all den Schmerz, die Mühsal und die Langeweile, die ein langsamer Verfall mit sich bringt, mit mehr als bloßer Ergebung, mit wahrhaft ungebrochener Heiterkeit. Ihre geistige Spannkraft, ihr Gedächtnis, ihre Fantasie, Ausgeglichenheit und Herzlichkeit waren lebhaft, klar und unvermindert bis zum Schluss.« Das Ende kam in den frühen Morgenstunden des 18. Juli 1817. Eine Woche später wurde Jane Austen in der Winchester Cathedral beigesetzt.

Henry machte es sich zur Aufgabe, dafür zu sorgen, dass die letzten beiden Manuskripte seiner Schwester veröffentlicht wurden, und John Murray brachte sie noch kurz vor Jahresende gleichzeitig heraus. Da Jane offenbar die Gewohnheit hatte, sich erst für einen Titel zu entscheiden, wenn die Geschichte fertig war, müssen die Titel, unter denen wir die beiden letzten Werke kennen – *Kloster Northanger* und Überredung – von Henry stammen. Er stellte Kloster Northanger zudem eine »Biografische Notiz über die Autorin« voran. Die Juvenilia und die beiden Fragmente Die Watsons und Sanditon wurden erst im zwanzigsten Jahrhundert vollständig veröffentlicht.

LINKS OBEN: Jane Austens Schreibpult mit einem ihrer Briefe und ihrer Brille, rechts ein geöffnetes Schubfach. Im Besitz der British Library, London.
OBEN: Das einzige authentische Porträt von Jane Austen, die Aquarellskizze ihrer Schwester Cassandra (ca. 1810), befindet sich heute im Besitz der National Portrait Gallery in London. Sie diente als Vorlage zu diesem Stich, einer Illustration zu James-Edward Austen-Leighs MEMOIR OF JANE AUSTEN (1870).

TURBULENTE ZEITEN – GROSSBRITANNIEN IM ACHTZEHNTEN JAHRHUNDERT

Wer Jane Austen und ihre Romane wirklich verstehen will, der benötigt ein wenig Hintergrundwissen über Großbritannien im achtzehnten Jahrhundert. Die folgenden Kapitel berichten unter anderem vom Königshaus, von Revolutionen, von Kriegen und Kolonialgeschichte, aber auch von der Gesellschaft und dem alltäglichen Leben zur Zeit Georges III. und des *Regency*.

DAS KÖNIGSHAUS UND DER HOF

George III., ein großer, blonder, rotgesichtiger junger Mann mit vorstehenden blauen Augen, leicht fliehender Stirn und einem ebensolchen Kinn, hatte im Oktober 1760 mit erst zweiundzwanzig Jahren den Thron bestiegen. Im folgenden Jahr heiratete er Prinzessin Charlotte von Mecklenburg-Strelitz. Weder er noch Charlotte waren besonders attraktiv – sie war klein und dürr, hatte einen breiten Mund und eine flache Nase. Ihre Höflinge witzelten nach ein paar Jahren, dass »die Blüte ihrer Hässlichkeit dahinwelkte«. Doch dem Paar wurden im Laufe der nächsten zwanzig Jahre insgesamt fünfzehn hübsche Söhne und Töchter geboren.

George war der erste König aus dem hannoveranischen Herrscherhaus, dem die britische Krone mehr bedeutete als das deutsche Erbe, und er war stolz darauf, in England geboren und erzogen worden zu sein. Er war zwar nach Ansicht seiner Lehrer nicht von überragender Intelligenz, interessierte sich jedoch für Architektur, Musik, Astronomie, Landwirtschaft und Gartenbau. Alle, die ihn kannten, waren sich einig, dass er einen gütigen und aufrichtigen Charakter besaß und dass er mit äußerster Beharrlichkeit für seine Überzeugungen eintrat.

Da der König das Landleben bevorzugte, lebte die königliche Familie auf Windsor Castle statt in London. Jeder Untertan, der in die Nähe des Schlosses kam, konnte zusehen, wie der König dort an den Sommerabenden über die Terrasse spazierte. An seiner Seite befand sich seine kleine Frau, mit einem schwarzen Seidenumhang und einer einfachen Strohhaube bekleidet, in ihrem Gefolge der lange Zug der Kinder und Bediensteten. Das Leben auf Windsor Castle verlief äußerst schlicht und ruhig. Abends wurde ein wenig musiziert, aber es gab keine ausschweifenden Empfänge oder nächtlichen Gelage.

Der König liebte es, auf den großen Gutshöfen seines Anwesens Windsor Great Park nach dem Rechten zu sehen und sich davon zu überzeugen, dass sie ordentlich geführt wurden. Gern stattete er den Pächtern in ihren Cottages Überraschungsbesuche ab und plauderte dann leutselig mit ihnen. Einige Karikaturisten gaben ihm den Spitznamen »Bauer George« und machten sich über seinen schlichten, bescheidenen Lebensstil lustig. Doch seine Güte und seine Sorge um das Wohlergehen seiner Mitmenschen wurden geradezu legendär.

König George hatte von seinen entfernten Vorfahren aus dem Hause Stuart eine seltene Stoffwechselkrankheit namens Porphyrie geerbt, die unerklärliche physische Schmerzen auslöst und manchmal auch zu Anfällen geistiger Zerrüttung führt. Den ersten länger andauernden Krankheitsschub erlitt der König im Jahre 1788, und es war bereits davon die Rede, dass die Regierungsgeschäfte auf einen Regenten übertragen werden sollten. Aber noch ehe die nötigen konstitutionellen Maßnahmen getroffen werden konnten, hatte der König sich wieder erholt. In den Jahren 1801 und 1804 folgten weitere Krankheitsschübe, die von verschiedenen Ärzten mit drastischen, aber wirkungslosen Methoden behandelt wurden. Schließlich war der König so geschwächt, dass das 50. Krönungsjubiläum im Jahre 1809, also früher als geplant, gefeiert werden musste, weil man bezweifelte, dass er das Jahr überleben würde. James Austen und seine Familie besuchten am 24. Oktober einen Jubiläumsball im Festsaal von Basingstoke, und am folgenden Tag, dem eigentlichen Jahrestag der Thronbesteigung, gab William Digweed in seiner Scheune in Steventon ein Abendessen für die ganze Gemeinde.

1810 erlitt der König einen weiteren Anfall – ausgelöst durch den Kummer über den Tod seiner jüngsten Tochter, der Prinzessin Amelia, die nach langem Leiden an Tuberkulose gestorben war. Diesmal bestand offenbar keine Aussicht, dass der König jemals wieder genesen würde. Im Sommer 1811 schien er sogar schon im Sterben zu liegen, sodass seine treuen Untertanen bereits Vorbereitungen für die Staatstrauer trafen. Auch Jane Austen kaufte im Auftrag ihrer Mutter in Alton den nötigen Stoff für Trauerkleidung ein. Doch wider Erwarten erholte sich der König körperlich, wenn auch nicht geistig, und lebte noch einige Jahre, taub und erblindet, zurückgezogen in seinen Gemächern in Windsor Castle.

Thomas Gainsborough kam im Sommer 1782 nach Windsor Castle, um die königliche Familie zu porträtieren.

OBEN:
George III.; Königin Charlotte; der Prince of Wales (*1762), der spätere Prinzregent und George IV.; Prinz William (*1765), Duke of Clarence, der spätere William IV.; Princess Royal Charlotte (*1766)

MITTE:
Prinz Edward (*1767), Duke of Kent; Prinzessin Augusta (*1768); Prinzessin Elizabeth (*1770); Prinz Ernest (*1771), Duke of Cumberland; Prinz Augustus (*1773), Duke of Sussex

UNTEN:
Prinz Adolphus (*1774), Duke of Cambridge; Prinzessin Mary (*1776); Prinzessin Sophia (*1777); Prinz Octavius (*1779); Prinz Alfred (1780–82), »aus dem Gedächtnis gemalt«. Prinz Frederick (*1763), Duke of York, hielt sich zu der Zeit in Deutschland auf. Prinzessin Amelia wurde erst 1783 geboren.

Das Regency: Regentschaft eines Gentleman

Der Thronerbe George Augustus Frederick, seit seiner Geburt 1762 Prince of Wales, übernahm am 6. Februar 1811 offiziell die Regentschaft, und die folgende Periode, die nach diesem Amt *Regency* benannt wurde, steht heute für einen schillernden Abschnitt der britischen Geschichte. Obwohl König George III. seinen Söhnen während ihrer Kinderzeit ein außerordentlich liebevoller Vater gewesen war, wurde sein Verhältnis zu ihnen später problematisch. George, selbst sittsam und konservativ, reagierte entsetzt über den ausschweifenden, extravaganten Lebensstil, den der Thronfolger annahm, kaum dass er die Pubertät hinter sich gelassen hatte. Der Prinz war groß, blond und sah gut aus, galt allgemein als charmant, geistreich und intelligent und wurde im späteren Leben zum Schirmherrn der Künste, der Literatur und Musik. Darüber hinaus war er jedoch verantwortungslos, frönte der Völlerei und der Trunksucht, verschwendete große Summen für prächtige Kleidung, teure Mätressen und extravagante Umbauarbeiten am Londoner Palast Carlton House sowie an seiner Küstenresidenz, dem Pavilion in Brighton. In seiner Jugend nannte man ihn den »ersten Gentleman Europas«, aber die Jahre des ausschweifenden Lebens hinterließen ihre Spuren, bis man den fettleibigen Thronfolger schließlich als »Prince of Whales« – Prinz der Wale – karikierte.

1785 heiratete der Prinz inoffiziell Maria Fitzherbert, eine zweimal verwitwete Dame, die um einiges älter als er selbst, bürgerlicher Herkunft und katholisch war – Gründe genug, um als Frau des Thronerben völlig inakzeptabel zu sein. Dass das Haus Hannover protestantisch war, hatte eine wichtige Rolle gespielt, als es im frühen achtzehnten Jahrhundert in Großbritannien an die Herrschaft gekommen war. Und 1772 hatte George III. den *Royal Marriages Act* verabschiedet, demzufolge die britischen Nachkommen Georges II. für jede Eheschließung die Zustimmung der Krone benötigten und als Ehepartner ausschließlich Protestanten infrage kamen. Damals hatte ein Parlamentarier bemerkt, es handele sich eher um ein »Gesetz zur Förderung von Unzucht und Ehebruch unter den Nachkommen Georges II.«. Die Heirat des Prinzen war somit zivilrechtlich illegal und konnte nicht öffentlich anerkannt werden.

Auf Betreiben seines Vaters und auch, damit das Parlament seine Schulden deckte, heiratete der Prinz 1795 in zweiter, diesmal offizieller Ehe seine Kusine Prinzessin Karoline von Braunschweig. Die Ehe war von Anfang an zum Scheitern verurteilt – der Prinz hatte eine Vorliebe für kultivierte, elegante, gebildete Damen, die arme Karoline war dagegen unansehnlich und übergewichtig und sie vernachlässigte notorisch ihre Körperhygiene. Zudem war sie taktlos und tratschsüchtig, wie sich nur zu bald herausstellte, und sie legte ein exzentrisches, unschickliches Verhalten an den Tag. Genau neun Monate nach der Hochzeit kam ihre Tochter Prinzessin Charlotte zur Welt, woraufhin sich das Paar sofort trennte. Prinzessin Karoline erhielt ein Haus außerhalb von London, und der Prinz und seine Eltern übernahmen die Erziehung der kleinen Charlotte.

Die politischen Widersacher des Prinzen ergriffen jedoch die Partei der Prinzessin und setzten alles daran, die Umstände so darzustellen, als sei sie die unschuldige Ehefrau und zu Unrecht schlecht behandelt worden. Einige Jahre lang – bis ihr eigenes unmoralisches Verhalten schließlich nicht mehr zu vertuschen war – gelang es tatsächlich, die Öffentlichkeit auf ihre Seite zu ziehen. Im Februar 1813 verfassten Karolines Berater einen Brief an den Prinzen, in dem sie das angebliche Unrecht gegen sie auflisteten, und sorgten dafür, dass der Brief in den Zeitungen abgedruckt wurde. Ein paar Tage später schrieb Jane Austen an ihre Freundin Martha Lloyd:

> »Wahrscheinlich sitzt jetzt alle Welt über den Brief der Prinzessin von Wales zu Gericht. Die arme Frau, ich werde zu ihr halten, solange es geht, weil sie eine Frau ist & weil ich ihren Mann hasse – aber ich kann es ihr kaum verzeihen, dass sie sich selbst als ›liebend & ergeben‹ gegenüber einem Mann bezeichnet, den sie doch verabscheuen muss ... Ich weiß nicht, was ich tun soll; – aber wenn ich die Prinzessin aufgeben muss, bin ich doch entschlossen, an der Überzeugung festzuhalten, dass sie anständig geblieben wäre, wenn der Prinz sie nicht erst so unerträglich behandelt hätte.«

EUROPA IM KRIEG

Im achtzehnten Jahrhundert rangen die europäischen Großmächte in wechselnden Koalitionen um die Vormachtstellung auf dem Kontinent und um die Territorialansprüche und Handelsrechte in der übrigen Welt. Großbritannien führte jahrzehntelang fast ununterbrochen Krieg gegen Frankreich und Spanien. Als George III. 1760 den Thron bestieg, waren die Provinzen Quebec und Montreal – im heutigen Kanada – gerade erst den französischen Siedlern abgerungen worden, sodass der Osten des nordamerikanischen Kontinents zum großen Teil unter britischer Herrschaft stand. Die spanische Hoheit in Amerika erstreckte sich von Kalifornien bis Argentinien, und die Herrschaft über die Westindischen Inseln wechselte ständig zwischen Spaniern, Franzosen, Briten und Niederländern. Die Kosten für die Vertreibung der Franzosen und Spanier von der Atlantikküste Nordamerikas waren für das britische Mutterland immens hoch gewesen, ohne dass die dreizehn britischen Kolonien in diesem Teil Amerikas etwas dazu beigetragen hätten. Nun entschied die britische Regierung, dass es an der Zeit war, die Kolonisten an der finanziellen Last zu beteiligen, indem dort ebenso wie in England Steuern erhoben würden. Die Amerikaner waren allerdings nicht im Unterhaus des Parlaments vertreten und sahen es daher nicht ein, sich besteuern zu lassen – »no taxation without representation« lautete ihr berühmt gewordenes Prinzip.

Konflikte und Unruhen bestimmten die folgenden Jahre, bis die amerikanischen Kolonien 1773 im Unabhängigkeitskrieg gegen Großbritannien zu den Waffen griffen. Zunächst sah es nach einer Pattsituation aus – da die Amerikaner nicht über eine Flotte verfügten, konnten sie die Briten nicht daran hindern, an jeder beliebigen Stelle an der östlichen Meeresküste zu landen. Die Briten waren ihrerseits nicht in der Lage, eine Armee aufzustellen und zu unterhalten, die groß genug gewesen wäre, die Rebellion niederzuschlagen. Die Kolonisten kämpften verbissen, und die britischen Truppen, die für diese eher ungeordnete Art der Kriegsführung nicht ausgebildet waren, verloren ebenso viele Schlachten, wie sie gewannen.

Im Juli 1776 erklärten die Amerikaner ihre Unabhängigkeit. Spanien, Holland und Frankreich schlugen einen Vorteil aus der Situation, indem sie die Amerikaner mit Schiffen und Truppen unterstützten, bis die Briten schließlich 1781 in Yorktown, Virginia, kapitulierten. Die übrigen britischen Garnisonen wurden geräumt, und 1783 unterzeichnete man in Versailles einen Friedensvertrag, in dem die amerikanische Unabhängigkeit offiziell anerkannt wurde. Die rund 60 000 Kolonisten, die als *United Empire Loyalists* gegen die Rebellion gewesen waren, verließen die neu gegründete amerikanische Republik und zogen nach Norden, um sich den britischen Siedlern in Kanada anzuschließen.

Soweit bekannt ist, berührte der Amerikanische Unabhängigkeitskrieg keinerlei persönliche Interessen der Austens. Allerdings wären sie sicher besorgt gewesen, wenn sich die Auseinandersetzungen auf die Westindischen Inseln ausgedehnt hätten. Diese Inselgruppe, die strategisch günstig zwischen den beiden amerikanischen Kontinenten liegt, war im frühen siebzehnten Jahrhundert von Europäern besiedelt worden. Seither hatten viele jüngere Söhne des englischen Adels und der *landed gentry* dort ihr Glück versucht, indem sie Plantagen aufbauten und die Ernte ins Vereinigte Königreich exportierten. Zur Jahrhundertmitte hatte der Englische Bürgerkrieg diese Entwicklung noch verstärkt, denn unterlegene Royalisten waren vor Cromwells neuer puritanischer Republik auf die Westindischen Inseln geflohen. Ursprünglich wurden zur Arbeit auf den Plantagen englische Sträflinge eingesetzt, später dann Sklaven von der Westküste Afrikas, und um die Mitte des achtzehnten

Jahrhunderts hatte sich eine Art Dreieckshandel entwickelt: Rum, Zucker, Baumwolle, Kakao und Kaffee gelangten von den Westindischen Inseln und der Ostküste Nordamerikas in die englischen Häfen Bristol, Liverpool und insbesondere London. Der Erlös wurde in Handelsgüter wie Metallwaren, Textilien, Waffen und Alkohol umgesetzt, für die in Afrika Nachfrage bestand. Dort tauschte man diese Waren dann bei arabischen Sklavenhändlern gegen Sklaven ein, die wiederum als neue Arbeitskräfte über den Atlantik zu den westindischen Plantagen gebracht wurden. Dass der Profit, der mit diesen Gütern erwirtschaftet wurde, auf der Ausbeutung unbezahlter Sklavenarbeiter beruhte, wurde als selbstverständlich hingenommen.

Die Familie Austen hatte dreierlei Verbindungen in diesen Teil der Welt: Cassandra Austens Bruder, James Leigh-Perrot, hatte Jane Cholmeley geheiratet, deren Familie eine Plantage auf Barbados besaß. George Austen selbst gehörte einige Jahre lang zu den Treuhändern einer Plantage auf Antigua, stellvertretend für den Sohn eines alten Oxforder Studienfreundes. Zwei von George Austens Neffen aus Kent wiederum, William und George Walter, wanderten nach Jamaika aus, wo sie 1787 beziehungsweise 1779 starben. An diese Familienbeziehungen wird Jane übrigens gedacht haben, als sie Sir Thomas Bertram in *Mansfield Park* Ländereien auf Antigua zuschrieb.

Doch auch wesentlich näher an Janes Heimat Hampshire, nämlich jenseits des Ärmelkanals in Europa, verdichteten sich die Gewitterwolken drohender Unruhen, und am 14. Juli 1789 stürmten die Massen in Paris die alte Bastille, die als Gefängnisfestung ein verhasstes Symbol der Gewaltherrschaft war. Dieses Ereignis wird allgemein als Beginn der Französischen Revolution angesehen. Der Gedanke an einen Regierungswechsel in Frankreich stieß bei manchen Engländern anfangs durchaus auf Sympathie – insbesondere bei denen, die den Amerikanischen Unabhängigkeitskrieg des vergangenen Jahrzehnts inzwischen in einem positiven Licht sahen. Doch nur zu bald wurde der Schrei nach »Liberté, Egalité, Fraternité« zu einer blutrünstigen Farce, während die paranoiden Revolutionsführer jeden, der in ihren Augen ein Staatsfeind war, massakrierten oder guillotinierten, ohne ihm überhaupt den Prozess gemacht zu haben.

Viele französische Familien flohen auf Fischerbooten über den Kanal nach England, während andere von der britischen Flotte gerettet wurden. In Reading entstand in nächster Nachbarschaft zu Mrs La Tournelles Schule im Abbey House eine Kolonie von Emigranten, von denen die Zeitgenossen zu sagen pflegten, dass sie auf »typisch französische Art« ihren Unterhalt verdienten. »Die Herren unterrichteten Sprachen, Musik, Fechten und Tanz, während ihre Frauen und Töchter sich als Lehrerinnen oder Gouvernanten verdingten oder die Läden mit den konkurrenzlosen

Produkten ihrer Nation belieferten – modischen Erzeugnissen der Hutmacherkunst oder künstlichen Blumen«. Jane und Cassandra hatten Abbey House damals bereits verlassen, aber die Familie Austen erfuhr derartige interessante Informationen aus den Kolumnen der Lokalzeitung, des *Reading Mercury*.

Im Januar 1793 starb der französische König Louis XVI. unter der Guillotine, und Königin Marie Antoinette folgte ihm wenig später aufs Schafott. 1794 wurde der Comte de Feuillide, der Mann von Janes Kusine Eliza, ebenfalls aufgrund falscher Beschuldigungen hingerichtet. Eliza hatte schon früher nach England fliehen können und mit ihrem Sohn Hastings in London ein neues Zuhause gefunden. Doch der grausame Tod ihres Mannes ließ die Schrecken der Revolution auch im friedlichen Pfarrhaus in Steventon spürbar werden und erregte bei Jane einen nachhaltigen Abscheu gegen republikanische Ansichten.

Die junge französische Nation erklärte ihren absolutistischen Nachbarn den Krieg, in den Großbritannien 1793 auf Seiten Österreichs und Preußens eintrat. Während der folgenden zwanzig Jahre – der Hälfte von Jane Austens Lebenszeit – tobten Schlachten zwischen sämtlichen europäischen Nationen, zu Land und zur See, quer über den Globus von Amerika bis Indien.

Der Ausbruch des Krieges veränderte das Leben von Janes Schwester Cassandra grundlegend: Ihr Verlobter, Reverend Tom Fowle, ein ehemaliger Schüler ihres Vaters, segelte 1795 als Kaplan mit der *British Expeditionary Force* zu den Westindischen Inseln und starb dort an Gelbfieber. Cassandra hegte nie wieder für jemanden die gleichen Gefühle wie für Tom, und so starb sie 50 Jahre später, ohne jemals verheiratet gewesen zu sein. Janes Bruder Henry, der ursprünglich wie James Geistlicher hatte werden wollen, beschloss, sich stattdessen der Verteidigung seines Vaterlandes zu widmen. Zuerst wollte er in die reguläre Armee eintreten, doch dann wurde er – möglicherweise auf Betreiben seiner Eltern – Leutnant in der Bürgerwehr von Oxfordshire. Er patrouillierte während der folgenden Jahre mit seinem Regiment an der Küste von England, um einen etwaigen Angriff von der anderen Kanalseite abzuwehren.

Um die Jahrhundertwende, zum Ende der französischen Revolutionskriege, ruhten die Auseinandersetzungen zwischen Großbritannien und Frankreich für kurze Zeit. 1799 stürzte nämlich der junge korsische Offizier Napoleon Bonaparte die republikanische Regierung, ergriff als Erster Konsul Frankreichs die Macht und versicherte den Briten, dass er den Frieden wolle. Im Herbst 1801 wurde ein Waffenstill-

Der Krieg von 1812 – Blick über den Niagara auf das britische Fort George; im Vordergrund das amerikanische Fort. Stich, London 1813.

stand geschlossen, und der Frieden von Amiens (wie er nach dem Ort der Vertragsunterzeichnung genannt wurde) hielt für die folgenden achtzehn Monate. Die Briten begannen ihre Truppen zu demobilisieren, und sowohl Frank als auch Charles Austen konnten ihre Schiffe verlassen und ein paar Monate bei ihrer Familie in Bath verbringen. Doch Napoleon nutzte die Zeit zur Wiederbewaffnung und erklärte im Frühjahr 1803 erneut den Krieg, sodass dem Süden von England wiederum eine Invasion von Frankreich aus drohte – eine Gefahr, die erst gebannt war, nachdem Admiral Nelson die vereinigte französisch-spanische Flotte im Herbst 1805 in der Schlacht bei Trafalgar geschlagen hatte. Der Krieg in Europa dauerte an, bis Napoleon 1814 zur Abdankung gezwungen wurde. Im Frühjahr 1815 flammte er noch einmal kurz auf, ehe er im Sommer auf dem Schlachtfeld von Waterloo endgültig beendet wurde.

Ein neuer Konflikt mit Amerika

1811, als die napoleonischen Kriege auf dem Höhepunkt waren, gerieten Großbritannien und Amerika erneut in einen Konflikt. Der Stein des Anstoßes war, dass die offiziell neutralen amerikanischen Handelsschiffe die Seeblockade der Briten gegen

alle Verbündeten Frankreichs in Europa zu umgehen versuchten und darüber hinaus britische Matrosen zum Überlaufen anstifteten. In der amerikanischen Regierung gab es eine Fraktion, die die territoriale Expansion weiter vorantreiben, das hieß, den Briten Kanada und den Spaniern Florida abnehmen und die Indianer aus dem Land jenseits des Mississippi verdrängen wollte. Diese Gruppe war anti-britisch eingestellt – unter dem Vorwand, Großbritannien unterstütze die Indianer. Eine andere Fraktion gründete ihre anti-britische Haltung darauf, dass die Königliche Marine amerikanische Schiffe aufbrachte. Man warf ihnen vor, die Handelsblockade zu unterlaufen und Deserteure zu verstecken. Schließlich erklärte Amerika am 18. Juni 1812 Großbritannien den Krieg.

Die Amerikaner griffen Kanada an und nahmen York (das heutige Toronto) ein, die Hauptstadt der Provinz Upper Canada am Ufer des Ontariosees. Es folgte ein Hin und Her von Einfällen feindlicher Truppen entlang der Grenze, wobei die Briten im August 1814 Washington in Brand steckten. Militärisch war keine Lösung herbeizuführen, und im Dezember 1814 vereinbarten beide Seiten im flämischen Gent vertraglich, sich wieder auf die Gebiete zurückzuziehen, die sie vor dem Krieg kontrolliert hatten. Dennoch wurde im Januar 1815 die Schlacht bei New Orleans ausgetragen, da die Nachricht vom Ende der Kampfhandlungen noch nicht bis nach Amerika vorgedrungen war – die Überquerung des Atlantiks dauerte mindestens sechs Wochen. Die Grenze zwischen den USA und Kanada wurde schließlich in der ersten Hälfte des neunzehnten Jahrhunderts auf den 49. Breitengrad festgelegt.

Dieser Krieg gegen Amerika veranlasste Jane Austen zu einer ihrer wenigen politischen Stellungnahmen. In einem Brief an Martha Lloyd schrieb sie:

»[Henry] und seine Kameraden halten die politischen Aussichten für wenig erfreulich – ich meine, was einen Krieg gegen Amerika betrifft –; sie glauben, dass er mit Sicherheit kommen & dass er uns zum Verhängnis werden wird. Die Amerikaner sind nicht zu besiegen, & was ihnen jetzt vielleicht noch an Kriegskunst fehlt, das werden wir ihnen auf diese Art beibringen. Wir werden sie zu guten Matrosen & Soldaten machen & selbst nichts dabei gewinnen. – Wenn wir zugrunde gehen sollen, ist es nicht zu ändern – aber ich setze meine Hoffnung darauf, dass der Himmel uns schützen möge, da wir eine fromme Nation sind – eine Nation, die bei allem Übel doch ihre Religion pflegt; von den Amerikanern kann ich nicht glauben, dass sie überhaupt eine besitzen.«

KOLONIALE BESTREBUNGEN

Australien auf der anderen Seite des Globus war zu jener Zeit noch weitgehend unerforscht. Die Niederländer hatten in den Vierzigerjahren des siebzehnten Jahrhunderts große Teile der westlichen und nördlichen Küstenregion erkundet, die sie Neuholland nannten. Kapitän Cook hatte für Großbritannien die Ostküste kartiert und 1770 die Botany Bay entdeckt – neues Siedlungsland im späteren New South Wales.

Seit Amerika unabhängig war, konnte man keine britischen Sträflinge mehr dorthin deportieren. So wurde nach langen Debatten beschlossen, sie stattdessen nach New South Wales in Australien zu schicken, um dieses menschenleere Land, das reich an natürlichen Ressourcen war, zu kolonisieren. Am 13. Mai 1787 stachen neun Schiffe mit etwa 800 Sträflingen unter dem Kommando von Kapitän Arthur Philip von Portsmouth aus in See. Die Schiffe, die als Erste Flotte in die australische Geschichte eingingen, erreichten die Bucht von Sydney am 26. Januar 1788. Als die Erste Flotte nach England zurückkehrte, brachte sie Berichte über ein seltsames Tier mit, das die Siedler dort entdeckt hatten – »ein Geschöpf von der Gestalt eines Hasen, mit kurzen Vorderbeinen, wesentlich längeren Hinterbeinen, groß wie ein Schaf und *Kangouras* genannt, schmeckt wie Hammelfleisch«. Im Mai 1794 erschien in der Londoner *Times* eine Anzeige mit folgendem Text:

> »Kürzlich mit der *Rose*, einem Ostindienfahrer, eingetroffen: eine erstaunliche Rarität, ein lebender Elefantenbulle, bequem zu besichtigen am Exeter Change, Strand. Eintritt 1 Shilling pro Person. Wie oben, weiterer Neuzugang in den *Grand Menageries*, zwei einzigartige, äußerst merkwürdige *Kanguroos*, Männchen und Weibchen, von der Botany Bay. Eintritt 1 Shilling.«

Aus einem von Jane Austens Briefen geht hervor, dass sich Cassandra die Menagerie mit diesen exotischen Tieren ansah, als sie ihren Bruder Henry im Februar 1801 in London besuchte.

Den indischen Subkontinent wiederum hatten die Briten zu jener Zeit bereits weitgehend kolonisiert. Die Ostindiengesellschaft – ursprünglich ein Konsortium reicher Londoner Kaufleute, die den Handel mit dem Osten vorantreiben wollten – hatte im Jahrhundert zuvor fünf Niederlassungen an der indischen Küste eingerichtet. Sie dienten als Anlaufstellen für die Privatflotte der Ostindiengesellschaft, die aus schnellen Handelsschiffen bestand. Die Schiffe wurden wie in der oben zitierten Anzeige »Ostindienfahrer« genannt. Da die Gesellschaft gute Beziehungen zu den Mogulherrschern vor Ort pflegte, florierte der Handel, und die Niederlassungen wuchsen. Bis zur Mitte des achtzehnten Jahrhunderts war die französische und spanische Konkurrenz weitgehend aus dem Geschäft verdrängt worden.

Als das Mogulreich zusammenbrach, konnten die Briten drei der Stützpunkte – Kalkutta, Madras und Bombay – zu großen imperialen Provinzen ausbauen, die jeweils eine eigene Privatarmee unter dem Kommando professionell ausgebildeter britischer Offiziere unterhielten. Indien geriet in den Ruf eines Landes, in dem mittellose junge Männer als kleine Angestellte der Ostindiengesellschaft anfangen und mit etwas Glück sehr reich werden konnten, indem sie in ihrer Freizeit auf eigene Rechnung Handel trieben. Wem das gelang, der war fortan ein *nabob* (eine Verballhornung des Hindi-Wortes für einen Fürsten oder einen sehr reichen Mann). Ein solcher Mann kehrte nach England zurück, um sich ein Stadthaus in London und ein Anwesen auf dem Land zu kaufen, und stieg damit in die *gentry* auf. Doch diese traumhaften Aussichten hatten auch ihre Kehrseite: Die Seereise zwischen Großbritannien und Indien war lang und gefahrvoll und die Sterblichkeitsrate unter den Europäern in den indischen Provinzen hoch. Viele Männer waren sich bewusst, dass man in Kalkutta morgens noch wohlauf, am Abend tot und am nächsten Tag bereits auf dem Friedhof für Europäer begraben sein konnte. Außerdem ging der Traum vom Reichtum natürlich nicht immer in Erfüllung, wie das Schicksal von Janes Onkel Tysoe Hancock bewies.

Afrika war ebenso wie Australien noch in weiten Teilen unerforscht. Die holländische Ostindiengesellschaft hatte jedoch an der südlichsten Spitze, am Kap der Guten Hoffnung, die Cape Colony gegründet. Ehe im neunzehnten Jahrhundert der Suezkanal gebaut wurde, mussten alle Schiffe auf ihren monatelangen Reisen nach Indien oder Australien das Kap anlaufen, um neuen Proviant an Bord zu nehmen. Eines der Produkte der Cape Colony, der exquisite Kapwein, wird in *Verstand und Gefühl* erwähnt, wo Mrs Jennings der verstörten Marianne Dashwood ein Glas davon bringen will.

1795 besetzten die Briten die Cape Colony, ehe sie 1814 offiziell in britischen Besitz überging. 1796 spielte Henry Austen mit dem Gedanken, in das neu aufgestellte 86. Regiment einzutreten. Es hatte den Marschbefehl ans Kap erhalten und blieb dort drei Jahre lang stationiert, bevor es nach Indien weiterzog. Jane, die hoffte, Henry würde nicht zur regulären Armee gehen und England verlassen, war sicher sehr erleichtert, als er stattdessen in die Bürgerwehr von Oxfordshire eintrat.

England und Wales, Karte aus dem frühen neunzehnten Jahrhundert.
Jane Austen kam in Hampshire zur Welt und verbrachte ihr ganzes Leben in den südlichen Grafschaften von England. Soweit bekannt ist, reiste sie nie weiter in den Norden als bis Staffordshire.

DAS LEBEN AUF DEM LAND

Es liegen keine offiziellen Bevölkerungsdaten aus der Zeit Georges III. vor, doch Schätzungen zufolge hatten England, Schottland und Wales in den Sechzigerjahren des achtzehnten Jahrhunderts insgesamt etwa acht Millionen Einwohner. Die große Mehrheit lebte auf dem Land und trieb Landwirtschaft oder ein damit verbundenes Gewerbe. Die erste offizielle Volkszählung im Jahre 1801 ergab eine Einwohnerzahl von etwa zehn Millionen. Hinzu kamen weitere fünf Millionen Menschen in Irland, das nach dem *Act of Union* inzwischen zu Großbritannien zählte. London, von jeher die größte Stadt, hatte knapp unter einer Million Einwohner. Es unterhielt über die Segelschiffe, die im *Pool of London* (dem Abschnitt der Themse unterhalb der London Bridge) ankerten, Handelsbeziehungen in alle Welt. Die größten Städte nach London waren die Industriestandorte Liverpool, Manchester, Leeds und Sheffield im Norden, aber auch Birmingham und die Hafenstadt Bristol wuchsen schnell. Zwischen diesen städtischen Zentren lagen viele kleinere Provinzstädte und baulich reizvolle, prosperierende Marktstädtchen, die ein Netz von versprengten Dörfern mit Waren versorgten.

Zu jedem Dorf gehörten ein großes Guts- oder Herrenhaus, in dem der Gutsherr als Gemeindeoberhaupt wohnte, eine Kirche mit Pfarrhaus, Bauernhäuser aus Stein, Ziegel oder Holz, dazu Wind- und Wassermühlen und Cottages, die entweder dicht beieinander im Ortskern oder vereinzelt entlang weniger schmaler Straßen standen. Rings umher erstreckten sich Wiesen und Maisfelder. Einmal in der Woche, am Markttag, zogen die Dorfbewohner und Bauern mit ihren Karren zur nächstgelegenen Stadt, wo sie ihre Erzeugnisse verkauften, Neuigkeiten aus ihren Dörfern austauschten, sich nach einer anderen Anstellung umsahen oder – insbesondere die Jüngeren – bei der Gelegenheit vielleicht auch nach einem potenziellen Ehepartner Ausschau hielten.

Zwischen den Dörfern gab es große Flächen Brach- oder Gemeindeland – sie leuchteten violett durch Heidekraut, golden durch Stechginster oder grün durch Klee und Buschwerk. Diese Flächen wurden allerdings nach und nach von neu gepflanzten Hecken und schmalen Waldstückchen eingegrenzt und schließlich in die Nutzung einbezogen, denn die Gutsherren trieben den Fortschritt in der Landwirtschaft mit Begeisterung voran. Die Straßen waren damals Feldwege voller Schlaglöcher – im Sommer sehr staubig und im Winter schlammig und von tiefen Spurrillen durchzogen. Sie fügten sich ganz natürlich in die Landschaft ein. Das Reisen war entsprechend beschwerlich.

BESCHWERLICHES REISEN

Zu Jane Austens Zeit reiste man mit einer durchschnittlichen Geschwindigkeit von sieben Meilen pro Stunde, entweder zu Pferd oder in einer Kutsche, die von einem oder mehreren Pferden gezogen wurde. Pferde waren damals – und auch noch viele Jahre später – die einzige Antriebskraft auf den Straßen, und viele Berufszweige hingen auf die eine oder andere Art von den Pferden ab: Bauern, Schmiede, Hufschmiede, Sattler und Geschirrmacher ebenso wie Gastwirte und Fuhrunternehmer. Doch trotz der sprichwörtlichen »Pferdestärke« sind diese Tiere nicht für eine länger andauernde Belastung geeignet, sondern brauchen regelmäßig Futter- und Ruhepausen. In Jane Austens Roman *Kloster Northanger* ist Mr Morlands Pferd auf dem Rückweg von Clifton »so müde, dass er es kaum noch von der Stelle bringen« kann. Als General Tilneys Gesellschaft von Bath nach Northanger aufbricht, bewegt man sich »in dem soliden Trab vorwärts, in welchem die gepflegten, gut gefütterten Pferde eines Gentleman im Allgemeinen eine Reise von dreißig Meilen hinter sich bringen«. Die Strecke wird in zwei Etappen von je fünfzehn Meilen zurückgelegt, und zwischendurch macht man in Petty-France eine zweistündige Rast. In *Mansfield Park* lässt sich Mrs Norris über ihr Mitgefühl mit Sir Thomas' Kutschpferden aus: »Und als wir dann an den tiefsten Punkt von Sandcroft Hill kamen, was glauben Sie, was ich getan habe? Sie werden mich auslachen, ich bin ausgestiegen und zu Fuß gegangen. Im Ernst! Es hat ihnen vielleicht nicht viel Erleichterung verschafft, aber es war immerhin etwas, und ich konnte den Gedanken, dort bequem zu sitzen und auf Kosten der edlen Tiere gezogen zu werden, nicht ertragen; ich habe mir eine furchtbare Erkältung geholt, aber das war mir ganz gleich.«

In derselben Szene erwähnt Mrs Norris auch den schlechten Zustand der Straßen zwischen Mansfield und Sotherton mitten im Winter. »Ich dachte, wir würden niemals durchkommen, obwohl wir natürlich vierspännig gefahren sind … als wir bei Stoke auf die holprigen Straßen kamen, und dann noch bei Eis und Schnee auf bloßem Schotter, da war es schlimmer als alles, was Sie sich vorstellen können …«

Damals war jede Gemeinde für die Instandhaltung ihrer Straßen zuständig. Die Bewohner zahlten Abgaben dafür, und jedes Jahr ernannte die Gemeinde zwei Straßenbeauftragte, die für Reparaturarbeiten verantwortlich waren. Die Gemeinderäte hatten sich schon immer darüber beklagt, dass Reisende von außerhalb die Straßen zwar auch benutzten, aber nichts zu ihrer Instandhaltung beitrugen. Im siebzehnten Jahrhundert behoben die ortsansässigen Gentlemen diesen Missstand, indem sie *Turnpike Trusts* einrichteten. Ihre Mitglieder sperrten einen Abschnitt der Hauptstraße, die durch ihre Gemeinde verlief, an beiden Enden und allen dazwischen liegenden Kreuzungen mit schweren Toren (turnpikes) ab. An jedem Tor stand ein Zahlhäuschen, wo alle Reisenden eine Gebühr entrichten mussten, ehe sie den entsprechenden Straßenabschnitt passieren durften. Das Geld wurde für die Instandhaltung der Straße verwendet. Dank dieses Verfahrens besserte sich der Zustand der Hauptstraßen im achtzehnten Jahrhundert allmählich, sodass die Kutschen erheblich schneller und leichter vorankamen. Viele der heutigen Hauptstraßen verlaufen noch immer entlang der turnpike-Routen, die inzwischen unter Asphalt verschwunden sind, und hier und dort ist am Straßenrand auch noch eins der damaligen Zahlhäuschen zu sehen. Man erkennt sie an den großen Vorderfenstern, durch die der Torwächter die Straße in beide Richtungen überblicken konnte.

Die Landstraßen waren dagegen weiterhin in schlechtem Zustand, wie sich Jane Austens Neffe James-Edward Austen-Leigh 1869 erinnerte:

»Die Straße zwischen Deane und Steventon war lange Zeit ebener als manche der gebührenpflichtigen; doch als die Familie 1768 zwischen den beiden Orten umzog, war die Straße zu einem Feldweg verkommen und hatte so tiefe Spurrillen, dass sie sogar für eine leichte Kutsche nicht mehr befahrbar war. Mrs Austen, zu der Zeit bei schwacher Gesundheit, unternahm die kurze Reise auf dem Wagen mit dem Hausrat – auf einem Federbett, das über einige Polstermöbel gelegt war. Vor besonderen Anlässen wie Beerdigungen oder Hochzeiten beauftragte man damals nicht selten Arbeiter damit, jene Straßen, die kaum von Kutschen befahren wurden, mit Schaufeln und Spitzhacken auszubessern.«

Für den öffentlichen Personenverkehr auf den Hauptstraßen gab es hauptsächlich dreierlei Beförderungsmittel: die *stagecoach*, die schnellere *mail coach* und die großen, schwerfälligen Pferdefuhrwerke, die mit drei Meilen pro Stunde dahinkrochen. Letztere hatten zehn sehr breite Räder und wurden von acht Pferden gezogen. Sie beförderten schwere Güter, Gepäck und jene Reisenden, die sich keine Kutschfahrt leisten konnten. Die schnellen *mail coaches* wurden von der Regierung betrieben und gehörten, wie der Name schon sagt, zum allgemeinen Postverkehr. Sie waren eigentlich dazu bestimmt, die Postsäcke über Land zu transportieren, durften dabei aber bis zu vier Passagiere ohne Gepäck mitnehmen. Die *mail coaches* wurden von vier Pferden gezogen. Auf dem Bock saß ein Kutscher und neben ihm ein Wachmann mit einer »Donnerbüchse« – einer großkalibrigen Schrotflinte mit kurzem Lauf, mit der Straßenräuber abgewehrt wurden. Diese Kutschen hatten gegenüber anderen Vorfahrt und hielten in der Regel eine Mindestgeschwindigkeit von sieben bis acht Meilen pro Stunde. 1784 legte die *mail coach* die 116 Meilen von London bis Bath in weniger als dreizehn Stunden zurück, was als geradezu atemberaubend schnell galt. Während der napoleonischen Kriege wurden die Fahrzeuge auch für offizielle Bekanntmachungen genutzt: 1801, nach dem Friedensschluss von Amiens, trugen die Kutschen Schilder, auf denen stand: »Frieden mit Frankreich«, und die Kutscher steckten sich einen Lorbeerzweig als Friedenssymbol an den Hut. Bei anderen Gelegenheiten wurden die Wagen mit Eichenlaub, Lorbeer und Bändern dekoriert, um den Sieg britischer Truppen zu verkünden.

Die *stagecoaches* schließlich wurden von kommerziellen Unternehmen betrieben. Sie fuhren vier- bis sechsspännig und hatten im Innenraum Platz für sechs Fahrgäste. Darüber hinaus konnten noch etliche Passagiere auf dem Dach sitzen. Hinten an der Kutsche war ein riesiger Gepäckkorb angebracht. Auf dem Dach gab es keine Sitze – man ließ die Beine über die Kante baumeln, hielt sich an einem kleinen Ring oder Griff fest und wurde bei jedem Stoß gnadenlos durchgeschüttelt. Ein junger Deutscher, der 1782 auf diese Weise von Leicester nach Northampton fuhr, verkroch sich vor Angst bei der erstbesten Gelegenheit hinten im Gepäckkorb. Das ging zwar gut, solange der Weg bergauf führte, doch bergab purzelten die Kisten und Pakete durcheinander und fielen auf den jungen Mann, bis es ihm schließlich als das kleinere Übel erschien, wieder aufs Dach zu klettern – »ganz durchgeschüttelt und jämmerlich zerschlagen«.

Es gab keine offizielle Obergrenze für die Zahl der Personen, die auf dem Dach oder im Korb transportiert werden durften, sodass überfüllte Kutschen wegen der ungleichmäßigen Gewichtsverteilung höchst unfallgefährdet waren. Als 1795 die Gosporter Kutsche umstürzte, saßen außer dem Kutscher elf Personen auf dem Dach und dem Bock sowie neun weitere im Korb. Es kam auch häufig vor, dass betrunkene Matrosen von der Kutsche fielen, und im Winter entdeckte man nach langen Reisen nicht selten erfrorene Passagiere auf dem Dach.

Eine stagecoach mit Fahrgästen auf dem Dach. Manchmal fuhren sogar hinten im Gepäckkorb Passagiere mit.

Auch die Pferde hatten schwer zu leiden, was als selbstverständlich hingenommen wurde. Gentlemen wie Sir Thomas Bertram oder General Tilney in Jane Austens Romanen mochten privat ihre Tiere zwar gut behandeln, doch die Zugpferde der öffentlichen Beförderungsmittel wurden nahezu wie Maschinen betrachtet, aus denen man die größtmögliche Leistung herauszuholen versuchte, um den Fahrplan einzuhalten. Die Pferde wurden bei jedem Zwischenstopp – jeweils nach etwa sieben oder acht Meilen – ausgewechselt und mussten täglich zwei Etappen bewältigen, einen Hin- und einen Rückweg. Dazwischen gab es nur hin und wieder Ruhetage. Wenn die schwer beladenen Kutschen auf den schlechten Straßen bei jedem Wetter strikt nach Zeitplan verkehren sollten, bedeutete das in der Praxis, dass die Pferde mit der Peitsche angetrieben und bis zur äußersten Erschöpfung gefordert wurden. Auf schnellen Strecken, wo die Straße gerade und eben war, mussten die Gespanne sechs oder sieben Meilen ununterbrochen galoppieren. Die meisten Kutschpferde hielten diesen Strapazen nicht länger als drei Jahre stand. 1816 warb ein neu gegründetes Fuhrunternehmen in London damit, die 52 Meilen bis Brighton in ständigem Galopp garantiert in sechs Stunden zurückzulegen. Der Betrieb wurde allerdings bald wieder eingestellt, nachdem in einer Woche fünfzehn Pferde verendet waren.

Ein Zeitungsartikel von 1791 macht deutlich, dass diese Art des Reisens noch weitere Nachteile mit sich brachte als nur die lange, unbequeme Fahrt durch die Kälte.

»In öffentlichen Kutschen macht man sich mit den unterschiedlichsten Leuten gemein, unter denen sich nur allzu viele unerfreuliche Gestalten finden. Zudem wird man bei der Rast in den Gasthöfen nicht beachtet, obwohl man für jede Erfrischung exorbitante Summen zahlt. Das Benehmen des Kutschers ist häufig eine Zumutung, und zusätzlich zum Fahrpreis zahlt man noch eine beträchtliche Summe für das Gepäck.«

Aus diesen gesellschaftlichen und finanziellen Gründen fuhren allein reisende Damen in der Regel nicht mit *stagecoaches*. So mussten George Austens Söhne nach seinem Tod im Jahre 1805 ihre Mutter und ihre Schwestern begleiten, wenn sie auf Reisen gingen. Doch gegen Ende ihres Lebens, im Jahre 1814, reiste Jane Austen tatsächlich einmal allein nach London – allerdings in der Kutsche von Alton, wo sie einige der Mitreisenden kannte. Am nächsten Tag konnte sie Cassandra beruhigen, sie hätten sich alle »sehr ruhig & manierlich« betragen.

Der oben zitierte Journalist von 1791 empfahl folgende Alternative zur *stagecoach*: »Wenn zwei oder drei Personen sich entschließen, gemeinsam mit einer *post chaise* zu fahren, können sie sich nicht nur die genannten Unannehmlichkeiten ersparen, sondern auch den Zeitplan selbst bestimmen und in den Gasthäusern am Weg mit weniger überhöhten Preisen und höflicherer Behandlung rechnen.« Diese Kutschen, die auch Eilpost befördern konnten, wurden von Gastwirten komplett mit Gespann und Postillions vermietet.

> »... es sind solide, geschlossene Kutschen mit vier Rädern ... im Inneren finden drei Personen bequem Platz; die Fahrzeuge sind schmal, außerordentlich leicht, gut gefedert, und die Fahrt kommt dem Reisenden auf den nicht gepflasterten Straßen umso sanfter vor ... die Postillions sind nicht nur anständig, sondern geradezu respektvoll ...«

Allerdings war diese Art zu reisen äußerst kostspielig, denn man musste zusätzlich zu dem Mindestfahrpreis von einem Shilling pro Pferd und Meile nicht nur dem Postillion ein Trinkgeld zahlen, sondern auch dem Personal sämtlicher Gasthäuser, in denen Station gemacht wurde. Als die Schwestern Steele in *Verstand und Gefühl* aus Südwestengland nach London reisen, erzählt Nancy Mrs Jennings »mit stolzer Selbstgefälligkeit«, »wir sind den ganzen Weg mit Extrapost gekommen ... Dr. Davies wollte in die Stadt, und da dachten wir, wir nehmen mit ihm zusammen eine Extrapost, und er hat sich sehr nobel benommen und zehn oder zwölf Shillings mehr bezahlt wie wir.«

Für den Privatgebrauch gab es Kutschen in vielen verschiedenen Ausführungen. Und ebenso, wie die Automarke heute etwas über den sozialen Status einer Person aussagt, konnte man zu Jane Austens Zeit vom Typ der Kutsche auf den gesellschaftlichen Rang einer Familie schließen. Es gab Fahrzeuge mit zwei oder vier Rädern, offen, geschlossen oder mit einem klappbaren Lederverdeck. Die Palette der Zugtiere reichte vom bescheidenen Esel bis zum Gespann aus sechs Vollblutpferden, und gelenkt wurden die Fahrzeuge entweder vom Besitzer selbst, von einem Kutscher oder von einem Postillion. Der älteste Fahrzeugtyp und zugleich auch der größte und teuerste war die schwere, solide, geschlossene Kutsche, in der bis zu sechs Personen Platz fanden und die daher besonders für Familien geeignet war – die Bennets, die Bertrams und die Musgroves in Jane Austens Romanen verfügen über solche Kutschen mit dazugehörigen Kutschern.

Als der Zustand der Straßen sich besserte, kamen auch kleinere Fahrzeuge in Gebrauch. Eine Kalesche war wesentlich leichter, konnte nur drei Personen befördern und wurde von einem Postillion gelenkt, der auf dem Leitpferd ritt. Die Familie von John Dashwood in *Verstand und Gefühl* und die verwitwete Mrs Rushworth in

Mansfield Park besitzen *chariots* – Fahrzeuge in der gleichen Bauweise, jedoch mit Kutschbock und Kutscher statt des Postillions. 1784 kaufte George Austen für seine Frau und seine Töchter einen *chariot*, der 1801, als die Familie Steventon verließ, wieder verkauft wurde.

Zu den größeren Kutschen zählte auch der Landauer, der um 1800 in Deutschland erfunden wurde. Er war so groß wie die ursprüngliche geschlossene Kutsche, jedoch mit einem Lederverdeck ausgestattet, das von der Mitte aus in zwei Hälften heruntergeklappt werden konnte. Bei dem kleineren, leichter gebauten Coupé war das Verdeck von vorn nach hinten in einem Stück aufklappbar.

Auch die Barutsche, ebenfalls mit einteiligem Verdeck, aber für vier Personen im Innenraum und für zwei auf dem Bock, war auf dem Kontinent erfunden worden und kam in England erst gegen 1800 in Gebrauch. In *Mansfield Park* fährt Henry Crawford eine Barutsche, und als Tante Norris, Fanny, Mary Crawford und Maria Bertram auf der Fahrt nach Sotherton Court unter dem geschlossenen Verdeck sitzen, beobachtet Maria eifersüchtig, wie Henry, der kutschiert, mit Julia flirtet, die neben ihm auf dem Bock sitzt. 1804 wurde ein Mischtyp aus Barutsche und Landauer entwickelt – eben jene »große Kutsche«, von der Mrs Elton in *Emma* ständig betont, ihr reicher Schwager Mr Suckling besäße eine. Der Leser wartet allerdings vergeblich darauf, dass sie tatsächlich einmal vor dem Pfarrhaus von Highbury vorfährt. In *Überredung* indessen fährt Anne Elliot nach ihrer Hochzeit mit Kapitän Wentworth »ein elegantes kleines Coupé«.

Die kleinen, offenen Kutschen wurden vom Besitzer selbst gelenkt. Gegen Ende des achtzehnten Jahrhunderts war der zweisitzige Phaeton, in England auch *highflyer* genannt, besonders bei verwegenen jungen Männern beliebt, die mit diesem unsicheren Gefährt ihre Fahrkünste unter Beweis stellen wollten. Der Wagen war schmal und hoch gebaut, fuhr auf vier großen Rädern und wurde von zwei oder mehr Pferden gezogen. Eine Kutsche mit weniger hohen Rädern, folglich weniger unfallgefährdet, aber dennoch sehr elegant, war der Zweispänner, *curricle* genannt, den in Jane Austens Romanen die wohlhabenderen unter den jungen Männern fahren – Willoughby, Darcy, Henry Tilney und Rushworth. Die gebräuchlichste unter den kleineren Kutschen war das preisgünstige Gig, ein zweirädriger Einspänner, wie ihn auch die Studenten James Morland und John Thorpe in *Kloster Northanger* fahren. Letzterer lobt sein gebraucht gekauftes Gig vor Catherine in den höchsten Tönen und versucht, ihr weiszumachen, es sei beinahe so elegant wie ein Zweispänner: »Gute Federung, Londoner Fabrikat... Gefedert wie ein Zweispänner, oder? Sitz, Chassis, Schwertkasten, Schutzblech, Lampen, Silberbeschläge, komplett mit allem, die Metallteile so gut wie neu, wenn nicht besser.«

Die Damen fuhren den Pony-Phaeton (eine sehr kleine Variante, die niedriger als der *highflyer* und folglich wesentlich sicherer war), den so genannten *whiskey* (den »Flitzer«, ein sehr kleines, leicht gebautes Gig) oder als Minimalausstattung den Eselskarren. Mrs Gardiner freut sich in *Stolz und Vorurteil* auf eine Runde durch den Park von Pemberley in einem »niedrigen Wägelchen mit zwei hübschen Ponies davor« – gemeint ist ein Pony-Phaeton. Im wirklichen Leben verfügte die weniger wohlhabende Cassandra Austen über einen Eselskarren, mit dem sie zum Einkaufen nach Alton zockelte.

In offenen Kutschen waren die Reisenden natürlich schutzlos Wind und Wetter ausgesetzt, wie auch Mrs Allen in *Kloster Northanger* beklagt: »In fünf Minuten ist ein sauberes Kleid schmutzig. Beim Ein- und Aussteigen wird man nass gespritzt, und Haar und Haube werden vom Wind in alle Richtungen geweht.« Selbst noch in der Literatur der folgenden Generation hatten die Protagonisten unter solchen Reisebedingungen zu leiden. So beklagt Anne Brontës Gouvernante Agnes Grey im gleichnamigen Roman nach einer langen Fahrt im Gig durch die Kälte: »Nach einem Blick in den Spiegel war ich ziemlich entsetzt über meine Erscheinung – der kalte Wind hatte meine Hände anschwellen lassen und gerötet, mein Haar aufgelöst und zerzaust und mein Gesicht blassviolett gefärbt; man stelle sich außerdem vor, dass mein Kragen schrecklich zerdrückt, mein Kleid mit Schmutz bespritzt war …«

Die geschlossenen Kutschen boten dagegen allen Komfort, den der Besitzer sich nur wünschen konnte – heiße Ziegelsteine als Fußwärmer auf dem Boden, Schaffelle, die man über die Knie legen konnte, und silberne Nachttöpfe für längere Reisen.

Verkehrsunfälle gab es zur Zeit der Pferdekutschen ebenso wie heute. Selbst die langsamen Fuhrwerke mit den breiten Rädern waren unfallträchtig, denn es kam immer wieder vor, dass Bauernjungen, die auf der Deichsel mitfuhren, abstürzten und unter die gewaltigen Räder gerieten.

Wenn ein Reitpferd scheute und durchging, hatte der Reiter zwei Möglichkeiten: Entweder er sprang ab und hoffte, weich zu landen, oder er hielt sich oben und hoffte darauf, rechtzeitig abgeworfen zu werden, wenn das Pferd selbst stürzte. Madam Lefroy aus Ashe, eine gute Freundin von Jane Austen, kam 1804 bei einem Reitunfall ums Leben.

Wenn Kutschpferde im Geschirr scheuten oder bockten, konnte es leicht geschehen, dass sie das Fahrzeug umrissen. Ein Mädchen aus Schottland erinnerte sich an die ständigen Schererein, die die Familie mit ihren vier schmucken Kutschpferden hatte – zwei Schecken und zwei Grauen. Wenn sie erst einmal angezogen hatten, gingen sie gut im Geschirr. Die Schwierigkeit war nur, sie überhaupt in Gang zu bringen. Einer der Schecken bockte anfangs meist ein wenig, der andere aber legte sich regelmäßig auf den Boden, sodass nach jeder Rast sämtliche verfügbaren Pferdeknechte des Gasthauses sowie die Hälfte der Postillions mithelfen mussten und eine lange Peitsche ausgiebig zum Einsatz kam, um das Pferd wieder auf die Beine zu bringen. Schließlich kurierte man es von dieser Marotte, indem man ihm brennendes Stroh unterlegte. Die zwei Grauen stellten sich einfach nur ungeschickt an – statt geradeaus zu ziehen, lief der eine nach rechts und der andere nach links los. Und zu allem Unglück versuchte die hysterische Mutter auch noch lauthals schreiend, die Tür der Kutsche zu entriegeln, um hinauszuspringen.

Im Oktober ereignete sich bei Leatherhead in Surrey ein tödlicher Unfall, über den die Austens sicher im *Hampshire Chronicle* einen Bericht lasen. Die Princess of Wales war mit zweien ihrer Hofdamen, Lady Sheffield und Miss Harriet Cholmondeley, nach Surrey gereist. Auf der Rückfahrt nach London – in einem großen, offenen Vierspänner – drängte die ungeduldige Prinzessin die Postillions zu höchster Eile. Daraufhin nahmen die Pferde eine Kurve zu weit, die äußeren Räder gerieten auf die Böschung, und das Fahrzeug stürzte um. Die drei Damen wurden hinausgeschleudert. Miss Cholmondeley blutete heftig aus Mund und Ohren, als man sie fand, und starb wenige Minuten später. Da Leatherhead als Vorbild für Jane Austens

fiktiven Ort Highbury in *Emma* gilt, liegt es nahe, diesen Unfall mit Mr Woodhouses Angst vor der gefährlichen Kurve zur Vicarage Lane in Verbindung zu bringen.

Zu allem Übel mit den Fahrzeugen machten auch Räuber die Straßen unsicher. Im Sommer 1793 hielt sich in den Wäldern bei Overton, nur wenige Meilen von Steventon entfernt, ein Straßenräuber versteckt, der monatelang immer wieder Kutschen überfiel und nachts Reisende ausraubte. Er wurde nie gefasst, verschwand aber aus der Gegend, als eine hohe Belohnung auf seine Ergreifung ausgesetzt wurde. Die Austens müssen sich dieser Gefahr in ihrer Nähe durchaus bewusst gewesen sein, denn auch Mrs Bramston von Oakley Hall, mit der sie befreundet waren, wurde am Abend des 6. Juni auf dem Heimweg ausgeraubt. Sie schrieb später:

»Ich habe kürzlich einen großen Schrecken erlebt, als ich auf dem Rückweg vom Tee bei Mrs Lefroy von einem Räuber angehalten wurde, der mir seine Pistole vorhielt & sagte, er würde mir das Hirn rauspusten, wenn ich ihm nicht mein Geld gebe. Ich wurde 8 Guineen los, was mir gar nicht gefiel, außerdem habe ich seither ständig Kopfschmerzen & erschrecke vor meinem eigenen Schatten, aber allmählich erhole ich mich…«

KUREN UND LANDPARTIEN

Wer sich durch die Risiken und Strapazen einer Reise nicht abschrecken ließ, sondern einmal etwas anderes sehen oder in einem Kur- oder Seebad etwas für seine Gesundheit tun wollte, dem boten sich verschiedene Möglichkeiten. Die Grand Tour über den europäischen Kontinent war zwar seit 1793 wegen des Krieges mit Frankreich nicht mehr möglich, doch die Reiselustigen konzentrierten sich nun auf das eigene Land. Sie entdeckten vor allem die Schönheiten der walisischen Berge und der nordenglischen und schottischen Landschaft. Es entstand die Sitte, diese Naturschönheiten zu bereisen und unterwegs Landsitze zu besuchen, wie es auch die Gardiners in *Stolz und Vorurteil* gemeinsam mit Elizabeth Bennet tun. Ihr ursprünglicher Plan, zu den Seen zu fahren, scheitert an Mr Gardiners geschäftlichen Verpflichtungen, sodass die Gesellschaft nicht weiter nördlich als nach Derbyshire kommt und sich mit den »gepriesenen Schönheiten von Matlock, Chatsworth, Devedale oder dem ›Peak‹« begnügen muss – und natürlich mit Pemberley. Elizabeth

Matlock, Derbyshire, von Coplestone Warre Bampfylde, 1780. Darcy und Elizabeth »…sprachen mit großer Ausdauer von Matlock und Dove Dale«.

ist nicht wohl bei diesem Plan, und sie versucht, den Besuch abzuwenden. »Sie fand, sie habe in Pemberley nichts zu suchen, und fühlte sich verpflichtet, Desinteresse zu zeigen. Sie müsse gestehen, sie habe genug von Herrensitzen; nach so vielen habe sie keinen Spaß mehr an schönen Teppichen und seidenen Vorhängen.« Doch nachdem sie vom Zimmermädchen des Gasthauses in Bakewell erfahren hat, dass die Darcys sich noch in ihrer Winterresidenz in London aufhalten, gibt sie dem Wunsch ihrer Tante nach. Als sich die beiden von der Haushälterin Mrs Reynolds das Haus zeigen lassen, erfährt Elizabeth viel über Mr Darcys Vorzüge.

Bath war Englands ältestes Kurbad und zugleich dasjenige, das Jane Austen am besten kannte, weil sie selbst dort gewohnt hatte. Möglicherweise machte sie mit ihren Eltern, als sie 1788 nach Kent reisten, auch für ein oder zwei Tage in Tunbridge Wells Station. Die berühmten eisenhaltigen Brunnen von Tunbridge wurden im siebzehnten Jahrhundert entdeckt, doch der Kurort entwickelte sich erst wesentlich später. Die Quellen dort waren nicht heiß und sprudelten längst nicht so reichlich wie in Bath, sodass man das Wasser hauptsächlich für Trinkkuren und kaum zum Baden nutzte. Dennoch hatte Tunbridge Wells alles zu bieten, was ein Kurort benötigte – Ballsäle, Theater, Büchereien, exklusive Geschäfte, gepflasterte Promenaden und einen kleinen Ortskern mit Konzertpavillon ebenso wie vornehme Pensionen und hübsche Spazier- und Reitwege. Und es lag nur 36 Meilen südlich von London. Der Ort war um die Mitte des achtzehnten Jahrhunderts besonders beliebt gewesen, kam inzwischen aber schon wieder aus der Mode, da die reichen Gäste neuerdings andere Reiseziele vorzogen. In *Kloster Northanger* hat die nicht besonders wohlhabende Witwe Thorpe aus Putney – das damals ein Dorf am südlichen Rand von London war – mit ihren Töchtern Tunbridge besucht, und so kann Isabella die unbedarfte Catherine beeindrucken, indem sie die Bälle in Bath mit den dortigen vergleicht. Es gab auch eine spezielle Souvenirindustrie in der Stadt: *Tunbridge ware* – Kästchen und andere kleine Ziergegenstände mit Einlegearbeiten, Mustern oder Bildern aus farbigen Hölzern wie Kirsche, Pflaume oder Eibe. Ein Beispiel dafür ist das »hübsche, kleine, mit Intarsien verzierte Holzkästchen«, in dem Harriet Smith in *Emma* ihren »kostbarsten Schatz« – ein Andenken an Mr Elton – verwahrt.

Im Laufe des achtzehnten Jahrhunderts entstanden zahlreiche weitere Kurbäder, wo immer ein geschäftstüchtiger Landbesitzer auf seinem Grund eine Quelle entdeckte und sie für heilkräftig erklärte. Die Orte wurden jeweils für einige Zeit zum beliebten Ausflugsziel und profitierten vom Fremdenverkehr. Clifton bei Bristol hatte heiße Brunnen, deren Wasser offenbar aus derselben unterirdischen Quelle stammte wie das des nahe gelegenen Bath. Allerdings büßte Clifton seine Beliebtheit schnell wieder ein, als man erkannte, dass die heißen Brunnen womöglich

KUREN UND LANDPARTIEN 65

»Rück- und Vorderansicht einer zeitgenössischen vornehmen Lady oder Badende Venus in Ramsgate, 1805«; Karikatur. Ein Anblick, der wohl so manchen Badegast erfreut hätte.

durch die Abwässer von Bristol verunreinigt waren. Cheltenham und das nahe gelegene Leamington kamen zu Jane Austens Zeit gerade in Mode, und als sie selbst 1816 erkrankte, ging sie für drei Wochen zur Trinkkur nach Cheltenham. Weiter im Norden von England zog man einen Ausflug zu den warmen Quellen von Buxton in Derbyshire der langen Reise nach Bath vor, und im frühen neunzehnten Jahrhundert begann der Duke of Devonshire, das ursprüngliche Dorf auszubauen, indem er einen riesigen *crescent* – jene halbmondförmige Häuserzeile – mit drei Hotels und allerlei anderen Touristenattraktionen errichtete.

Buxton war allerdings nicht mehr ganz auf der Höhe der Zeit, denn inzwischen empfahlen die Mediziner gegen zahlreiche Leiden Seeluft und das Baden in Salzwasser, sodass Seebäder beliebter wurden als Binnenkurorte. Das milde Klima an der Küste von Dorset und South Devon begünstigte besonders die Orte Weymouth, Lyme Regis und Sidmouth. Doch auch die kleineren Dörfer Dawlish, Teignmouth und Torquay bemühten sich rege um Badegäste. In den Achtzigerjahren des achtzehnten Jahrhunderts beehrte die königliche Familie Weymouth erstmals mit einem Besuch, woraufhin der Ort sehr beliebt und entsprechend teuer wurde. Fanny Burney berichtet in ihrem Tagebuch über den Aufenthalt des Königs im Jahre 1789:

> »Der ganze Ort ist über alle Maßen königstreu; in allen Straßen sieht man den Schriftzug ›God save the King‹; über allen Ladentüren steht es; jedes Kind trägt es auf der Mütze, jeder Arbeiter am Hut, und die Matrosen rufen es jedes Mal, wenn sie in die Nähe des Hauses kommen – oder sie stimmen ein dreifaches Hurra an, wenn sie den König oder auch nur seinen Schatten erblicken. Die Badekarren tragen es als Motto über sämtlichen Fenstern, die königstreuen Schwimmer beim Baden mit Bändern auf der Haube und noch einmal in großer Schrift um die Taille gebunden, den Wellen zum Trotz... Und das ist noch nicht alles. Man stelle sich nur die Überraschung Seiner Majestät vor, als er zum ersten Mal baden ging und – kaum dass er sein königliches Haupt ins Wasser getunkt hatte – eine Kapelle, die sich in der Nähe in einem Badekarren versteckt hielt, ›God save great George our King‹ anstimmte!«

Weymouth blieb bis ins frühe neunzehnte Jahrhundert hinein populär. Die Leser von Jane Austens Romanen kennen es als den Ort, an dem sich Tom Bertram in *Mansfield Park* mit dem frivolen Mr Yates anfreundet.

Das berühmteste Seebad in Sussex war schon damals Brighton, das ursprünglich Brighthelmstone hieß und noch bis weit ins achtzehnte Jahrhundert hinein nur ein kleines Fischerdorf gewesen war. Der Ort entwickelte sich jedoch in den Fünfzigerjahren, nachdem der ortsansässige Dr. Russell ein Buch über die Vorzüge des Seebadens veröffentlicht hatte. Brighton gewann schlagartig an Beliebtheit, als der Prince of Wales es als Ferienziel erkor, ihm jahrzehntelang treu blieb und durch An- und Umbauten aus einem großen Bauernhaus den exotischen Brighton Pavilion schuf – seine Vorstellung von einem orientalischen Palast. Andere Dörfer an der Küste von Sussex folgten dem Beispiel Brightons, wenn auch in bescheidenerem Ausmaß und ohne die werbewirksame königliche Gunst.

Zu Beginn des neunzehnten Jahrhunderts hatten weniger begüterte Badegäste in Sussex die Auswahl zwischen Hastings, Eastbourne, Bognor, Littlehampton und Worthing. Auch Jane Austen verbrachte im Herbst 1805 einige Wochen in Worthing, wo sie offenbar ebenso wie bei ihren früheren Besuchen im kentischen Ramsgate Eindrücke für das Lokalkolorit ihres Romans *Sanditon* sammelte.

An der raueren Küste von Kent führte Margate 1750 als erster Ort Badekarren ein. Wenig später wurde Margate jedoch vom Nachbarort Ramsgate als Modebad jener Gegend abgelöst. In *Mansfield Park* verbringt Tom Bertram dort eine Woche im September, promeniert am Hafen und wohnt bei den befreundeten Sneyds im neu gebauten Albion Place auf den Klippen.

Auch an der Küste von East Anglia gab es aufstrebende Seebäder. John Knightley reist in *Emma* mit seiner Familie nach Southend in Essex, weil es nur 40 Meilen von London entfernt liegt, Cromer in Norfolk dagegen 130 Meilen.

Tagesausflüge und Landpartien in die nähere Umgebung boten eine weniger zeit- und kostenaufwändige Abwechslung. Allerdings scheinen sie in Jane Austens Romanen oft unter keinem guten Stern zu stehen. Sir John Middleton hat in *Verstand und Gefühl* eine Vorliebe dafür – »im Sommer gab er unentwegt Gesellschaften, bei denen kaltes Fleisch und Huhn im Freien gegessen wurde…« Einmal soll es nach Whitwell gehen, »zu einem besonders schönen Landsitz zwölf Meilen von Barton entfernt…, der einem Schwager von Oberst Brandon gehörte… Der Park war angeblich ganz besonders hübsch, und man konnte dem Urteil Sir Johns, der ihn in den höchsten Tönen lobte, trauen, denn er hatte während der letzten zehn Jahre mindestens zweimal jeden Sommer Gäste zur Besichtigung dorthin geführt. Es befand sich dort ein malerischer See, und eine Segelpartie sollte zu den Hauptvergnügungen des Vormittags gehören. Man wollte einen kalten Imbiss mitnehmen, nur offene Wagen benutzen und alles ganz im Stil einer richtigen Vergnügungsfahrt durchführen.« Doch dann fällt die Partie in letzter Minute ins Wasser, weil Oberst Bran-

don überraschend nach London muss. Die Thorpes und Morlands in *Kloster Northanger* wiederum müssen ihren Ausflug nach Clifton und Blaise Castle beim ersten Mal zum allgemeinen Ärger auf halber Strecke abbrechen, weil es zu spät wird. In *Mansfield Park* endet der Besuch der Familien Bertram und Crawford auf Sotherton Court damit, dass Maria von Henry verführt wird. Frank Churchill und Jane Fairfax geraten in *Emma* beim Erdbeerpflücken in den Gärten von Donwell Abbey heimlich in Streit, und der Picknickausflug nach Box Hill am folgenden Tag geht für Emma tränenreich aus. Die Fahrt von Uppercross nach Lyme wiederum, die in *Überredung* als Kurzurlaub mit einer Übernachtung geplant war, endet am nächsten Morgen mit Luisas gefährlichem Sturz auf dem Cobb.

LONDON: AUF DEM WEG ZUR METROPOLE

Beim englischen Landadel war es üblich, einen Teil der Wintersaison – etwa die Zeit von Januar bis April – in London zu verbringen, um wie Sir Walter und Elizabeth Elliot in *Überredung* »jährlich ein paar Wochen die große Welt zu genießen«. Lady Bertram in *Mansfield Park* hingegen »gab … infolge einer kleinen Unpässlichkeit und großer Trägheit das Stadthaus in London auf, das sie sonst jedes Frühjahr bewohnt hatte, [und] blieb ganz auf dem Land«. Die Austens selbst hatten weder die Zeit noch die Neigung, sich dieser eleganten Gesellschaft anzuschließen, sodass Jane nur die Teile von London kennen lernte, in denen Verwandte wohnten. Wahrscheinlich war sie 1788 zum ersten Mal in der Stadt, als sie mit ihren Eltern zu George Austens Schwester Philadelphia Hancock nach Marylebone fuhr, das damals ein nördlicher Vorort von London war. In späteren Jahren besuchte sie ihren Bruder Henry, der sein Bankhaus im zentralen Finanzviertel Covent Garden betrieb und jeweils eine Zeit lang in Brompton und in Chelsea wohnte. Beides waren damals noch eigenständige Dörfer südwestlich der Stadt.

Zu Janes Lebzeiten konnte man die Grenzen von London noch von der obersten Galerie der St. Paul's Cathedral aus fast vollständig überblicken. Die Stadt reichte im Westen bis zur Park Lane und der Edgware Road. Der Bezirk West End, auch Mayfair genannt, begann an der Hyde Park Corner und wurde auf der einen Seite vom Hyde Park, auf der anderen von Piccadilly und Green Park begrenzt. Bond Street, Piccadilly, The Mall und St. James's Street waren die elegantesten Einkaufs- und Flanierstraßen, weshalb man modebewusste junge Männer auch als »Bond-Street-Bummler« be-

London und Umgebung, Karte aus CARY'S GREAT ROADS, *6. Auflage, 1815.*

zeichnete. Die offizielle Londoner Königsresidenz, der St. James's Palace, war ein wenig imposanter, verwinkelter, alter Tudorbau aus rauchfleckigem Ziegel. Auch Buckingham House wurde von der königlichen Familie genutzt, war aber ebenfalls klein und ziemlich altmodisch, bevor es erweitert und zur heutigen Königsresidenz ausgebaut wurde. Nicht weit davon unterhielt der Prince of Wales seine eigene Stadtresidenz Carlton House, die Jane 1815 wie bereits erwähnt auf seine Einladung hin besichtigte.

Die Grenze des bebauten Gebietes verlief von Westminster am Ufer entlang bis nach Billingsgate und bis zu den Docks im Osten, von dort nördlich bis zur City Road und der Marylebone Road und schließlich entlang der Edgware Road wieder bis zum Ausgangspunkt. Am nordöstlichen Stadtrand rückte die Bebauung allmählich auf die Dörfer Islington und Hackney zu. Ein ausländischer Besucher notierte:

»Viele der neuen Häuser sind von Bankiers und reichen Kaufleuten bewohnt, die sich hier mit ihren Familien niederlassen, ihre Geschäftshäuser aber weiterhin in der Stadt betreiben... Sie legen täglich weite Strecken zurück, manchmal etliche Meilen. In jedem anderen Land fände man das unerträglich, aber es passt hervorragend zu der bekannten Reiselust der Engländer.«

Allerdings lag es nicht nur an der »Reiselust« der reichen Kaufleute, dass sie meilenweit von ihren Geschäftshäusern entfernt wohnten, sondern insbesondere daran, dass viele Gewerbe in der Stadt Lärm, Abgase und widerlichen Gestank erzeugten. Im frühen neunzehnten Jahrhundert waren in der Goswell Street, nicht weit nördlich des Stadtzentrums, in einem Umkreis von 200 Metern alle Gewerbe versammelt, die einem die Gegend verleiden konnten: Seifensieder, Talgkocher, eine Färberei mit Dampfmaschine, der Friedhof, die Fäkalienabfuhr, Abdecker, Schinder und Gerber, Hersteller von Preußischblau, Soda, Stärke und anderen Chemikalien sowie zwei oder drei Schweinemetzger. Der Friedhof dürfte ein kleines Fleckchen Erde gewesen sein, wo die Leichen von Bettlern ohne Särge nur notdürftig verscharrt wurden. Bei der Fäkalienabfuhr wurden die menschlichen Exkremente, die nachts ringsum aus den Gruben geschaufelt wurden, in Fässern gelagert, ehe man sie als Dünger an die Landwirtschaft verkaufte. Die übrigen Gewerbe hatten größtenteils mit verwesenden Tierkadavern zu tun, deren Bestandteile – Fell, Häute, Fett und Knochen – sie auf die eine oder andere Art weiterverarbeiteten. Der schlimmste Gestank entstand jedoch nach allgemeiner Ansicht, wenn das Fett geschmolzen wurde. Man gewann daraus Talg, der dann wiederum geschmolzen und entweder zu Kerzen oder zu Seife verarbeitet wurde.

Im eleganten Londoner West End entwickelten sich ständig neue Wohngebiete. Dabei entstanden die geometrischen Fassadenfronten, Plätze und *crescents*, die in der georgianischen Zeit und im *Regency* so beliebt waren. Die neu gebauten Häuser waren alle nach dem gleichen Schema angelegt, das sich für das Stadtleben ausgezeichnet bewährt hatte: als Reihenhäuser auf langen, schmalen Grundstücken, die vorn an die Straße grenzten. Hinter dem Haus befand sich ein Garten oder Hof und am anderen Ende des Grundstücks Stall und Remise, die über einen zweiten, parallel zur vorderen Straße verlaufenden Fahrweg erreichbar waren. (Diese Parallelstraße sowie die Gebäude für Pferde und Kutschen hießen kollektiv »the mews« – so gehörte zum Beispiel zur Wimpole Street die Wimpole Mews.) Das Haus war ein Stück von der Straße zurückgesetzt, sodass die Küchenfenster im Souterrain Licht bekamen, und unter dem Pflaster befanden sich Lagerkeller. Alle Häuser hatten unabhängig von ihrer Größe den gleichen Grundriss: auf jeder Etage ein hinteres und ein vorderes Zimmer und an einer Seite Flur und Treppen. Im Unter- und Erdgeschoss sowie in der ersten Etage wurde manchmal ein zweites Hinterzimmer angebaut, sodass der Grundriss L-förmig statt rechteckig war. Besucher vom Kontinent, die breitere Gebäude mit nebeneinander liegenden Räumen gewohnt waren, fanden es äußerst merkwürdig, dass die Engländer so schmal und in die Höhe bauten.

> »Diese schmalen Häuser, drei oder vier Stockwerke hoch – eins zum Essen, eins zum Schlafen, ein drittes, wo Besucher empfangen werden, ein viertes, unterirdisches für die Küche, womöglich ganz oben noch ein fünftes für die Dienstboten – und die Behändigkeit, die Mühelosigkeit, die Schnelligkeit, mit der die einzelnen Familienmitglieder auf und ab laufen und in ihren jeweiligen Etagen hocken – lassen einen an Vogelkäfige mit Sitzstangen denken.«

Zugleich waren die ausländischen Besucher allerdings beeindruckt von den breiten, geraden Straßen mit den sauber gepflasterten Gehwegen, die regelmäßig gefegt wurden. Das Regenwasser strömte nicht einfach in die Gosse, sondern wurde von den Dächern durch Fallrohre in die Kanalisation geleitet, die unter der Straße verlief. Man überquerte die Fahrbahn auf gepflasterten Überwegen. Zu beiden Seiten standen zahlreiche Laternenpfähle mit Öllampen, die pünktlich vor Sonnenuntergang angezündet wurden. Ganz besonders bewunderten die Touristen die Oxford Street. Eine begeisterte Besucherin aus Deutschland beschrieb sie in einem Brief an ihre daheim gebliebenen Kinder als

> »… eine Straße, die so lang ist, dass man von einem Ende zum anderen eine halbe Stunde geht. Zu beiden Seiten stehen hell leuchtende Laternen, in der Mitte eine

ebenso lange Reihe herrlich lackierter Kutschen, und zu beiden Seiten dieser Reihe passen noch jeweils zwei Kutschen nebeneinander ... der Gehweg ist breit genug für sechs Leute, sodass man in Ruhe die prächtig beleuchteten Ladenfenster betrachten kann ... zuerst kommt man an einem Uhrmacher vorbei, dann an einem Seiden- oder Fächerhändler, bald an einem Silberschmied, an einem Glas- oder Porzellanladen ... Konditoreien und Obstläden ... Ananas, Feigen, Trauben, Orangen und Früchte aller Art sind zu Pyramiden aufgeschichtet ... mitten durch den strahlend hell erleuchteten Laden hindurch sieht man so manche reizende Familienszene: Die einen sind noch bei der Arbeit, andere trinken Tee ... empfangen lieben Besuch ... scherzen und spielen mit ihren Kindern.«

An der Oxford Street stand auch der riesige Saalbau, das so genannte Pantheon, dessen Fassade dem Pantheon in Rom nachgebaut war. Es war 1771 mit einem Kostenaufwand von 90 000 Pfund errichtet worden und berühmt für die Bälle und rauschenden Kostümfeste, die darin veranstaltet wurden. Das georgianische Gebäude steht schon längst nicht mehr, doch der Platz dort heißt immer noch »das Pantheon«.

Damals gab es in London drei große Theater – das King's Theatre am Haymarket, das Theatre Royal in der Drury Lane und das Opera House in Covent Garden – sowie das kleinere Lyceum in Strand. Jedes Mal, wenn Jane Austen Henry besuchte, ging er mit ihr ins Theater, und sie erwähnte in ihren Briefen viele der besten Schauspieler und Sänger jener Zeit. Das Stück *Liebesschwüre*, das sie in *Mansfield Park* so effektvoll einsetzte, wurde im Oktober 1798 in Covent Garden uraufgeführt und war einige Zeit sehr beliebt. Wann Jane selbst eine Vorstellung sah, ist allerdings nicht bekannt. John Knightley und seine Familie besuchen in *Emma* gemeinsam mit Robert Martin und Harriet Smith *Astley's Amphitheatre*, eine Art Zirkus mit Reitermanege, der während der Sommermonate geöffnet war.

Wenn man von Spaziergängen, Einkaufsbummel und Theaterbesuchen erschöpft war, konnte man sich bei einem Konditor wie dem beim Leicester Square stärken. Dort waren in Vitrinen an den Wänden »alle Arten von eingelegten Früchten und Gelees in hübschen Gläsern ausgestellt; mitten im Laden stand ein großer, weiß gedeckter Tisch, auf dem kleine Pastetchen und Törtchen pyramidenförmig aufgeschichtet waren, dazu ein paar größere Pasteten und Konfekt; dazwischen standen dekorativ verteilt Weingläser jeglicher Größe, mit Deckeln verschlossen, die Liköre aller erdenklichen Sorten, Farben und Geschmacksrichtungen enthielten ...«

Am westlichen Stadtrand von London lag das Dorf Kensington mit dem kleinen Kensington Palace, in dem König William III. im siebzehnten Jahrhundert Zuflucht vor dem Qualm und Gestank der Innenstadt gesucht hatte. George III., der diese Residenz nicht nutzte, machte die Gärten der Öffentlichkeit zugänglich, was wiederum die oben bereits zitierte ausländische Besucherin entzückte.

»... viele andere Leute spazierten durch die ausgedehnten Gärten, die von des Königs Gnaden täglich jedermann offen stehen. Hier kann man zwischen hohen Bäumen und lieblichem Gehölz umherwandern, beim Teich durch hügeliges Gelände gehen, mit einem Buch in der Hand über Wiesen schreiten und sich an einem Rastplatz mit einladender Aussicht niederlassen, wo man das lehrreiche Vergnügen des Lesens ab und zu unterbricht, um die Aussicht auf das Grün in Nähe und Ferne oder die Blumenpracht zu genießen. Viele Einwohner von London, die keinen Landsitz ihr Eigen nennen, verbringen den Sommer wegen der guten Luft, der Gärten und der schönen Aussicht in Häusern in Kensington.«

In *Verstand und Gefühl*, dem einzigen von Jane Austens Romanen, der teilweise in London spielt, spazieren Mrs Jennings und Elinor Dashwood eines schönen Sonntags im März durch die Kensington Gardens, und Jane Austen selbst erwähnt im April 1811 in einem Brief, sie habe einen netten Spaziergang durch die Gärten unternommen – »alles war frisch & wunderschön«.

DIE SOZIALE HIERARCHIE

Adel und *gentry* bildeten in der englischen Gesellschaft aus jahrhundertelanger Tradition eine streng geregelte Rangfolge vom König abwärts. Direkt unter dem Monarchen standen die Peers of the Realm, deren Titel erblich war – Herzöge, Marquis, Earls, Viscounts und Barone. Als Nächste folgten die Baronets, die ebenfalls zum Erbadel gehörten, aber nicht zu den *peers* zählten, also keinen Sitz im House of Lords, dem Oberhaus des Parlaments, innehatten. Unter diesen standen die *knights*, deren Titel nicht erblich war, sondern nur jeweils einem bestimmten Mann aus einem besonderen Anlass verliehen wurde. Darunter schließlich folgte die breite Schicht der *landed gentry*, wiederum nach Wohlstand und Abstammung unterschieden.

Innerhalb dieser Schicht gab es, wie man sagte, die Großen, die im Überfluss lebten, die Reichen, die in Fülle lebten, und die Mittelklasse, die gut lebte. Die reichsten Grundbesitzer, die stets einen Adelstitel besaßen, wurden salopp die Oberen Zehntausend genannt. Sie saßen im Parlament, unterhielten Stadthäuser in London und bekleideten gesellschaftliche Führungspositionen. Die weniger hoch Gestellten, die oft nicht mehr als tausend Morgen Land besaßen, kamen – wie Mr Musgrove in *Überredung* – nur selten über den Verwaltungssitz der Grafschaft hinaus, aber in ihrer jeweiligen Gemeinde waren sie das Oberhaupt.

Der Mittelstand, der die unterste Stufe der *gentry* bildete, ging fließend in die werktätigen Schichten über. Soldaten, Matrosen, Geistliche, Juristen und Ärzte bildeten den Übergang, und darunter standen die städtischen Kaufleute, die Farmer und wohlhabenden Händler. Sie konnten immer darauf hoffen, durch ihr Gewerbe reich genug zu werden, um sich ein Anwesen auf dem Land kaufen und so in die Schicht der *gentry* aufsteigen zu können. Die bestehende *gentry* betrachtete sie in der Regel mit Herablassung – in *Emma* stellt sich die Titelheldin vor, wie Robert Martin sich verändern wird: »Er wird ein durch und durch grober, ordinärer Bauer sein, der keine Gedanken an seine äußere Erscheinung verschwendet und an nichts als Gewinn und Verlust denkt«. Auch die Coles verachtet sie, denn sie stammen »aus kleinen Verhältnissen: Kaufleute und nicht sehr vornehm.« Insbesondere Händler galten als »Schlickwürmer«, unkultiviert in Geist und Sprache, ungewaschen – mit dem »Ladengeruch am Leib« –, ungebildet und schlecht gekleidet. Aber da das englische Gesellschaftssystem von jeher durchlässig war, konnte der Makel niederer Abstammung leicht nach ein bis zwei Generationen in Vergessenheit geraten, wenn die Familie es zu Reichtum brachte, ein Anwesen kaufte und sich Bildung aneignete. Die Coles beispielsweise, die durch geschäftlichen Erfolg aufgestiegen sind, leben bereits in Verhältnissen, die nur noch von Emma und ihrem Vater übertroffen werden. Jane Austen selbst gehörte zur Mittelschicht, war sich dessen bewusst und schuf mit ihren Figuren Skizzen derselben mittelständischen Gesellschaft, in der sie verkehrte – Baronets, Gutsherren und Pfarrer. Nie versuchte sie in ihren Romanen einen vornehmeren Grundbesitzer zu schildern als Mr Darcy – den Enkel eines Earl – oder einen reicheren als den unklugen Mr Rushworth, dessen Anwesen Sotherton Court jährlich 12 000 Pfund einbringt.

MÄNNERDOMÄNEN

Die meisten männlichen Hauptfiguren in Jane Austens Romanen gehören der *landed gentry* an. In der georgianischen Gesellschaft waren die Rollen unter den Söhnen so verteilt, dass der älteste das väterliche Erbe ungeteilt übernahm und der zweite allenfalls darauf hoffen konnte, von der Familie der Mutter etwas Land oder Geld zu erben. Wenn dies jedoch nicht eintraf, musste er sich ebenso wie alle nachfolgenden

Söhne selbst eine Existenz aufbauen. Die jungen Männer gingen zur Armee oder zur Marine, wurden Pfarrer oder Anwälte bei Gericht – etwa in dieser Rangfolge. Ein Angehöriger der *gentry* konnte Arzt oder Chirurg werden, aber Apotheker und *attorney* (Anwalt ohne Gerichtszulassung) waren eindeutig Berufe für die niederen Schichten. Ein Bankier oder ein reicher Kaufmann – etwa bei der Ostindiengesellschaft – war akzeptabel, der niedere Kaufmannsstand hingegen nicht. Bingleys Schwestern, die in *Verstand und Gefühl* eine vornehme Londoner Mädchenschule besucht haben, wollen nichts mehr davon wissen, dass »ihr Vermögen und das ihres Bruders durch Geschäfte zusammengekommen« ist. Sie spotten hochnäsig über Jane Bennet, weil einer ihrer Onkel *attorney* in Meryton und ein anderer Kaufmann in London ist und in der Gegend von Cheapside wohnt, denn die Londoner Innenstadt galt als Inbegriff des Vulgären.

Ein Gentleman konnte vollauf damit ausgelastet sein, seinen Besitz zu verwalten – Mr Knightley ist in *Emma* mit seinem Anwesen Donwell Abbey das beste Beispiel dafür. »Da er dem Gemeindevorstand angehörte, hatte er John immer irgendetwas Juristisches zu fragen oder wenigstens eine komische Anekdote zu erzählen, und als Gutsherr, der die Zügel des landwirtschaftlichen Betriebs auf Donwell selbst in der Hand hatte, musste er berichten, was er im nächsten Jahr auf jedem Feld anpflanzen wollte... Der Plan für eine Bewässerungsanlage, die Verlegung eines Zauns, das Fällen eines Baums und der Verwendungszweck jedes einzelnen Feldes für Weizen, Rüben oder Mais... [und der Plan], den Weg nach Langham weiter nach rechts zu verlegen, damit er nicht durch die Wiesen geht...«

Sein Pächter auf dem Hof Abbey Mill, der junge Robert Martin, fragt Knightley wegen seiner – Roberts – Heiratspläne mit Harriet Smith um Rat, und außerdem muss Knightley regelmäßig gemeinsam mit den Herren Elton, Weston und Cole an Gemeinderatsversammlungen in der »Krone« in Highbury teilnehmen, bei denen lokale Verwaltungsangelegenheiten behandelt werden.

Die Großgrundbesitzer übertrugen die landwirtschaftlichen und gemeindepolitischen Alltagsgeschäfte in der Regel einem Verwalter, waren aber dennoch persönlich für das Wohlergehen ihrer Untergebenen verantwortlich. In *Stolz und Vorurteil* ist Mr Darcy nach den Worten seiner Haushälterin Mrs Reynolds »der beste junge Herr..., der je gelebt hat. Nicht so zügellos wie die jungen Leute heutzutage, die immer nur an sich denken. Unter seinen Pächtern oder Dienern gibt es keinen, der nicht gut von ihm spricht.«

General Tilney in *Kloster Northanger*, der es an »Grund und Boden mit jedem Gentleman im Land aufnehmen kann«, ist zwar nicht besonders menschenfreundlich, wird aber seiner Verantwortung gerecht, indem er sein Anwesen ordentlich führt, viele Leute aus dem Dorf beschäftigt und in den Wirtschaftsräumen des alten Klosters für modernste Arbeitsbedingungen sorgt.

Im wirklichen Leben gehörten zum Beispiel zum palastähnlichen Herrensitz des Duke of Devonshire 180 Personen. Um sie alle zu ernähren, wurden wöchentlich fünf Ochsen und fünfzehn Schafe geschlachtet. Außerdem zahlte der Duke jeder armen Familie auf seinem Anwesen jährlich fünf Pfund Unterhaltsgeld. Ein umsichtiger Gutsherr sorgte dafür, dass seine Arbeiter auch im Winter sinnvoll beschäftigt waren, wenn es beim Ackerbau und in der Viehhaltung weniger zu tun gab. Wenn das Wetter um den Jahreswechsel schlecht und der Brennstoff knapp war, ließ der Grundbesitzer in seinen großen Küchen Eintopf kochen, der regelmäßig an die Ärmsten des Dorfes ausgegeben wurde. Mrs Chute auf The Vyne, eine Freundin der Austens, notierte in ihrem Tagebuch jedes Jahr, welche gewaltigen Mengen Rindfleisch, Kartoffeln und Erbsen zu diesem Zweck eingekauft wurden.

Die Gutsherren des achtzehnten Jahrhunderts legten nicht nur Wert darauf, dass die Höfe auf ihrem Anwesen gut geführt wurden, sondern verwandten auch große Sorgfalt und viel Geld auf die Gestaltung des Parks – der unmittelbaren Umgebung des Herrenhauses. Im Jahrhundert zuvor hatte man *parterres* (kunstvolle Blumenrabatten) und geometrisch gemusterte Beete mit Sträuchern oder immergrünen Pflanzen angelegt, die durch Kieswege unterteilt und mit beschnittenen Eiben- oder Buchsbaumhecken eingefasst waren. In der Mitte befand sich oft ein Zierteich, und die ganze Anlage war von hohen Ziegelmauern umgeben. Hinter den Mauern verliefen Baumalleen strahlenförmig in verschiedene Richtungen. In *Mansfield Park* scheinen die Parks und Gärten auf James Rushworths Anwesen Sotherton Court im Stil jener Zeit gehalten zu sein.

Mitte des achtzehnten Jahrhunderts geriet die geometrische Formstrenge bei den Garten- und Parkanlagen dann aus der Mode. Der Landschaftsarchitekt Lancelot Brown (1715–83) verwarf die Rabatten und Gartenmauern und ließ stattdessen schlichte Rasenflächen bis an das Haus heranreichen. Hier und dort wurden zur Auflockerung einzelne Baumgruppen und -reihen gepflanzt. Diese extreme Schlichtheit erweckte manchmal den Eindruck, die großen, prächtigen, steinernen Herrenhäuser seien planlos mitten in die offene Landschaft gebaut worden.

In der nachfolgenden Generation vertrat Humphrey Repton (1752–1818) die Ansicht, dass ein Haus harmonisch in seine Umgebung eingefügt werden sollte. Er führte die Rabatten und Terrassen in der Nähe des Gebäudes wieder ein und setzte Blickfänge – zum Beispiel Sträucher an kahlen Flussufern. In Adlestrop in Gloucestershire, wo Jane Austens Verwandte, die Leighs, lebten, verband Repton den hundert Morgen großen Park von Adlestrop House mit dem Garten des angrenzenden Pfarrhauses. Der Eingang zum Pfarrhaus wurde versetzt, eine Straße umgelegt, und »ein munterer Bach wurde durch einen Blumengarten geleitet, wo hier und da am Hang flache Steine seinen Lauf hemmen … der Wasserfall, mit dem er in einen See mündet, ist ein beträchtliches Stück entfernt, aber so angelegt, dass er sowohl vom Herrenhaus als auch vom Pfarrhaus aus gut zu sehen ist und für beide einen reizvollen, weil natürlichen Bestandteil der Landschaft bildet.«

Marine und Militär

Die Königliche Marine von Großbritannien war im achtzehnten Jahrhundert das Symbol für Sicherheit und Wohlergehen der Inselnation und galt allgemein als unbesiegbar. Britische Schiffe segelten auf allen Ozeanen – von Kanada durch die Karibik bis Südamerika, von einem Ende des Mittelmeeres zum anderen und um das Kap der Guten Hoffnung bis nach Indien und China. Die Schiffe schützten und förderten den Handel mit den Kolonien und patrouillierten natürlich ständig auf dem Ärmelkanal, damit nicht etwa Angreifer es wagten, diese schmale Wasserstraße zu überqueren. Das Leben auf See war für Matrosen aller Nationen im Allgemeinen hart und gefahrvoll. Doch die britische Marine verfügte über die besten Schiffe, Offiziere und Matrosen in ganz Europa, und es herrschte die Überzeugung, dass ein britischer Seemann es mit einem halben Dutzend Franzosen aufnehmen konnte.

Die jüngeren Söhne der *landed gentry*, aber auch junge Abenteurer nahmen die Koalitionskriege und die napoleonischen Kriege als Chance wahr, in der Marine um Ehre und Prise zu kämpfen. Gemäß offizieller Regelung wurde nämlich jedes aufgebrachte feindliche Schiff mitsamt seiner Ladung an die britische Regierung verkauft und der Erlös unter der Besatzung des siegreichen Schiffes aufgeteilt. Für Kapitäne und Admirale war das ein sicherer Weg, reich zu werden, aber auch für die niederen Ränge fielen oft beträchtliche Summen ab. Auch Kapitän Wentworth in *Überredung* hat auf diese Weise bis zum Jahre 1814 ein Vermögen von 25 000 Pfund angehäuft, sodass er darüber nachdenken kann, sich ein Landgut zu kaufen, zu heiraten und fortan ein bequemes Leben zu führen. Admiral Croft ist ebenfalls reich genug, sich nach einem Anwesen in Somerset umzusehen, und mietet zu diesem Zweck vorübergehend Kellynch Hall. Admiral Crawford in *Mansfield Park* muss in seiner Familie einer der jüngeren Söhne gewesen sein, denn das Familienerbe Everingham fällt seinem Neffen Henry zu, als dieser noch ein Schuljunge ist.

»Wundersame Erscheinung auf der Promenade in Tunbridge Wells, 17. September 1810«. Kolorierte Tuschzeichnung von George Dance dem Jüngeren, Gründungsmitglied der Royal Academy. Nach der Uniform zu urteilen, gehörte der junge Soldat wohl dem 7. Königlichen Husarenregiment an.

Jane Austens Brüder Frank und Charles waren in diesen kriegerischen Zeiten viele Jahre lang aktiv im Einsatz – Frank im Mittelmeer und im Baltikum, Charles erst in heimischen Gewässern, später bei den Westindischen Inseln –, und beide stiegen lange nach Janes Tod zum Admiral auf. Anders als im vorrevolutionären Frankreich und in Spanien, wo die Offizierslaufbahn bei der Marine dem Adel vorbehalten war, stand sie in England auch Männern von erheblich bescheidenerer Herkunft offen. So war etwa Admiral Nelson, wie allgemein bekannt, der Sohn eines Landpfarrers aus Norfolk. Jane Austen muss als Schwester von Marineoffizieren großes Vergnügen daran gehabt haben, Sir Walter Elliot in *Überredung* als arroganten Dummkopf hinzustellen, indem sie ihn sagen ließ, bei der Marine sei man »in größerer Gefahr als in jedem anderen Beruf, durch den Aufstieg eines Mannes beleidigt zu werden, mit dessen Vater zu sprechen der eigene Vater für unter seiner Würde gehalten hätte«.

In Friedenszeiten hielt man das stehende Heer bewusst klein, um Kosten zu sparen. So war die Berufsarmee in den Neunzigerjahren des achtzehnten Jahrhunderts auf etwa 15 000 Mann im Vereinigten Königreich selbst und weitere 30 000 in Übersee zusammengeschrumpft. Da es damals keine zivile Polizei gab, kam die Armee gelegentlich auch bei Aufständen zum Einsatz, um in den Straßen für Ruhe und Ordnung zu sorgen. Henry Tilney malt seiner Schwester und Catherine Morland in *Kloster Northanger* scherzhaft eine solche Szene aus. »[Sie sah] vor ihrem inneren Auge gleich einen Haufen von dreitausend Männern auf St. George's Field versammelt, sah einen Angriff auf die Bank von England, eine Bedrohung für den Tower, Ströme von Blut auf den Londoner Straßen, eine Abteilung der Zwölften Leichten Dragoner (der Hoffnung der Nation), herbeibeordert von Northampton, um die Aufständischen niederzuwerfen, und den tapferen Hauptmann Frederick Tilney beim Reiten der Attacke an der Spitze seiner Truppen durch einen Ziegelstein aus einem Oberfenster vom Pferd geworfen.«

Abgesehen von den königlichen Elitetruppen in London – den berittenen *Lifeguards*, die die Eskorte des Monarchen bildeten, und dem *Royal Regiment of Horse Guards* (auch *The Blues* – Die Blauen – genannt) –, galten die Aufstiegsmöglichkeiten in der Armee im Vergleich zur Marine als weniger attraktiv.

1741 wurde in Woolwich, einem damaligen Vorort von London, die Königliche Militärakademie als Ausbildungsinstitut für Kadetten aus dem Adel gegründet. Sie wird in *Mansfield Park* erwähnt, als Mrs Price überlegt, ob Sir Thomas Bertram ihrem Sohn William einen Platz an der Akademie verschaffen könnte – doch Sir Thomas hält es offenbar für einfacher, William direkt zur See zu schicken.

Der Aufstieg in der Armee hing nicht so sehr von den Leistungen, sondern vielmehr von »Beziehungen« – das heißt Protektion – und Geld ab. Offizierspatente wurden wie jede beliebige Ware gehandelt, unabhängig vom Alter und den Fähigkeiten der betreffenden jungen Männer. Mancher reiche Vater kaufte seinem Sohn schon im Schulalter ein Offizierspatent, und der Sold diente dann als Taschengeld.

Die niederen Dienstgrade wurden hauptsächlich aus der Schar der Herumtreiber rekrutiert, die zu keinem anderen nützlichen Gewerbe taugten – aus dem »Abschaum der Menschheit«, wie der Duke of Wellington später einmal sagte. Das änderte sich allerdings, als der zweite Sohn des Königs, der Duke of York, den Oberbefehl übernahm. Er bewies angesichts der bedrängten Lage ausgeprägte Führungsqualitäten, bekämpfte die Missstände und verstärkte die Rekrutierung, um der Gefahr einer französischen Invasion zu begegnen.

Die Bürgerwehr wurde nur einberufen, wenn tatsächlich Angriffe drohten. Deren Regimenter wurden in den Grafschaften rekrutiert und waren ausschließlich zur Verteidigung des eigenen Landes bestimmt, mussten also nicht wie die Berufsarmee im Ausland dienen. Eine reguläre Wehrpflicht gab es nicht, doch von jedem Dorf wurde erwartet, dass es der Bürgerwehr für die Dauer des Notfalls eine bestimmte Quote an wehrtüchtigen Männern stellte. Die Offiziere waren meist jüngere Söhne der örtlichen *gentry*, der Oberst in der Regel ein älterer, reicher Grundbesitzer aus der Grafschaft.

Im Jahre 1792, kurz vor dem Eintritt Großbritanniens in die Koalitionskriege, wurde die Bürgerwehr einberufen, und man stationierte die Regimenter entlang der Süd- und Ostküste Englands. Später gingen sie auch in Irland in Stellung, als dort ebenfalls mit der Landung französischer Truppen gerechnet wurde. Während der Sommermonate schlugen die Truppen im offenen Gelände Zeltlager auf, im Winter wurden sie in den umliegenden Städten und Dörfern einquartiert.

In *Stolz und Vorurteil* bringt ein Regiment, das in Hertfortshire stationiert ist, Bewegung in die Handlung. Bei der Recherche zu diesem Roman stützte sich Jane Austen zweifellos auf Erzählungen ihres Bruders Henry, der beim Regiment von Oxfordshire Dienst tat. Gelegentlich hielt man eine Truppenschau, um für die Bürgerwehr zu werben und der Zivilbevölkerung zu demonstrieren, wie gut ihre Verteidigung organisiert war. Aus diesem Anlass erschien ein General, eine Parade wurde abgehalten, und es gab eine eintägige Übung im Marschieren, Drill, Zielschießen oder Manöver. Die Veranstaltung fand im offenen Gelände oder auf Gemeindeland statt und stellte für die Bewohner der Gegend eine Attraktion dar, die durchaus einen Tagesausflug wert war.

Die *Volunteers* – Freiwilligenregimenter, die 1794 erstmals aufgestellt wurden – waren eine Art zweiter Bürgerwehr. Sie bestanden aus Männern, die nicht ständig Dienst tun konnten, aber bereit waren, jeden Sommer einige Wochen lang militärisches Training und Schutzeinsätze zu absolvieren. 1804, als wiederum eine Invasion drohte, bildete Jane Austens Bruder Edward Knight mit seinen Dorfbewohnern die *Godmersham & Molash Company* als Teil der *East Kent Volunteers* und sicherte mit ihnen eine Zeit lang einen Abschnitt der Kanalküste.

Das Pfarramt

Das Amt des anglikanischen Pfarrers galt im achtzehnten Jahrhundert nicht als eine Frage der Berufung, sondern lediglich als standesgemäßer Beruf für einen gebildeten Gentleman. Das Hauptproblem bestand darin, eine einträgliche Pfarre zu finden, die ihrem Inhaber den Lebensstandard eines Gutsherrn ermöglichte. Damals erhielten die Pfarrer keine festen Gehälter, sondern bestritten ihren Unterhalt aus verschiedenen Quellen – hauptsächlich von den Kirchenabgaben (dem Zehnten, den der Pfarrer vom jährlichen Bruttoertrag sämtlicher Höfe in seiner Gemeinde erhielt) und den Erträgen der *glebe* (des Landes, das der Kirche gehörte und das dem Inhaber der Pfarrstelle zustand). Hinzu kamen Gebühren für Taufen, Trauungen und Beerdigungen. Die Einkünfte aus kleinen Landpfarren waren äußerst bescheiden – in den Siebzigerjahren des achtzehnten Jahrhunderts waren es zum Beispiel in Steventon jährlich 100 Pfund, in Deane 110 Pfund. Da die Gemeinden aneinander grenzten, konnte George Austen mit der Zustimmung des Erzbischofs von Canterbury beide Pfarrstellen innehaben. Außerdem besserte er als gebildeter Mann sein Einkommen damit auf, dass er Schüler in sein Haus in Steventon aufnahm und sie mit Griechisch- und Lateinunterricht auf die Universität vorbereitete.

Es wurde nicht erwartet, dass ein Geistlicher sich ganz und gar seinem Beruf widmete. Die Grundanforderungen beschränkten sich auf den sonntäglichen Morgen- und Abendgottesdienst – sei es mit Predigt oder ohne – und wenigstens drei Abendmahlsgottesdienste im Jahr. Hochzeiten und Beerdigungen konnten ebenfalls auf die Sonntage gelegt werden, Taufen waren allerdings gerade bei kränklichen Kindern manchmal dringender. Es gehörte sich, dass der Pfarrer Kranke besuchte und an den Gemeinderatsversammlungen teilnahm, die zu Ostern und in unregelmäßigen Abständen über das Jahr verteilt stattfanden. Bei diesen Versammlungen kamen alle Grundbesitzer des Ortes zusammen, um Pfarr- und Gemeindeangelegenheiten zu regeln.

In der Praxis galt das Recht an einer Pfarrstelle als eine Art Besitz (eine »nicht materielle Erbsache«, wie es technisch hieß) und konnte folglich von einem Gentleman an den anderen verkauft werden. Auf diese Weise wurden Söhne und Neffen versorgt. So kam beispielsweise die folgende Anzeige in *Jackson's Oxford Journal* zustande:

»Zu versteigern bei Hoggart and Phillips, Old Broad Street, London: die Neubesetzung einer äußerst einträglichen Position in einer besonders attraktiven Grafschaft. Die Gegend zählt zu den besten Jagd- und Fischgründen Englands, es gibt ausgedehnte Wälder mit reichem Wildbestand sowie zahlreiche Hundemeuten für die Fuchs- und Hasenjagd. Die Lage ist landschaftlich reizvoll und gesundheitsfördernd, die Gesellschaft elegant und modebewusst.«

Es überrascht wohl nicht, dass sich die jungen »Dandy-Pfarrer« in solchen Positionen hauptsächlich dem Freiluftsport widmeten und ihre eigentlichen Aufgaben gegen einen Hungerlohn einem Kuraten übertrugen.

George Austen war zweifellos ein guter und gewissenhafter Pfarrer, der seine Pflichten ernst nahm und kaum jemals seine Pfarren im Stich ließ. Überhaupt scheinen die Geistlichen in Hampshire zu Janes Zeit im Allgemeinen so tugendhaft gewesen zu sein, wie es ihrem Berufsstand angemessen war. Andernorts gab es dagegen Pfarrer, die vor Gebrechlichkeit nicht in der Lage waren, in der Kirche in verständlicher Lautstärke zu sprechen oder ihren Gemeindemitgliedern Besuche abzustatten. Manche waren geistig so zerrüttet, dass sie sich völlig von der Außenwelt zurückzogen, wieder andere so trunksüchtig, dass man sie sonntagmorgens, wenn die Kirchenglocken zum Gottesdienst läuteten, im Garten unter den Stachelbeersträuchern fand. Als Gegenbewegung zu derartigen Auswüchsen von Nachlässigkeit und Amtsmissbrauch begannen die Brüder John und Charles Wesley ihre *Evangelical-Revival*-Kampagne, aus der später die methodistische Kirche hervorging.

Was Jane Austen von der zeitgenössischen anglikanischen Geistlichkeit hielt, zeigt sich daran, wie sie in ihren Büchern Pfarrer darstellte. Für Edward Ferrars ist das Priesteramt die letzte Zuflucht, und er kann sich glücklich schätzen, dass Oberst Brandon ihm die Pfarre von Delaford überträgt, so klein sie auch ist. Mr Collins, der Lady Catherine seinen Posten in Hunsford verdankt, fühlt sich hauptsächlich seiner Wohltäterin verpflichtet und vernachlässigt darüber den Dienst an seiner Gemeinde. Henry Tilney hält es nicht für nötig, mehr als zwei oder drei Tage pro Woche in der Pfarre seiner Familie in Woodston zu verbringen. In den drei späteren Romanen – zu einer Zeit, in der sich die *Evangelical-Revival*-Bewegung bereits in der gebildeten Gesellschaft bemerkbar machte – änderte sich das Bild. So will Edmund Bertram sich zu Mary Crawfords Ärger dauerhaft in seiner Gemeinde Thornton Lacey niederlassen. Mr Elton ist zwar arrogant und hochnäsig, versieht aber gewissenhaft seine Pflichten in Highbury. Und Charles Hayter, der ganz in der Nähe von Uppercross wohnt, ist entschlossen, dieser Gemeinde ein gewissenhafter Kurat zu sein, damit der alte Reverend Dr. Shirley sich nach 40 Jahren im Amt guten Gewissens zur Ruhe setzen kann.

DIE ERZIEHUNG DER JUNGEN

Die Jungen, die später als Gentlemen einen der oben genannten Wege einschlagen sollten, erhielten nach heutigen Standards eine ausgesprochen spärliche Ausbildung. Im Kindesalter lernten sie von ihren Eltern oder von einer Gouvernante lesen, schreiben und die Grundlagen der Arithmetik. Anschließend wurden manche in einem Privathaushalt unterrichtet, wie George Austens Schüler im Pfarrhaus in Steventon. Andere, wie Edward Knights Söhne, besuchten ein Internat – zunächst im Alter von etwa acht bis dreizehn Jahren eine *preparatory school* und danach eine *public school* –, ehe sie zur Universität gingen. Aber auch dort war der Lehrplan eng begrenzt. Er umfasste hauptsächlich klassische lateinische und griechische Lektüre in Prosa und Versen sowie ein wenig neuere Geschichte und Geografie (der »Umgang mit dem Globus«). Französisch und Italienisch wurden meist als zusätzliche Fächer unterrichtet, ebenso Schönschrift, Tanz, Zeichnen und verschiedene naturwissenschaftliche Themen.

Die Erziehung an den traditionellen *public schools* war von jeher spartanisch. In Winchester standen die Jungen morgens um halb sechs auf, wuschen sich sommers wie winters an der Pumpe im Hof, versammelten sich anschließend – nur mit Hemd und Hose bekleidet – zur Andacht in der Kapelle und brachten noch vor dem Frühstück mindestens eine Stunde Unterricht hinter sich.

Die Disziplin wurde mit äußersten Mitteln durchgesetzt, denn die meisten Schulleiter vertraten immer noch Samuel Johnsons Ansicht, Kinder besäßen keine Vernunft und seien daher nur durch Furcht zu bändigen. So prügelten sie ihre Schüler regelmäßig. Jungen wurden allgemein zu körperlicher und geistiger Zähigkeit und Widerstandsfähigkeit erzogen. Für Schwächlinge hatte man kein Verständnis. Dies führte natürlich oft zu wildem, aufsässigem Verhalten, und es kam mehr als einmal vor, dass an einer *public school* eine regelrechte Rebellion ausbrach, die mithilfe des Militärs niedergeschlagen werden musste. In Eton, wo in der Oberklasse 170 Jungen in einem einzigen großen Raum gemeinsam unterrichtet wurden, warfen die Schüler mit faulen Eiern nach Direktor Dr. Keate, nachdem er zwanzig Jungen mit Prügeln für Aufsässigkeit bestraft hatte. Er verprügelte daraufhin prompt weitere 60 Jungen. Auf Standesunterschiede wurde keine Rücksicht genommen – in Harrow bekam der junge Duke of Dorset immer zweimal Schläge, einmal für seine Missetat und einmal für seinen Adelstitel. Es kursierte auch das Gerücht, ein Direktor, der die Schüler jeden Morgen anhand einer Namensliste bestrafte, habe einmal seine Listen vertauscht und fälschlicherweise die gesamte Konfirmandenklasse durchgeprügelt.

Einige von Jane Austens männlichen Verwandten – ihr Vater und mehrere seiner Vettern aus der Familie Austen – hatten Tonbridge School besucht. Janes Brüder James, Edward und Frank schickten ihre Söhne dagegen nach Winchester, während zwei Vettern nach Eton gingen. Offenbar hatte die Autorin eine Abneigung gegen Westminster, denn von ihren Romanfiguren haben der charakterlose Geck Robert Ferrars und der skrupellose Henry Crawford dort ihre Ausbildung erhalten. Edmund und Tom Bertram waren in Eton und John Thorpe vermutlich auf Merchant Taylor's in London, weil im Roman sein jüngerer Bruder ebenfalls dort unterrichtet wird. Sir John Middleton, die Musgroves und die Hayters dürften eine der traditionsreichen Schulen in Südwestengland besucht haben, etwa King's in Bruton oder Blundell's in Tiverton. Edward Ferrars wurde privat von Reverend Pratt in Longstaple bei Plymouth unterrichtet, wo er in die Fänge der gerissenen Lucy Steele gerät. Jane schrieb nichts darüber, wo die Brüder Knightley erzogen wurden, doch am ehesten kommen Eton oder Winchester infrage.

Nach der Schule gingen die Jungen meist entweder direkt zur Armee beziehungsweise zur Marine oder setzten ihre Studien an einer Universität fort, was für angehende Pfarrer in jedem Fall Voraussetzung war. Damals gab es in Schottland vier Universitäten, in England dagegen nur zwei: Oxford und Cambridge. Von Edward Ferrars, Edmund Bertram, James Morland und John Thorpe in Jane Austens Romanen erfährt der Leser, dass sie in Oxford waren beziehungsweise sind. Dasselbe ist von Henry Tilney und Mr Collins anzunehmen. Darcy und Wickham scheinen in Cambridge gewesen zu sein. An den Universitäten wurde ähnlich wie an den *public schools* wenig mehr als klassische Literatur gelehrt. Wer Rechtsanwalt werden wollte wie etwa John Knightley in *Emma*, ging an eines der Londoner Lehrinstitute für Jura – der *Inns of Court*, die das alleinige Recht hatten, ihre Absolventen zum Gericht zuzulassen. Anschließend wohnte und praktizierte er in Holborn oder Bloomsbury, nahe bei den Gerichten in der Londoner Innenstadt.

Was die Kleidermode betraf, gab es während Jane Austens Lebenszeit für die Herren allmählich Veränderungen. Im früheren achtzehnten Jahrhundert bestand der reguläre Herrenanzug aus einem knielangen Rock mit langen, weiten Schößen, einer langen Weste und engen Kniehosen, zu denen man Strümpfe und Schnallenschuhe trug. Nach und nach wurden die Vorderschöße des Rocks gekürzt und der hintere Teil wurde mit einem Schlitz versehen, was zum Reiten wesentlich praktischer war. Auch die weiten, bauschigen Ärmel kamen aus der Mode. In den Neunzigerjahren wurden die Kniehosen durch lange, enge Pantalons abgelöst, die man in wadenhohe Stiefel steckte. Im frühen neunzehnten Jahrhundert schließlich wurde der Schnitt dann weiter, und es entstanden Hosen im heutigen Sinn, zu denen man Schuhe trug. Auch die Kleidung für Jungen sah entsprechend aus. Erst später entwickelte sich spezielle Kinderkleidung, die sich von der Erwachsenenmode unterschied.

Ein Scherenschnitt des Malers William Wellings zeigt die Szene, wie Edward Austen 1783 offiziell von Thomas Knight II. und seiner Frau adoptiert wird. Auf dem Bild trägt der junge Edward einen Zopf, Rock und Kniehosen im selben Stil wie sein Vater und Thomas Knight. Als im folgenden Jahr ein nicht namentlich genannter Schuljunge von zu Hause ausriss, um zur Marine zu gehen, beschrieben seine besorgten Eltern ihn in der Suchanzeige folgendermaßen:

»... auffallend heller, rosiger Teint, runde Gesichtsform, große, blaue Augen, weißblonde Augenbrauen und langes, blondes Haar, das offen auf die Schultern fällt. Er war mit einer dunkel schokoladenbraunen Jacke mit Knebelknöpfen sowie mit einer weiß gestreiften Weste mit Dimity-Revers, einer Barchenthose und weißen Baumwollstrümpfen bekleidet.«

Im ausgehenden achtzehnten Jahrhundert trugen kleine Jungen kurz geschnittenes Haar, weite Nanking-Hosen mit hoher Taille, die an eine sehr kurze Jacke ange-

»Costumes Anglais«: Engländer in Paris aus der Sicht eines Franzosen, um 1820.

knöpft wurden, dazu in der Regel ein Hemd, dessen schmaler Rüschenkragen oben aus der Jacke herausstand.

Es gab stets ältere Herren, die an der Mode ihrer Jugendzeit festhielten. Zu ihnen gehörte auch Janes Großonkel, der alte Francis Austen, ein wohlhabender Jurist in Sevenoaks. Er hatte im frühen achtzehnten Jahrhundert als modebewusster Mann eine bauschige Perücke und hellgraue Anzüge mit schmalen Goldlitzen getragen und behielt diese »vollendete Harmonie von Farbe, Struktur und Schnitt bis an sein Lebensende« bei. Als einziges Zugeständnis an die neuere Mode verzichtete er auf die Goldlitze.

Um die Jahrhundertmitte wurden die Röcke und Westen für Männer oft aus prächtigen, aufwändig gemusterten Stoffen hergestellt und an Ärmeln, Säumen und Schößen mit reicher Seidenstickerei verziert. Dieser prunkvolle Stil prägte die Kleidung für festliche Anlässe noch auf Jahre hinaus.

Über Sir William Lucas von Meryton erfahren wir in *Stolz und Vorurteil*, dass er am St. James's Court eingeführt wurde. Zu diesem Anlass wäre folgende Kleidung passend gewesen: »ein braunblau gestreifter Seidenrock und Kniehosen, dazu eine

weiße Seidenweste, das alles reich mit Silberstickerei und Blumensträußchen verziert«, mit Spitzenrüschen auf der Hemdbrust und an den Ärmeln. Gegen Ende des Jahrhunderts trugen ältere Gentlemen wie Mr Bennet in *Stolz und Vorurteil* als standesgemäße Alltagskleidung »eine weiße Kaschmirweste und Kniehosen, einen dunkelblauen Rock, weiße Seidenstrümpfe, hochglänzende Schnallen an Schuhen und Kniebund, ein Rüschenhemd und ein weißes, hinten mit einer Spange zusammengehaltenes Plisseehalstuch. Das gepuderte Haar wurde zum Zopf gebunden.«

In den Neunzigerjahren des achtzehnten Jahrhunderts kam bei den jungen Männern der Kurzhaarschnitt in Mode, und als 1795 eine Steuer auf Haarpuder erhoben wurde, verzichteten fortan viele Leute darauf. Andere ließen sich durch die Steuer allerdings nicht davon abhalten, weiterhin Puder zu benutzen. Der Prince of Wales trug 1802 einen gestreiften grünen Samtrock, der mit silbernen Blumen bestickt war, und eine gepuderte Lockenperücke mit Zopf. In Jane Austens frühen Romanen trugen die meisten Gentlemen ihr Haar noch lang, gepudert und hinten mit einer großen schwarzen Schleife zum Zopf gebunden. Mr Bennet hält es jedenfalls so, denn er erwähnt seinen »Frisierumhang«, und die Rechnungen, die Eleanor Tilneys zukünftiger Mann in *Northanger Abbey* zurückgelassen hat, weisen einen Eintrag über Haarpuder auf. Robert Watson streitet mit seiner Frau darüber, ob er sein Haar für den Abend frisch pudern soll oder nicht, und der altmodische Mr Woodhouse hält zweifellos noch an der Mode seiner Jugendzeit fest. Sir Walter Elliot schließlich kommentiert abschätzig Admiral Baldwins Haartracht – »neun einzelne graue Haare an der Seite und nichts als ein Tupfen Puder obendrauf«.

Insgesamt zeichnete sich in der Alltagsmode für Herren ein Trend zu schlichteren, bequemeren Schnitten und Stoffen ab, denn die meisten Männer verbrachten viel Zeit im Freien und auf dem Pferderücken. Im neunzehnten Jahrhundert trug ein junger Squire aus Südwestengland – das reale Pendant zu Charles Musgrove in *Überredung* – »einen grünen Reit- oder Jagdrock, gelbe Wildlederhosen und braune Stulpenstiefel, eine ockergelbe Weste, ein gelbrotes Seidenhalstuch und ein weites Rüschenhemd«. In einer Zeitung von 1804 wurde beklagt, wie nachlässig die jungen Männer sich kleideten. »Schlapphut, Reitweste, Halbstiefel, lederne Kniehosen und das kurz geschnittene Haar ungepudert ... die heutige Generation der blutleeren Dandys, geschmacklosen Beaux und sittenlosen Gentlemen!«

1814 trug ein modebewusster Gentleman »einen Rock in hellem Blau oder Braun mit Messingknöpfen, dessen Schöße fast bis an die Fersen reichten; an seiner Uhrkette baumelte ein riesiges Bündel Siegel; die Hosen waren kurz und an den Knien eng. Eine voluminöse Weste mit einer bauschigen Musselinkrawatte und ein Rüschenhemd vollendeten den Aufzug.« Genau so könnte Sir Walter Elliot ausgesehen haben.

Zwischen September und April verbrachten die Grundbesitzer auf dem Lande ihre Freizeit hauptsächlich mit Jagen und Schießen. Dieser Sport wurde damals in viel bescheidenerem und weniger professionellem Rahmen ausgeübt als heutzutage. Oft hielt sich der Gutsherr zu seinem eigenen Vergnügen und dem seiner Freunde eine Meute Hunde, wie Lord Osborne in *Die Watsons* und wie im wirklichen Leben Mr Chute von The Vyne in Hampshire. Manchmal beteiligten sich auch ein paar besonders abenteuerlustige junge Damen an der Jagd, aber eigentlich schickte sich dieser Zeitvertreib für sie nicht.

Wir erfahren in Jane Austens Romanen nichts darüber, ob Mr Knightley oder Mr Darcy diesem Sport frönen. Sir John Middleton jedenfalls jagt und schießt – vermutlich Hirsche ebenso wie Füchse, da er in Südwestengland lebt –, und Marianne trifft Willoughby im Gelände mit seinem Gewehr und zwei Jagdhunden an. Vater und Söhne der Familie Bertram schießen ihre Fasane in Mansfield Wood, und Henry Crawford lässt seine Jagdpferde aus Norfolk bringen, damit er sie in Northamptonshire reiten kann, während er im Pfarrhaus von Mansfield zu Gast ist. Maria ist »dazu verdammt«, sich von Mr Rushworth »die immer gleichen erfreulichen oder unerfreulichen Einzelheiten der täglichen Jagd anzuhören, die Aufschneiderei mit seinen Hunden, ... seine Verfolgung von Wilderern...«, und John Thorpe langweilt Catherine Morland mit Prahlereien über seine angeblich brillanten Jagd- und Schießkünste.

Pferderennen fanden meist im Spätsommer oder Frühherbst statt – Tom Bertram verlässt Mansfield im Juli und August wegen der Rennen und zu einem anschließenden Aufenthalt am Meer.

Fast alle Provinzstädtchen hatten eine eigene kleine Rennbahn, wo die *gentry* der Umgebung regelmäßig eine festliche Rennwoche veranstaltete. Dazu gehörte

Klavier in Chawton Cottage: Auf einem ähnlichen Instrument spielte Jane Austen. Das aufgeschlagene Notenheft gehörte ihr.

auch ein Abschlussball, auf dem die heranwachsenden Töchter ihr gesellschaftliches Debüt geben konnten.

In *Stolz und Vorurteil* heißt es über Mr Gardiner, er »angelte gern, obwohl er selten dazu Gelegenheit hatte«, und Darcy teilt diese Vorliebe offenbar, denn er lädt Mr Gardiner ein, im Forellenbach von Pemberley zu fischen, und bietet ihm auch das nötige Gerät an.

In London nahmen schneidige junge Männer professionellen Fecht- und Boxunterricht, und andere, die an der Küste wohnten, schwammen oder ruderten. Segeln kam gerade in Mode – daher der Bootsausflug in Weymouth, bei dem Jane Fairfax in *Emma* in Gefahr gerät. 1815 wurde in Cowes auf der Isle of Wight der *Yacht Club* gegründet, der seit dem Beitritt des Prinzregenten im Jahre 1817 den Titel *Royal Yacht Club* führte. Cricket wurde angeblich um die Mitte des achtzehnten Jahrhunderts in Hambledon, einem Dorf in der Grafschaft Hampshire, erfunden, und zu Janes Lebzeiten fanden bereits Wettkämpfe zwischen dem *Hambledon Club* und den *All England XIs* statt.

FRAUENDOMÄNEN

Die Töchter der *landed gentry* erhielten in der Regel nur ein Minimum an Ausbildung, ehe sie ihre Familie verließen, um einen Gentleman ihrer ländlichen Gesellschaftsschicht zu heiraten – oft noch im Teenageralter, wie Catherine Morland und Marianne Dashwood in Janes Romanen. Bis weit ins neunzehnte Jahrhundert hinein galt Schulbildung für Mädchen als unnötig. Man stand ihr sogar eher misstrauisch gegenüber, denn gebildete und belesene Mädchen hatten es nicht immer leicht, sich in die Gesellschaft einzufügen. Jane Austen war sich dieser vorherrschenden Ansicht wohl bewusst, als sie in *Kloster Northanger* ironisch schrieb: »Wo Leute zu gefallen suchen, sollten sie immer unwissend sein. Wer eine solide Bildung mitbringt, ist unfähig, der Eitelkeit der anderen zu schmeicheln, was ein zartfühlender Mensch immer zu vermeiden sucht. Besonders eine Frau sollte, wenn sie schon das Unglück hat, irgendetwas zu wissen, es immer so gut wie möglich verbergen.«

Die meisten Mädchen wurden zu Hause unterrichtet, entweder von den Eltern oder von einer Gouvernante und zusätzlichen Lehrern, die ins Haus kamen. Die Mädchen lernten Handarbeiten – nützliche und solche zum Vergnügen –, die Grundlagen der Arithmetik sowie Schönschreiben, was als besonders elegante Fertigkeit galt. Sie erhielten genügend musikalische Grundausbildung, um für den

Hausgebrauch singen und auf dem Klavier oder Cembalo ein paar Kontertänze spielen zu können. Zudem lernten sie etwas Zeichnen und einige französische Fabeln rezitieren. Sie lasen die Bibel, Shakespeares Werke und die anderer Dichter sowie einige erbauliche Romane, zum Beispiel Richardsons *The History of Sir Charles Grandison*. Dazu kamen rudimentäre Kenntnisse in Geschichte und Geografie.

Jane Austens Mutter hatte wahrscheinlich keinen weiterführenden Unterricht genossen, aber zum Glück für ihre Kinder besaßen sie und ihr Mann genügend gesunden Menschenverstand und er darüber hinaus auch einige Fähigkeiten als Lehrer. So wurden die Töchter Jane und Cassandra zu Hause viel mehr dazu angehalten, zu lesen und sich zu bilden, als es in anderen Familien der Fall gewesen wäre. Musik- und Zeichenlehrer kamen in das Pfarrhaus von Steventon, um die Kinder zu unterrichten, und Jane erwähnt in ihren Briefen ihr ganzes Leben hindurch immer wieder Bücher – Romane, Gedichte, Biografien, Historien, Reiseberichte und politische Schriften –, die die Familie gekauft oder geliehen hatte, um sich auf allen Gebieten auf dem Laufenden zu halten.

Unter Umständen konnte es wünschenswert oder nötig sein, dass ein Mädchen im Internat erzogen wurde. Das ist zum Beispiel bei der illegitimen Harriet Smith in *Emma* der Fall, deren Vater zwar bereit ist, für sie aufzukommen, dabei aber anonym bleiben möchte, und bei Anne und Mary Elliot in *Überredung*, die nach dem Tod ihrer Mutter ins Pensionat gegeben werden.

In der Nachbarschaft der Austens gab es kaum andere junge Mädchen, und die erwünschte Gesellschaft von Gleichaltrigen mag ein Grund dafür gewesen sein, dass Jane und Cassandra in Mrs La Tournelles Pensionat für junge Damen im Abbey House in Reading geschickt wurden. Leider sind von Jane selbst keine Erinnerungen an ihre Schulzeit überliefert. Eine andere Schülerin, Mary-Martha Butt (die spätere Schriftstellerin Mrs Sherwood), die in den Neunzigerjahren nicht lange nach den Schwestern Austen in Mrs La Tournelles Pensionat war, hinterließ jedoch ziemlich detaillierte Berichte über die Schule. Aus ihrer Schilderung geht hervor, dass das Pensionat im Abbey House gut zu der Beschreibung von Mrs Goddards Schule in *Emma* passte. »... ein richtiges, solides, altmodisches Pensionat, wo eine angemessene Menge von Fertigkeiten für einen angemessenen Preis erworben wird und wohin man Mädchen schicken kann, damit sie aus dem Weg sind und sich ein bisschen Bildung zusammenkratzen, ohne Gefahr zu laufen, als Genie zu enden.«

Eine wesentlich exklusivere Einrichtung war die Schule der Misses Stevenson am Queen Square im damals gerade neu entstehenden Londoner Viertel Bloomsbury. Die Schule war als *Ladies' Eton* bekannt, und das Schulgeld betrug 100 Guineen pro Jahr. Während Jane und Cassandra im Abbey House lernten, besuchte ihre zukünftige Schwägerin Elizabeth Bridges die Schule am Queen Square. Auch das mag sich in Janes späterem Kommentar in *Emma* niedergeschlagen haben, nämlich in der Beschreibung »eines Seminars oder einer Anstalt, die sich in langen Sätzen voller gebildetem Unsinn dazu bekannte, reichliche Erkenntnisse mit einer gediegenen Moral auf der Basis neuer Prinzipien und neuer Systeme zu vereinigen, und in der den jungen Damen für enorme Summen Gesundheit ausgetrieben und Eitelkeit eingebläut wird...« Das akademische Bildungspensum war in dieser Schule nämlich auf ein Minimum beschränkt, und das oberste Erziehungsziel bestand darin, den jungen Damen Anstand, Etikette und feine Manieren beizubringen. Jede Bewegung einer Schülerin – wenn sie einen Raum betrat oder verließ, sich setzte oder aufstand – unterlag ständiger Beurteilung. Hinter dem Haus war eine alte Kutsche ohne Räder aufgebockt, an der die jungen Damen üben konnten, gewandt und anmutig ein- und auszusteigen, ohne dass dabei unschicklicherweise ihre Fußknöchel zum Vorschein kamen. Außerdem mussten sie

> »die hohe Kunst des gesellschaftlichen Umgangs lernen – die Kunst, formvollendet Besuche abzustatten und zu empfangen, Bekannte auf der Straße und im Salon zu grüßen; Anstandsbriefe zu formulieren, vollendete weibliche Liebenswürdigkeit und Vornehmheit [an den Tag zu legen und jene] besondere Verbindlichkeit, jenen Takt, der bewirkt, dass jeder der Anwesenden – auch und gerade der Bescheidenste unter ihnen – sich wohl fühlt und amüsiert«.

Vielleicht stellte Jane sich zum Spaß vor, dass Charlotte Palmer aus *Verstand und Gefühl* dort Schülerin war, denn bei ihrer Mutter, Mrs. Jennings, hängt über dem Kamin immer noch »eine Landschaft in bunter Seidenstickerei von ihrer Hand als Beweis, dass sie nicht ganz umsonst sieben Jahre lang eine angesehene Schule in London besucht hatte«. Auch Bingleys Schwestern aus *Stolz und Vorurteil* sind »in einer der besten Mädchenschulen Londons« erzogen worden. Allerdings steht Miss Bingleys Unhöflichkeit gegenüber Elizabeth in deutlichem Widerspruch zu den Prinzipien des *Ladies' Eton*.

In *Überredung* schreibt Jane: »...die weibliche Gesellschaft hatte alle Hände voll zu tun mit all den anderen alltäglichen Dingen wie Haushalt, Nachbarn, Kleider, Tanzen und Musik.« Ihre Zeitgenossen wussten, was sich dahinter verbarg, aber für den heutigen Leser ist diese knappe Andeutung erklärungsbedürftig.

Die Haushaltsführung war damals eine Vollzeitbeschäftigung, denn auch wenn die Damen die schwere Arbeit natürlich dem Personal überließen, hatte eine Hausherrin der *landed gentry* immer noch so viel zu leisten wie heute etwa die Managerin eines kleinen Hotels. Sie musste das Personal einstellen, anweisen und beaufsichtigen, Lebensmittel und Haushaltsgegenstände soweit möglich im eigenen Haus herstellen und das Übrige unter schwierigen Bedingungen und zu beträchtlichen Kosten einkaufen. Es galt die Kleidung der Familie zu schneidern, instand zu halten und zu waschen, ein Haushaltsbuch zu führen und darauf zu achten, dass die Familie sich nicht verschuldete. Die Hausherrin musste ihre kleinen Kinder erziehen und Gouvernanten für sie finden, als gute Gastgeberin die freundschaftlichen Beziehungen zur benachbarten *gentry* pflegen – und zu alledem war sie im Normalfall auch noch beinahe ständig schwanger. Außerdem gehörte es sich, dass die Frau des Gemeindevorstands dafür sorgte, dass die Familien des Dorfes zu Weihnachten Babykleidung, Decken, Tücher, Mäntel und Strümpfe geschenkt bekamen, und dass sie die Dorfkinder ein wenig in Lesen und Schreiben unterrichtete.

Marianne Dashwood in *Verstand und Gefühl* findet sich nach ihrer Heirat mit Oberst Brandon »mit neunzehn in eine neue Neigung verstrickt, zu neuen Pflichten herausgefordert, in ein neues Heim versetzt, fand sich als Ehefrau, als Herrin eines Haushalts und eines Dorfes«. Und wenn in Hunsford in *Stolz und Vorurteil* »die Dorfbewohner Ärger machten, unzufrieden oder zu arm waren, eilte [Lady Catherine] ins Dorf, um ihren Streit zu schlichten, ihre Beschwerden zum Schweigen zu bringen und sie so lange auszuschimpfen, bis wieder Frieden und Überfluss herrschten«.

In *Kloster Northanger* hat die Familie Morland im Pfarrhaus von Fullerton zehn Kinder, und Mrs Morland ist »so völlig mit ihrem Wochenbett und der Beschäftigung mit den Kleinen ausgelastet, dass ihre älteren Töchter notgedrungen allein zurechtkommen« müssen. Für ihre Catherine kann sie offenbar nicht mehr tun, als ihr ein wenig Französisch beizubringen und sie gut nähen zu lehren. Schreiben und rechnen lernt die Tochter von ihrem Vater – von einer Gouvernante ist nicht die Rede. Als Catherine sich mit Henry Tilney verlobt, prophezeit ihre Mutter, sie werde bestimmt eine armselige, »gedankenlose kleine Hausfrau«. In Longbourn in *Stolz und Vorurteil* muss Charlotte Lucas nach Hause, um bei den Pasteten zu helfen. Als jedoch Mr Collins sich erkundigt, welche seiner hübschen Kusinen das Essen zubereitet habe, weist Mrs Bennet »ihn ziemlich scharf darauf hin, dass sie sich durchaus eine gute Köchin leisten könnten und ihre Töchter in der Küche nichts zu suchen hätten«. Lady Bertram wiederum bringt für nichts als ihre Stickerei Interesse und Energie auf, sodass die namentlich nicht genannte Haushälterin von Mansfield Park offenbar die Verantwortung für sämtliche häuslichen Angelegenheiten trägt und sich zudem noch Mrs Norris' ständiger Einmischung erwehren muss. Seit dem Tod ihrer Mutter »herrscht … und lenkt …« in dem Roman *Überredung* Elizabeth Elliot in Kellynch Hall, spielt »die Rolle der Gastgeberin ... und [bestimmt] die häusliche Ordnung«, während die hypochondrische Müßiggängerin Mary Musgrove ihre kleinen Jungen verhätschelt und sich allzu sehr auf ihre kapriziöse, extravagante Kinderfrau Jemima verlässt.

Im wirklichen Leben führte die junge Mrs Whatman, die Frau eines wohlhabenden Papierfabrikanten in Kent, ein Haushaltsbuch, in das sie ausführliche Anweisungen für all ihre weiblichen Hausangestellten eintrug.

»Das Hausmädchen muss eine Frühaufsteherin sein, denn das Erdgeschoss sollte fertig sein, wenn die Familie nach unten kommt. Im Sommer, wenn weniger an den Öfen zu tun ist und es auch weniger Schmutz und Staub gibt, sollte das Hausmädchen jeden Morgen einen Teil des Bodens polieren, denn die Böden werden im Sommer wegen der Insekten schneller schmutzig, und wenn sie den ganzen Sommer über gut poliert werden, kommen sie im Winter mit wenig Pflege aus. Um diese Jahreszeit ist morgens keine Zeit dazu, nur gelegentlich, wenn die Familie ausfährt. ... Salon: Die Rouleaus und Fenster vormittags immer geschlossen halten. Staub wischen, auch Stühle und Sofas gelegentlich abstauben und das Mahagoni polieren. Die Überzüge ausklopfen. Die Girandolen putzt Mrs W. immer selbst. Diese und die Bilder sollen nicht angerührt werden. ... Beim Feueranzünden und Ofenreinigen muss der Teppich abgedeckt werden, damit er keinen Schmutz abbekommt, denn er ist festgenagelt.«

Außer dem Putzen war auch das Waschen eine aufwändige, strapaziöse Prozedur, die immer so lange wie möglich aufgeschoben wurde. Je wohlhabender eine Familie war, desto mehr Wäsche zum Wechseln besaßen die Familienmitglieder. Wöchentliche Waschtage ließen daher auf einen armen Haushalt schließen, während besser situierte Familien mit einem Waschtag alle sechs Wochen oder sogar nur jedes Vierteljahr auskamen. Das Waschen, Trocknen und Plätten nahm insgesamt mehrere Tage in Anspruch. Montags wurde eingeweicht, dienstags gewaschen, mittwochs gefaltet und gestärkt, donnerstags geplättet und freitags gelüftet – immer vorausgesetzt, dass das Wetter gut war, sodass Bettwäsche und Kleidung in der vorgesehenen Zeit trockneten. Wenn nicht, hingen Küche und Wirtschaftsräume tagelang voller feuchter Laken und Unterwäsche, was die Mahlzeiten und die übrige häusliche Routine entsprechend beeinträchtigte. Im April 1816 schrieb Jane Austen recht betreten an ihre Nichte Caroline, die jüngere Tochter ihres Bruders James:

»Wir schämen uns beinahe, deine Mama in die Einladung einzubeziehen oder ihr die Mühe der langen Reise zuzumuten für die wenigen Tage, die wir nur haben werden, denn wir müssen waschen, ehe die Gäste von Godmersham eintreffen, & darum könnte sie sich nicht länger als bis Montag in unserem Haus wohl fühlen. ...Wir mögen sie nicht einladen, am Mittwoch zu kommen, um sie am Montag wieder vor die Tür zu setzen...«

Martha Lloyd, die Freundin der Austens, notierte wie viele Damen Lieblingsrezepte in einem Büchlein. Von vorn trug sie Kochrezepte ein, von hinten Tipps für den Haushalt. Höchstwahrscheinlich benutzte Jane Austen in der Zeit, in der sie alle zusammen in Chawton wohnten, einfache Kosmetika aus Marthas Herstellung: Pomade aus Rinder- oder Hammeltalg, Bienenwachs und Duftessenz, pinkfarbenes Zahnpulver aus Koralle, Schulp (der Kalk von Tintenfischen) und Zimtrinde, Coldcream aus Walrat, weißem Wachs, süßem Mandelöl und Rosenwasser, Pomade aus Rosen, Schmalz und weißem Wachs sowie Rosenmilch aus Rosenwasser und süßem Mandelöl. Marthas Notizen zeigen auch, dass es üblich war, Schreibtinte und Schuhwichse für den Haushalt selbst herzustellen, Seide und Gaze mit einer Mischung aus Honig, Schmierseife und Whisky oder Gin zu reinigen, Seidenstrümpfe zu bleichen, indem man sie in Schwefelrauch hängte, und Lacke für Tischchen selbst anzumischen. Zum Tünchen der Zimmerwände verwendete man Indigo, grünlich gelbe Lasurfarbe oder braunen Eisenocker.

In ländlichen Gemeinden gab es oft keinen Arzt in erreichbarer Nähe. Zum Wissensschatz einer Hausherrin gehörten daher unbedingt auch die Rezepte von einigen einfachen Hausmitteln, mit denen sie sich selbst und andere behandeln konnte. Martha Lloyd notierte in ihrem Buch beispielsweise Rezepte gegen Würmer, Fieber, Keuchhusten und Zahnschmerzen – ob irgendetwas davon tatsächlich wirkte, ist allerdings eine andere Frage. Im siebzehnten Jahrhundert war das Chinin aus Europa eingeführt worden, und man wusste auch, dass ein Sud aus Weidenrinde Fieber senken und Schmerzen ein wenig lindern konnte, sofern der Patient den bitteren Geschmack vertrug. Das einzige wirklich effektive Schmerzmittel war allerdings Opium, das daher trotz der bekannten Suchtgefahr freizügig verwendet wurde. Gegen Zahnschmerzen empfahl Martha, eine Pille aus Opium, Kampfer und Weingeist in den hohlen Zahn zu stopfen. Laudanum war eine alkoholische Opiumlösung, die tropfenweise verabreicht wurde. Als Cassandra Austen im Jahre 1798 an Magenbeschwerden litt, verschrieb der Arzt in Basingstoke ihr zur Beruhigung zwölf Tropfen Laudanum vor dem Schlafengehen, die Jane gewissenhaft für sie abzählte.

Für jene Damen, die nicht Hausherrin eines Guts- oder Pfarrhauses, sondern mit Soldaten verheiratet waren und »der Trommel folgten«, konnte das Leben ebenso arbeitsreich und noch weitaus gefahrvoller sein. Im Sommer 1797 mietete Lord

Damenmode für den Tag, Abbildung aus dem Modemagazin HEIDELOFF'S GALLERY OF FASHION, *1794. Die Lady rechts im Bild trägt ein Kleid aus rosaweiß gestreiftem Chintz mit einem Petticoat aus getupftem Musselin, dazu einen prächtigen Hut mit roter Schleife und gelber Feder. Ihre Begleiterin trägt ein Musselinkleid mit Doppelärmeln und einen gestreiften Hut aus feiner Seide. Ungefähr so hat man sich die Heldinnen in Jane Austens ersten drei Romanen vorzustellen.*

Dorchester das Anwesen Kempshott House in Hampshire, um sich dort nach einem mehr als fünfzigjährigen Soldatenleben zur Ruhe zu setzen. Wenig später schrieb Mrs Bramston von Oakley Hall an ihre Freundin:

»... wir hatten kürzlich unsere neuen Nachbarn von Kempshott, Lord & Lady Dorchester, zum Abendessen da ... er sieht aus wie ein General & sie wie eine anständige Frau, aber sie hat etwas in ihrem Gesichtsausdruck, weshalb man sich denken kann, sie hat es nicht leicht gehabt, & ich glaube, dass es so ist, sie hat acht Seereisen gemacht, fast alle mit kleinen Kindern, & dabei alles erlebt, was einem auf See zustoßen kann, einmal war ihr Schiff viele Tage lang von Eis eingeschlossen – eine höchst bedrohliche Lage, zwei Wochen schiffbrüchig auf einer einsamen Insel, einen Tag & eine Nacht auf einem Felsen gestrandet, auf einer Reise mussten sie wegen Unfällen viermal das Schiff wechseln ...«

Damenmode

Die weibliche Kleidermode wandelte sich während der Herrschaft von George III. weitaus radikaler als die männliche. Noch 30 Jahre bevor Jane Austen zur Welt kam trugen die Damen »Jupes und Robes aus der prächtigsten Seide, Hauben mit Bändern, riesige Schleifen an Brust und Ärmeln, Gazeschürzen, Halstücher und Volants, dazu Schuhe mit extrem hohen Absätzen«. Die schweren Seidengewänder fielen lose von den Schultern herab und wurden über einen weiten Reifrock drapiert. Die Tändelschürze aus Gaze hatte keinerlei praktische Funktion, sondern diente nur zur Zierde. Die Reifröcke wurden im Laufe der Jahre immer breiter, bis sie um die Jahrhundertmitte im Alltag aus der Mode kamen und wie die bestickten Seidenanzüge der Herren nur noch für die Kleidung bei Hofe Pflicht blieben.

In der zweiten Hälfte des achtzehnten Jahrhunderts besaßen die Frauen immer noch weite, unterpolsterte Röcke, nun allerdings ohne Reif und aus weicheren Stoffen als dem bis dahin üblichen steifen Brokat und der bestickten Seide. Jane Austens Mutter trug bei ihrer Heirat 1764 ein ausgesprochen praktisches Kleid aus rotem Wollstoff im knappen Schnitt eines Reitkostüms. Nach der Familienüberlieferung war das Einkommen des jungen Paares anfangs so gering, dass sich Cassandra Austen zwei Jahre lang kein neues Kleid leisten konnte, sondern tagein, tagaus dieses rote Wollkleid tragen musste. Nachdem es ausgedient hatte, schneiderte sie aus dem Stoff einen Anzug für den achtjährigen Frank – den späteren Admiral –, in dem er auf seinem Pony, einem Fuchs namens Squirrel, zur Jagd ritt.

In den Siebzigerjahren kamen pompöse Hochfrisuren in Mode. Das Haar wurde »toupiert, über einem großen, dreieckigen Kissen oder Drahtgestell aufgetürmt und an den Seiten zu je drei oder vier riesigen Locken frisiert. Je höher die Pyramide aus Haar, Gaze, Federn und anderem Schmuck, desto modischer war sie.« Dieses Gebilde wurde mit parfümierter Pomade eingefettet und mit Haarpuder bestäubt. »Die ganze Prozedur war so aufwändig, dass Schlafhauben in der entsprechenden Form geschneidert wurden, um die Frisur über Nacht zu erhalten – mit riesigen, schwarzen Haar- und Hutnadeln, Puder, Pomade und allem.« Diese »Köpfe« wurden eine Woche oder länger nicht »aufgemacht«, was natürlich zu verheerenden hygienischen Verhältnissen führte. Eine Dame erinnerte sich noch genau, wie sie in Bath »eines Sonntags in der Kirche aus den Locken einer Dame in der vorderen Bank eine Maus herauspähen sah, und auch das Schwänzchen kam hin und wieder zum Vorschein – bestimmt wohlgenährt bei solchen Mengen Puder und Pomade«. 1783 kehrte eine Dame mittleren Alters nach einer gescheiterten Ehe zu ihrer Familie zurück. Ihr junger Vetter berichtete:

»Sie kam in einer *post chaise* mit einem Dienstmädchen, einem Schoßhund, einem Kanarienvogel und Kisten über Kisten, die so hoch aufgetürmt waren, dass nichts mehr von den Insassen zu sehen war ... sie war eine üppige Frau, aufwändig gekleidet und stark mit Rouge geschminkt ... das Haar war gekräuselt oder toupiert und hufeisenförmig um das Gesicht frisiert; um den Hals hingen, mit Nadeln befestigt, lange, steife Locken, und das Ganze war gründlich pomadisiert und in verschiedenen Farben gepudert. Obenauf war ein großes Polster befestigt, und darauf saß entweder eine Haube, die so hoch mit künstlichen Blumen und Federn beladen war, dass sie mitunter aus dem Gleichgewicht zu geraten drohte, oder ein riesiger Hut – eine Konstruktion aus Draht und Gaze von immensem Umfang, die mit riesigen Nadeln auf dem Kopf befestigt wurde und steif nach allen Seiten abstand; flach, aber ebenso reichlich mit Federn und Blumen bestückt

Damenmode für den Spaziergang, Abbildung aus dem Modemagazin ACKERMANN'S REPOSITORY, *September 1812. Die Heldinnen in den drei späteren Romanen Jane Austens sind nach dieser Mode gekleidet.*

wie die Haube. Dazu trug sie einen Petticoat, meist mit Volants, kurzen Ärmeln und sehr langer Schleppe. Statt eines Reifs war hinten ein riesiges Polster angebracht und vorn ein Drahtgestell, sodass die Brust mit dem großen Halstuch vorstand wie der Kropf einer Taube.«

Riesige Hüte waren noch länger sehr modern, und Mrs Bramston von Oakley Hall, die Nachbarin der Austens, schrieb an ihre Freundin Mrs Hicks, als Letztere im Jahre 1787 in London war:

»… Ich denke, nach den Beschreibungen, die mir zu geben Sie die Freundlichkeit hatten, sollte es mir gelingen, mir selbst einen hinlänglichen Hut zu machen, wenn sich das allerdings als Irrtum erweisen sollte, werde ich Ihre Güte in Anspruch nehmen, mir einen zu kaufen… seien Sie doch so gut und lassen Sie mich noch wissen, ob die Hüte schräg aufgesetzt werden oder nicht und ob man sie mit hohem Kopf trägt, ich fürchte, Sie müssen mich für sehr heikel in Kleiderfragen halten, aber eigentlich bin ich das gar nicht, nur dass ich die neue Mode noch nicht gesehen habe und mich gern so kleide wie die anderen …«

Wie die Herrenkleidung wurde auch die weibliche Mode im Laufe der Zeit schlichter und bequemer. Man trug weniger ausladende Kleider aus weichen Baumwollstoffen, besonders aus weißem Musselin und Batist. Das Haar wurde nicht mehr pyramidenförmig aufgetürmt, sondern offen in langen Locken frisiert und nur zu besonderen Anlässen gepudert. Dank dieser Mode kann Willoughby in *Verstand und Gefühl* eine lange Locke von Mariannes Haar abschneiden, das ihr lose über den Rücken fällt.

Zum Ende des Jahrhunderts gelangte die Mode der sehr hoch angesetzten Taille aus Frankreich nach England. Die Kleider wurden direkt unterhalb der Brust mit einer schmalen Schärpe oder einem Band gerafft. Sie waren jetzt ausgesprochen schlicht und zart, fast immer weiß und aus hauchdünnen Stoffen. Das Haar wurde kurz und lockig getragen. Manche Damen besaßen auch mehrere Perücken für verschiedene Anlässe – tagsüber kurze, schwarze Locken, für den Abend dann aufwändige Frisuren aus langem blondem Haar.

Molligere Damen brachten ihre Figur mithilfe eines Korsetts in Form – eine Sitte, über die ein zeitgenössischer Journalist sich folgendermaßen auslief:

»Der Busen, den die Natur auf dem unteren Teil der Brust platziert hat, wird mittels Wattierung und Fischbein so hoch unter das Kinn gedrückt, dass Letzteres bei besonders üppigen Personen mitunter zwischen den emporquellenden Rundungen verschwindet… Nicht nur, dass die Figur widernatürlich verändert wird – zudem wird das Blut in Gesicht, Hals und Arme gepresst … und wäre nicht die prächtige Kleidung, so könnte man unsere Damen ihrer Fülle und Röte wegen auf den ersten Blick kaum von Ammen oder Köchinnen unterscheiden. Über dieser eigenartig gekünstelten Gestalt trägt man einen spärlichen Petticoat und ein ebenso spärliches Kleid, das eher einem Schonbezug als einem Kleidungsstück ähnelt.«

Diese äußerst knappen Kleider brachten ihre Probleme mit sich, wie sich eine Dame erinnerte, die 1801 ein junges Mädchen gewesen war.

»… die unbequemste Mode war die, als die Kleider so eng waren, dass man kaum darin gehen konnte. Dazu gab es unsichtbare Unterkleider, die das Ganze noch enger machten. Sie wurden auf den gleichen Maschinen hergestellt wie Strümpfe und waren die reinsten Zwangsjacken … nur dass sie über den Körper statt über die Arme gezogen wurden, sodass man in kleinen Trippelschritten gehen musste. Ich habe mich schon sehr bald wieder davon verabschiedet und meine jugendlichen Freundinnen damit schockiert, dass ich es wagte, so eine modische Fessel abzuwerfen.«

Natürlich brauchten die Damen, die solche hauchdünnen Kleidchen trugen, irgendetwas Wärmendes, und so kamen Umhänge, Kaschmirschals, große Halstücher und riesige Pelzmuffs in Mode. In den Neunzigerjahren wurde der Spenzer eingeführt, eine kurze, knapp sitzende Jacke mit langen Ärmeln. Im kalten Juni des Jahres 1808 schrieb Jane Austen an Cassandra: »… mein Kaschmir-Spenzer ist auf unseren Abendspaziergängen eine Wohltat.« Der Damenmantel – ein vorn durchgeknöpftes Überkleid – wurde einige Jahre später erfunden, und wenn es besonders kalt war, konnte man darüber noch einen Umhang tragen. Eines Morgens im Januar 1809, als die Austens in Southampton wohnten, kamen die Misses Williams zu Besuch – »… beide mit neuen Tuchmänteln und Hauben … [Miss Williams] in Purpur und Miss Grace in Scharlachrot«, was Jane offenbar für jenseits des guten Geschmacks hielt.

Wie nicht anders zu erwarten, konnte die ältere Generation sich ganz und gar nicht mit den Moden und Umgangsformen der jüngeren anfreunden. Im Jahre 1813 beklagte sich eine ältere Dame öffentlich:

»Als ich kürzlich einen Ballsaal betrat, sah ich eine Gruppe junger Mädchen ohne Kopfbedeckung und ohne etwas über dem Dekolletee, mit Kleidern wie Spinnweben und mit Liliputanerfächern … auch die Herren schienen gleichermaßen verwandelt. Ich wusste ja, dass man Spitze und Stickerei nicht mehr trägt, aber mir war nicht bekannt, dass die schlichten Röcke und ungepuderten Köpfe, die ich tagsüber zu sehen bekam, auch schon als angemessener Aufzug für eine

Abendgesellschaft gelten. Die Belles schienen allerdings zu finden, dass dieser Stil zu ihrem eigenen passte, denn sie spazierten Arm in Arm mit ihren schwarzbehosten Beaux einher. Vergebens hält man nach anständigen Verbeugungen und tiefen Knicksen Ausschau ... beim Hinausgehen helfen manche der Herren ihren Partnerinnen gerade noch, sich in ihre Tücher und Stolen zu hüllen, reichen ihnen den Arm und geleiten sie bis an die Treppe, wo sie ihnen die Hand schütteln und sagen: ›Auf Wiedersehen. Wenn ich meinen Hut zur Hand hätte, würde ich Sie nach unten begleiten.‹«

Die Mode für kleine Mädchen war in jenen Jahren weniger extrem als die für ihre Mütter. Jane und Cassandra trugen als Kinder in den Siebziger- und Achtzigerjahren Kleider mit natürlicher Taillenhöhe und weiten, bauschigen Röcken. Das Haar fiel lose in langen Locken herab und wurde nur von einer großen Morgenhaube ein wenig zusammengehalten, deren Bänder farblich zu der breiten Taillenschärpe passten. Am Ende des achtzehnten Jahrhunderts jedoch galt für kleine Mädchen dieselbe Mode wie für ihre Mütter – schlichte, weit ausgeschnittene, hauchdünne Kleider mit hoch angesetzter Taille, dazu stufige Kurzhaarfrisuren, die eng am Kopf anlagen.

Eine junge Schottin namens Elizabeth Grant erinnerte sich, dass sie und ihre Schwestern alle gleich gekleidet wurden. Vormittags trugen sie Kleider aus rosafarbenem Gingan oder gelbem Nanking, zum Nachmittag weißen Kattun, dazu stets Baumwollstrümpfe, kein Band, keine Locke und keinerlei Verzierung. 1810, als Elizabeth Grant dreizehn war und zum ersten Mal zu einer Erwachsenenparty in London mitgenommen wurde, trug sie ein neues Kleid aus weichem, glattem Musselin, sehr weit und mit reichlichen Falten. Ihr Haar war frisch geschnitten und mit rosenparfümiertem Öl glatt gebürstet, und als einzigen Schmuck trug sie an einer goldenen Kette ein Kreuz aus Rauchquarz. Als sie einmal etwas Geld zur freien Verfügung hatte, kaufte sie sich einen Sonnenschirm aus maigrüner Seide mit geschnitztem Elfenbeingriff. Bestimmt kam sie sich damit sehr erwachsen vor und stolzierte ebenso gravitätisch einher wie Mr Parkers Tochter Mary in *Sanditon*.

Jane und Cassandra hatten weder Geld noch Ambitionen, es den modisch gekleideten Damen gleichzutun. Jane erwähnt in ihren Briefen zwar hin und wieder den Kauf neuer Kleiderstoffe, doch häufig ist auch die Rede davon, ein getragenes Kleid neu einzufärben, damit es noch ein Jahr länger hält. Man weiß, dass sie Geld für Seidenstrümpfe ausgab, für weiße Handschuhe und rosafarbene, leichte Seide, wie man sie für Unterröcke und als Futterstoff verwendete. Auch ist bekannt, dass einmal ein neues Kleid bei der ersten Wäsche die Farbe verlor, dass Janes Wollkleid ihr im Dezemberwetter sehr zustatten kam und dass sie zu verschiedenen Anlässen weiße, blaue, rosafarbene, braune, gelbe und fliederfarbene Stoffe für Kleider kaufte. Sie erwähnte auch ihre Absicht, das fliederfarbene Kleid mit schwarzem Satinband abzusetzen. Es werde mit diesem Zusatz »ein bemerkenswertes Kleid« werden – »passend für alle Gelegenheiten«. Jane äußerte sich jedoch ziemlich abschätzig über eine Pfarrersfrau aus einer Nachbargemeinde in Hampshire, die auf einer Dinnerparty im Winter in Spitze und Musselin erschien – »zugleich teuer gekleidet & nackt«. In ihrem letzten überlieferten Brief vom Mai 1817 macht sie sich über die sehr kurzen Röcke lustig, die im Vorjahr modern gewesen waren.

Kosmetik

Im Laufe von Jane Austens Leben änderte sich auch in Bezug auf Kosmetik der Geschmack erheblich. Im früheren achtzehnten Jahrhundert schrieb die Mode für wohlhabende Damen gepudertes Haar, leichenblassen Teint, dunkle Augenbrauen, Wangenrouge und rote Lippen vor. Die Mittel, mit denen man dieses Aussehen erreichte, hießen sprichwörtlich *powder and paint* – »Puder und Schminke«. Die Schminke, eine weiße Paste aus pulverisiertem Bleiweiß und Essig, wurde mit dem Pinsel aufgetragen, sodass sie die Haut wie eine Maske bedeckte. Der Puder war ein feines Pulver – entweder ebenfalls Bleiweiß, Kaolin oder Talkum. Die Augenbrauen wurden gezupft und geschwärzt oder mit falschen Brauen aus Mäusefell überklebt. Pulverisiertes Bleiweiß diente gewöhnlich auch als Grundstoff für Rouge und Lippenbalsam. Dabei konnte der Bleigehalt Haut und Teint durchaus ruinieren. Angeblich starb die irische Schönheit Maria Gunning, die spätere Lady Coventry, durch übermäßigen Gebrauch von Kosmetika im Jahre 1760 an Bleivergiftung.

Die Damen klebten sich auch *Mouches* (schwarze Schönheitspflästerchen) ins Gesicht – als Kontrast zu der weißen Maske oder mit dem praktischeren Zweck, Pickel zu verdecken. Die Pflästerchen wurden aus schwarzem Samt, Taft oder Seidenstoff zugeschnitten und waren meist rund. Es gab aber auch ausgefallenere Formen wie Sterne und Monde, ja sogar Vögel und Bäume. Man bewahrte die Pflästerchen in eleganten kleinen Döschen auf, die innen einen Spiegel hatten. *Mouches* waren noch bis ins neunzehnte Jahrhundert hinein üblich. 1818 erinnerte sich eine alte Dame, wie sie im Alter von etwa fünfzehn Jahren einmal die Pflasterdose ihrer Mutter an sich gebracht hatte. Sie begnügte sich damals nicht mit einem oder zwei Flecken, um ihren Teint aufzuhellen, sondern klebte gleich eine ganze Menge auf. Solchermaßen gesprenkelt ging sie dann spazieren, höchst zufrieden, dass alle Leute sie – wie sie meinte – bewundernd anstarrten.

Man kann sich vorstellen, dass derart aggressive Kosmetika allerlei Hautprobleme verursachten. Dagegen entwickelte der Apotheker John Gowland um 1740 seine berühmte *Gowland's Lotion*. Seiner Werbung zufolge befreite es die Haut von »Pickeln, Ekzemen, Flechtengrind, Sommersprossen, Bräune, Rötungen der Nase« und verlieh dem Gesicht »ein frisches, kühles, gesundes Weiß und Rot«. Gowland behauptete, das Gesichtswasser löse die oberste Schuppenschicht der Haut ab, sodass diese besser atmen könne und ihre natürliche Schönheit zurückgewinne. Tatsächlich enthielt die Lotion neben Bittermandeln und Zucker auch einen geringen Anteil scharfes Quecksilberchlorid, dessen Wirkung man heute als chemisches Peeling bezeichnen würde. Trotzdem wurde *Gowland's Lotion* über Jahrzehnte hinweg hergestellt und verkauft. Sir Walter Elliot meint in *Überredung* sogar, Mrs Clay habe ihre Sommersprossen damit beseitigt.

In den Sechzigerjahren des achtzehnten Jahrhunderts benötigte eine reiche, junge Dame wie Lady Caroline Russell für ihre Toilette: Puder, Haar- und Hutnadeln, Kämme, *pomades à baton* (parfümiertes Fett in Stangenform, mit dem Haar und Haut gefettet wurden), eine Puderquaste aus Schwanenflaum, künstliche Haarknoten und -locken, Döschen mit nach Jasmin duftender Pomadepaste, ein Messer, um Puder und Schminke abschaben zu können, und einen Vorrat an Bärenfett. Letzteres diente als Grundlage für hausgemachte Cremes und Rouges, wurde allerdings häufig durch das billigere Schmalz ersetzt.

In den Achtzigerjahren des achtzehnten Jahrhunderts kamen die scharfen Kontraste von Puder und Schminke schließlich aus der Mode. Stattdessen bestäubte man die Wangen mit Talkum und legte nur ein wenig Rouge auf. Die Farbe der Lippen wurde mit Karmin oder mit Lippenstiften aus gemahlenem und eingefärbtem gebranntem Gips verstärkt. Die Zeitungen warben allerdings auch weiterhin für Kosmetika wie

> »Lady Molyneux' Italienische Maske, hergestellt von Mrs Gibson, Hatton Garden, London ... die Damenwelt schätzt sie als herrlichen weißen Schmelz auf Gesicht, Hals und Händen. Sie macht selbst raue und sonnengebräunte Haut glatt und samtweich; auch der bitterste Frost kann der Haut nichts mehr anhaben ... dazu Lady Molyneux' Flüssige Blüte, die blassen Wangen im Handumdrehen ›die Rose der Natur‹ verleiht, selbst für das schärfste Auge nicht als künstlich zu erkennen ist und sich auch in der größten Hitze nicht von den Wangen löst ...«

Zahnbürsten und Zahnpulver waren bereits erfunden, und 1784 warb Charles Sharp, ein Parfümeur in der Londoner Fleet Street, für *Prince of Wales Zahnpulver* und *Königliche Pfirsichkerntinktur* für Zahnfleisch und Zähne. Außerdem verkaufte er *Olympischen Tau*, ein Parfüm für das Taschentuch. Er behauptete, dass die französische Königin

Ausschnitt aus dem karikaturistischen Figurenfries LUMPS OF PUDDING *von H. W. Bunbury, 1811, das 36 Personen beim Kontertanz zeigt. »Lumps of Pudding« ist ein Tanz, heißt aber gleichzeitig soviel wie »Fleischklopse« ...*

und ihre Hofdamen es benutzten. Offenbar konnte dieses Produkt es mit Gowlands Gesichtswasser aufnehmen, denn Sharp warb damit, dass es die Haut von Sommersprossen, Pickeln, Bräune und jeglichem Makel befreie, Fältchen augenblicklich verschwinden lasse und einen lieblichen Teint verleihe.

Auch wenn Puder und Schminke nicht mehr in Gebrauch waren, blieb ein blasser Teint dennoch das Ideal – daher auch in *Stolz und Vorurteil* Miss Bingleys abschätzige Bemerkung darüber, wie braun gebrannt und gewöhnlich Miss Eliza Bennet aussehe, worauf Darcy ritterlich kontert, »ihm sei keine andere Veränderung als ihre Bräune aufgefallen, kein Wunder bei einer Sommerreise«. Es wurden Wunderseifen wie *Burgess' Fliederseife* angepriesen, die angeblich Blütenmilch enthielt und von der man eine wunderbar weiße, samtweiche Gesichtshaut bekommen sollte.

Es gibt keine Belege dafür, dass Jane oder Cassandra jemals solche Kosmetika verwendet hätten. Jane hatte dank ihrer rosigen Wangen sicherlich gar kein Rouge nötig. Dagegen bedauert Sir Walter Elliot in *Überredung*, dass Lady Russell sich nicht schminkt. »Vormittagsbesuche sind für Frauen in ihrem Alter, die sich so wenig schminken, nicht besonders vorteilhaft. Wenn sie nur Rouge auflegte, brauchte sie keine Angst zu haben, sich sehen zu lassen. Als ich sie das letzte Mal besuchte, fiel mir auf, dass sofort die Jalousien heruntergelassen wurden.«

TANZ, THEATER UND SPIELE

Da man für die Hausarbeit Personal hatte, blieb dem Gutsherrn und seiner Familie Zeit für diverse öffentliche und private Veranstaltungen. Das Tanzen hatte unter den Freizeitaktivitäten den höchsten Stellenwert, denn es war für junge Leute die beste Gelegenheit, einander in einem schicklichen Rahmen und unter den wachsamen Augen von Anstandsdamen kennen zu lernen. Heutige Leser von Jane Austens Romanen können die Schlüsselfunktion der Ballszenen oft kaum noch nachvollziehen, doch damals war der Tanzsaal der geeignetste, ja eigentlich der einzige Ort, wo junge Leute einen Ehepartner finden und umwerben konnten.

Marianne Dashwood ist hingerissen von Willoughbys männlicher Energie, als sie hört, dass er die ganze Nacht getanzt hat und vier Stunden später schon wieder auf den Beinen war, um zur Jagd zu gehen. Henry Tilney zieht Catherine mit der Bemerkung auf, Kontertänze seien für ihn ein Symbol der Ehe. Als Elizabeth Bennet sich bei ihrem ersten Tanz mit Darcy über sein Schweigen empört, hat er trotz ihrer spitzen Bemerkungen bereits »immerhin so viel für Elizabeth übrig, dass er ihr bald [verzeiht] und seinen Zorn jemand anderem [zuwendet]«. Mr Rushworth und Maria

Bertram geben ihre Verlobung bekannt, »nachdem sie miteinander auf der gehörigen Anzahl von Bällen getanzt« haben. Und auf dem Ball in der »Krone« in Highbury wird Emma zum ersten Mal bewusst, dass Knightley ein attraktiver Mann ist. »Seine große, sportliche, aufrechte Erscheinung ... mit Ausnahme ihres eigenen Partners gab es nicht einen unter all den jungen Männern, der sich mit ihm vergleichen konnte.«

Die Bezeichnung »Kontertanz« war von dem französischen Begriff *contre-danse* abgeleitet und bezog sich darauf, dass sich die Tänzer in zwei Reihen gegenüberstanden – die Männer auf der einen, die Frauen auf der anderen Seite. Das oberste Paar tanzte zuerst durch die Gasse, und die übrigen folgten der Reihe nach. Es gab keine festgelegten Schrittfolgen, sondern eine Anzahl unterschiedlicher Figuren, bei denen die Tänzer sich mal mit den Armen einhakten, mal an den Händen fassten. Bei der *Allemande* wurde »viel Hand in Hand geschritten, und man führte die Hände anmutig über den Kopf des Partners hinweg«. Schottische *Reels* und *Strathspeys* sowie irische *Jigs* kamen in den Neunzigerjahren des achtzehnten Jahrhunderts in Mode, und im folgenden Jahrzehnt waren – zu Ehren der siegreichen Marine des Landes – *Hornpipes* besonders beliebt.

Walzermusik gelangte in den späten Neunzigerjahren vom Kontinent nach England, wo die Zeitungen bestimmte Elemente des Tanzes anzüglich kommentierten – vor allem die Art, wie die Arme verschränkt wurden und die Dame sich unter dem Arm ihres Partners hindurch drehte.

»Die Bälle in Southampton sind über alle Maßen lebhaft und gut besucht. Die jungen Damen haben eine ganz besondere Vorliebe für einen deutschen Tanz, den so genannten Walzer; er ist ein unübertroffener Vorwand, einander zu drücken, zu umarmen &c., und schon mehr als eine Dame ist dabei buchstäblich in Ohnmacht gefallen.«

Die Vorstellung, die Tänzer könnten sich noch enger umfassen und einander dabei sogar eine Hand auf die Taille legen, galt als regelrecht unanständig, und dieser Walzerstil wurde nicht vor 1815 salonfähig.

Die Quadrille, ein Tanz für vier Paare, wurde von der modebewussten Lady Jersey 1815 aus Paris eingeführt und war schon bald der letzte Schrei. Im Frühjahr 1817 schickte Jane Austens älteste Nichte, Fanny Knight, ihrer Tante Quadrille-Noten. Jane schrieb zurück, die Stücke seien »ganz hübsch«, aber mit den Kotillons ihrer Zeit »nicht zu vergleichen«.

Es gab öffentliche Bälle im Festsaal eines Ortes, zu denen man Eintrittsgelder zahlte, und private, zu denen die Gutsherren ihre Freunde und Nachbarn einluden.

Manchmal wurde auch ganz spontan nach einem Familiendinner der Teppich aufgerollt, und eine ältere Dame spielte für die jungen Leute zum Tanz auf, wie es in dem Roman *Überredung* Anne Elliot in Uppercross Hall für die Musgroves tut. Überhaupt war Musik – ob Tanzmusik oder andere – ein wichtiger Bestandteil des abendlichen Familienlebens. Die Mädchen lernten meist Cembalo, Klavier, Harfe oder Gitarre spielen, die Jungen hauptsächlich Geige, Flöte und Cello. Dieses Thema griff auch Jane Austen in ihren Romanen auf. Catherine Morland ist der Unterricht bald verleidet, und Fanny Price wagt vor lauter Schüchternheit erst gar nicht den Versuch. Emma bringt nicht den nötigen Fleiß auf, regelmäßig zu üben, und gesteht offen, dass Jane Fairfax weitaus besser spielt als sie. Bei den Schwestern Bennet klingen in Marys Spiel »Pedanterie und Herablassung« durch, während man »dem Vortrag der unaffektierten und natürlichen Elizabeth … mit weit mehr Vergnügen [zuhört], obwohl sie nicht halb so gut [spielt]«. Singen gehörte im achtzehnten Jahrhundert ebenfalls zum häuslichen Zeitvertreib, an dem sich beide Geschlechter beteiligen konnten. So singt bei Jane Austen zum Beispiel auch Willoughby mit Marianne im Duett und Frank Churchill mit Jane Fairfax.

Theaterbesuche gehörten vor allem zum winterlichen Stadtleben. Es gab allerdings auch Wanderbühnen, die während des Sommers durch Dörfer und Städtchen zogen und notfalls mit einer geräumigen Scheune als Saal vorlieb nahmen. Das Gemeindeoberhaupt gab in der Regel eine beträchtliche Summe für Eintrittskarten aus und erschien in zahlreicher Gesellschaft.

Im Laufe der Zeit wuchs das Interesse am Theaterspiel immer mehr, sodass auch im häuslichen Kreis laienhafte Aufführungen üblich wurden. Wer es sich leisten konnte, organisierte sogar aufwändige private Inszenierungen. Die Duchess of Marlborough besaß 1788 in Blenheim ein privates Theater, und Lord Barrymore baute bei seiner Villa am Flussufer in Wargrave-on-Thames, Berkshire, ein Theater, das angeblich 700 Zuschauer fasste. Dort führte er 1791 mit seinen Freunden *Die Rivalen* auf. »Es war ein prächtiges, kleines Theater, in dem es vor lauter Vergoldungen nur so glitzerte, mit zwei Reihen Logen, in denen hauptsächlich der Adel aus der Umgebung Platz nahm. Das Stück wurde von Gentlemen aufgeführt, die Frauenrollen übernahmen Schauspielerinnen aus London.« Die jungen Austens führten in den Jahren 1782–89 zur Weihnachtszeit ebenfalls Stücke auf. Die Prologe und Epiloge, die James Austen dazu dichtete, sind bis heute erhalten.

Die Herren trafen sich häufig in Whist-Clubs in einem Gasthaus im Ort, während ältere Leute sich am häuslichen Kartentisch amüsierten. Und so lädt auch in Jane Austens Roman *Emma* die Protagonistin gern Mrs und Miss Bates und Mrs Goddard dazu ein, mit ihrem Vater Quadrille zu spielen (der Begriff bezeichnete sowohl den Tanz für vier Paare als auch ein Kartenspiel für vier Personen). Lu, *Cassino*, *Brag*, *Vingt-un*, *Piquet* und *Commerce* werden sämtlich in den Romanen erwähnt, und in *Mansfield Park* verleiht Jane Austen dem Spiel mit dem Namen *Speculation* dadurch symbolische Bedeutung, dass Mary Crawfords draufgängerische Spielweise zum Vorzeichen ihrer erfolglosen Werbung um Edmund Bertram wird. Andere Gesellschaftsspiele wie *Backgammon*, *Mikado* und Lotteriespiele standen allen Altersgruppen offen. In Hartfield beginnt Frank Churchill mit Emma ein Spiel mit den Buchstabenkärtchen, die sie für ihre kleinen Neffen ausgeschnitten hat. Dabei bringt er die arme Jane Fairfax mit Buchstabenrätseln in Verlegenheit, die Wörter voller Anspielungen ergeben. Billard wurde hauptsächlich von Männern gespielt, aber es kam durchaus auch vor, dass sich Frauen daran beteiligten.

DIE ABENDE VOR DEM KAMIN

Zur privaten Unterhaltung las man von jeher Bücher und Zeitungen, die allerdings im achtzehnten Jahrhundert noch nicht so leicht zugänglich waren wie heute. Bücher waren teuer – *Emma* kostete 1816 eine Guinee, was dem Wochengehalt entsprach, von dem mancher arme Kurat sich selbst und seine Familie ernähren musste. Es gab kommerzielle Leihbüchereien, die von den Mitgliedsbeiträgen ständig neue Bücher aller Art anschafften. Außerdem wurden private Lesezirkel gegründet, wo man gemeinsam entschied, welche Bücher erworben wurden, und sie am Jahresende untereinander aufteilte. Romane erschienen üblicherweise in mehreren Bänden, sodass mehrere Familienmitglieder gleichzeitig lesen konnten. So versucht in *Stolz und Vorurteil* Miss Bingley in Netherfield, Darcys Aufmerksamkeit zu gewinnen, indem sie sich den zweiten Band des Werkes vornimmt, das er gerade liest.

Romane, insbesondere die geheimnisvollen, schaurigen, romantischen Geschichten, die damals so beliebt waren – *Die Geheimnisse von Udolpho*, *Die Waldromanze*, *Mitternachtsglocke* und *Burg Wolfenbach*, um nur einige zu nennen –, galten in seriösen Kreisen vor allem für die weibliche Leserschaft als sittengefährdend. Die Austens waren jedoch »begeisterte Romanleser & schämten sich dessen nicht«, und Jane erwähnte in ihren Briefen immer wieder Romane, die die Familie gekauft oder geliehen hatte. *Udolpho* jagte Scharen von Lesern eine Gänsehaut über den Rücken. Vor allem die Szene mit dem schwarzen Vorhang, hinter dem ein grausiges Geheimnis vermutet wird, blieb vielen als Höhepunkt der Geschichte in Erinnerung. Henry Tilney versichert Catherine in *Kloster Northanger*, dass ihm beim Lesen die ganze Zeit die Haare zu Berge standen, und im wirklichen Leben erinnerte sich eine junge Schottin:

»Da mein Vater uns keine Romane aus seiner Bibliothek lesen ließ, trat [meine Schwester] dem Lesezirkel in Melrose bei und las die Bücher in ihrem Zimmer. Als sie Mrs Radcliffes schaurigen Roman *Die Geheimnisse von Udolpho* hatte, kam sie oft vor dem Schlafengehen zu mir und las mir daraus vor ... aber sie achtete immer darauf, vor der gruseligen Mitternachtsstunde aufzuhören, wenn, wie es hieß, die Geister umherwanderten ... doch an einem Abend waren wir so in die Geschichte vertieft und so gespannt, was es mit einem gewissen schwarzen Vorhang auf sich hatte, hinter dem anscheinend etwas Mysteriöses verborgen war, dass wir völlig die Zeit vergaßen ... als wir bemerkten, dass es nach zwölf war ...«

... begann plötzlich der Haushund wie wild zu knurren, und ein seltsames Rumpeln kam näher und näher. Die beiden Mädchen versteckten sich unter der Bettdecke, bis es heller Tag war. Nachträglich stellte sich heraus, woher das seltsame Geräusch gekommen war: Ein gewissenhafter Hausangestellter hatte spätabends noch leere Bierfässer aus dem Keller gerollt.

Nicht nur in *Kloster Northanger* werden populäre Titel der damaligen Zeit genannt – auch in Jane Austens übrigen Romanen kommen etliche eifrige und verständige Leser vor: Darcy erweitert immer wieder seine private Bibliothek in Pemberley, die seine Vorfahren über Generationen hinweg aufgebaut haben. Fanny Price hat eine Vorliebe für Biografien und Gedichte. Lady Russell liest begeistert »all die neuen Gedichte und politischen Reden«, für die Elizabeth Elliot dagegen überhaupt nichts übrig hat, und Emma führt immerhin eine Liste der Bücher, die sie irgendwann einmal lesen will. Jane Austen erwähnt die Leihbüchereien von Meryton und Sanditon ebenso wie die realen Bibliotheken in Portsmouth und Lyme Regis.

Zeitungen waren ebenfalls teuer und nicht besonders umfangreich – sie umfassten in der Regel vier in winziger Schrift bedruckte Seiten und erschienen ein- oder zweimal wöchentlich. Die einzige Londoner Zeitung, die damals schon täglich erschien, war das *Daily Universal Register*, die spätere *Times*. Jane hielt Zeitungen wohl eher für Männersache – vielleicht, weil sie hauptsächlich politische und wirtschaftliche Themen behandelten, von denen man nicht annahm, dass sie eine Dame interessierten. Anne Elliot im Roman *Überredung* bildet allerdings eine Ausnahme, denn sie verfolgt die Geschicke von Admiral Croft und Kapitän Wentworth, indem sie Zeitungsberichte über die Marine studiert. Man konnte auch auf dem Land Zeitun-

Dame in Alltagskleidung, Abbildung aus dem Modemagazin ACKERMANN'S REPOSITORY, *Mai 1822. Diese für damalige Verhältnisse äußerst schlichte Kleidung wurde tagsüber bei der Hausarbeit getragen.*

gen aus London beziehen, die man als freundlicher und großzügiger Abonnent nach dem Lesen an seine Nachbarn weitergab. So überließ offenbar Mr Holder von Ashe Park seine gelesenen Zeitungen den Austens in Steventon.

Briefe, Tagebücher und Journale

Briefe erfüllten im achtzehnten Jahrhundert eine wichtige gesellschaftliche Funktion – sie hielten nicht nur den Kontakt zwischen Verwandten aufrecht, sondern dienten auch als Mini-Zeitungen. Wer zum Beispiel in London wohnte oder sich vorübergehend dort aufhielt, musste den Freunden in der Provinz brieflich den neuesten Klatsch berichten, und diese Briefe wurden sogar in der Gemeinde herumgereicht. Schreibpapier war teuer. Ein Brief bestand normalerweise aus einem Bogen im Quartformat, der auf die Hälfte gefaltet wurde, sodass vier Seiten von rund neunzehn mal zweiundzwanzig Zentimetern entstanden. Es gab keine fertigen Briefumschläge, deshalb schrieb man Namen und Adresse des Empfängers auf die Mitte der vierten Seite und faltete das Papier dann mehrmals längs und quer auf die Mitte, sodass ein kleines Päckchen entstand. Zum Schluss schob man die Enden ineinander und befestigte sie entweder mit einer »Oblate« (einem kleinen runden Plättchen aus getrocknetem Leim, das angefeuchtet und angedrückt wurde) oder mit einem Klecks Siegellack. Dies war das Standard-Briefformat für die Berechnung der Postgebühren. Wenn weitere Bögen hinzukamen, stieg das Porto entsprechend. Es gab noch keine Briefmarken, und nicht der Absender, sondern der Empfänger zahlte für die Zustellung. Der Schreiber musste also möglichst viele Zeilen auf einer Seite unterbringen. Notfalls wurde zusätzlich »quer« geschrieben – das heißt, wenn das Blatt voll war, drehte man es um 90 Grad und schrieb über den bisherigen Text weiter. Auch Jane Fairfax in *Emma* hält es so, wie Miss Bates berichtet: »... im Allgemeinen ist das ganze Blatt voll und auch noch bis zur Hälfte quer beschrieben.« Als später im neunzehnten Jahrhundert Papier und Porto erschwinglicher wurden, war das »Querschreiben« nicht mehr üblich.

In London gab es die städtische Zweipenny-Post, die sechsmal täglich ausgeliefert wurde. Sie kostete für Absender und Empfänger je einen Penny. Die Postboten gingen in blauen Jacken mit roten Aufschlägen mit einer Glocke und einer Tasche herum, um die Briefe einzusammeln. Außerhalb des Stadtgebiets wurden die Postgebühren nach der Größe der Briefe und der Entfernung berechnet. Die Mindestgebühr für einen Briefbogen, der bis zu fünfzehn Meilen weit ausgetragen werden sollte, betrug drei Pence und stieg dann schrittweise bis auf acht Pence für mehr als 150 Meilen.

Schreibfedern aus Stahl wurden erst in den Dreißigerjahren des neunzehnten Jahrhunderts erfunden. Zu Jane Austens Zeit schrieb man noch ausschließlich mit dem Federkiel. Die weiche Spitze bog sich beim Gebrauch auseinander, sodass sie ständig nachgeschnitten werden musste. Daher kommt die Bezeichnung »Federmesser« für das kleine Klappmesser, das der Schreiber ursprünglich zu diesem Zweck bei sich trug. Die aufdringliche Miss Bingley bietet Darcy in *Stolz und Vorurteil* an, seine Feder für ihn zu spitzen, aber er zieht es vor, es selbst zu tun.

Caroline Austen, eine von Janes Nichten, erinnerte sich bewundernd an die schöne Handschrift ihrer Tante.

»Die erhaltenen Schriftstücke bezeugen ihre ausgezeichnete Handschrift; jede Notiz, jeder Brief von ihr war formvollendet. Das Falten und Siegeln war damals eine Kunst, nicht so einfach wie mit fertigen Briefumschlägen – bei manchen Leuten wirkten die Briefe immer schlampig und unordentlich – aber bei ihr knickte das Papier stets an der richtigen Stelle, und der Siegellack landete am richtigen Fleck…«

Als Fanny Price in *Mansfield Park* den ersten Brief an ihren Bruder William schreibt, hilft ihr der freundliche Edmund und schickt William sogar »unter dem Siegellack eine halbe Guinee«. So kommt die kleine flache Münze erst zum Vorschein, als William das Siegel bricht, um den Brief zu öffnen. In diesem Fall muss der Empfänger nichts bezahlen, weil Sir Thomas Bertram als Parlamentarier das Privileg genießt, ihn »frankieren« zu können – das heißt, er vermerkt außen unter der Adresse »frei« und unterschreibt.

Im achtzehnten Jahrhundert war es üblich, dass sowohl Männer als auch Frauen Tagebuch führten. Dafür benutzte man entweder ganz kleine Heftchen mit Seiten, auf die jeweils nur wenige Wörter passten – heute würde man so etwas einen Terminkalender nennen – oder größere Blankobücher, in denen man nach Belieben mehr oder weniger ausführlich seine persönlichen Ansichten und alltäglichen Erlebnisse festhielt. Jane Austen beschrieb wahrscheinlich die kleinere Variante, aber leider wurden die Notizen nach ihrem Tod nicht aufbewahrt.

Zeichnen und Malen

Zeichnen und Malen war hauptsächlich ein Zeitvertreib für Damen. Allerdings gab es auch im Rahmen der Militär- oder Marineausbildung Zeichenunterricht. So konnten Offiziere, wenn sie eine Stadt und ihre Befestigungsanlagen auskundschafteten, Skizzen anlegen, anhand derer dann der Angriff geplant wurde. Außerdem zeichnete manch einer zum Vergnügen auf Urlaubsreisen oder erstellte selbst Pläne für die Gartengestaltung.

Oberst Brandon und Kapitän Wentworth in Jane Austens Romanen dürften in der Armee beziehungsweise bei der Marine Zeichenunterricht gehabt haben, und Henry Tilney und seine Schwester Eleanor malen gern Landschaften. Edward Ferrars erklärt sich selbst für unfähig, mit Marianne ein befriedigendes Gespräch über pittoreske Landschaftsszenen zu führen. In der Familie Dashwood ist Marianne die Musikerin, während Elinors Zeichnungen in Barton Cottage »an den Wänden des Wohnzimmers aufgehängt« werden. Emma ergeht es mit der Zeichenkunst ähnlich wie mit der Musik – sie bringt nicht genügend Geduld und Fleiß auf, um sie von Grund auf zu erlernen. »Ihre vielen halb fertigen Arbeiten wurden ausgebreitet. Miniaturen, Brustbilder, Kniestücke, Bleistift, Pastell, Wasserfarben – sie hatte alles probiert.« Catherine Morland hat nie Unterricht bekommen, und Mrs Elton redet sich gern damit heraus, ihre Pflichten als verheiratete Frau ließen ihr keine Zeit zum Zeichnen oder Musizieren. Im wirklichen Leben beglückte die Freundin der Familie Austen, Mrs Chute von The Vyne, ihren Mann damit, dass sie seine Lieblingsjagdhunde porträtierte.

Handarbeiten

Die verschiedenen Handarbeiten der damaligen Zeit waren fast ausschließlich Frauensache. Nähen diente dem praktischen Zweck, Kleidung für die Familie oder für Bedürftige herzustellen, Sticken war indessen hauptsächlich ein Zeitvertreib für Regentage. Im Jahre 1788 berichtete Mrs Bramston, die Nachbarin der Austens, ihrer Freundin eifrig:

»Ich habe eine Schürze in dem Muster von Mrs Greens angefertigt. Ich habe es vergrößert, indem ich die Wellen weiter von den Muscheln & der Kette abgesetzt habe, sodass es eine hübsche Borte für die Schürze ergibt. Ich sticke die Welle in drei Reihen & die Blumen im Coventry-Stich, um es vornehm auszu-

Teedose aus dem späten achtzehnten Jahrhundert, mit filigree aus Papierröllchen verziert.

drücken – Sie können sich gar nicht vorstellen, wie gut es aussieht, es wirkt so richtig wie Spitze, ich hoffe nur, Sie haben nicht schon mit einem anderen Muster angefangen ...«

Kleine Mädchen fertigten zur Übung Mustertücher im Kreuzstich an. Dieser einfache Stich konnte auch für größere Stücke verwendet werden, etwa für kleine Matten oder Bettvorleger, bei denen grober Kanevas mit dicker Wolle bestickt wurde. Eine Zeit lang war es Mode, Gemälde im Plattstich zu kopieren, wobei die Pinselstriche in der Stickerei haarklein nachgebildet wurden. Noch zeitaufwändiger war die Knötchentechnik. Dabei wurde ein Stück Garn in gleichmäßigen Abständen geknotet und dann aufgenäht, entweder als Kontur oder um die Flächen in einem Muster auszufüllen. Das Ergebnis wirkte ähnlich, als ob Spitze über dem Stoff läge.

Netzknüpfen war eine Handarbeit, die sowohl von Männern als auch von Frauen ausgeführt wurde, je nachdem, ob es sich um feine Netze für weibliche Accessoires und Kleider oder um gröbere Netze zum Fischfang oder für Kaninchenfallen handelte. Isabella Thorpe erzählt in *Kloster Northanger* Catherine von ihrer Freundin Miss Andrews: »Sie knüpft sich gerade den süßesten Umhang, den du dir vorstellen kannst.« Und für Bingley zählt in *Stolz und Vorurteil* das Knüpfen von Täschchen zu den üblichen Beschäftigungen junger Damen. Stricken galt damals offenbar als wenig vornehm oder war allenfalls etwas für ältere Damen wie Mrs Bates und – im wirklichen Leben – Jane Austens Mutter, die im Jahre 1813 plötzlich leidenschaftlich Handschuhe zu stricken begann. Häkeln wurde in England erst üblich, als sich Jane Austens Leben dem Ende zuneigte, und sie erwähnt es in ihren Werken nicht.

Die Bastarbeit mit Papierröllchen, *filigree* genannt, mit der sich in dem Roman *Verstand und Gefühl* Elinor Dashwood und Lucy Steele abends gemeinsam beschäftigen, war ein hervorragender kreativer Zeitvertreib für müßige Damen. Man schnitt dazu festes Papier in schmale Streifen, die mal mit Goldschnitt, mal mit rotem Farbschnitt versehen wurden. Diese Streifen wurden dann aufgerollt, zu Blättern, Herzchen, Blüten und anderen Formen geknifft und auf den zu verzierenden Gegenstand geklebt. Die Zwischenräume füllte man dicht an dicht mit noch kleineren, eng zusammengerollten Papierstreifen aus. Man konnte spezielle Mustervorlagen kaufen – das *New Lady's Magazine* gab 1786 eine Serie von zwölf Musterblättern mit insgesamt etwa 60 Motiven heraus. Und das *Gentleman's Magazine* des Jahres 1791 kommentierte, dass die jungen Damen derzeit unendliche Mengen an Teedosen mit *filigree* dekorierten.

ETIKETTE UND FAMILIÄRES LEBEN

Die Art und Weise, wie sich selbst Familienmitglieder untereinander anredeten, war im achtzehnten Jahrhundert sehr förmlich. Die Ehepartner nannten einander – wenigstens in der Öffentlichkeit – beispielsweise »Mr Bennet« beziehungsweise »Mrs Bennet«, während Kinder ihre Eltern mit »Sir« und »Madam«, gelegentlich auch mit »Papa« und »Mama« anredeten. Tom – als der älteste Sohn in *Mansfield Park* – ist »Mr Bertram«, während die Anrede »Mr Edmund Bertram« deutlich macht, dass es sich um den jüngeren Bruder handelt. Das Gleiche gilt auch für »Miss Bertram« und »Miss Julia Bertram«. Außerhalb der Familie wurden nur Kinder und Personen mit einem geringeren sozialen Rang beim Vornamen genannt, im Übrigen galt dies als vulgär und unangemessen vertraulich. Selbst Verlobte nannten einander nicht ohne weiteres beim Vornamen. Frank Churchill empört sich in *Emma* daher heftig darüber, dass Mrs Elton seine Verlobte »Jane« nennt, und schreibt an seine Stiefmutter, Mrs Weston: »Es wird Ihnen aufgefallen sein, dass noch nicht einmal ich mich für berechtigt halte, sie beim Vornamen zu nennen, nicht einmal Ihnen gegenüber.« In den Neunzigerjahren durfte man einen Mann noch allein beim Nachnamen nennen – »Willoughby« oder »Bingley« –, zwanzig Jahre später dagegen ist es auch in Jane Austens Roman bereits ungehörig, wenn Mrs Elton »Knightley« sagt.

Für junge Damen gab es keinen anderen schicklichen »Beruf« als die Ehe, und so erwartete man von den Mädchen, dass sie so bald wie möglich nach ihrem gesellschaftlichen Debüt heirateten. Sie scherzten untereinander über Gentlemen, die den roten, blauen oder schwarzen Rock trugen – das hieß, im Dienst der Armee, der Marine oder der Kirche standen. Die Partnersuche war allerdings eine heikle Angelegenheit, denn junge Männer und Frauen, die nicht miteinander verwandt waren, durften sich nicht unter vier Augen treffen. Zudem konnte schon aus dem kleinsten Anzeichen von Interesse, dass man einem Angehörigen des anderen Geschlechts in der Öffentlichkeit entgegen brachte, auf Heiratsabsichten geschlossen werden. Die jungen Leute trieben daher nur ganz oberflächliche Konversation und mussten das meiste allein aus dem Gesichtsausdruck der oder des andern ablesen – aus Blicken, Stirnrunzeln, Erröten oder Tränen.

Ein Knicks oder eine Verbeugung konnten im Gespräch eine wortlose, unverbindliche Zustimmung ausdrücken. Der Händedruck war indessen weniger eine Begrüßungs- oder Abschiedsgeste als vielmehr ein Zeichen besonderer Zuneigung oder Intimität – so besteht Henry Crawford in *Mansfield Park* darauf, beim Abschied Fannys Hand zu nehmen, und will »sie sich nicht versagen lassen«. Da wir heute mit der Interpretation dieser Umgangsformen nicht mehr vertraut sind, entgeht uns viel von dem Humor der Szenen in Jane Austens Romanen. Für ihre zeitgenössischen Leser wurde beispielsweise sehr schnell klar, dass Mr Elton Emmas Interesse missdeuten wird, und die betreffenden Kapitel lasen sich damals wesentlich unterhaltsamer als heute, da die Leser der Enthüllung entgegenfieberten. Ebenso begriffen sie in Kapitel fünfzehn von *Kloster Northanger* im Gegensatz zu der unbedarften Catherine Morland sehr wohl, dass John Thorpe recht plump andeutet, er wolle in Fullerton bei ihrem Vater um ihre Hand anhalten.

Es herrschte auch eine strikte Konvention, die einen Briefwechsel zwischen heiratsfähigen Personen untersagte – im wirklichen Leben wie auch in Jane Austens Romanen. So weiß Elinor zwar, dass Willoughby eine Locke von Mariannes Haar abschneiden durfte. Doch erst als sie sieht, dass ihre Schwester an ihn schreibt, um ihre Ankunft in London anzukündigen, zieht sie den Schluss, dass die beiden – wenn auch heimlich – verlobt sein müssen. Jane Bennet wiederum kann nicht direkt an Bingley, sondern nur an seine Schwestern schreiben, um mitzuteilen, dass sie sich in London aufhält. Da diese jedoch die beginnende Romanze im Keim ersticken wollen, halten sie die Nachricht vor ihm zurück. Elizabeth muss Darcys erklärenden Brief geheim halten und kommt gar nicht auf den Gedanken, ihn zu beantworten. Henry Crawford darf nicht an Fanny Price schreiben, sondern muss ihr durch seine Schwester den Vorschlag unterbreiten lassen, in der prächtigen St. George's Church am Hanover Square in London zu heiraten. Und nur extremer Gefühlsdruck treibt Kapitän Wentworth in dazu, insgeheim an Anne zu schreiben, und da sie ihre Zustimmung nicht schriftlich geben kann, muss sie auf eine Gelegenheit warten, ihn zu sprechen. Jane Fairfax schließlich geht jeden Morgen allein zur Post, damit niemand in Highbury von ihrer geheimen Korrespondenz mit Frank Churchill erfährt.

Eine weitere Hürde auf dem Weg zum Altar war die Mitgift der Braut. Die Ehe galt in der georgianischen Zeit als finanzielles Bündnis, zu dem der Vater der Braut eine bestimmte Summe beisteuerte – für den Unterhalt der zukünftigen Kinder, die Kosten des ehelichen Haushalts und damit die Frau versorgt war, falls sie verwitwete. Dieses Thema griff auch Jane Austen in ihren Romanen auf. Durch Mr Bennets Sorglosigkeit bleiben für Elizabeth und Jane nur jeweils 1000 Pfund, die sie zudem erst nach dem Tod ihrer Mutter erhalten werden. Zum Glück für die beiden sind Bingley und Darcy jedoch reich genug, um verarmte Mädchen heiraten zu können. Lady Bertrams Mitgift hatte 7000 Pfund betragen, obwohl sie als Frau eines Baronets eigentlich 3000 Pfund mehr hätte in die Ehe bringen müssen. Henry Crawford wäre hingegen mit seinem Jahreseinkommen von 4000 Pfund für die mittellose Fanny Price nach damaligen Maßstäben eine unglaublich gute Partie, die sie sich eigentlich nicht entgehen lassen dürfte. Sir Walter Elliots Verschwendungssucht hat dazu geführt, dass er Anne nur einen kleinen Teil der 10 000 Pfund Mitgift geben kann, die ihr eigentlich zuständen. Doch nachdem Kapitän Wentworth durch reichliche Prise ein Vermögen von 25 000 Pfund angehäuft hat, kann er es sich leisten, sie dennoch zu heiraten.

Wenn ein junges Paar zueinander gefunden und die Zustimmung der Eltern erhalten hatte, konnte nur die Dame die Verlobung wieder lösen, der Gentleman hingegen nicht. Dies galt auch für Jane Austen in ihren Romanen: Als Sir Thomas Bertram in *Mansfield Park* erkennt, dass Rushworth einen Fehler macht und Maria ihn nicht wirklich liebt, bietet er daher an, Rushworth im Namen seiner Tochter freizugeben.

Kam es endlich zur Hochzeit, so galt es als besonders vornehm, mit einer Sondergenehmigung ohne öffentliches Aufgebot zu heiraten. Manche jungen Damen fanden nämlich die Vorstellung unerträglich und schändlich, dass ihr Aufgebot »dreimal in einer Dorfkirche ausgerufen« werden sollte und »ein primitiver, fetter Pfaffe jeden Metzger im Ort um Zustimmung fragte, ob er Hans Heldenhaft und Lydia Schmacht, Jungfer, trauen dürfe!« So verkündet auch Mrs Bennet in *Stolz und Vorurteil* entschlossen: »Ein Aufgebot ist gar nicht nötig.«

Die eigentliche Trauung fand in aller Stille und nur in Anwesenheit der nächsten Freunde und Verwandten statt. Pompöse Hochzeiten mit Scharen von Brautjungfern und Gästen kamen erst im späten neunzehnten Jahrhundert in Mode, als man in der viktorianischen Zeit eine Vorliebe für Prunk entwickelte.

Das frisch vermählte Paar zog meist direkt ins Haus des Mannes und ging kurz darauf auf Hochzeitsreise. Unterwegs besuchte man oft auch Verwandte beider Seiten, um das neue Familienmitglied vorzustellen. Es gehörte sich, dass der Bräutigam zu diesem Anlass eine neue Kutsche kaufte und zugleich wenigstens ein paar Zimmer seines Hauses zu Ehren der Braut neu einrichtete. Häufig nahm das Paar auch eine Verwandte der Braut mit auf die Reise. So begleitet auch Julia Bertram in dem Roman *Mansfield Park* Maria und Mr Rushworth nach Brighton, und Mrs Jennings findet es in *Verstand und Gefühl* ungehörig, dass Lucy Steele als frisch gebackene Mrs Robert Ferrars nicht ihre Schwester Nancy mit nach Dawlish nimmt.

Im Anschluss an die Hochzeitsreise bewohnte das junge Paar sein oft weitläufiges Herrenhaus nur selten allein – die Regel war eher, dass mehrere Verwandte des Bräutigams unter demselben Dach lebten, oft noch jahrelang. Seine Mutter zog allerdings üblicherweise nach der Hochzeit aus. Auch in *Mansfield Park* war »Mrs Rushworth gern bereit, sich zurückzuziehen und der glücklichen jungen Frau Platz zu machen, die ihr lieber Sohn sich erwählt hatte; Anfang November zog sie mit ihrer Zofe, ihrem Diener und ihrer Kutsche als wahrhaft herrschaftliche Witwe nach Bath um...«

Wenn die Familie sich nicht mehrere Häuser leisten konnte, blieb jedoch auch die Mutter bei dem frischvermählten Paar und musste sich fortan mit einer untergeordneten Position begnügen, während ihre Schwiegertochter die Rolle der Hausherrin übernahm. Oft wohnten noch etliche Geschwister des Bräutigams mit in seinem Haus, und auch die Braut musste manchmal ihre verwitwete Mutter oder eine unverheiratete Schwester aufnehmen. Hinzu kamen Tanten beider Seiten, die als alte Jungfern oder Witwen auf die Unterstützung der jüngeren Generation angewiesen waren. Aus diesem Grund sind die Söhne der Familie Lucas in *Stolz und Vorurteil* froh, als ihre recht unscheinbare älteste Schwester Charlotte Mr Collins heiratet, denn sonst hätten sie sie für den Rest ihres Lebens versorgen müssen. So erging es im wirklichen Leben der verwitweten Cassandra Austen und ihren beiden Töchtern. Edward Knight ließ sie in Chawton Cottage wohnen, und auch die anderen Söhne trugen finanziell zu ihrem Unterhalt bei.

In der georgianischen Zeit und der Zeit des *Regency* bekamen die jungen Ehefrauen meist schon im ersten Jahr nach der Hochzeit ein Kind und viele Frauen gebaren danach alle fünfzehn bis achtzehn Monate ein weiteres. Cassandra Austen brachte ihre ersten drei Söhne 1765, 1766 und 1767 zur Welt. Die nächsten vier Kinder wurden 1771, 1773, 1774 und 1775 geboren und das letzte 1779, als sie 40 Jahre alt war. Dabei galten acht Kinder für damalige Verhältnisse noch als eher bescheidene Familie – manch eine Frau brachte zwischen Pubertät und Wechseljahren durchaus zwei Dutzend Kinder zur Welt. Zwar gab es auch schon im siebzehnten Jahrhundert Kondome aus Schaf- oder Schweinedarm, aber sie waren nur etwas für ausschweifende, junge Lebemänner, die Prostituierte besuchten und sich vor ansteckenden Krankheiten schützen wollten. Das einzige sichere Mittel gegen ungewollte Schwangerschaften war also Enthaltsamkeit. So schrieb Jane, als sie erfuhr, dass die befreundete Mrs Deedes in Kent gerade ihr achtzehntes Kind geboren hatte: »Ich hoffe, sie wird sich von dieser Marianne erholen, & dann würde ich ihr & Mr D. die einfache Kur getrennter Schlafzimmer empfehlen.«

Es war keine Seltenheit, dass junge Frauen im Kindbett starben. Auch drei von Jane Austens Brüdern verloren auf diese Weise ihre Frau – Edwards Frau Elizabeth starb nach der Geburt ihres elften Kindes, Franks Frau Mary ebenfalls beim elften und Charles' Frau Fanny beim vierten Kind. Die Kindersterblichkeit lag in den ersten fünf Lebensjahren am höchsten, und die häufigste Ursache waren Verdauungsstörungen, die durch falsche Ernährung hervorgerufen und durch drastische Behandlungsmethoden noch verschlimmert wurden.

Insgesamt wurden die Menschen im achtzehnten Jahrhundert noch durch viele Krankheiten bedroht. Zwar waren die Pocken dank der von Jenner entdeckten Impfmethode ausgerottet, Tuberkulose dagegen konnte ganze Familien auslöschen, und auch eine Blinddarmentzündung verlief in der Regel tödlich. Die medizinischen Möglichkeiten beschränkten sich fast ausschließlich auf Brech- und Abführmittel sowie Einläufe als innerliche Anwendungen und Schröpfen und Aderlass als äußerliche. Operationen wurden ohne Narkose und Antiseptika durchgeführt, was oft tödliche Infektionen zur Folge hatte. Die Zahnbehandlung steckte ebenfalls noch in den Anfängen – meist wurden die kranken Zähne gezogen, ebenfalls ohne jegliche Betäubung. Cassandra Austen hatte mit 49 Jahren die meisten ihrer Schneidezähne eingebüßt und sah dadurch entsprechend alt aus. Manche Zahnärzte versuchten, Zahnprothesen aus Elfenbein oder Porzellan herzustellen, die jedoch eher kosmetischen als praktischen Nutzen hatten. Außerdem klemmte man beim Verlust mehrerer Zähne Korkpolster zwischen Kiefer und Wange, um wenigstens kurzfristig zu verhindern, dass das Gesicht einfiel.

In Jane Austens Romanen finden sich überraschend wenige Anspielungen auf diese unerfreulichen Aspekte des Lebens. Todesfälle werden, wenn überhaupt, meist nur rückblickend erwähnt. Wir erfahren zum Beispiel nicht, warum Emmas Mutter starb, noch ehe sie vierzig war. Es gibt in einigen Romanen ein paar vage Andeutungen auf Krankheit und Tod – Tom Bertrams Unfall und das folgende Fieber führen dazu, dass man »um seine Lunge fürchtet«, und Jane Fairfax' Familiengeschichte lässt die mitfühlenden Nachbarn in Highbury ahnen, dass auch sie früh an Tuberkulose sterben wird.

Doch solange eine Familie gesund war, konnte sie sich an ihrem glücklichen, erfüllten Landleben freuen – an mittsommerlichen Heufesten mit Süßspeisen und Cremetörtchen, an Erntefeiern mit improvisiertem Tanz, falls ein Dorfbewohner Geige spielen konnte, an Einkellern im Herbst, Ale brauen im Oktober und Weihnachtsfeiern mit Braten und Fleischpasteten.

Ernährung und Essgewohnheiten

Jane Austen und ihre Familie – und folglich auch ihre Romanfiguren – hatten einen völlig anderen Tagesablauf als zum Beispiel die Landarbeiter. Während jene bereits bei Tagesanbruch aufstanden, begann für die Familie eines Gutsherrn oder Pfarrers der Tag um sieben oder acht Uhr. Die Zeit bis zum Frühstück um zehn wurde auf unterschiedliche Weise genutzt. Edward Ferrars geht ins Dorf Barton, um nach seinen Pferden zu sehen. Anne Elliot und Henrietta Musgrove spazieren in Lyme am Strand entlang, und Edmund Bertram führt eine lange Unterredung mit Fanny Price und eine weniger erfreuliche mit Tom – all das noch vor dem Frühstück. Jane Austen selbst stand, als sie sich im September 1813 in London aufhielt, morgens recht früh auf und schrieb um halb acht – schon fertig angezogen – einen Brief zu Ende. Um acht besprach sie sich mit Henrys Haushälterin, und um neun ging sie aus dem Haus, um noch vor dem Frühstück Einkäufe zu erledigen.

Wenn das Frühstück gegen elf Uhr beendet war, begann der »Vormittag« – nach damaligen Maßstäben die Zeit bis zum Dinner, einer ausgedehnten, reichlichen Mahlzeit um sechzehn Uhr oder später. Ein reguläres Mittagessen gab es nicht. Allerdings war es üblich, einen Imbiss anzubieten, wenn am »Vormittag« – also irgendwann zwischen elf und fünfzehn Uhr – Besuch kam. Dann wurden zum Beispiel auf einem Tablett kaltes Fleisch, Sandwiches, Kuchen und Obst der Saison gereicht. Als Anne Elliot in dem Roman *Überredung* nach Uppercross Cottage kommt, ist es fast dreizehn Uhr, für sie jedoch noch früh am Vormittag. Wenig später isst Mary Musgrove dann etwas kaltes Fleisch, ehe die Schwestern zu einem Besuch nach Uppercross Hall aufbrechen.

Das Dinner wurde zu unterschiedlichen Zeiten serviert, je nachdem, ob in städtischem oder ländlichem, modernem oder konservativem Haushalt. Sogar im Laufe von Jane Austens kurzem Leben änderte sich die Essenszeit erheblich. Im frühen achtzehnten Jahrhundert hatte es um fünfzehn Uhr ein Dinner gegeben und zum Abschluss des Tages gegen einundzwanzig Uhr eine weitere warme Mahlzeit. Bei Jane Austens Roman-

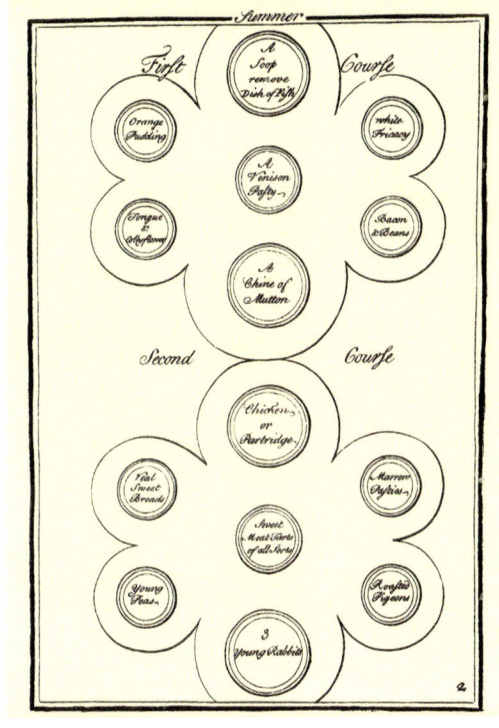

Skizze aus THE COMPLEAT HOUSEWIFE: OR ACCOMPLISH'D GENTLEWOMAN'S COMPANION *(Ausgabe von 1753), einem Handbuch für die perfekte Hausdame. Die Abbildung zeigt, wie die Speisen auf dem Tisch arrangiert wurden. Mit nur zwei Gängen à sieben Gerichten handelte es sich hier um eine bescheidene Mahlzeit.*

figuren sind unterschiedliche Essenzeiten gebräuchlich. In Barton Cottage wird das Dinner um sechzehn Uhr serviert, ebenso in Hartfield, im Pfarrhaus von Mansfield jedoch erst um halb fünf nachmittags. Als Mrs Jennings in London ist, speist sie um siebzehn Uhr, General Tilney hält es auch auf dem Land so. Die Bingleys in Netherfield essen sogar erst um halb sieben abends.

Nach dem Dinner versammelte sich die Familie im Salon, wo gegen neunzehn oder zwanzig Uhr Tee mit kalten Häppchen oder Gebäck serviert wurde. Für diejenigen, die bei Musik oder Kartenspiel bis spätabends zusammen blieben, gab es manchmal noch um dreiundzwanzig Uhr oder um Mitternacht einen kalten Imbiss mit Wein. Gäste lud man entweder zum Dinner oder erst zum anschließenden Tee ein. In *Emma* bevorzugt Mr Woodhouse natürlich ein frühes Dinner und ein warmes Abendessen, wie es in seiner Jugend üblich war.

Man servierte *à la française* – das heißt, alle Speisen wurden bereits aufgetragen, bevor man sich zu Tisch setzte. Je nach Anlass gab es zwischen fünf und fünfundzwanzig Schüsseln und Platten, die kunstvoll rings um die reich dekorierte Tischmitte arrangiert wurden. Stets wurde Suppe gereicht, dazu große Stücke Fleisch und große, im Ganzen zubereitete Fische sowie Wild und Geflügel je nach Saison, Gemü-

se, Saucen und Eingelegtes, süße und herzhafte Puddings. Nachdem der Gastgeber tranchiert hatte, bedienten die Gäste sich selbst von den nächsten Schüsseln oder ließen sich von einem der aufwartenden Diener ein weiter entfernt stehendes Gericht bringen. In wohlhabenderen Haushalten stand hinter jedem Stuhl ein Diener, während man in bescheideneren Häusern mit dem Personal vorlieb nehmen musste, das man eben hatte. Reverend Dr. Philip Williams aus Hampshire schilderte seinen Töchtern in einem Brief empört ein Dinner, bei dem er zu Gast gewesen war – dort habe nur ein einziger »elender Jockel« acht Personen zu bedienen gehabt.

Man suchte sich von den zahlreichen Gerichten nur diejenigen aus, die man am liebsten mochte. Wenn die Gäste sich bedient hatten, wurde abgetragen und der zweite Gang serviert. Er bestand aus der gleichen Anzahl einzelner Speisen, sowohl süßen als auch herzhaften, insgesamt allerdings eher leichter und süßer – es gab Obsttörtchen, Vanillepudding und Fruchtgelees. Nach dem zweiten Gang wurde der Tisch abermals abgeräumt und das Dessert aufgetragen – Nüsse, frisches und eingemachtes Obst, Eiscreme und andere Süßspeisen, dazu süße Dessertweine. Die Kinder der Familie, die noch zu klein waren, um die ganze Zeit über mit am Tisch zu sitzen, wurden nun in ihren besten Kleidern aus der Kinderstube hereingebracht. Sie mussten die Gäste begrüßen und bekamen das eine oder andere Häppchen vom Dessert ab. In *Mansfield Park* missgönnt Mrs Norris den Grants ihre ausgedehnten Dinnergesellschaften natürlich zutiefst und tröstet sich mit der Gewissheit, »unter so vielen Gerichten [müssten] unbedingt einige kalt sein«. Auf der Dinnerparty der Coles geraten Frank Churchill und Emma »durch eine ungebührlich lange Pause zwischen zwei Gängen« in eine peinliche Situation, bis »der nächste Gang alle aufatmen [lässt], als die Gerichte an den Enden des Tisches dekorativ aufgebaut ... und die Geschäftigkeit und Zwanglosigkeit wieder hergestellt« sind. Daraufhin können die beiden auch ihre vertrauliche Plauderei wieder aufnehmen.

Die Zusammensetzung der Mahlzeiten unterschied sich im achtzehnten Jahrhundert deutlich von dem, was heute üblich ist. Man aß, was in der Gegend angebaut wurde – abhängig vom Wetter und der Jahreszeit. Die ersten frischen Erbsen im Sommer waren ein großer Luxus, und die Nachbarn wetteiferten darum, sie am 4. Juni, dem Geburtstag des Königs, auf den Tisch zu bringen. Nur reiche Gutsherren, wie in Jane Austens Romanen General Tilney oder Mr Darcy, konnten sich beheizte Treibhäuser leisten, in denen im Sommer Gurken, Ananas, Melonen, Trauben,

Einige Stücke aus dem Wedgwood-Service, das Janes Bruder Edward Knight 1813 kaufte. »Das Dekor besteht aus kleinen, violetten Rauten zwischen schmalen Goldrändern & das Service trägt das Wappen [der Knights].«

Nektarinen und Pfirsiche gezogen wurden. Der niedere Landadel musste sich dagegen je nach Saison mit Kirschen, Äpfeln, Birnen und Beeren begnügen, und die Hausfrauen gaben sich Mühe, den Überschuss rechtzeitig einzukochen, einzulegen, zu kandieren, zu trocknen oder auf sonstige Art für den nächsten Winter haltbar zu machen. Doch nicht einmal die Reichen konnten außerhalb der jeweiligen Saison Fleisch und Fisch beschaffen. Das schildert auch Jane Austen in *Kloster Northanger*. Als Catherine im März nach Northanger kommt, gibt es dort weder Hirsch noch Fasan oder Regenpfeifer, weder Kabeljau noch Makrele. Stattdessen isst man in diesem kühlen Frühjahrsmonat frisches Schweinefleisch und als besondere Delikatesse Stallkaninchen und die ersten Lämmer.

Kakao, Tee, Kaffee, Zucker und Reis wurden importiert und waren entsprechend teuer, ebenso wie edle französische Weine. Orangen und Zitronen kamen aus dem Mittelmeerraum und trafen oft entweder unreif oder halb verfault ein. Man aß sie in der Regel nicht roh, sondern verwendete Schale und Saft als Zutaten zu Speisen und Getränken. Konditoren in großen Städten konnten es sich leisten, Eis aus Nor-

Familienidylle im Salon nach dem Dinner. Aquarell von Thomas Rowlandson, 1718.

wegen einzuführen und zu lagern, um Eiscreme und Getränke zu kühlen, doch auf dem Land gab es derartigen Luxus nicht. Frischen Fisch konnten nur diejenigen essen, die an der Küste oder an Binnengewässern wohnten. 1801 kamen in England die ersten Ölsardinen auf den Markt – »ein Fisch, der auf besondere Art zubereitet wird, hoch geschätzt auf Brot und noch delikater als Anschovis«.

In den ländlichen Kleinstädten veranstaltete man im Winter gern Teepartys, die gegen neunzehn Uhr begannen und als regelrechte Mahlzeit im Esszimmer stattfanden. Die mit Schildpatt verzierte Teedose bekam den Ehrenplatz. Es wurde schwarzer und grüner Tee serviert und in der Mitte stand eine Kristallschale für den teuren Würfelzucker. Die Damen wurden nach ihren Vorlieben gefragt. »Ist der Tee zu Ihrer Zufriedenheit, Madam? Bevorzugen Sie grünen oder schwarzen? Ist er Ihnen süß genug?« Das alles dauerte seine Zeit, gehörte aber zu den Grundregeln der Höflichkeit. Schließlich war selbst der Umgang unter langjährigen Nachbarn damals äußerst förmlich.

Das Hauspersonal

Eine Familie der *gentry* musste recht viel Personal beschäftigen, um standesgemäß zu leben – umso mehr, je größer der Wohlstand war. Zu Janes Zeit galt die Zahl der Bediensteten als sichtbares Zeichen für die Vermögensverhältnisse, was sich auch in ihren Romanen niederschlägt: Mrs und Miss Bates können sich nur ein junges Mädchen für alles leisten – Patty, der sie wohl fünf bis zehn Guineen Jahreslohn zahlen –, und die verarmten Prices halten sich in ihrem schäbigen Häuschen in Portsmouth zwei schlampige Mägde. Mrs Dashwood und ihre Töchter, deren Einkommen auf 500 Pfund pro Jahr gesunken ist, können sich immerhin zwei Mädchen und einen Diener leisten. Mr Bennet, der gesellschaftlich höher steht, hält sich als Familienvater mit rund 2000 Pfund Jahreseinkommen wohl acht Dienstmädchen und zwei Diener, während Bingley, Darcy und Rushworth mindestens zwei Dutzend Personen beschäftigen dürften.

Die wichtigsten weiblichen Bediensteten waren die Haushälterin und die Köchin. Hinzu kamen je nach den Verhältnissen und Bedürfnissen der Familie Zofen, Kinder- und Hausmädchen, Küchenhilfen, Wasch- und Melkfrauen. Was das männliche Personal betraf, galt ein französischer Koch als höchster Luxus – Mrs Bennet spekuliert, Darcy könne sich sogar zwei oder drei leisten. Doch in der Regel beschäftigte man eine Köchin und als männliches Personal Butler, Haus- und Kammerdiener, Kutscher, Stallknechte und Gärtner.

Der Gutsherr war traditionell der Arbeitgeber der meisten Gemeindemitglieder. Als Catherine Morland nach Northanger kommt, hat sie den Eindruck, allein in General Tilneys Küchengärten müsse eine ganze Gemeinde arbeiten. Und in *Emma* erinnert die Titelheldin ihren Vater daran, dass Hannah, die Tochter des Kutschers James aus Hartfield, ihre Anstellung als Hausmädchen bei der jungverheirateten Mrs Weston ihm zu verdanken hat.

Zusätzlich zu Unterkunft, Verpflegung und zum Gehalt erhielten die Bediensteten in der Regel die abgelegte Kleidung ihrer Arbeitgeber und hatten zudem die Chance, auf den Reisen mit der Familie etwas von der Welt außerhalb ihres Dorfes zu sehen – zum Beispiel London oder ein Seebad. Die Jungen und Mädchen aus dem Ort hofften daher, im Haus eines Gutsherrn und nicht in der Landwirtschaft eingestellt zu werden. Außerdem konnte ein Hausangestellter mit Fleiß und Geschick durchaus genug Geld zurücklegen, um sich beispielsweise als Gastwirt oder mit einem Laden selbstständig zu machen. Fürsorgliche Gutsherren und ihre Frauen sorgten dafür, dass die Kinder der Dorfbewohner lesen und schreiben lernten, damit ihnen diese Aufstiegsmöglichkeit offen stand.

Einkaufsmöglichkeiten

In Kleinstädten und Dörfern gab es nur sehr wenige Geschäfte, wie aus der Beschreibung des Ortes Highbury in *Emma* zu ersehen ist. Dort gibt es wohl lediglich einen Metzger und einen Bäcker, dazu Mrs Fords Geschäft für die Damen, »das größte Handarbeits-, Stoff- und Kurzwarengeschäft, alles in einem, das erste Haus am Platze in Größe und Eleganz«. Demzufolge muss es noch ein weiteres, kleineres und weniger elegantes Geschäft für die Alltags- und Arbeitskleidung der Bediensteten und Arbeiter geben. Ein Gemüsehändler ist überflüssig, denn was man nicht selbst anbaut, das kann man auf dem nächsten Bauernhof kaufen – Mr Knightley überlässt zum Beispiel den Bates' jedes Jahr einen Sack Kochäpfel aus den Obstgärten seines Anwesens Donwell Abbey. Auch Geflügel, Eier, Milch und Butter werden vor Ort produziert und direkt verkauft. Die Familie Wallis handelt in ihrer Bäckerei vermutlich nebenher mit den unverderblichen Waren, die sie für den eigenen Betrieb einkauft.

Handschuhe, Hüte, Strümpfe und Bänder gab es bereits damals fertig zu kaufen, und wir wissen, dass in Jane Austens Roman *Emma* auch Mrs Fords Geschäft solche Artikel führt. Schuhe und Kleider wurden dagegen noch ausschließlich maßangefertigt. Wenn Jane oder eine ihrer Romanfiguren davon spricht, ein Kleid zu kaufen, heißt das, man kauft die benötigte Menge Stoff und lässt sie von einer Schneiderin verarbeiten. Schneiderin und Kundin besprechen dann gemeinsam den Schnitt – Harriet Smith verwendet in *Emma* ein Kleid als Muster, das sie sich aus ihrem neu gekauften Musselin nachschneidern lässt.

Im Modeteil der Damenzeitschriften waren stets die neuesten, eleganten Londoner Schnitte abgebildet, die dann für die jeweilige Kundin individuell abgeändert wurden. Die Schneiderin kam zu den Damen ins Haus und blieb oft ein paar Tage lang, um gleich für mehrere Familienmitglieder neue Kleidungsstücke zu nähen. Außerdem zogen fahrende Händler mit ihren Karren durch die ländlichen Gegenden und verkauften Stoffe und Kurzwaren an solche Kunden, die nicht ohne weiteres zum Einkaufen in die nächste Stadt fahren konnten. Jane Austen erwähnt in einem ihrer frühen Briefe, dass sie bei einem dieser fahrenden Händler etwas gekauft habe.

In den größeren Städten auf dem Lande hielten sich natürlich mehr und auch stärker spezialisierte Läden und Händler. In Overton – von Jane Austens Heimatort Steventon aus die nächstgelegene Einkaufsmöglichkeit – gab es immerhin fünf Lebensmittelhändler und zwei Metzger, vier Schneider und nicht weniger als sieben Schuster, dazu zwei Hosenschneider, zwei Miedermacher, einen Frisör und einen Uhrmacher sowie die üblichen ländlichen Gewerbe – Müller, Mälzer, Tischler und Schmied. Die Läden bezogen ihre Waren von Großhändlern in den großen Städten, sodass entweder der Besitzer selbst oder ein Angestellter regelmäßig dorthin fahren mussten. Als Jane Austen zur Abwechslung einmal in Basingstoke einkaufen ging, stellte sie fest, in Mrs Ryders Geschäft gebe es »fast keine Knüpfseide, aber Miss Wood fährt wie üblich bald in die Stadt [das heißt nach London] & wird einen neuen Vorrat anlegen«.

In London und den größeren Provinzstädten gab es Märkte, Geschäfte und Großhändler aller Art, sei es für Lebensmittel, Stoffe oder Haushaltswaren. Dennoch zogen ständig Händler mit Körben oder Karren durch die Wohnstraßen und priesen ihre Waren an den Haustüren an: »Süße Orangen aus China, süße Orangen! – Milch zu verkaufen! – Erdbeeren, reife Erdbeeren! – Frischer Honigkuchen, dampfend heiß! – Kirschen, nur fünf Pence das Pfund! – Rüben und Mohrrüben! – Makrelen, frische Makrelen! – Schlüsselblumen, zwei Bund nur einen Penny!«

Als Anne Elliot in Jane Austens Roman *Überredung* widerwillig mitten im Winter mit Lady Russell nach Bath reist, ist sie ganz betäubt von dem Straßenlärm – »dem Geräusch anderer Kutschen, dem lauten Gepolter von Karren und Wagen, dem Geschrei der Zeitungsjungen, Brezelverkäufer und Milchmänner…«

DIE SCHAUPLÄTZE DER ROMANE

Alle Romane von Jane Austen spielen in der Südhälfte Englands, meist in den Grafschaften oder Städten, die sie persönlich kannte. Die Ausnahme bildet *Mansfield Park*, das in Northampshire angesiedelt ist – einer Grafschaft in den Midlands, die Jane nie bereist hatte, sondern nur aus den Erzählungen ihres Bruders Henry kannte. *Kloster Northanger* und *Überredung* spielen teilweise in Bath, und die meisten Straßen und Gebäude, die in diesen beiden Romanen erwähnt werden, sind bis heute erhalten. So kann der interessierte Leser auf den Spuren von Catherine Morland und Anne Elliot wandeln. Lyme Regis, einer der Schauplätze von *Überredung*, hat sich zwar in mancherlei Hinsicht verändert, doch es ist immer noch möglich, auf den Cobb zu steigen und nach der Stelle zu suchen, an der Luisa Musgrove ihren Unfall gehabt haben könnte. Die Kernhandlung von *Verstand und Gefühl* spielt in London, und die genannten Straßen gibt es noch, während die meisten Häuser entweder umgebaut wurden oder Neubauten gewichen sind.

Wenn Lady Catherine de Bourgh in *Stolz und Vorurteil* mit ihrem Vierspänner von Kent nach London fährt, wechselt sie immer in der »Glocke« in Bromley die Pferde, und General Tilney macht auf dem Rückweg von Bath nach Northanger in Petty-France Station, um sein Gespann ausruhen zu lassen. Diese beiden Gasthöfe und Kutschstationen existierten tatsächlich und waren sicher vielen von Jane Austens zeitgenössischen Lesern bekannt. Die »Glocke« ist inzwischen einem Neubau gewichen, Petty-France ist dagegen unverändert erhalten, auch wenn dort keine Pferde mehr eingestellt werden.

Abgesehen von den städtischen Episoden spielen die Romane in der Regel in ländlichen Gutshäusern und Herrensitzen, über die Jane dem Leser beiläufig gerade so viel mitteilt, wie nötig ist, dass er die Handlung versteht. Die Autorin ergeht sich nie in ausschweifenden Beschreibungen der Landschaft oder der Einrichtung einzelner Räume eines Hauses, da ihre zeitgenössischen Leser die allgemeinen Gegebenheiten hinreichend kannten. Bis heute haben sie sich allerdings so stark gewandelt, dass die Lebensbedingungen von Jane Austens Romanfiguren doch einer näheren Erklärung bedürfen.

STANDESGEMÄSSES WOHNEN

Im achtzehnten Jahrhundert nahmen Wohlstand, Luxus und feiner Geschmack allenthalben zu. Viele Adlige und Gutsbesitzer jener Zeit rissen daher die ererbten Herrenhäuser im Tudor- oder jakobinischen Stil kurzerhand ab – verschachtelte, verwinkelte Bauten mit kleinen Räumen, die häufig in Senken standen – und errichteten stattdessen elegante, geometrisch angelegte Herrenhäuser im klassischen Stil. Diese standen auf Anhöhen, sodass man die kunstvoll gestalteten Gärten und Parkanlagen überblicken konnte. Einige Angehörige des Hochadels besaßen riesige Landgüter mit Palästen wie Blenheim, Chatsworth, Knole oder Castle Howard, die denen der Königsfamilie in nichts nachstanden.

Bis um die Mitte des siebzehnten Jahrhunderts war es üblich gewesen, dass der Monarch mit seinem Hofstaat durch das Land reiste und jeweils für ein paar Wochen bei den reichsten seiner Untertanen zu Besuch blieb. Auf diese Weise konnte der König sich einerseits der Loyalität des jeweiligen Gastgebers versichern – oder den Mangel daran feststellen –, andererseits erhob er damit gewissermaßen Steuern in Form von freier Kost und Logis für seinen Hofstaat. Im Übrigen verhinderten diese Ausgaben auch, dass der Gastgeber zu reich und mächtig wurde und womöglich die Herrschaft des Königs untergrub. Die größten der mittelalterlichen Herrensitze mussten daher geräumig genug angelegt sein, dass der Hausherr königlichen Besuch empfangen konnte. (So soll zum Beispiel in Knole das Gebäude aus dem fünfzehnten Jahrhundert sieben Höfe, 52 Treppen und 365 Zimmer gehabt haben.) Später, im siebzehnten Jahrhundert, als die Macht allmählich von der Person des Königs auf das Parlament überging, wurden solche Besuche unnötig.

Von da an baute man die Herrenhäuser weniger groß, verzichtete allerdings nicht gänzlich auf die Staatsgemächer. Sie bestanden im Allgemeinen aus einer Eingangshalle, von der Salons, Esszimmer und Ruheräume abgingen. Meist gehörten auch ein Musikzimmer und eine Bibliothek dazu. Eine prächtige Treppe führte von der Halle zur ersten Etage, wo die größten Schlafzimmer lagen. In vielen Häusern gab es für die Winter- und Sommermonate jeweils separate Räume.

Auch wenn kein königlicher Besuch mehr zu erwarten war, legte der Hausherr weiterhin Wert auf große, prunkvoll ausgestattete Staatsgemächer, mit denen er

Besuchern – Freunden und Nachbarn – seinen Reichtum demonstrierte. Allerdings waren diese riesigen Gemächer bei all ihrer Pracht ausgesprochen unzweckmäßig – es hallte und zog darin, und es war nicht möglich, die Räume angemessen zu beleuchten oder zu heizen. Der Besitzer selbst und seine Familie nutzten daher kleinere Zimmer.

Die Herrenhäuser des achtzehnten Jahrhunderts waren durchweg im palladianischen Stil gebaut. Dessen Begründer, der venezianische Architekt Andrea Palladio, hatte in Italien Ruinen aus der Römerzeit studiert und ließ in seinen Entwürfen die Kunst, Architektur und Zivilisation der römischen Antike wieder aufleben. Dieser Stil wurde in England vor allem für ländliche Herrenhäuser und öffentliche Gebäude sehr populär, obwohl er sich fernab des warmen, sonnigen italienischen Klimas als ausgesprochen unzweckmäßig erwies. Der berühmteste englische Architekt der palladianischen Schule war William Kent (1685-1748), der zu seinen Bauwerken auch die passende Einrichtung entwarf.

Sein Nachfolger Robert Adam (1728-1792) war zwischen 1760 und 1780 der führende Architekt Großbritanniens. Er lehnte die starren Regeln des Palladianismus ab und schuf erheblich grazilere Gebäude mit reichem architektonischem Schmuck. Ebenso wie Kent gestaltete er auch die Innenräume seiner Häuser einschließlich der Möbel. Gegen Ende des Jahrhunderts galt der Stil von Adam jedoch als überladen und allzu verspielt, und im frühen neunzehnten Jahrhundert lehnte man sich in der Architektur wie auch im Möbeldesign eher an die griechische Klassik anstelle der römischen an.

Holkham Hall, Norfolk: palladianisches Herrenhaus nach einem Entwurf von William Kent. Die Bauzeit dauerte 25 Jahre – von 1734 bis 1759.

Als Gegenbewegung zur schlichten Eleganz des neogriechischen Stils wiederum entwickelte sich im Möbeldesign ein Trend, der ägyptischen Einflüssen unterlag. Er wurde durch das öffentliche Interesse an Napoleons Ägyptenfeldzug und Nelsons Sieg in der Seeschlacht bei Abukir angeregt.

Ungefähr zu der Zeit, als Jane Austens Leben zu Ende ging, setzte eine weitere Trendwende ein, das so genannte *Gothic Revival* – eine Übertragung gotischer Formen wie Spitzbögen, Türmchen, Zinnen und reicher Ornamentik auf Wohnhäuser und deren Inneneinrichtung. Folglich müsste die kleine Villa, die Sir Edward Denham in *Sanditon* plant, zumindest gotische Fenster und Türen gehabt haben.

Der hohe Lebensstil der Gutsherren setzte natürlich ein entsprechendes Einkommen voraus, das meist hauptsächlich aus den Erträgen des Grundbesitzes stammte. Der Gutsherr war folglich daran interessiert, dass die Höfe auf seinem Land mit der modernsten Technik arbeiteten, damit Ackerbau und Viehzucht möglichst hohe Gewinne einbrachten. Mr Coke von Holkham in Norfolk wurde durch die mustergültige Bewirtschaftung seines Anwesens zur lebenden Legende und erregte sogar über die Grenzen Englands hinaus Bewunderung.

Die niedere *gentry* folgte diesem leuchtenden Beispiel im Rahmen ihrer Möglichkeiten – Henry Digweed in Steventon investierte beispielsweise 250 Pfund in eine große, leistungsfähigere Dreschanlage. Solch eine Investition wäre dem Duke of Devonshire ein Leichtes gewesen. Dessen Anwesen in Chatsworth, Derbyshire, brachte jährlich 100 000 Pfund ein. Dazu kamen noch Anteile an Bergwerken in Derbyshire und Mieteinnahmen von Londoner Immobilien.

Solche Angaben sind schwer auf heutige Verhältnisse zu übertragen – man muss die Werte wohl in etwa mit fünfzig multiplizieren. Das Jahreseinkommen des Duke of Devonshire entspräche somit heutzutage mehr als fünf Millionen Pfund (ca. 7 800 000 Euro). In Jane Austens Roman *Mansfield Park* ist Mr Rushworth mit seinen 12 000 Pfund im Jahr (umgerechnet 600 000 Pfund oder ungefähr 936 000 Euro) offenbar eine so gute Partie, dass Maria Bertram ihn nicht abweisen kann.

Bevor 1971 das Dezimalsystem eingeführt wurde, entsprach ein Pfund (£) zwanzig Shillings (abgekürzt s, nach dem lateinischen *solidus*), und ein Shilling hatte den Wert von zwölf Pence (abgekürzt d, nach dem lateinischen *denarius*), sodass ein Pfund Sterling also 240 Pence entsprach. Zu Jane Austens Zeit gab es keine Münze im Wert von einem Pfund – der goldene Sovereign wurde erst im Juli 1817 geprägt. Bis dahin war die goldene Guinee (entsprechend 21 Shillings) die gebräuchliche Münze.

Außerdem gab es eine Goldmünze im Wert einer halben Guinee (entsprechend zehn Shillings und sechs Pence), und zwischen 1797 und 1813 war vorübergehend auch eine goldene Drittelguinee (entsprechend sieben Shillings) im Umlauf. An Silbermünzen gab es die Krone (im Wert von fünf Shillings), die halbe Krone (zwei Shillings und sechs Pence), den Shilling und die Sixpence-Münze (entsprechend einem halben Shilling). Die Münzen mit dem geringsten Wert – das Zweipennystück, der Penny und der halbe Penny (ha'penny) sowie der *farthing* (ein viertel Penny) – bestanden aus Kupfer.

Jane Austen erwähnte in ihren späten Briefen auch das neue Hartgeld, das im Frühjahr 1817 in Umlauf kam, nachdem landesweit die kleinen Silbermünzen knapp geworden waren. Außerdem sprach sie von dem Dreishillingstück, das nur zwischen 1811 und 1816 geprägt wurde. In *Verstand und Gefühl* ist von fünf Guineen die Rede, die Nancy Steele sich für die Reise leihen muss, nachdem ihre Schwester Lucy mit ihrem gesamten Geld verschwunden ist. Und in *Mansfield Park* schickt der junge Edmund seinem Vetter William Price unter dem Siegel eine halbe Guinee – keine geringe Summe, wenn man bedenkt, dass damals beispielsweise ein Dorfkurat mit einem Gehalt von 52 Guineen im Jahr, also einer Guinee pro Woche, eine Familie ernähren musste.

HERRSCHAFTLICHE HÄUSER

Die meisten herrschaftlichen Landhäuser in Jane Austens Romanen wären nach heutigen Maßstäben viel zu groß für eine einzige Familie. Damals waren solche Häuser in der *landed gentry* jedoch die Regel – einer der Gründe dafür, dass die Autorin sie meist nicht näher beschrieb. Die zeitgenössischen Leser kannten diese Häuser ja aus eigener Anschauung, und viele von ihnen wohnten wohl selbst in einem solchen.

In den Romanen wird nur gelegentlich erwähnt, das eine oder andere Haus sei besonders alt oder besonders neu. Am ältesten sind das ehemalige Kloster Northanger (das allerdings zu Catherine Morlands Enttäuschung modernisiert wurde), Donwell Abbey und das Pfarrhaus von Highbury sowie Uppercross Hall und der Bauernhof

Von oben nach unten, von links nach rechts: Goldmünzen: Guinee, halbe Guinee, Drittelguinee; Silbermünzen: Shilling, Sixpence, Fourpence; silberne Zweipenny-Münze, Penny, halber Penny; Kupfermünzen: Zweipenny-Stück, Penny, halber Penny; Bank of England Dollar, Dreishilling-Münze.

in Winthrop. Barton Cottage, Rosings Park, Mansfield Park, Hartfield und Kellynch Lodge werden als »modern« bezeichnet, was für Jane Austen wohl hieß, dass sie in der zweiten Hälfte des achtzehnten Jahrhunderts gebaut wurden, und Mr Parkers Bauprojekt in *Sanditon* ist präzise auf 1816 datiert. Über die meisten anderen Häuser erfährt man nichts Näheres.

Die Pfarrhäuser werden in den Romanen sehr unterschiedlich dargestellt. Das Pfarrhaus in Delaford wird lediglich als klein und alt beschrieben. Mr Eltons Pfarrhaus in Highbury ist ebenfalls alt und recht bescheiden. Das Haus in Thornton Lacey, das Edmund Bertram und Fanny nach ihrer Heirat beziehen, ist dagegen »eine solide, geräumige, einem Herrenhaus ähnliche Pfarre«, wohl aus dem sechzehnten Jahrhundert. Das Pfarrhaus in Mansfield selbst ist kleiner, aber jüngeren Datums als das in Thornton Lacey. Zu Mr Collins' Haus in Hunsford gibt es nur eine knappe, allgemeine Beschreibung, die auf viele vergleichbare Pfarren in Kent zutreffen könnte: Das Haus ist insgesamt recht klein, aber solide und zweckmäßig gebaut. Der Garten fällt zur Straße hin ab und ist von einer Lorbeerhecke und einem grün gestrichenen Holzzaun mit einem kleinen Tor umgeben, von dem aus ein kurzer Schotterweg hinauf zur Vordertür führt.

Ein- oder zweimal kommt es vor, dass die Romanfiguren ihr Zuhause verlassen müssen, um in ein kleineres Haus umzuziehen. Diese Veränderung wird besonders betont und führt uns sehr deutlich den Unterschied zwischen den damaligen und den heutigen Verhältnissen vor Augen. Mrs Dashwood und ihre Töchter müssen beispielsweise von ihrem Landsitz Norland Park nach Barton Cottage umziehen. Heute würde man sich unter einem Cottage wohl eine strohgedeckte Kate mit getünchten Wänden vorstellen, die im Erdgeschoss und in der ersten Etage je zwei oder drei winzige Zimmer hat. Zu Jane Austens Zeit hätte so etwas jedoch geradezu als Elendsquartier gegolten, in dem allenfalls einfache Arbeiter wohnten. 1809 wurde im *Hampshire Chronicle* unter der Bezeichnung Cottage hingegen ein »hübsches, elegantes und sehr zweckmäßiges Landhäuschen« zur Versteigerung angeboten –

> »mit Salon, Wohn- und Esszimmer, sechs Schlafzimmern, einer guten Küche, zweckmäßigen Arbeitszimmern, exzellentem Wein- und Bierkeller; dazu in einem separaten Gebäude Dienstbotenzimmer, Kohlen- und Holzschuppen, Remise, Stall für fünf Pferde, Getreidespeicher, Hundehütte &c. Das Cottage bietet einen Ausblick nach Süden, mit einer Veranda vor den Wohnräumen im Erdgeschoss, davor eine Koppel oder Wiesenfläche, die an den forellenreichen Fluss Itchen grenzt. Der Küchengarten ist komplett bestellt ... der Gärtner übernimmt die Führung durch Haus und Gelände ...«

Barton Cottage, das neue Heim von Mrs Dashwood und ihren Töchtern, ist tatsächlich kaum kleiner als dieses Haus in Hampshire.

INNENEINRICHTUNG
Die Dekoration der Räume

Die Innenausstattung von Gutshäusern, ob real oder fiktiv, hing einerseits vom Alter der Gebäude ab und andererseits davon, ob ihre Besitzer sich Umbau- und Modernisierungsarbeiten finanziell leisten konnten. Die Gebäude mittelalterlichen Ursprungs, wie Donwell Abbey und das ehemalige Kloster Northanger in Jane Austens Romanen, besaßen ursprünglich wohl kalkverputzte Steinwände, die mit Wandteppichen verkleidet waren. Später wurden die Behänge dann durch Holztäfelung – entweder auf ganzer Fläche oder nur bis zur halben Höhe – ersetzt. Vom frühen achtzehnten Jahrhundert an war es modern, die obere Hälfte über der Täfelung oder auch die gesamte Wand zu tapezieren.

Tapeten waren im frühen sechzehnten Jahrhundert als billiger Ersatz für Wandteppiche oder andere textile Behänge eingeführt worden. Doch erst im achtzehnten Jahrhundert konnten die Hersteller höherwertige Tapeten in einer größeren Auswahl an Mustern anbieten, sodass auch die Wohlhabenderen diese neue Mode der Innenausstattung aufnahmen. Es gab Tapeten, die mit Mustern bedruckt waren, aber auch einfarbige, die man mit dekorativen Bordüren kombinieren konnte. Als besonders schick galten im achtzehnten Jahrhundert die teuren, handbemalten Tapeten, die mit den Schiffen der Ostindiengesellschaft aus China importiert wurden. Catherines Schlafzimmer in Northanger ist tapeziert, was für ihren Geschmack sicher zu modern ist. Wir erfahren allerdings nicht, um welche Art Tapete es sich handelt. Als Edward und Elinor Ferrars in *Verstand und Gefühl* nach ihrer Heirat nach Delaford ziehen, suchen sie sich aus den Musterbüchern eines Herstellers Tapeten aus, mit denen ihr kleines Pfarrhaus vor dem Einzug renoviert werden soll.

Natürlich hatten nicht alle Hausbesitzer eine Vorliebe für Tapeten. Viele ließen die Wände lieber in einem Pastellton streichen, der die Familienporträts besonders vorteilhaft zur Geltung brachte und zur Dekoration mit Vergoldungen und Kontrastfarben abgesetzt werden konnte. In Mansfield Park und Rosings Park sind die Wände wahrscheinlich eher gestrichen als tapeziert, zumal dies die teurere Form der Wandgestaltung war.

Auch die Art der Fenster war vom Alter des Gebäudes abhängig. Die älteren Flügelfenster bestanden aus kleinen, rautenförmigen, mit Bleistreifen verbunde-

Ein typisches Stadthaus im Querschnitt, Zeichnung von John Yenn, 1774. Die Architekten entwarfen nicht nur die Gebäude selbst, sondern auch die Inneneinrichtung der wichtigsten Räume.

nen Glasscheiben in Holzrahmen und waren mit Scharnieren nach außen zu öffnen. Im späten siebzehnten Jahrhundert kamen in Großbritannien die aus Frankreich stammenden Schiebefenster in Gebrauch, die in einem fest in die Fensteröffnung eingefügten Holzrahmen hoch und runter geschoben wurden. Anfangs waren die rechteckigen Glasscheiben klein und zwischen dicken hölzernen Sprossen befestigt, aber im Laufe der Jahre wurden die Glasscheiben größer und die Sprossen schmaler, bis Mitte des neunzehnten Jahrhunderts schließlich das Flachglas erfunden wurde. Von da an bestanden die obere und die untere Fensterhälfte jeweils nur noch aus einer einzigen Scheibe.

Abends klappte man hölzerne Läden aus, die an Scharnieren neben dem Fenster angebracht waren, und befestigte sie mit einem Metallriegel vor der Scheibe. Tagsüber konnte man das Sonnenlicht mit geteilten Vorhängen aus dünnem Stoff abhalten, was allerdings nur in besonderen Räumen üblich war.

Im Laufe des achtzehnten Jahrhunderts wurden auch die Vorhänge als Luxusobjekte entdeckt. Wohlhabende Hausbesitzer brachten an den Fenstern prächtige Vorhänge aus kostbaren Stoffen an, die je nach Mode gerafft, in Falten gelegt, verblendet und mit Borten, Quasten oder Fransen verziert wurden. Für die schlichteren Räume gab es Stoffrouleaus mit einer Federmechanik, wie sie heute noch üblich sind.

Catherine Morland ist über die Fenster der großen Wohnzimmer im Erdgeschoss von Northanger enttäuscht. »Die Spitzbögen waren zwar erhalten, ihre Form war gotisch, sie waren sogar unterteilt, aber jede Scheibe war so groß, so klar, so hell! Für jemanden, der in seiner Fantasie ganz kleine Butzenscheiben und sehr schweres Mauerwerk, Glasmalerei, Schmutz und Spinnweben erwartet hatte, war der Unterschied recht ernüchternd.« Als Catherine sich in das Schlafzimmer der verstorbenen Mrs Tilney schleicht, das im neueren Flügel des Gebäudes liegt, erlebt sie die nächste Enttäuschung: Dort fallen »die warmen Strahlen der Nachmittagssonne« durch zwei Schiebefenster.

Als in *Überredung* Lady Russell und Anne Elliot die Pulteney Street in Bath entlangfahren, ist Anne überzeugt, ihre Begleiterin müsse Kapitän Wentworth auf dem Gehweg bemerkt haben. Sie kann es kaum fassen, als Lady Russell bloß kommentiert: »... ich habe nach Gardinen Ausschau gehalten, von denen Lady Alicia und Mrs Frankland mir gestern Abend erzählt haben. Sie haben [sie] als die schönsten und dekorativsten in ganz Bath beschrieben ... aber ich muss gestehen, ich kann hier nirgendwo Gardinen entdecken, die ihrer Beschreibung entsprechen.«

Bei Marmor- und Fliesenböden verzichtete man in den Guthäusern auf Bodenbeläge, damit das edle Material und die prächtigen geometrischen Muster zur Geltung kamen. Holzfußböden hatte man in frühen Zeiten lose mit Stroh- oder Binsenmatten bedeckt. Im achtzehnten Jahrhundert war es dann Mode, stattdessen die Dielen in den Wohnräumen zu bohnern und nur einen kleinen rechteckigen Knüpfteppich in die Mitte des Zimmers zu legen.

Im Laufe des achtzehnten Jahrhunderts entstand auch in England eine Teppichindustrie, besonders in den Städten Axminster, Kidderminster und Wilton. Die Teppiche wurden in schmalen Streifen auf Webstühlen hergestellt und waren einfach zuzuschneiden, sodass man jetzt die wichtigsten Wohnräume vollständig damit auslegen konnte. Eine noch vornehmere Alternative war, einen ganzen Teppich passend für ein bestimmtes Zimmer nach Maß anfertigen zu lassen. Schlafzimmer blieben die Aschenputtel des Hauses. Dort gab es als Bodenbelag meist lediglich einen hufeisenförmigen Streifen Teppich rings um das Bett und allenfalls noch ein oder zwei kleine Matten.

Für weniger wichtige Räume existierte hinsichtlich des Bodenbelags eine Reihe billiger Alternativen: Die Fabriken in Kidderminster produzierten auch dünne, strapazierfähige Treppenläufer, und lange, schmale »schottische« und »venezianische« Teppiche wurden für Flure und Gesinderäume verwendet. Läufer aus grober, stabiler Baumwolle oder Ziegen- und anderem Tierhaar benutzte man als die billigste Variante der Bodenbedeckung ausschließlich in den Wirtschaftsräumen. Für Bereiche, wo öfter etwas verschüttet wurde – etwa vor der Anrichte im Esszimmer oder um den Waschtisch im Schlafzimmer – gab es eine Art Wachstuchbelag aus geölter Leinwand, die mit mehreren Schichten Anstrich wasserabweisend gemacht wurde, sodass sie leicht zu reinigen war.

Um Teppiche vor dem Ausbleichen zu schützen, wurde oft grüner Fries darüber ausgelegt. Manchmal diente er sogar als billiger Teppichersatz. Zu diesem Zweck bringt wohl auch Mrs Norris in *Mansfield Park* so eilig den grünen Vorhangstoff an sich, der eigentlich für die geplatzte Theateraufführung bestimmt war.

Möbel

Möbel hatte man in England schon seit dem Mittelalter aus einheimischen Hölzern hergestellt – aus Esche, Buche, Ulme und Eiche, wovon die Eiche am stabilsten und beständigsten war. Walnuss, ob einheimisch oder importiert, kam im siebzehnten Jahrhundert in Mode. Später wurde Mahagoni aus Nord- und Südamerika eingeführt – zunächst gegen Ende des siebzehnten Jahrhunderts in kleinen Mengen, im folgenden Jahrhundert dann in größerem Umfang, bis die edlen Möbel jener Zeit fast ausschließlich aus Mahagoni gebaut wurden.

In allen Häusern bestand das Mobiliar aus einer Mischung alter und neuer Stücke, wovon die älteren in die Kinder- und Dienstbotenzimmer abgeschoben wurden. Es war üblich, neue Möbel zu kaufen, wenn der Erbe heiratete und seine junge Frau in ihr neues Zuhause einzog. Als in Jane Austens Roman *Verstand und Gefühl* Marianne Dashwood in Willoughbys Begleitung Allenham Court besichtigt hat und davon ausgeht, dass er sie heiraten will, sagt sie daher zu Elinor: »Oben ist ein besonders hübsches Wohnzimmer... modern möbliert wäre es entzückend...« Und Mary Crawford, die ein Auge auf Tom Bertram geworfen hat, findet bei sich, Mansfield Park bräuchte »lediglich von Grund auf neu möbliert zu werden«.

In der ersten Hälfte des achtzehnten Jahrhunderts entwarf der oben bereits erwähnte William Kent Möbel – große, wuchtige Stücke mit Vergoldung und Schnitzerei – für seine Häuser im palladianischen Stil. Robert Adams verspieltere Architektur erforderte zierlichere Möbel. Seine Entwürfe wurden von dem berühmten Londoner Möbelschreiner Thomas Chippendale (ca. 1718–1779) umgesetzt. Die nachfolgenden exklusiven Tischler George Hepplewhite (gestorben 1786) und Thomas Sheraton (ca. 1750–1806) stellten noch zierlichere, grazilere Möbel her. In Pemberley in *Stolz und Vorurteil* finden sich in dem »sehr hübschen Salon..., der erst vor kurzem mit größerer Eleganz und helleren Farben als die unteren Räume ausgestattet worden war«, vermutlich Möbel nach Sheratons Entwürfen.

Im ausgehenden achtzehnten Jahrhundert gelang es dank des technischen Fortschritts in der Glasverarbeitung, einteilige Spiegel von bis zu drei Meter Höhe herzustellen. So entstand das *cheval glass* – ein großer, frei stehender Garderobenspiegel, dessen Rahmen beweglich in einem vierfüßigen Gestell befestigt war. Höhe und Neigung waren mithilfe von Schrauben und Gewichten verstellbar, sodass man sich in voller Größe betrachten konnte. Admiral Croft erzählt Anne in *Überredung*, er habe Sir Walter Elliots große Spiegel aus dem Ankleidezimmer von Kellynch Hall entfernt – alle bis auf einen »riesigen«, höchstwahrscheinlich einen dieser neumodischen Garderobenspiegel.

Das Möbelstück, das seit Jane Austens Zeit den deutlichsten Wandel durchgemacht hat, ist das Bett samt seinem Zubehör. Jahrhunderte lang war das vierpfostige Himmelbett die Standardform. Die Grundfläche bildete ein rechteckiger hölzerner Rahmen auf vier Füßen, in den ringsum Löcher gebohrt waren. Durch diese wurden Seile gezogen und zu einem groben Netz gespannt. Das Kopfteil befand sich meist an der Wandseite, die Bettpfosten ragten an den vier Ecken des Gestells auf, und der Himmel – das Dach des Bettes – ruhte auf den Pfosten. Vom Himmel hingen bodenlange Bettvorhänge herab, sodass das Bett eine Art Alkoven innerhalb des Schlafzimmers bildete. Die Matratze, die mit Wolle, Reißwolle, Federn oder Stroh gefüllt war, wurde auf das Netz zwischen den Seitenwänden gelegt und mit einem Leintuch bedeckt. Darauf kam das übrige Bettzeug – in der Regel zwei Federbetten, Laken, Decken, ein weiteres Federbett und zuoberst eine dekorative Quiltdecke. Das Bettgestell war so hoch, dass man darunter noch ein kleines Bett für ein Kind oder einen Bediensteten verstauen konnte, und um den ganzen Aufbau mit Bettzeug zu erklimmen, benötigte man eine spezielle Trittleiter. Eine weniger wuchtige Version war das Reise- oder Feldbett, das zum Transport zerlegt werden konnte.

Im Laufe des achtzehnten Jahrhunderts nahmen die Betten ebenso wie das übrige Mobiliar zierlichere und elegantere Formen an, und Adams Entwürfe wurden in Mahagoni und Satinholz statt in Eiche umgesetzt. Die Vorhänge, die wärmten und zugleich die Privatsphäre schützten, bestanden jetzt aus Seide oder Baumwolle statt wie früher aus Leinwand, und man konnte sie zum Waschen abnehmen, sodass sich nicht mehr der Staub darin sammelte. 1794 kaufte George Austen für Jane und Cassandra zwei neue Reisebetten mit Baumwollvorhängen in kleinem blau-weißem Karomuster, wie die Rechnung des Polsterers in Basingstoke belegt.

Ansichten von Räumen

Ein Jahr später richtete George Austen eins der bisherigen Schlafzimmer im Obergeschoss des Pfarrhauses von Steventon als zweiten Salon ein. Dieses »Ankleidezimmer«, wie Jane und Cassandra es nannten, war blau tapeziert, hatte blau gestreifte Vorhänge, und die Wandregale aus preiswertem Holz waren passend zum Teppich braun gestrichen. Janes Nichte Anna notierte Jahre später:

> »Ich erinnere mich noch an den schlichten, schokoladenbraunen Teppich auf dem Boden und an manche Möbel. An der Wand zum Schlafzimmer ein lackierter Schrank, darüber Bücherregale & gegenüber dem Kamin das Klavier meiner Tante Jane – & vor allem auf einem Tisch zwischen den Fenstern, über dem ein Spiegel hing, 2 ovale Tunbridge-Kästchen, die innen elfenbeinerne Unterteilun-

Ein prächtiger, frei stehender Garderobenspiegel, Entwurf von Thomas Sheraton.

gen für Garnspulen, Maßband etc. hatten … Aber der Zauber dieses Raumes mit seinen spärlichen Möbeln und billig tapezierten Wänden stammte wohl – wenn man alt genug war, ihn zu verstehen – aus dem frei strömenden, natürlichen Witz, all dem Spaß & der Albernheit in dieser geistreichen Familie, die nur wenig Kontakt zur Außenwelt hatte.«

Annas jüngerer Bruder James-Edward Austen-Leigh erinnerte sich ebenfalls, wie spartanisch selbst die Häuser der Mittelschicht zu Jane Austens Lebzeiten eingerichtet waren:

»In der Regel fehlten Teppiche in Wohnzimmern, Schlafzimmern und Fluren. Ein Klavier, oder eher ein Spinett oder Cembalo, gehörte keineswegs zur Grundausstattung. Man fand es nur da, wo Musik ausdrücklich besonders geschätzt wurde, nicht so allgemein verbreitet wie heutzutage [1869], oder in großen Häusern, wo es wohl auch Billardtische gab. Oft stand im Haus nur ein einziges Sofa, und das war zudem ein steifes, kantiges, unbequemes Möbel. Es gab weder Sessel noch andere gemütliche Sitzgelegenheiten, denn sich hinzulegen oder auch nur zurückzulehnen galt als Luxus, der Alten und Kranken vorbehalten war … Ein kleines Schreibpult, dazu ein noch kleinerer Näh- oder Handarbeitskasten, das war alles, wozu jede der jungen Damen Platz benötigte, denn der große Handarbeitskorb der Familie wurde zwar oft im Wohnzimmer aufgestellt, residierte aber im Schrank.«

Der Haushalt einer älteren Dame, die mit ihrer Gesellschafterin in Kensington (damals ein eigenständiges Dorf außerhalb von London) wohnte, war – mit den Worten einer jungen Besucherin von 1810 –

»… einer dieser altmodischen Haushalte, wie man sie heute kaum noch kennt – wo am ersten Mai alle Feuerstellen geleert, alle Teppiche entfernt und die Gardinen abgenommen wurden und bis zum ersten Oktober aus den frostigen Räumen verbannt blieben. Die harten Stühle mit den hohen Lehnen standen an der Wand aufgereiht, und mitten im Zimmer befand sich ein völlig kahler, runder Tisch mit klobigen Füßen aus dunklem, poliertem Holz. In einem Fenster saß ein Papagei auf einer Stange und kreischte in einem fort: ›Guten Tag!‹ Im anderen die beiden alten Damen mit ihrer Näharbeit, den großen Körben und ihrem fetten Spaniel.«

Als Jane Austen 1815 *Überredung* schrieb, konnte sie auf den Wandel zurückblicken, den die Einrichtungsmode im Laufe ihres Lebens vollzogen hatte. Entsprechend beschreibt sie das Herrenhaus in Uppercross mit seinem »altmodischen viereckigen Wohnzimmer mit dem kleinen Teppich und dem polierten Fußboden…, in dem die Töchter des Hauses nach und nach durch einen Flügel und eine Harfe, Blumenständer und überall aufgestellte kleine Tischchen die Atmosphäre eines modischen Durcheinanders geschaffen hatten. Ach, hätten die Modelle der Porträts an den getäfelten Wänden, hätten die Herren in braunem Samt und die Damen in blauem Satin sehen können, was da vorging; hätten sie solchen Umsturz aller Ordnung und Regelmäßigkeit miterleben können! Die Porträts selbst schienen ungläubige Augen zu machen.«

TECHNISCHE AUSSTATTUNG

Sanitäre Einrichtungen

In allen Häusern jener Zeit, ob groß oder klein, waren die sanitären Einrichtungen ein ungelöstes Problem. In mittelalterlichen Schlössern hatte man hoch oben in Turmerkern Toilettennischen in die dicken Steinwände eingelassen, von denen aus eine Schütte unter dem hölzernen Sitz direkt in den Graben oder Fluss zu Füßen der Schlossmauer führte. Doch für die Häuser zu ebener Erde musste man sich später etwas anderes einfallen lassen. Die Lösung sah während der folgenden paar Jahrhunderte so aus, dass irgendwo auf dem Gelände, nicht zu weit vom Wohnhaus entfernt, ein kleines Aborthäuschen mit einer Grube stand. Die Damen pflegten sich diskret zu entschuldigen, sie wollten mal eben »eine Rose pflücken« gehen.

Wenn man bei schlechtem Wetter nicht hinaus konnte, benutzte man in den Schlafzimmern Nachttöpfe und Toilettenstühle (mit einem Kübel im Kasten unter dem Sitz), und in den Wohnräumen gab es Kommoden- oder Sekretär-Attrappen, in denen ein Nachttopf verborgen war. In manchen besonders modern ausgestatteten Häusern wurde von einem größeren Raum eine separate Kammer abgeteilt, in der jedoch ebenfalls nur ein Topf oder Kübel stand. In jedem Fall musste also das Personal die Gefäße durchs Haus tragen, um dann den Inhalt draußen in eine Grube zu leeren. Das führte zu einer Geruchsbelästigung und mitunter auch zu peinlichen Situationen, wenn beispielsweise ein Gast auf der Treppe einem Hausmädchen mit einem randvollen Topf in der Hand begegnete. Außerdem mussten die Gruben regelmäßig geleert werden, vor allem in den Städten, wo sie wegen des Platzmangels kleiner waren. Die Arbeiter kamen diskret bei Dunkelheit, schaufelten die Gruben leer und fuhren den Inhalt ab. Er wurde als Dünger verkauft.

Bereits im sechzehnten Jahrhundert war man auf die Idee gekommen, ein festes Becken mit Wasserspülung zu installieren. Aber erst in der ersten Hälfte des achtzehnten Jahrhunderts wurden ernsthafte Versuche unternommen, solch ein eingebautes Wasserklosett für Häuser zu konstruieren und die damit verbundenen Probleme des Wasserzulaufs und -ablaufs und der Geruchsbelästigung zu bewältigen.

Die Wasserversorgung an sich war schon die erste Schwierigkeit. In London hatte man bereits früh versucht, Wasser aus der Themse zu pumpen, über Holzleitungen zu verteilen, die in größeren Straßen verlegt worden waren, und durch einzelne kleinere Rohre in die Untergeschosse der Häuser zu leiten. Doch zum einen war auf diese Weise nur eine äußerst spärliche und zeitlich sehr eingeschränkte Wasserversorgung möglich, und zum anderen war das Wasser der Themse extrem verschmutzt. Die meisten Häuser in London hatten daher wie diejenigen auf dem Land eine Pumpe in der Küche oder im Hinterhof, die das Grundwasser aus einem Brunnen heraufbeförderte. In manchen größeren Häusern wurde in einem Tank unter dem Dach Regenwasser gespeichert, das dann nach Bedarf nach unten geleitet werden konnte.

Im Jahre 1778 entwickelte der Erfinder Joseph Bramah ein verbessertes Spülsystem mit Becken und Zubehör, das er bis 1797 angeblich 6000 Mal baute und verkaufte. Seit Beginn des neunzehnten Jahrhunderts gehörte ein Wasserklosett in vornehmen Neubauten zwar zur Grundausstattung, doch es vergingen noch einmal mehr als hundert Jahre, bis es auch in einfacheren Häusern zur Selbstverständlichkeit wurde.

Spezielles Toilettenpapier kam nicht vor Ende des neunzehnten Jahrhunderts auf den Markt. Bis dahin benutzte man alte Papierfetzen oder Lumpen.

Zum Waschen gab es im Schlafzimmer für die Damen Toilettentische mit kleinen Schüsseln und Becken und für die Herren spezielle Rasiertische. Beide Vorrichtungen waren manchmal auch mit einem niedrig angebrachten Bidet mit Ablauf versehen, natürlich noch ohne fest installierte Abflussrohre. Sitzbadewannen wurden für gewöhnlich aus den Wirtschaftsräumen im Untergeschoss ins Schlafzimmer hinaufgebracht, und die Bediensteten trugen auch das benötigte heiße Wasser eimerweise die Treppe hoch. Während die Familie beim Frühstück saß, ging das Hausmädchen mit einem Eimer, einem Krug mit heißem Wasser und Tüchern durch die Schlafzimmer, um all die gerade benutzten Töpfe, Schüsseln und Becken auszuleeren und zu reinigen.

Man kannte im frühen neunzehnten Jahrhundert bereits eine primitive, transportable Duschvorrichtung. Sie bestand aus einem kleinen Wassertank auf drei oder vier Metallbeinen, von denen eins die Zuleitung bildete. Durch diese wurde der Wassertank mithilfe einer Handpumpe aus einem Eimer aufgefüllt. Der Benutzer stieg in eine Sitzbadewanne oder ein ähnliches Becken, das unter den Tank gestellt worden war, und zog an einer Schnur oder Kette, um das Wasser in Gang zu setzen. Solche Duschvorrichtungen waren äußerster Luxus und versetzten jeden, der sie zum ersten Mal sah, in ehrfürchtiges Staunen.

Als das fünfzehnte Infanterieregiment im Jahre 1810 in Scarborough an der Küste von Yorkshire stationiert war, wurde Major Renny mit seiner Frau bei Kapitän Thomas Weston, dem Skipper eines örtlichen Fischkutters, und seiner Frau Dolly einquartiert. Das Ehepaar Renny ließ in einem kleinen Ankleidezimmer zwischen Schlaf- und Esszimmer eine Dusche aufstellen. Major Renny und seine Frau erinnerten sich später:

»Die Tür stand einen Spalt offen, sodass wir hörten, wie die beiden die Treppe hochkamen. Kapitän Weston sagte: ›Was is' das für'n Ding, Dolly?‹ – ›Psss, Tommas, nich' so laut, die hör'n dich noch.‹ – Wir lauschten still, denn wir konnten uns denken, worum es ging. ›Hier, Tommas, komm rein, ich zeig dir, wie's funktioniert.‹ Er fragte: ›Wofür is' die Schnur hier, Dolly?‹, dann hörte man ein gewaltiges Platschen, Gebrüll und Gekreische ... ein kläglicheres Paar als die beiden konnte man sich gar nicht vorstellen – zitternd, völlig durchnässt und bis auf die Knochen blamiert. Thomas sagte, Dolly hätte ihm nicht erklärt, wofür die Schnur sei, und sie sagte, ›Tommas‹ hätte ›mächtig dran geriss'n‹, bevor sie es ihm hätte sagen können. Wir trösteten sie und redeten ihnen gut zu, aber sie entschuldigten sich noch tagelang dafür, dass sie die Unverfrorenheit besessen hatten, ›da dranzugeh'n‹.«

Heizung

Zum Feuermachen brauchte man zuerst eine Zunderbüchse – einen Vorläufer des heutigen Feuerzeugs. Die Büchse enthielt Feuerstein und Stahl, die man kräftig gegeneinander schlug. Der Funken fiel dann auf Zunder (weiche, alte Lumpen oder trockene Pflanzenfasern) und brachte diesen zum Schwelen. Wenn man die Glut geschickt anblies, konnte man daran eine primitive Art von Streichholz – einen in Schwefel getauchten Holzspan – entzünden. Die ganze Prozedur dauerte oft einige Minuten.

Chemische, selbstentzündliche Streichhölzer mit Phosphorkopf wurden 1788 erfunden, konnten sich aber offenbar nicht durchsetzen – vermutlich, weil Phosphor eine gefährliche, flüchtige Substanz ist. Ein anderes chemisches Streichholz wurde 1805 in Frankreich entwickelt und 1815 in England eingeführt. Sicherheits-Zündhölzer, wie wir sie heute kennen, gab es erst seit der Mitte des neunzehnten Jahrhunderts.

Die wichtigsten Wohnräume der Landhäuser verfügten über riesige, offene Feuerstellen, die hauptsächlich mit Holz beheizt wurden. Zwar wurde damals schon in den nordöstlichen Grafschaften Englands Kohle abgebaut, doch der Transport war aufwändig und zeitraubend. Da es keinen leistungsfähigen Güterverkehr über Land gab, wurde die Kohle per Schiff von Newcastle-on-Tyne nach London transportiert und von dort aus mit Lastkähnen über Flüsse oder wiederum auf dem Seeweg weiterverteilt. Deshalb war Kohle knapp und teuer.

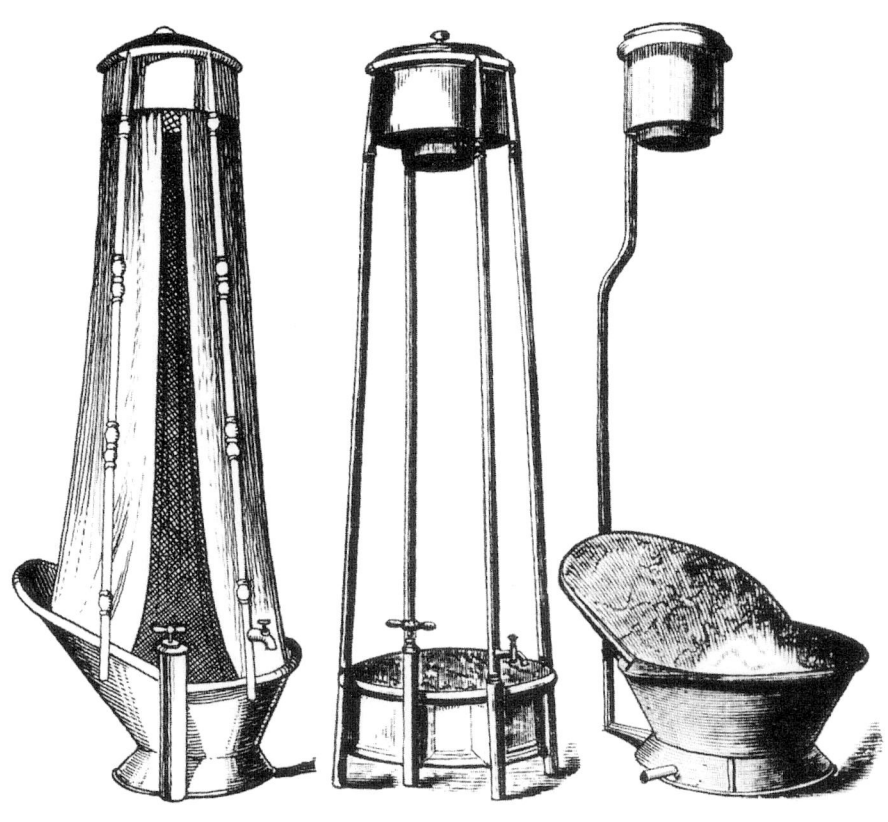

Duschen im frühen neunzehnten Jahrhundert – drei Modelle aus dem Katalog eines Händlers.

Die großen Feuerstellen verbrauchten viel Brennstoff und erzeugten eine Menge Rauch, doch die meiste Wärme entwich geradewegs durch den Kamin. Die Damen, die am dichtesten am Feuer saßen, mussten sich wegen der großen Hitze Handschirme vor das Gesicht halten – solche, wie Elinor Dashwood sie in *Verstand und Gefühl* für ihre Schwägerin Fanny kunstvoll bemalt hat –, während diejenigen, die weiter entfernt saßen, es trotzdem noch empfindlich kalt hatten.

Dieses ständige Ärgernis beschäftigte auch den Angloamerikaner Benjamin Thompson (1753–1814) aus Rumford, New Hampshire. Er war Soldat, Politiker und Wissenschaftler und wurde später für seine Verdienste um die Verwaltungsreformen in Bayern vom dortigen Kurfürsten mit dem Grafentitel ausgezeichnet. Graf von Rumford studierte die Prinzipien der Wärmelehre und veröffentlichte 1797 einen einflussreichen Artikel, in dem er darlegte, wie man mithilfe von Rosten die Rauchentwicklung und den Brennstoffverbrauch in Kaminen reduzieren konnte. Seine Ideen erwiesen sich in der Praxis als so erfolgreich, dass schon bald viele wohlhabende Hausbesitzer »Rumford-Roste« einbauten.

In Jane Austens Roman *Kloster Northanger* ist General Tilneys Kamin im Wohnzimmer »rumfordisiert« – sehr zu Catherines Enttäuschung. »Wo sie einen altmodischen Kamin von enormer Größe und mit schwerem Schnitzwerk erwartet hatte, befand sich ein moderner Kamin mit schräger Rückwand, Kacheln aus schlichtem, aber schönem Marmor und Verzierungen von feinstem englischem Porzellan.«

Rumford verbesserte auch die Konstruktion des gewöhnlichen Küchenherdes, und auch diese Modernisierung hat General Tilney offenbar in seiner Küche vorgenommen – »wo es massive, verrauchte Wände aus früheren Zeiten und Herde und Warmhalteschränke der Gegenwart in Fülle gab. Jede moderne Erfindung, die die Arbeit der Köche erleichtern konnte, war hier, in ihrer geräumigen Wirkungsstätte, eingeführt worden ... Catherine war wider Erwarten beeindruckt von der Vielfalt und Fortschrittlichkeit der Einrichtungen.«

Im Sommer brachte man vor den Feuerstellen große Kaminschirme an, um die schwarze Höhle zu verdecken. Die Schirme bestanden aus einer Holzplatte, die mit Tapete oder Stoff bezogen oder auch hübsch bemalt war. Nancy Steele erzählt Elinor Dashwood in *Verstand und Gefühl*, ihre raffinierte Schwester Lucy habe sich hinter einem solchen Kaminschirm versteckt, um unbemerkt zu lauschen. »Vor einem oder zwei Jahren, wie Martha Sharpe und ich so viele Geheimnisse miteinander hatten, fand sie nie etwas dabei, dass sie sich im Kleiderschrank versteckte oder hinterm Kaminschirm, nur um zu hören, was wir sagten.«

Beleuchtung

Kerzen aus Talg oder Bienenwachs waren zu Jane Austens Zeit die wichtigste Lichtquelle im Haushalt. Talg, eine Mischung aus geschmolzenem Rinder- und Hammelfett, wurde in Metallformen gegossen und erhärtete zu Kerzen von einheitlicher Größe, die nach Gewicht verkauft wurden – acht, zehn oder zwölf Kerzen ergaben ein Pfund (rund 450 Gramm). Die Talgkerzen verbreiteten einen unangenehmen Geruch nach verbranntem Fett, rußten und erzeugten nur ein schwaches Licht. Außerdem mussten die Dochte ständig gestutzt (»geschneuzt«) werden, damit die Kerze langsam und gleichmäßig abbrannte und nicht auslief. Trotz dieser Nachteile waren Talgkerzen am verbreitetsten, da sie erheblich billiger waren als Bienenwachs.

Bienenwachs konnte noch nicht gegossen werden, sondern wurde entweder in Platten um den Docht gewickelt oder geschmolzen und von Hand über ein Gestell mit Dochten gegossen. Kerzen aus Bienenwachs brannten ohne unangenehmen Geruch, erzeugten ein helleres, klareres Licht als die aus Talg, und die Dochte mussten kaum gestutzt werden. Man verwendete sie daher für die Kronleuchter in Ball- und Theatersälen, wo man sich nicht ständig um die Dochte kümmern konnte.

Im Laufe des achtzehnten Jahrhunderts wurden Kerzen auch aus Walrat hergestellt – einer festen, weißen Substanz, die aus dem Fett in den Schädelhöhlen von Pottwalen gewonnen wurde. Diese wachsartige Masse konnte in Kerzenform gegossen werden und brannte mit sehr heller Flamme, war allerdings fast so teuer wie Bienenwachs.

Viele Kerzen gleichzeitig brennen zu lassen galt als verschwenderisch. In den Haushalten der Mittelschicht stellte man für gewöhnlich nur eine oder zwei Kerzen auf den Tisch, um den sich dann die ganze Familie versammelte. In *Mansfield Park* brennt in dem ärmlichen kleinen Wohnzimmer der Prices in Portsmouth sogar nur eine einzige Kerze, die Mr Price zwischen sich und seine Zeitung hält, sodass Fanny beinahe im Dunklen sitzt.

Natürlich machte es auch einen Unterschied, welche Sorte Kerzen man für Gäste anzündete – Wachs gab es nur in Anwesenheit von gesellschaftlich höher Gestellten. In Jane Austens Roman *Emma* weist Mrs Elton daher auf den Überfluss ihrer reichen Freundin Mrs Bragge hin, indem sie stolz erzählt, dass diese sogar das Schulzimmer ihrer Kinder mit Wachskerzen beleuchtet. Miss Bates wiederum ist zutiefst beeindruckt von der üppigen Beleuchtung, für die Mr Weston bei dem Ball im Gasthaus »Krone« gesorgt hat. »So etwas an Luxus und Geschmack, überall Kerzen!«

Gleichgültig, um welche Art von Kerzen es sich handelte – wenn man den Docht stutzte, musste man immer aufpassen, dabei nicht versehentlich die Flamme zu löschen. Dies passiert Catherine Morland in ihrer ersten, unruhigen Nacht unter dem Dach des Klosters Northanger. »Das Flackern ihrer Kerze ließ sie beunruhigt herumfahren, aber die Gefahr, dass sie plötzlich verlöschen würde, bestand nicht. ... um die Schwierigkeiten nicht noch zu vergrößern, schneuzte [Catherine] hastig den Docht. Aber ach! Schneuzen und Verlöschen war eins ...« Und da auch das muntere Feuer in ihrem Kamin bereits erloschen ist und Catherine keine Zunderbüchse zur Hand hat, muss sie zitternd vor Angst im Dunklen ins Bett schlüpfen.

Rohöllampen dienten in London zur Straßenbeleuchtung. Erst gegen Ende des achtzehnten Jahrhunderts erfand der Schweizer Argand eine Lampe für den Haushalt, die mit pflanzlichem Öl gespeist wurde und deren röhrenförmiger Docht von einem Glaszylinder umgeben war, sodass die Flamme ruhiger brannte, weniger flackerte und angeblich so hell leuchtete wie sieben Kerzen. Natürlich war sie auch entsprechend teuer. Merkwürdigerweise hat General Tilney in Northanger, wo doch Kamine und Küchenherde auf dem neuesten Stand der Technik sind, diese Lampen noch nicht eingeführt, denn Catherine muss sich zum Schlafengehen mit einer einzelnen Kerze begnügen.

Zweiter Teil
DIE ROMANE: EINFÜHRUNG

In den Romanwelten von Jane Austen sind die Leser stille, unsichtbare Gäste. Sie werden von ihr dazu eingeladen, die Häuser und Gärten zu betreten, sich mit den Bewohnern an einen Tisch zu setzen und nicht nur ihren Gesprächen zu lauschen, sondern auch ihre heimlichen Gedanken zu erfahren.

Der genaue Blick auf die reale Welt war für die Autorin unverzichtbar, und es ist offensichtlich, dass sie die Plots ihrer Geschichten anhand von Kalendarien, Landkarten und Straßenverzeichnissen sorgfältig geplant hat. So viel Präzision war eigentlich gar nicht nötig, doch schrieb Jane offenbar nach Maßgabe eigener Ansprüche: »Ein Künstler darf nichts nachlässig tun.« Als ihre Nichte Anna als Jugendliche einen Roman zu schreiben und dabei die bewunderte Tante zu kopieren versuchte, diskutierte Jane den Entwurf mit ihr in mehreren langen Briefen. Sie zeugen von der Sorgfalt, mit der sie selbst fiktionale, gleichwohl durch und durch glaubhafte Welten zu schaffen pflegte. »Sie müssen von Dawlish nach Bath zwei Tage unterwegs sein; die Orte liegen fast hundert Meilen auseinander ... Und es wäre wohl besser, du bliebest in England. Lass die Portmans nach Irland gehen, aber weil du von den dortigen Gepflogenheiten nichts weißt, solltest du lieber nicht mit ihnen gehen. Du liefest sonst Gefahr, Falsches darzustellen. Halte dich an Bath & die Foresters. Da bist du zu Hause.«

Dass Jane Austen so großen Wert auf die Wirklichkeitstreue einer fiktionalen Erzählung legte, leitet zu einer Frage über, die heutzutage gelegentlich gestellt wird: Warum hat die Autorin nie die Napoleonischen Kriege thematisiert, obwohl sie doch zwanzig Jahre jener internationalen Wirren miterlebte? Der wesentliche Grund wird sein, dass ihr ausführliche Informationen zum Kriegsgeschehen und persönli-

Chawton, Jane Austens Haus: kleiner dreibeiniger Tisch aus Walnussholz mit zwölfeckiger Platte, frühes 18. Jh. Es heißt, dass Jane ihre Manuskripte darauf ablegte. Man sieht hier den zweiten Band der Erstausgabe von KLOSTER NORTHANGER *und* ÜBERREDUNG *und einen Brief von Jane.*

che Erfahrungen fehlten – sie hatte den vom Krieg zerrütteten Kontinent nie bereist und kannte auch, anders als zum Beispiel ihre ältere Nachbarin Lady Dorchester, keinen ihr nahe stehenden Soldaten oder Seemann, der an die Front ging. Wenn Nachrichten aus dem Ausland endlich in Hampshire eintrafen, waren sie längst überholt. Von den jungen Männern in und um Steventon wurde keiner zum Kriegsdienst gezwungen, nur Freiwillige meldeten sich zur Front. Die meisten aber glaubten ihrer patriotischen Pflicht dadurch Genüge zu tun, dass sie sich der örtlichen Bürgerwehr anschlossen. Der Roman *Überredung* ist indes sehr wohl eine Kriegsgeschichte: Kapitän Wentworth kämpft jahrelang auf hoher See, ehe er nach dem Friedensschluss von 1814 zusammen mit vielen ausgemusterten Matrosen und Admiral Croft an Land zurückkehrt. Mrs Croft begleitet ihren Mann auf den meisten seiner Reisen, während Anne Elliot zu Hause zurückbleibt und sich nur von den verspätet eintreffenden Nachrichten in der Lokalzeitung über Kapitän Wentworths Schicksal unterrichten lassen kann.

Die in Jane Austens Romanen konsequent beibehaltene Einschränkung auf persönlich Erfahrenes mag von ihrem Interesse an der menschlichen Psyche herrühren. Diesem Interesse ist außerdem zuzurechnen, dass ihre Erzählungen nicht sehr breit angelegt sind und stattdessen sehr viel mehr die Tiefe der einzelnen Charaktere ausloten. Während eines London-Aufenthaltes im Jahre 1811 schrieb die Autorin an ihre Schwester Cassandra: »Mary & ich ... waren im Liverpool-Museum & in der British Gallery, & es hat mir in beiden sehr gut gefallen, obwohl mich meine Vorliebe für Männer & Frauen wie immer mehr für das Publikum als die Exponate vereinnahmt hat.« Viele Jahre später schrieb ihr Bruder Frank an einen amerikanischen Bewunderer: »Was Janes Vorstellungskraft und spielerische Fantasie angeht, aber auch die Wahrhaftigkeit in der Charakterisierung von Personen und das tiefe Verständnis von der menschlichen Seele, so gibt es dafür in ihren Werken ausreichend Belege; und es war nicht zuletzt für diejenigen, die sie am besten kennen, stets eine große Überraschung zu sehen, wie es ihr schon in sehr jungen Jahren und mit entsprechend einfachen Mitteln der Beobachtung gelang, die verschiedenen menschlichen Charaktere, wie sie auch in ihren Erzählungen Eingang finden sollten, aufs Genaueste zu unterscheiden und zu porträtieren.«

»Innenansicht des Museums für Naturgeschichte, Antiquitäten und Werke der schönen Künste, gesammelt von Mr W. Bullock ... die Ausstellung ist täglich von morgens 10 Uhr bis zur Abenddämmerung geöffnet ...« Abbildung aus ACKERMANN'S REPOSITORY, 1810. Die sitzende Dame, die den ausgestopften Tieren den Rücken kehrt und die anderen Besucher beobachtet, könnte Jane Austen selbst sein.

In den Romanen wird von Ereignissen berichtet, die sich so oder ähnlich in jeder bürgerlichen Familie aus Janes Zeit hätten zutragen können und die – unter gewandelten Umständen – auch heute noch Thema sind. Es handelt sich samt und sonders um Romanzen, in dem Sinne, das die Probleme junger verliebter Menschen erzählt werden. Solche Romanzen waren für die damalige Zeit noch immer die Ausnahme, da die Ehe zwischen Mann und Frau nach wie vor als ein von den Eltern arrangiertes Zweckbündnis verstanden wurde und nicht so sehr als das Ergebnis einer freien, auf Zuneigung beruhenden Wahl der jungen Leute. So sind zum Beispiel Mrs Ferrars und John Dashwood in *Verstand und Gefühl* wie selbstverständlich der Ansicht, dass entweder Edward oder Robert Ferrars die junge, vermögende Miss Morton heiraten sollte, und dieser letztlich gleichgültig sein dürfte, wer von den beiden Brüdern ihr Mann werden würde.

In Jane Austens Romanen gibt es stets nur verhältnismäßig wenige handelnde Figuren. Auch dies war eine vorsätzliche Entscheidung der Autorin, die wiederum in den Briefen an Anna explizit angesprochen wird: »Du stellst deine Personenliste inzwischen ganz wunderbar zusammen, genau nach meinem Geschmack: drei oder vier Familien aus einem ländlichen Dorf, daraus lässt sich etwas machen…« Hinzu kommt, dass Jane Austens Romane nie ins Sentimentale abgleiten, sondern immer

ironische Distanz wahren und Personen darstellen, die neben ihren Vorzügen und Tugenden eben auch ganz menschliche Schwächen an den Tag legen. Wenn die Autorin eine neue Figur in die Erzählung einführt, so geschieht dies nicht etwa, indem die äußere Erscheinung des Langen und Breiten beschrieben wird. Vielmehr lässt Jane Austen die Figur selbst zu Wort kommen, in reflektierenden Betrachtungen oder in Gesprächen mit anderen, so dass sich uns Lesern zunächst die charakterlichen Eigenschaften erschließen und erst dann, allmählich, das Äußere. In *Mansfield Park* erfahren wir erst im fünften Kapitel, als die Crawfords die Szene betreten und als kleine, dunkelhaarige, lebhafte Personen beschrieben werden, dass die Geschwister Bertram im Gegensatz dazu groß gewachsen und blond sind. Von Elizabeth Bennet wiederum, der Heldin aus *Stolz und Vorurteil*, können wir uns kaum ein Bild machen, zumal ein Großteil der Geschichte aus ihrer Perspektive erzählt ist. Auch finden sich nur wenige Beschreibungen von dem Haus, das sie bewohnt, denn die Autorin führt uns gleich in ein Zimmer, wo wir Zeugen einer familiären Unterhaltung werden und dabei allenfalls andere Häuser vor Augen geführt bekommen, nämlich diejenigen, die die Heldin aufgesucht hat. Über den Herrensitz Hartfield in *Emma* erfahren wir so gut wie nichts, nehmen aber durch Emmas Augen Einblick in Donwell Abbey und die Abbey Mill Farm. Dieser Mangel an szenischer Ausgestaltung ist beileibe kein Versäumnis, sondern eine bewusste Strategie, die Jane auch der Nichte empfiehlt: »Du beschreibst da einen hübschen Ort, doch sind die Beschreibungen oft allzu minuziös. So viel an rechts und links bedarf es nicht.«

Große Städte wie London, Bath oder Lyme Regis als Kulissen der Handlung zu wählen, stellte für Jane kein Problem dar, da die Erwähnung eines bestimmten Straßennamens oder Gasthofes keinen realen Anwohner in Verlegenheit hätte bringen können. Es war ihr jedoch wichtig, über die kleinen Ortschaften und Landgüter ihrer Romane nicht allzuviel preiszugeben, schließlich wollte sie sich nicht dem Vorwurf aussetzen, real existierende Herrensitze und deren Bewohner als Material für ihre Fiktionen zu missbrauchen. Von Highbury wird vermeintlich präzise gesagt, dass es neun Meilen von Richmond, neun von Box Hill und sechzehn Meilen von London entfernt sei. Doch wird man am Schnittpunkt dieser Radien den besagten Ort vergeblich suchen. Die »Originalschauplätze« etwa von Pemberley oder Kloster Northanger zu lokalisieren ist ein immer wieder neu aufgelegtes Freizeitvergnügen, das nicht zuletzt von Film- und Fernsehproduzenten angeregt wird, die nach geeigneten Settings für ihre Filmadaptionen Ausschau halten. »Originalschauplätze« aber lassen sich in keinem Fall identifizieren. Es ist durchaus wahrscheinlich, dass sich Jane Austen von der Lektüre illustrierter Publikationen inspirieren ließ, wie zum Beispiel von dem 1779 erschienenen Buch *Seats of the Nobility and Gentry* von

William Watts. Darin sind viele stattliche Landhäuser abgebildet, so auch Godmersham Park, das von Janes Bruder Edward ererbte Gut in Kent. Möglich auch, dass sie Details von ihr vertrauten Orten aufgriff und gemäß ihren literarischen Vorstellungen verarbeitete. Zum Beispiel glaubte man in ihrer Familie, dass sie das Vorbild für Highbury in Leatherhead gesehen habe, einem kleinen Ort in Surrey, den Jane auf ihren Reisen zwischen Kent und Hampshire mehrmals passiert hatte.

Viele zeitgenössische Leser ihrer frühen Werke schätzten vor allem die Nähe zur Wirklichkeit, während andere diese Genauigkeit der Darstellung störend, wenn nicht gar langweilig fanden – »... zu naturalistisch, um interessant zu sein«. Der Königliche Bibliothekar Reverend James Stanier Clarke, den Jane 1815 in Carlton House kennen gelernt hatte, bewunderte ihre Romane, ließ aber in den an sie gerichteten Briefen erkennen, dass er für die Sujets ihrer Erzählungen nur wenig Sinn hatte. Sie möge doch, schlug er vor, einen Roman mit ihm als Protagonisten schreiben. Als sich Prinzessin Charlotte, die Tochter des Prinzregenten, wenige Monate später mit Prinz Leopold von Sachsen-Coburg verlobte, empfahl Clarke der Autorin, diesen illustren Stoff zu einer historischen Romanze zu verarbeiten. Janes Antwort beinhaltet eine eigene Einschätzung ihrer literarischen Talente, die nicht nur Clarke zugute kam, sondern auch, ohne dass sie dies beabsichtigt hätte, der Nachwelt.

»... Sie sind sehr, sehr freundlich in Ihren Anspielungen auf die Art der Komposition, die mich gegenwärtig empfehlen könnte, & mir ist absolut bewusst, dass eine historische Romanze über das Haus von Sachsen-Coburg sehr viel profitabler und populärer wäre als Schilderungen des häuslichen Lebens auf dem Lande, wie ich sie bevorzuge – allein, es würde mir nicht gelingen, eine solche Romanze zu schreiben, geschweige denn ein episches Gedicht. – Ich könnte mich nicht ernstlich hinsetzen und diese Romanze verfassen, es sei denn unter der Drohung, mein Leben zu verlieren, wenn ich es denn nicht täte. Doch fürchte ich, selbst in diesem Fall noch vor Fertigstellung des ersten Kapitels am Galgen enden zu müssen, wäre es mir verboten, über mich und andere zur Entspannung zu lachen. – Nein – ich muss an meinem Stil festhalten & meinen eigenen Weg gehen; und selbst wenn ich damit keinen Erfolg haben sollte, so bin ich doch überzeugt davon, dass ich auf anderen Wegen vollständig scheitern würde.«

VERSTAND UND GEFÜHL

Der englische Originaltitel *Sense and Sensibility* muss heutigen Lesern erklärt werden. Während das Wort »sense« in seiner Bedeutung gleich geblieben und mit »Verstand« angemessen übersetzt ist, hat sich die Bedeutung von »sensibility« im Laufe der Zeit gewandelt. Gegen Ende des achtzehnten Jahrhunderts bezeichnete es – etwa wie das deutsche Wort Gemüt – die Empfänglichkeit für gefühlserregende Eindrücke. Jane Austen porträtierte in ihrem Roman mit Elinor und Marianne zwei Schwestern, die diese kontrastierenden Haltungen verkörpern. Heute würden wir diesen Gegensatz mit Begriffen wie »Kopf und Herz« oder »Besonnenheit und Schwärmerei« benennen.

Wahrscheinlich ging der Romanfassung eine um 1795 geschriebene Erzählung mit dem Titel *Elinor und Marianne* voraus, die nach Tradition der Familie Austen in Briefform angelegt war. So ist anzunehmen, dass sich die Handlung in der ursprünglichen Fassung im brieflichen Austausch zwischen Mrs Jennings und ihren Töchtern, zwischen den Mitgliedern der Familie Ferrars oder in Briefen von Elinor und Marianne an ihre Mutter Mrs Dashwood entwickelt hat. Die Geschichte so zu erzählen muss aber sehr umständlich gewesen sein, und wahrscheinlich erkannte Jane schnell, dass eine einfachere Erzählstrategie ihrem Vorhaben zuträglicher wäre. Deshalb arbeitete sie *Elinor und Marianne* während der Jahre 1797-98 in das Romanformat von *Verstand und Gefühl* um.

Anschließend legte die Autorin das Manuskript beiseite und nahm es wahrscheinlich erst wieder im Sommer 1809 nach ihrem Umzug ins Chawton Cottage zur Hand. Sie trug sich mit dem Gedanken einer Veröffentlichung und brachte einige Details auf den neuesten Stand, was man an Folgendem erkennt: Mrs Palmers elegante ausländische Kutsche, die Barutsche, kam in England erst 1800 in Mode, die für London geltende Zweipenny-Postgebühr, die Marianne für ihre Briefe an Willoughby bezahlen muss, wurde erst 1801 eingeführt, und der Dichter Walter Scott erlangte erst nach 1805 Berühmtheit.

Mit Hilfe ihres Bruders Henry bot Jane schließlich, wahrscheinlich im Jahre 1810, das Manuskript dem Londoner Verleger Thomas Egerton an. In einem im April 1811 verfassten Brief erwähnte sie, an den Korrekturen der Druckfahnen zu arbeiten. Ende Oktober 1811 erschien das Buch im Handel, dreibändig, wie es damals üblich war, zu einem Preis von 15 Shillings und einem auf der Titelseite abgedruckten anonymen Hinweis auf die Autorin: »By A Lady«. In einigen Zeitungsanzeigen wurden die Wörter dieser Signatur aus Nachlässigkeit vertauscht und mit »By Lady –« oder »By Lady A« wiedergegeben. Dies sorgte unter zeitgenössischen Lesern für Verwirrung, die hinter dieser Formulierung Lady Boringdon beziehungsweise Lady Augusta Paget vermuteten, prominente Damen aus der Highsociety.

Der Roman verkaufte sich gut. Im November 1813 druckte Egerton eine zweite Auflage und erhöhte den Preis auf 18 Shillings. Noch im März 1817 bezog Jane Tantiemen aus den Verkäufen.

Die Handlung des Romans erstreckt sich über einen Zeitraum von rund fünf Jahren, also in etwa von 1792 bis 1797, beginnend mit dem Tod des alten Mr Dashwood, des vermögenden alleinstehenden Großonkels der Schwestern, dem ein Jahr später auch dessen Neffe, ihr Vater Mr Henry Dashwood, ins Grab folgt. Am Ende steht die Heirat von Marianne und Oberst Brandon.

Wir gehen zuerst nach Norland Park in Sussex, einem Landgut, das mindestens seit dem sechzehnten Jahrhundert im Besitz der Dashwoods ist und eine jährliche Pacht von 4000 Pfund einbringt. Dort lernen wir die jüngst verwitwete, rund vierzigjährige Mrs Dashwood und ihre drei Töchtern Elinor, Marianne und Margaret kennen. Mrs Dashwood ist eine liebevolle und fürsorgliche Mutter, der es aber an Verstand gebricht. Dafür besitzt Elinor »einen so klaren Verstand und ein so nüchternes Urteilsvermögen, die sie trotz ihrer neunzehn Jahre zur Ratgeberin ihrer Mutter machten und es ihr häufig erlaubten, zum Vorteil aller, der Impulsivität von Mrs Dashwood entgegenzuwirken, die sonst zu vorschnellem Handeln geführt hätte«. Marianne dagegen ist »in allem überspannt. Ihr Schmerz und ihre Freude kannten kein Maß. Sie war großzügig, liebenswürdig, interessant, sie war alles – außer besonnen. Die Ähnlichkeit zwischen ihr und ihrer Mutter war auffallend groß.« Marianne ist überdies ziemlich humorlos und in ihren gemütvollen Schwärmereien so auf sich selbst bezogen, dass ihr nicht auffällt, wie sehr sie andere in ihrem Umfeld in Verlegenheit bringt oder deren Gefühle verletzt. Schon im Alter von sechzehn Jahren quält sie der Gedanke an Heirat. »Mama, je mehr ich die Welt kennen lerne, desto überzeugter bin ich, dass ich nie einen Mann treffen werde, den ich wirklich lieben kann. Ich erwarte so viel! Er muss all die Tugenden Edwards haben, und sein Äußeres und seine Umgangsformen müssen seiner menschlichen

Lady Caroline Campbell, Frau von Baron Cawdor, porträtiert von Sir William Beechey. Marianne, dunkeläugig, mit heller Haut und sanftem Ausdruck, könnte so oder ähnlich ausgesehen haben, als sie durch den Norland Park spazierte.

Haltung die nötige Anmut verleihen.« Die dreizehnjährige Margaret ist noch ein Kind, gutmütig, aber offenbar recht empfänglich für Mariannes romantische Vorstellungen.

Die Handlung wird hauptsächlich aus Elinors Perspektive erzählt, und wir erfahren erst nach und nach, dass sie blonde oder hellbraune Haare hat, eine zarte Haut, ebenmäßige Gesichtszüge und eine auffallend hübsche Figur. Marianne ist ein dunklerer Typ. »Marianne war noch hübscher. Ihre Erscheinung war, wenn auch nicht so wohlproportioniert wie die ihrer Schwester, eindrucksvoller, weil sie durch ihre Größe mehr ins Auge fiel; und ihr Gesicht hatte so viel Liebreiz, dass das gängige Kompliment, mit dem man sie als schönes Mädchen bezeichnete, der Wahrheit weniger ins Gesicht schlug als sonst üblich. Ihre Haut war sehr dunkel, aber von einer Klarheit, die ihren Teint ungewöhnlich leuchtend machte. Ihre Züge waren makellos, ihr Lächeln anmutig und gewinnend, und ihre Augen, die sehr dunkel waren, strahlten eine Lebhaftigkeit, ein Feuer, eine Begeisterung aus, deren Zauber sich niemand entziehen konnte.« Sie liebt es, in den Wäldern von Norland Park umherzustreifen, vor allem, wenn die Blätter fallen. Und da einer ihrer favorisierten Dichter James Thomson (1700-48) ist, wird sie vielleicht Verse aus seinem berühmten Gedicht *The Seasons* – Die Jahreszeiten – vor sich hinmurmeln, etwa die Beschreibungen von Herbst und Winter:

> Das blasse Jahr, das abwärts steiget, haucht, mit besänftigendem Vergnügen,
> Uns einen sanftern Laun jetzt ein. Die Blätter rascheln überall
> Vom traurigen, betrübten Walde, oft, da sie uns zu Füßen liegen,
> Und oft den Wandrer stutzig machen durch ihr Geräusch und heißern Schall,
> Oft durch den schläfrig-cirkelnden und in der Luft sich drehnden Fall.
> Allein, wenn ein geschwinder Wind nun durch die Zweige seufzt, ergießet
> Sich, durch die Luft, ein Sturz von Blättern, bis dass, bestürzet und zerzaust
> Von einem strengen Regen-Schauer, der zwischen ihnen stürmisch fließet,
> Die Weg' in Wäldern, wenn der Wind in ihre flüchtge Decken braust,
> Weit über die verdeckte Wüste sich rollend lispeln, bleich und blass...

Der Vater der Gewitter schreitet so dann im schwarzen Sturm hervor.
Zu Anfangs treiben dunkle Regen durchs Firmament vermischt empor,
Mit dicken Düften untermengt, bestürmen der Gebirge Gipfel,
Und stoßen an der Wälder Wipfel,
Die unter ihnen heulend wallen. Das Feld, das ganz bedecket liegt,
Ist nichts als eine braune Sündfluht. Der niedern Wolken Wasser fügt
Sich nah an sie, und gießt beständig in ihre neue Fluhten ein,
Bis sie, vereint, doch unerschöpflich, annoch verhüllt des Tages Schein...
Weit über den entfernten Rand gießt endlich der gestiegne Fluss,
Von manchem Gießbach angeschwellt, in einem ungehemmten Schuss,
Vermischte Trümmer übers Meer, ohn' Widerstand, mit lautem Brüllen:
Von Bergen und bemoosten Wüsten, durch schroffe Felsen stürzt er sich,
Und schallt von weitem fürchterlich.

John Dashwood, der Erbe des Familienbesitzes und ältere Halbbruder der Schwestern, zieht nach dem Tod seines Vaters mit seiner Frau Fanny nach Norland. Fanny, eine »kleine hochnäsige Frau«, ist entsetzt, dass sich ihr Bruder Edward Ferrars in Elinor verliebt. Sie macht Mrs Dashwood dermaßen beleidigende Vorhaltungen, dass diese den Entschluss fasst, sobald als möglich von Norland fortzuziehen. Von seiner habgierigen Frau dazu gedrängt, weigert sich John, seine Stiefmutter und die Halbschwestern mit einem Anteil am Besitz abzufinden. Mrs Dashwood und ihre Töchter müssen sich mit einer jährlichen Rente von nur 500 Pfund begnügen. Glücklicherweise bietet ihnen Sir John Middleton, der Vetter der Mutter, an, in einem kleinen Haus auf seinem Gutsbesitz Barton Park in der Nähe von Exeter in Devonshire zu wohnen. Anfang September, im zweiten Jahr der Handlung, zieht die verarmte Familie dorthin um.

Soweit bekannt ist, hatte Jane Austen, als sie mit dem Entwurf von *Elinor und Marianne* begann, diesen südwestlichen Teil des Landes selbst noch nie bereist. Sie scheint sich also in diesem Ausnahmefall für einen Hauptschauplatz entschieden zu haben, über den sie bestenfalls aus zweiter Hand informiert war.

Während der Wintermonate in den Jahren 1793-94 und 1794-95 war die Bürgerwehr von South-Devon, rekrutiert aus Männern der Gegend um Exeter, nach Hampshire abkommandiert worden, wo sie ausgerechnet in Basingstoke Quartier bezog.

Landkarte von Devonshire, frühes neunzehntes Jahrhundert. Die fiktive Ortschaft Barton liegt angeblich vier Meilen nordöstlich von Exeter; zehn Meilen weiter östlich liegt das reale Honiton.

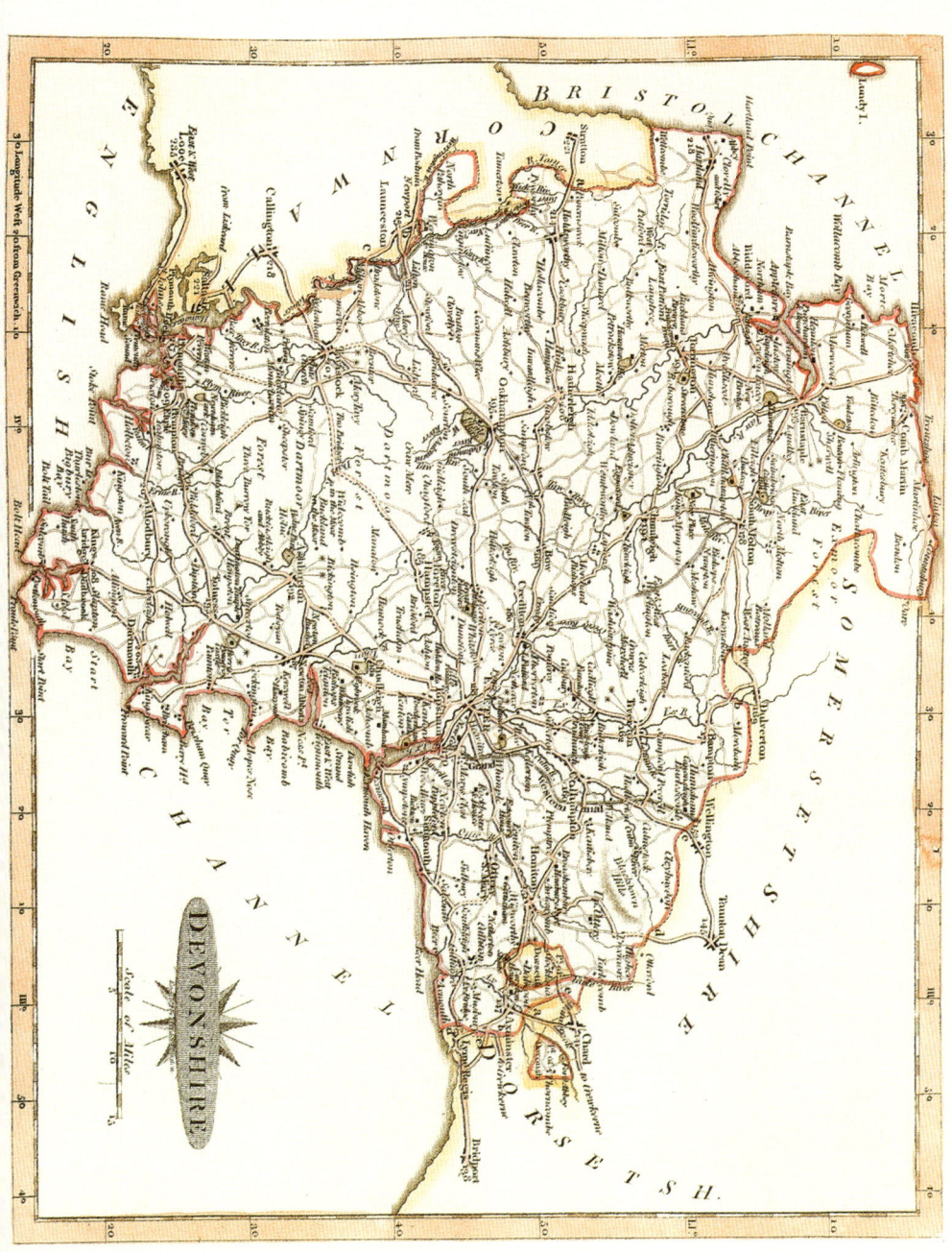

Es ist also sehr gut möglich, dass Jane dort, vielleicht beim Tanz, mit jungen Offizieren zusammengetroffen ist, die ihr von ihrer Heimat berichteten. Eine andere Informationsquelle mag Reverend Richard Buller gewesen sein, ein ehemaliger Schüler ihres Vaters, zu dem die Austens auch noch in späteren Jahren Kontakt pflegten. Sein Vater war der Bischof von Exeter. Buller selbst lebte in Stoke Canon, einem Dorf, in dessen Nachbarschaft das fiktive Anwesen Barton Park gelegen haben könnte.

Die Grafschaft Devonshire erstreckt sich über den Südwestzipfel Englands, von Meer zu Meer: Im Norden fallen schroffe Felsklippen in die Meerenge von Bristol ab, während der Südrand mit lang gezogenen Sandstränden in den Ärmelkanal ausläuft. Dazwischen erhebt sich das hügelige Sumpf- und Heideland von Dartmoor und Exmoor bis auf Höhen um 500 Meter, ein karges Revier für Rotwild und halb wilde Ponys. Zwischen den steilen Hügeln liegen enge, grüne *coombes* (Täler), und in der Gegend um Exeter prosperieren dank des milden Klimas Obstanbau und Milchwirtschaft. Die Grafschaft war und ist berühmt für ihren Cider und die Milch der stämmigen kleinen Red-Devon-Kühe, deren Fell so rot ist wie der Boden unter ihren Hufen. Die Gehöfte und Cottages sind traditionell mit Ried eingedeckt und weiß gekalkt. Sie sind überwiegend an die Hänge der Hügel gebaut, in sicherer Entfernung von den Winterfluten, die sich durch die *coombes* ergießen. Zu Jane Austens Lebzeiten gab es an beiden Küsten kleine Fischereihäfen, von denen Schiffe bis nach Grönland und Neufundland ausliefen.

Das Dorf Barton ist von Jane Austen detailliert beschrieben worden, denn wir, die Leser, müssen schließlich wissen, wie die Umgebung des neuen Zuhauses von Mrs Dashwood und ihren Töchtern aussieht. Zusammen mit der Familie lernen wir die Umgebung allmählich kennen. Der Ort liegt vier Meilen nordöstlich von Exeter, am Ende einer offenen Landstraße, und bis zu dem winzig kleinen Nest Honiton im Osten sind es noch weitere zehn Meilen. Das fruchtbare Tal von Barton windet sich mit seinen Wäldern und Weiden zwischen steilen Hügeln hindurch. Das Herrenhaus von Barton Park liegt etwa eine halbe Meile taleinwärts, linker Hand, teilweise verdeckt von einem Felsvorsprung. Es ist ein großes, stattliches Haus – also wahrscheinlich Ende des siebzehnten oder Anfang des achtzehnten Jahrhunderts gebaut. Allerdings fehlt ihm ein Billardzimmer, was Mr Palmer von Herzen bedauert. Nach einer weiteren halben Meile endet das Tal vor den Ausläufern eines Höhenzuges, der teils verkarstet, teils kultiviert und bewaldet ist. Barton Cottage liegt am Fuß von High-Church Down. Im Hintergrund, auf einem abschüssigen Feld, dem so genannten Abbeyland, stehen die Ruinen eines alten Priorats. Sir John Middleton besitzt eine Farm am Rand des Höhenzuges sowie ein neu aufgeforstetes Waldstück bei Barton Cross. »Barton« war im Westen von England vor langer Zeit der Name für die größte Farm einer Gemeinde, und noch heute gibt es in der Gegend nordöstlich von Exeter nicht weniger als siebzehn Dörfer oder Hofschaften, die das Wort »Barton« im Namen führen – als da sind Bidwell, Coombe, Court, Exwick oder Hayne Barton, um nur fünf zu nennen.

Marianne Dashwood hat natürlich gehofft, in alte, romantisch verwinkelte Gemäuer einzuziehen, mit Strohdach, grün gestrichenen Fensterläden und geißblattberankten Mauern. Aber Barton Cottage ist symmetrisch angelegt, zeitgemäß und kompakt, mit Ziegeldach und Flügelfenstern. Ein hübsches Laubentor öffnet sich in einen kleinen, rasenbedeckten Vorhof, und der schmale Weg, der direkt auf das Haus zuläuft, findet im Garten dahinter seine Fortsetzung.

Zu beiden Seiten der Eingangshalle liegt ein jeweils rund zwanzig Quadratmeter großes Wohnzimmer. Dahinter befinden sich die Wirtschaftsräume und das Treppenhaus. Von der Haustür aus fällt der Blick auf das Tal in Richtung Exeter, der Garten hinter dem Haus grenzt an den Hang von High-Church Down. Die Hügel ringsum sind steil und bewaldet. Auf den gepflegten Feldern und Wiesen weiter unten stehen da und dort ein paar Cottages.

Das große, stattliche Anwesen Barton Park könnte ungefähr so ausgesehen haben wie dieser bei Plymouth gelegene, 1740 erbaute Herrensitz Maristow.

Im Obergeschoss von Barton Cottage befinden sich vier Schlafzimmer und zwei Dachbodenkammern für die Dienstboten – trotz ihrer nun geringen Einkünfte beschäftigt Mrs Dashwood einen Diener und zwei Hausmädchen. Sie teilt sich ein Schlafzimmer mit der dreizehnjährigen Margaret, von den beiden älteren Schwestern hat jede ein eigenes Zimmer. Das vierte Schlafzimmer bleibt für Gäste reserviert. Marianne besitzt noch ihr schönes Pianoforte, auf dem sie laut und dramatisch konzertiert – vielleicht Musikstücke von populären Komponisten wie Dussek, Cramer oder Streibelt. An den Wänden des Wohnzimmers hängen Elinors Zeichnungen. Als sie schon einige Monate in dem Haus leben, gesteht Elinor, dass sie das Treppenhaus zu dunkel und zu eng findet und die Küche zu verraucht. Und als Mr Palmer zu Besuch kommt, machte er ziemlich ungalant darauf aufmerksam, dass das Wohnzimmer allzu niedrig und die Decke schief und krumm ist.

Auf der rechten Seite des Barton-Tals zweigt zwischen zwei steilen Hügeln ein weiteres enges Tal ab, das nach Allenham Court führt, einem uralten Herrensitz, der die Dashwoods an Norland erinnert. Die Eigentümerin Mrs Smith ist leider so alt und gebrechlich, dass sie weder Gäste empfangen noch selbst Besuche machen kann. Deshalb bleibt es den Schwestern versagt, die alte Dame und das Haus näher kennen zu lernen.

OBEN: *West Bradfield, Herrenhaus aus dem sechzehnten Jahrhundert, bei Cullompton, Devon. Allenham Court mag ähnlich ausgesehen haben. Es erinnert die Geschwister Dashwood an Norland Park, ihr Zuhause in Sussex.*
RECHTS: *The New London Inn, Exeter, zu Beginn des neunzehnten Jahrhunderts.*

Der nächste größere Ort ist das alte, ummauerte Exeter mit seiner Kathedrale, den vielen Kirchen und der engen mittelalterlichen High Street. Doch es kommen allmählich moderne Gebäude und neue Straßen hinzu. Im Jahre 1675 wurde ein Kanal von Exeter bis zu Meer ausgehoben und mit Schleusen schiffbar gemacht, so dass nun sogar Hochseeschiffe an dem Kai gleich unterhalb der Stadtmauer anlegen und Waren aus den Ländern des Mittelmeeres einführen konnten.

Die vier Meilen bis zur Stadt sind von Barton aus bequem an einem Vormittag zurückzulegen, und Sir John Middleton macht sich regelmäßig auf den Weg dorthin, um an Gesellschaften in seinem Club teilzunehmen. Auch die Schwestern Steele leben in Exeter, und Sally, eines der Hausmädchen von Barton Park, hat einen Bruder, der in Exeter im New London Inn als Laufjunge arbeitet. In eben diesem Gasthaus finden die jung vermählten Eheleute Robert und Lucy Ferrars Unterkunft, als sie auf ihrer Hochzeitsreise nach Dawlish in Exeter Station machen.

Dawlish liegt südlich von Exeter an der Kanalküste. Es war ursprünglich ein kleines Fischernest, das sich während der letzten Dekade des achtzehnten Jahrhunderts zu einem vornehmen Badeort entwickelte. Wahrscheinlich hält der eingebildete Robert Ferrars diesen Ort gerade deshalb für ein geeignetes Ziel seiner Hochzeitsreise. Fünfzig Meilen weiter westlich liegt die große Seestadt Plymouth, in deren Hafen zu Jane Austens Zeiten an die tausend Segelschiffe festmachen konnten.

Reverend Pratt, der Hauslehrer von Edward Ferrars und Onkel der Schwestern Steele, wohnt in der nahe von Plymouth gelegenen Ortschaft Longstaple. Als Lucy Steele dort bei ihm zu Besuch war, hatte sie Edward für sich einnehmen können.

Sir John Middleton, den Herrn von Barton Park, lernen die Dashwoods als einen herzlichen und gastfreundlichen Gutsherrn kennen. Feldsportarten und die Unterhaltung seiner Nachbarn sind offenbar seine einzigen Interessen. Seine Frau Mary hält »sich etwas zugute auf die Vornehmheit ihrer Tafel und ihrer ganzen Haushaltsführung; und aus diesem Ehrgeiz zog sie die höchste Genugtuung bei allen ihren Parties«. Die restliche Zeit verbringt sie damit, ihre vier lauten kleinen Kinder zu verwöhnen. Zum Leidwesen der Dashwoods ist sie sehr reserviert und kühl und hat offenbar nicht viel Interessantes von sich aus zu berichten. Ihre Mutter Mrs Jennings, die Witwe eines vermögenden Londoner Geschäftsmannes, ist im Gegensatz zur Tochter eine stets gut gelaunte korpulente Dame, allzeit zu Scherzen aufgelegt und mitunter leicht frivol. Im Herrenhaus von Barton Park wohnt außerdem Sir Johns langjähriger Freund Oberst Brandon, ein 35 Jahre alter, groß gewachsener Mann von stiller, ernster Art. Er ist nicht attraktiv, hat aber ein kluges Gesicht und sehr vornehme Umgangsformen.

Oberst Brandon hat der Armee lange Zeit in Indien gedient und kam dann ganz unerwartet, nämlich nach dem Tod seines älteren Bruders, in den Besitz des Familienanwesens von Delaford. Den Grund für seine Ernsthaftigkeit erfahren wir erst nach der Hälfte des Buches: Er trauert einer tragisch gescheiterten Liebesbeziehung zu einem Mädchen nach, das äußerlich und charakterlich viel mit Marianne gemein hatte, und für deren uneheliche Tochter Eliza Williams er sich verantwortlich fühlt.

Mrs Jennings, der es gefällt, Heiraten zu vermitteln, ist bald überzeugt davon, dass sich Oberst Brandon in Marianne verliebt hat. Elinor gegenüber schwärmt sie von seinem Grundbesitz, der 2000 Pfund im Jahr einbringt und in der benachbarten Grafschaft Dorset liegt. »Delaford ist ein hübsches Plätzchen, das kann ich Ihnen sagen, genau das, was ich ein hübsches, altmodisches Plätzchen nenne, mit allem Luxus und Komfort, und ganz von hohen Gartenmauern umgeben, mit dem besten Spalierobst in ganz England und diesem großen Maulbeerbaum in einer Ecke... Dann gibt es einen Taubenschlag, ein paar herrliche Fischteiche und einen sehr schönen künstlichen Bach... Und außerdem ist es in der Nähe der Kirche, nur eine Vier-

Porträt von Oberstleutnant John Clayton Cowell (1762–1810).
Der stattliche (aber nicht besonders attraktive) Oberst Brandon könnte während seines Militärdienstes im fernen Osten ähnlich ausgesehen haben.

telmeile von der Hauptstraße, so dass man sich nie langweilt, denn man braucht bloß nach draußen zu gehen und sich in eine alte Eibe hinter dem Haus zu setzen, dann sieht man alle Kutschen, die vorbeifahren.« Später erfahren wir von ihr, dass das Haus im Erdgeschoss Wohnzimmer hat und bis zu fünfzehn Schlafmöglichkeiten bereit hält.

Wenn das Haus in den Neunzigerjahren des achtzehnten Jahrhunderts als »altmodisch« bezeichnet werden kann, wird es wahrscheinlich schon in der Mitte des siebzehnten Jahrhunderts erbaut worden sein. Die erwähnte Hauptstraße, an der Delaford liegt, könnte die heutige A35/A354 sein, die Hauptverbindung zwischen Bridport, Weymouth, Dorchester und Blandford Forum. Das Pfarrhaus des Ortes, in dem Edward und Elinor schließlich leben werden, wird als klein und alt beschrieben und liegt nur einen Steinwurf vom Herrenhaus entfernt.

Die Grafschaft Dorset ist zwar weniger zerklüftet als Devonshire, landschaftlich aber sehr viel abwechslungsreicher. Die Ärmelkanalküste hat ausgedehnte Sand- und Kiesstrände und steile Klippen aus golden schimmerndem oder grauem Kalkstein. Im Hinterland erstreckt sich sandiges Heideland neben fruchtbaren, urbar gemachten Flussniederungen. Darüber erheben sich Kreidehügel, auf denen Schafe grasen. Jedes noch so kleine Küstendorf unterhält seine eigene Fischfangflotte, und Weymouth und Lyme Regis waren schon zu Jane Austens Lebzeiten sehr beliebte Urlaubsorte.

LINKS: Delaford, das »schmucke, altmodische Haus ... von Gartenmauern umschlossen«, mag Oare House ähnlich gesehen haben. Es liegt nahe Malmsmead in der benachbarten Grafschaft Somerset.

RECHTS: Landkarte von Dorset, frühes neunzehntes Jahrhundert. Delaford, der Besitz von Oberst Brandon, liegt angeblich im Süden, vielleicht in der Nähe von Dorchester.

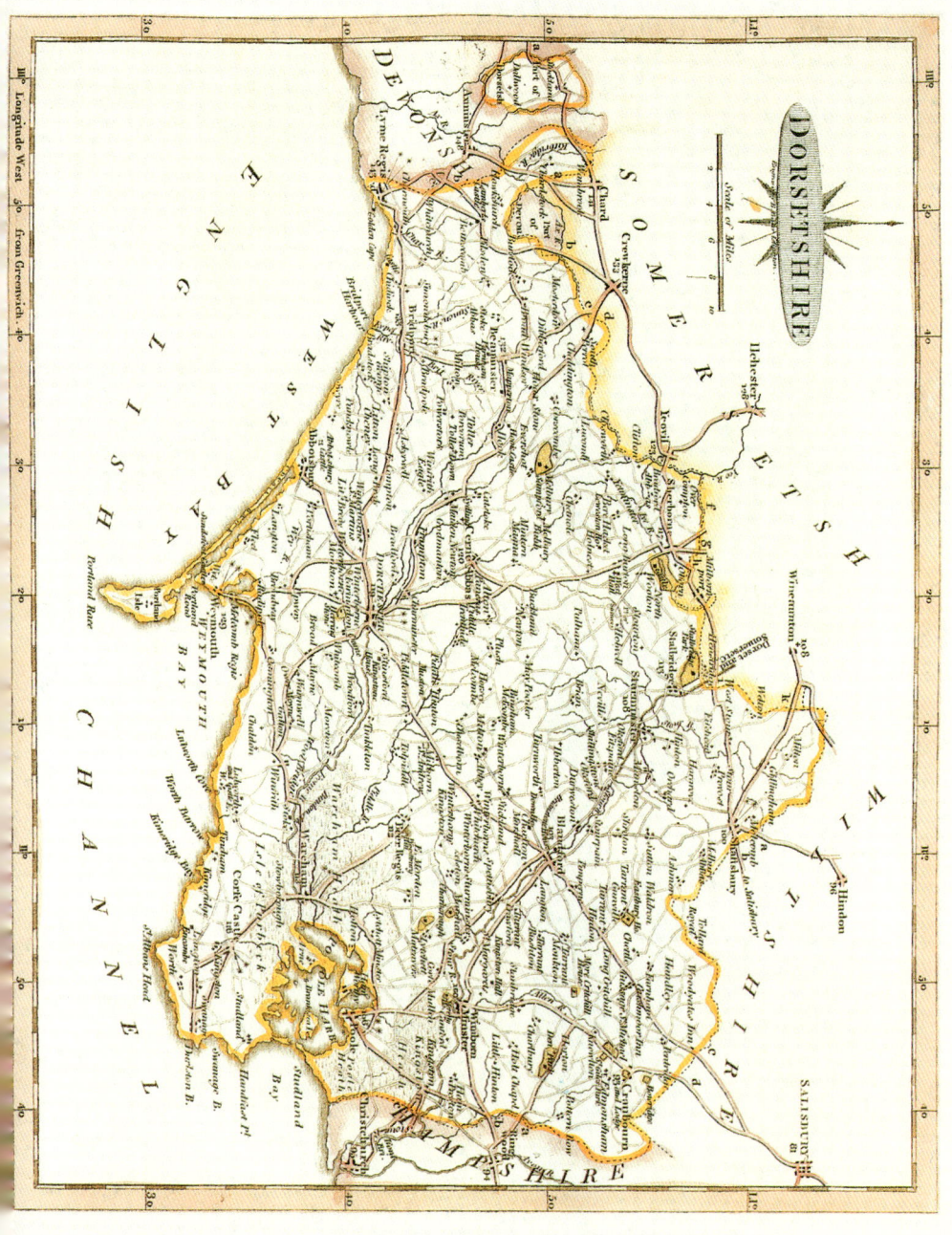

Charles William Bell, um 1797 porträtiert von Sir Thomas Lawrence.
Bell könnte dem Bild entsprochen haben, das sich Marianne von Willoughby machte.

Doch lange bevor sich das komfortable eheliche Arrangement treffen lässt und Marianne mit Oberst Brandon in Delaford wohnt, wirft es sie buchstäblich von den Beinen, als sie John Willoughby begegnet, einem Mann wie aus ihren Träumen. Sie hat sich bei einem Spaziergang auf den High-Church Down den Fuß umgeschlagen. Der junge Mann hilft ihr auf und bringt sie nach Hause. Willoughby ist der Vetter und Erbe von Mrs Smith, die zurückgezogen in Allenham Court lebt und ihn, John, hin und wieder aus London zu Besuch bittet. Er ist 25 Jahre alt, groß und gut aussehend, ungezwungen und temperamentvoll, dabei aber stets elegant und tadellos in seinem Auftreten, das ihn, so scheint es auf den ersten Blick, als Mitglied vornehmster Kreise ausweist. Elinor jedoch stellt fest, dass Willoughby sich nicht scheut, über Oberst Brandon hinter dessen Rücken herzuziehen, und er bringt es fertig, Marianne nach Allenham Court zu führen, ohne sie der Hausherrin Mrs Smith vorzustellen.

Während des folgenden Monats – es ist ein verregneter Oktober – sind die beiden Tag für Tag zusammen. Marianne macht kein Hehl daraus, dass sie bis über beide Ohren in Willoughby verliebt ist. Elinor wundert sich, warum es nicht zur Verlobung kommt. Stattdessen verschwindet Willoughby plötzlich ohne ein Wort der Erklärung nach London und lässt Marianne in Tränen aufgelöst zurück.

Edward Ferrars kommt nun zu den Dashwoods zu Besuch. Mit 24 Jahren ist er nur wenig jünger als Willoughby, aber von ganz anderem Schlag: schüchtern, bescheiden und nicht sehr groß. Das Beste, was selbst ein so freundliches Wesen wie Elinor über ihn sagen kann, ist, dass »sein Auftreten gewiss nicht ins Auge [fällt], und man würde seine Erscheinung kaum gut aussehend nennen, bis man seinen Augenausdruck, der ungewöhnlich sprechend ist, und die allgemeine Liebenswürdigkeit seiner Züge wahrnimmt«. Der arme Edward kann sich nur darüber definieren, was er *nicht* sein will – kein Soldat, kein Seefahrer oder Anwalt, ja nicht einmal ein schneidiger Städter, der in einer Barutsche spazieren fährt. Viel lieber würde er eine Laufbahn als Geistlicher einschlagen, wovon ihm aber seine snobistische Familie nachdrücklich abrät. Da er sein Studium in Oxford abgeschlossen hat, weiß er nun nichts mit sich anzufangen. Er macht während seines Besuchs bei den Dashwoods einen reichlich niedergeschlagenen Eindruck, und Elinor fragt sich, ob es nicht ein Irrtum war zu glauben, dass er sie liebt.

In Barton Park werden weitere Gäste empfangen: Mrs Jennings' jüngere Tochter Charlotte, eine mollige, aber hübsche und ständig kichernde junge Frau. Sie hat vor kurzem Mr Thomas Palmer geheiratet, worüber der sich zunehmend grämt – erkennt er doch zu spät, wie dümmlich seine Frau ist. Des weiteren kommen die Schwestern Steele aus Exeter, entfernte Kusinen von Mrs Jennings. Nancy Steele

Reverend und Mrs W. Claye, 1797 porträtiert von Henry Edridge. So hätten auch Edward und Elinor nach ihrer Hochzeit in der Pfarrei von Delaford Modell sitzen können.

geht auf die Dreißig zu und hat »ein biederes und nicht sehr empfindsames Gesicht«. Sie erweist sich als ganz und gar vulgär und töricht und bildet sich ein, Dr. Davis, einen der Pastoren des Ortes, erobert zu haben. Ihre 23-jährige Schwester Lucy ist ein gescheites und hübsches blondes Mädchen, mit »scharfem stechendem Blick«. Die beiden bleiben den November und Dezember über in Barton und schmeicheln sich bei Lady Middleton ein. Lucy lässt Elinor wissen, dass sie und Edward heimlich verlobt sind, und zwar seit dieser vier Jahre zuvor bei ihrem Onkel Mr Pratt in Longstaple zu studieren begonnen hatte. Elinor versteht jetzt den Grund für Edwards Depression. Falls er sich denn tatsächlich in sie verliebt hätte und die Verlobung mit Lucy zu lösen wünschte, würde sich ihm das nach den moralischen Standards der Zeit verbieten, denn nur die Dame darf ein Eheversprechen zurücknehmen. Lucy aber lässt keinen Zweifel daran, dass sie Edward für sich behalten möchte.

Zu Beginn des 25. Kapitels ist das dritte Jahr der Handlung angebrochen und Henry Dashwood nunmehr ein Jahr tot. Mrs Jennings fährt mit den Schwestern Dashwood in ihr Stadthaus nach London, wo sie die nächsten Wochen zubringen. Auch die Middletons, die Steeles und die Familie von John Dashwood halten sich in der Hauptstadt auf, denn es ist Januar und die gesellschaftliche Saison hat begonnen. Elinor trifft Edwards Mutter Mrs Ferrars – »eine kleine, dünne Frau von aufrechter, ja steifer Haltung und ernstem, ja säuerlichem Aussehen. Ihr Teint war gelblich blaß und ihre Züge unscheinbar, ohne Schönheit und von Natur ohne Ausdruckskraft. Aber zu ihrem Glück hatte eine Stirnfalte ihr Gesicht vor der Schmach der Bedeutungslosigkeit gerettet und ihm einen starken Ausdruck von Stolz und Missgunst gegeben.« Auch Robert, den jüngeren Bruder Edwards, lernt Elinor kennen – als den eingebildeten Fant, der er ist. Seine Person und sein Äußeres sind »von solider, natürlicher, überwältigender Bedeutungslosigkeit, aber nach der letzten Mode herausgeputzt«. Robert hält sich für einen begnadeten Baukünstler und lästert über die renommierten Architekten seiner Zeit, denen er sich haushoch überlegen wähnt, wenn es darum geht, wahrhaft elegante »Cottages« im Landhausstil zu entwerfen.

Mrs Jennings wohnt in der Upper Berkeley Street nahe dem Portman Square von Marylebone. Das Haus von Mrs Ferrars steht in der Park Street des Bezirks Mayfair. Die anderen Familien mieten sich für mehrere Wochen in möblierte Häuser ein, irgendwo im schicken, neu gebauten West End: die Palmers am Hanover Square, John Dashwood und sein Anhang in der Harley Street, die Middletons in der Conduit Street. Willoughby hat als allein stehender Mann eine Unterkunft in der Bond Street bezogen, während Oberst Brandon ein wenig abseits in der St James's Street wohnt, eine Gegend, die wegen ihrer Nähe zum Königspalast sowie dem Kriegsministerium und der Admiralität von Offizieren bevorzugt wird. Jane Austen wird diese Gegenden mit eigenen Augen gesehen haben – sie hat London während der Achtziger- und Neunzigerjahre mehrfach besucht. Man kann auch heute noch durch diese Straßen flanieren und sich überlegen, welches Haus wohl zu welchen Charakteren gepasst hätte. Oder man stellt sich vor, mit Mrs Palmer, »deren Auge auf alles fiel, was hübsch, teuer oder neu war«, in der Bond Street einkaufen zu gehen.

Die Geschwister Steele kommen bei ihrem Vetter Richard unter, der allem Anschein nach ein Anwalt ist und in den Bartlett's Buildings in Holborn nahe der City wohnt. Diese Adresse hat es ebenfalls zu Jane Austens Zeiten tatsächlich gegeben. Die aus etwa zwanzig Reihenhäusern bestehenden Bartlett's Buildings waren im siebzehnten Jahrhundert rings um eine Sackgasse gebaut worden, vor der nachts ein Tor geschlossen und ein Wachposten aufgestellt wurde. Es heißt, dass die Anlage mit ihren Ziegelbauten und rückwärtigen Gärten ursprünglich sehr ansehnlich und von vornehmen Herrschaften bewohnt gewesen sei. Doch schon zu Anfang des neunzehnten Jahrhunderts erschien sie geradezu schäbig im Vergleich zu den Neubauten im West End. Anwälte oder Geschäftsleute zogen dort ein, die im Parterre ihre Büros und im Stockwerk darüber ihre Wohnungen einrichteten. Während der Bombenangriffe im Zweiten Weltkrieg wurden die Häuser fast vollständig zerstört. Die Sackgasse verschwand schließlich unter einem riesigen Bürokomplex, den inzwischen der Zeitungsverlag *Daily Mirror* bezogen hat.

Als einen weiteren Schauplatz in London wählt Jane Austen die Kensington Gardens, die nach wie vor der Öffentlichkeit frei zugänglich sind. Und das Theater an der Drury Lane ist zwar neu aufgebaut, befindet sich aber immer noch an derselben Stelle wie früher. Neu und größer, aber immer noch in der Sackville Street Nr. 41 steht Gray's, das Juweliergeschäft, in dem sich Robert Ferrars mit der Wahl seiner Zahnstocherdose so viel Zeit lässt. Die Menagerie am Exeter Exchange im Bezirk Strand wurde im neunzehnten Jahrhundert geschlossen, und Schreibwarenläden gibt es in der Pall Mall schon lange nicht mehr.

Während des Besuchs in London muss sich Marianne zu ihrer Schmach in Gesellschaft sagen lassen, dass sich Willoughby mit einer reichen Erbin verlobt hat und bald, schon im Februar, heiraten will. Oberst Brandon klärt Elinor über die schillernde Vergangenheit des vermeintlich so charmanten jungen Mannes auf. Kurz bevor Willoughby im Jahr zuvor Marianne begegnet war, hatte er Eliza Williams, das verwaiste Mündel des Oberst, verführt und bald darauf verstoßen. Marianne wird vor Kummer krank, und auch Elinor leidet still, nämlich unter der Taktlosigkeit von Mrs Ferrars und der Bosheit von Lucy Steele. Zu Beginn des 43. Kapitels sind die Schwestern froh, London verlassen und wieder nach Hause fahren zu können. Es ist

Anfang April. Sie reisen mit Mrs Jennings und machen bei den Palmers in Somerset Station, bevor sie nach Devonshire weiterfahren.

Die Palmers, so heißt es, wohnen in der bei Bristol gelegenen Ortschaft Cleveland. Jane Austen hat sich mit der Verschleierung in diesem Fall keine große Mühe gegeben: Es gibt wenige Meilen südwestlich von Bristol tatsächlich ein kleines Dorf mit dem Namen Clevedon. Mr Palmer scheint ein *nouveau riche* zu sein, denn sein Haus ist kein angestammter Familiensitz, sondern nur »ein geräumiges, modernes Haus ... auf einem leicht ansteigenden Rasen ... Es lag nicht in einem richtigen Park, aber die Gartenanlagen waren ziemlich ausgedehnt«, mit Hecken und dichtem Gehölz, einer von einem Kiesweg umringten Rabatte und mit einer baumbepflanzten Rasenfläche vor dem Haus. Ein hoher Wall aus Fichten, Ebereschen, Akazien und Pappeln schirmt die Wirtschaftsgebäude, das Gewächshaus und den Hühnerhof ab. Ein Weg führt durch Gesträuch zu einem kleinen Lusthaus, einem griechischen Tempelchen auf einer Anhöhe an der Grundstücksgrenze. Marianne findet bald dorthin und stellt sich vor, bis nach Combe Magna blicken zu können, das zwanzig Meilen südwestlich von Cleveland gelegene Anwesen von Willoughby. Während ihrer abendlichen Spaziergänge zieht sie sich in der feuchten, kühlen Frühlingsluft eine schwere Erkältung zu, die sich zu einer Art Rippenfell- oder Lungenentzündung auswächst und ihr Leben bedroht.

Im Verlauf des Jahres lösen sich die Komplikationen der Geschichte allmählich auf: Lucy Steele verdreht dem Dummkopf Robert Ferrars den Kopf, der ihr schließlich einen Antrag macht. So ist Edward frei für Elinor und den Beruf des Geistlichen. Oberst Brandon lädt Elinor

Ein solches Nadelheft aus bedruckter Baumwolle (spätes achtzehntes Jahrhundert) schenkt Fanny Dashwood den Geschwistern Steele.

und Edward ein, in Delaford zu leben, wo die beiden nach ihrer Hochzeit im Herbst ins frisch renovierte Pfarrhaus einziehen. Durch ihre Krankheit geläutert, erkennt Marianne, wie innig Oberst Brandon ihr zugetan ist. Marianne ist neunzehn, als die beiden ein oder zwei Jahre später heiraten. »Oberst Brandon war nun so glücklich, wie es ihm alle, die ihn gern hatten, gönnten ... Marianne gab ihre Liebe ganz oder gar nicht, und so war sie bald ihrem Mann mit Leib und Seele so zugetan wie früher Willoughby.«

Wie schon erwähnt, hatte Jane Austen, bevor sie dieses frühe Werk veröffentlichte, einige aktualisierende Korrekturen am Text vorgenommen. Gleichwohl sind noch einige Stellen enthalten, die verraten, dass die Vorlage zu einem früheren Zeitpunkt verfasst worden ist. Die Autorin hatte sie offenbar übersehen. Zum Beispiel: Von Oberst Brandons Schwester und deren Mann heißt es, dass sie sich aus gesundheitlichen Gründen in Südfrankreich bei Avignon aufhalten. Eine solche Reise könnten sie allerdings nur vor Ausbruch des Krieges im Jahre 1793 angetreten haben, und gewiss wären sie nach diesem Zeitpunkt von einem solchen Ferienort so schnell wie möglich wieder zurückgekehrt. Oder: Fanny Dashwood schenkt jeder der Schwestern Steele »ein Nadelheft ..., das eine Emigrantin gemacht hatte«. Jane Austen hatte hier vermutlich eine französische Aristokratin im Sinn, die vor den Revolutionären aus der Heimat geflohen war und sich nun mit Handarbeiten über Wasser halten musste.

Der Wein, den Mrs Jennings der untröstlichen Marianne zu trinken anbietet, ist ein in der südafrikanischen Kap-Kolonie angebauter Dessertwein. Er war tatsächlich einer der besten und begehrtesten Weine im achtzehnten und neunzehnten Jahrhundert – der nach Elba exilierte Napoleon Bonaparte ließ sich monatlich dreißig Flaschen davon auf die Insel bringen. Die Winzer dieses edlen Getränks lassen die Trauben an den Stöcken, bis sie fast zu Rosinen ausgereift sind und somit eine hohe Zuckerkonzentration enthalten, die, vergoren, einen Alkoholgehalt von bis zu fünfzehn Prozent erzielt.

Im Frühjahr 1812 erschienen in zwei Journalen anonyme Rezensionen zu *Verstand und Gefühl*. In der *Critical Review* hieß es:

»[Der Roman] ist gut geschrieben; die Figuren stammen aus besseren Kreisen, sind realistisch gezeichnet und klug angelegt. Die Vorkommnisse sind wahrscheinlich, sehr gefällig und interessant; der Schluss ist nach dem Geschmack des Lesers, und das Ganze gerade so lang, dass es interessant bleibt und nicht ermüdet. All das spricht für die Autorin, die Menschenkenntnis beweist und Vernünftiges mit leichteren Gegenständen auf sehr glückliche Weise zu mischen versteht.«

Der Rezensent der *British Critic* versichert »unseren weiblichen Lesern«, dass sie diese Bände »nicht nur mit Genuss, sondern auch zu eigenem Frommen« lesen werden, da sie »nach Gutdünken viele besonnene und heilsame Lehren für die Lebensführung, in einer angenehmen und unterhaltsamen Erzählung exemplifiziert, daraus ziehen können.«

Von manchen zeitgenössischen privaten Lesern sind Kommentare zu diesem Roman sind in Briefen erhalten geblieben. Die Gräfin von Bessborough fragte Lord Granville Leveson Gower: »Haben Sie *Verstand und Gefühl* gelesen? Ein gescheiter Roman. Er war das Thema in Althorp [ihrem Elternhaus], und bis auf den etwas törichten Schluss hat er mir sehr gefallen.« Der Herzog von York empfahl das Buch seiner Nichte, der sechzehnjährigen Prinzessin Charlotte, und die schrieb einer Freundin:

> »Habe *Verstand und Gefühl* soeben zu Ende gelesen; wirklich sehr interessant, & man meint dazuzugehören. Ich finde, dass Maryanne und ich von ganz ähnlicher *Disposition* sind, dass ich gewiss auch nicht so gut bin, derselbe Leichtsinn, &c, aber daran lässt sich wohl nichts ändern. Ich muss sagen, es hat mich sehr interessiert.«

Eine sehr viel scharfsinnigere Leserin mit dem Namen Miss Isabella FitzRoy, die ein Exemplar der zweiten Ausgabe des Romans besaß, bemerkte die Schwächen in der Konzeption von Oberst Brandon und Edward Ferrars. Diese Tatsache hat auch Literaturkritikern von Anfang an Rätsel aufgegeben und ist vielleicht dem Umstand beizumessen, dass Jane Austen zu jenem Zeitpunkt als Autorin noch relativ unerfahren war. Im dritten Band notierte Miss FitzRoy an den Rand:

> »Schade, dass die Charaktere vor der Veröffentlichung dieses hübschen Romans nicht noch ein wenig überarbeitet worden sind – Mrs Jennings wäre dann wohl weniger vulgär – es hätte erwähnt werden sollen, dass die Schönheit ihrer Töchter in ihrem Reichtum besteht – und warum muss Oberst Brandon, auch wenn er ernst ist, dermaßen schweigsam sein – das ist gelungen: E. Ferrars ganz und gar durchschnittlich aussehen zu lassen – und Oberst B. muss gut ausgesehen haben, sonst hätte Marianne ihn nie heiraten können.«

Gleich einem Nachwort zur Geschichte klärte Jane Austen ihre Familie darüber auf, dass Miss Steele letztlich vergeblich um die Gunst von Dr. Davis buhlte. Doch darüber, was die Zukunft für die anderen Nebenfiguren bereit hielt, ließ sie sich nicht aus.

Märchen enden für gewöhnlich mit dem Satz: »Und so lebten alle glücklich bis an das Ende ihrer Tage.« Jane Austens Romane aber sind viel zu wirklichkeitsgetreu, als dass sich eine solch naive Aufrundung plausibel machen ließe. Und gerade die Fortsetzung *dieser* Geschichte scheint noch viele Schwierigkeiten und ironische Schicksalswendungen in petto zu haben. Der von seiner schrecklichen Familie ständig schikanierte und verspottete Edward wird wahrscheinlich froh darüber sein, wenn nunmehr Elinor sein Leben in die Hand nimmt – natürlich auf sehr viel freundlichere Weise. Derweil fügt er sich in die Rolle eines gutmütigen Pfarrers, der den Bedürfnissen seiner Gemeinde gewissenhaft und aufopferungsvoll gerecht zu werden versucht. Oberst Brandon wird seine Marianne auf Händen tragen. Aber wird sich Marianne auch um ihrer selbst willen geliebt fühlen – oder nur, weil sie dem Mädchen so ähnlich ist, das er vor über zwanzig Jahren heiß geliebt und verloren hat? Und was haben die verführte und somit gesellschaftlich kompromittierte Eliza und ihr von Willoughby gezeugtes Kind zu erwarten? Der Unterstützung durch Oberst Brandon können sie sich natürlich sicher sein. Doch wie wird sich Marianne ihnen gegenüber verhalten und mit dieser für sie peinlichen Situation umgehen? Aller Wahrscheinlichkeit nach wird Willoughby nach dem Tod der alten Mrs Smith den Herrensitz Allenham Court erben und mit seiner Frau Sophia in Nachbarschaft mit den Middletons leben. Aber auch Mrs Dashwood und Margaret wohnen in Barton. Wie werden sie zu ihm stehen? Wie lange wird Oberst Brandon überhaupt noch zu leben haben? Zu Beginn des Buches ist davon die Rede, dass er nur darauf hoffen darf, ungefähr 55 Jahre alt zu werden. Ob Marianne, womöglich früh verwitwet, jemals einen Witwer Willoughby würde heiraten können?

STOLZ UND VORURTEIL

Stolz und Vorurteil war Jane Austens zweiter großer Roman, an dem sie zwischen Oktober 1796 und August 1797 arbeitete. Die Handlung erstreckt sich über einen Zeitraum von fünfzehn Monaten, vom Herbst des einen bis Weihnachten des nächsten Jahres. Wahrscheinlich hatte die Autorin die Zeit von 1794 bis 1795 vor Augen. Die ursprünglich *First Impressions* (Erste Eindrücke) betitelte Erzählung gefiel der Familie so gut, dass nicht zuletzt George Austen auf eine Veröffentlichung drängte. Am 1. November 1797 bot er dem renommierten Londoner Verleger Thomas Cadell das Manuskript zur Begutachtung an. Das Begleitschreiben war allerdings nur kurz und vage gehalten – George Austen verzichtete auf eine Inhaltsangabe oder auf die explizite Klassifizierung als *comedy of manners*, als Sittenstück. So kann es nicht verwundern, dass Cadells Bürohilfe auf das Deckblatt kritzelte: »abgelehnt und zurück an den Absender«.

Weil Jane in der eigenen Einschätzung des Romans sehr viel zurückhaltender war, nahm sie sich diese Ablehnung nur wenig zu Herzen. Zum Glück vernichtete sie jedoch das Manuskript nicht und ließ es stattdessen zur ständig wiederholten Lektüre in der Familie zirkulieren. Am 8. Januar 1799 schreibt sie in augenzwinkerndem Ton an Cassandra: »Es wundert mich nicht, dass du *First Impressions* noch einmal lesen möchtest, so selten, wie du dies getan hast, und zumal der letzte Durchgang schon so lange zurückliegt.« Im Juni desselben Jahres schreibt sie ihr noch einmal.

»Ich würde Martha *Erste Eindrücke* auf keinen Fall ein weiteres Mal lesen lassen, & ich bin froh, dass ich diese Möglichkeit vereitelt habe. – Sie ist sehr gerissen, aber ich durchschaue sie; – sie will es aus der Erinnerung veröffentlichen, und schon die nächste Durchsicht würde sie dazu befähigen.«

Das Manuskript blieb am Ende über fünfzehn Jahre unter Verschluss. Erst als Jane mit der Herausgabe von *Verstand und Gefühl* Erfolg hatte, zog sie wieder in Erwägung, auch dieses andere Frühwerk zu veröffentlichen. Es scheint, dass sie den Text zwischen 1811 und 1812 überarbeitet hat. Dabei nahm sie offenbar auch einige Kürzungen vor, denn in einem am 29. Januar 1813 an Cassandra gerichteten Brief erwähnt sie, das Manuskript »geputzt und gestutzt« zu haben. Zudem musste ein anderer Titel gewählt werden, weil es seit dem Jahr 1800 bereits einen Roman im Handel gab, der *First Impressions* hieß. Die Phrase »Stolz und Vorurteil« fand Jane wahrscheinlich in *Cecilia*, einem Roman der erfolgreichen und auch von Jane sehr geschätzten zeitgenössischen Autorin Fanny Burney. Das Manuskript wurde dann einem anderen Londoner Verleger angeboten, nämlich Thomas Egerton von Whitehall, der es ohne zu zögern annahm und Jane für die Verwertungsrechte 110 Pfund zahlte.

Ende Januar 1813 erschien der Roman, anonym – »Von der Verfasserin von *Verstand und Gefühl*« –, dreibändig und zu einem Preis von 18 Shillings. Er verkaufte sich auf Anhieb so gut, dass schon im Herbst desselben Jahres eine zweite und schließlich vier Jahre später eine dritte Auflage folgte. Heute ist er wohl Jane Austens bekanntester Roman – nicht nur in Großbritannien, sondern, in 25 Sprachen übersetzt, überall auf der Welt. Titel und Eröffnungssatz sind sogar in die Alltagssprache eingegangen.

Der Vorhang von *Stolz und Vorurteil* öffnet sich vor der Landschaft von Hertfordshire, einer Grafschaft, über die sich heute London ausgebreitet hat. Doch noch Ende des achtzehnten Jahrhunderts bot sie mit ihren Wäldern, Kalksteinerhebungen und Flussniederungen ein malerisches Bild. Die Landwirtschaft blühte. Getreide und Gemüse wurden hier angebaut, dazu Rinder und Schafe gezüchtet. Die Stadt Hertford war berühmt für ihre Produktion von Malz, der aus der Gerste der Umgebung hergestellt wurde. Jane Austen scheint diese Gegend selbst nie bereist zu haben, doch lebte nahe Hertford ein älterer Vetter des Vaters, durch den sie vielleicht das eine oder andere über die Grafschaft erfahren hat.

In ihrem Roman lässt Jane die Familie Bennet in Longbourn House wohnen, nahe der gleichnamigen Ortschaft, die rund eine Meile südlich des fiktiven Marktfleckens Meryton und nicht weit von einem zweiten Dorf entfernt liegt, dem sie allerdings keinen Namen gab. Erst gegen Ende des Romans wird erwähnt, dass in zehn Meilen Entfernung von Longbourn die Great North Road verläuft (die heutige A1000), die von London durch Barnet und Hatfield bis nach Schottland führt. Die Autorin siedelte also ihr Meryton und das andere, nicht genannte Dorf entweder in der westlich der Hauptstraße gelegenen Gegend um Hemel Hempstead und Waterford an oder auf der Ostseite bei Hertford und Ware. Vieles spricht dafür, dass das Vorbild für Meryton tatsächlich Hertford war – und Ware das für die namenlose Ortschaft.

Auch wenn Jane die Hauptstadt der Grafschaft nicht aus eigener Anschauung kannte, so wird sie sich doch ein recht genaues Bild von Meryton/Hertford gemacht haben können. Es wird Overton oder Basingstoke in Hampshire sehr ähnlich gewe-

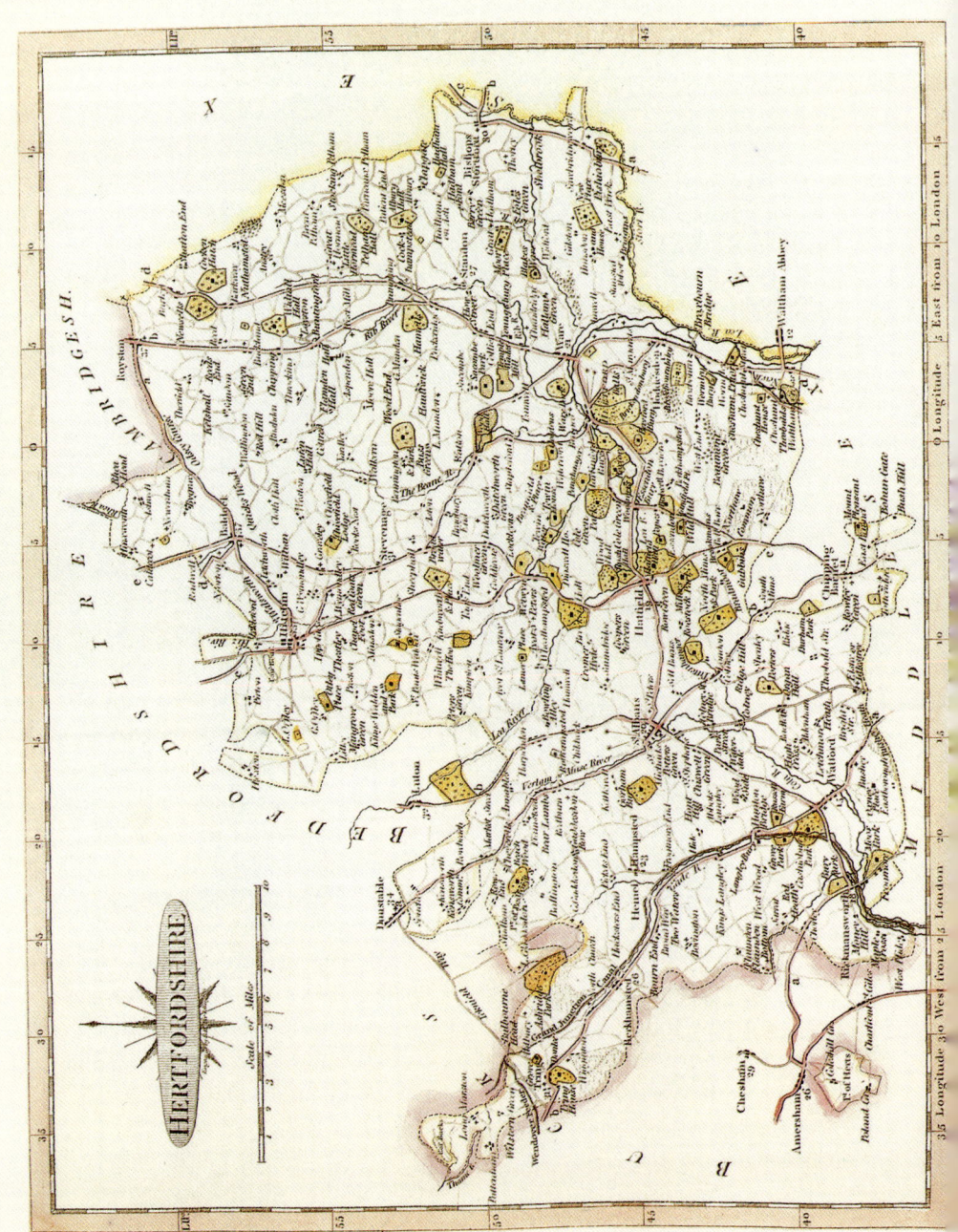

Landkarte von Hertfordshire aus dem frühen neunzehnten Jahrhundert. Longbourn, der Wohnort der Bennets, liegt angeblich nahe Ware und Hertford.

sen sein, jenen beiden kleinen Städtchen nahe Steventon, die der Autorin schon von frühester Jugend an bestens bekannt gewesen sein dürften.

In Ortschaften dieser Größe gab es in der Regel alle wesentlichen Einrichtungen: einen Versammlungsraum (für Gemeindesitzungen oder Festveranstaltungen), eine Bücherei, eine Apotheke oder Arztpraxis, eine oder mehrere Anwaltskanzleien, eine Metzgerei, eine Bäckerei, Geschäfte für Lebensmittel und Bekleidung sowie eine ausreichende Anzahl von Gasthäusern, in denen die Offiziere und Männer der Bürgerwehr einquartiert werden konnten.

In Meryton heißt der Anwalt Phillips. Er war früher Buchhalter von Mr Gardiner senior, dem Vater von Mrs Bennet, übernahm dann dessen Kanzlei und heiratete Mrs Bennets Schwester. Zu Beginn von *Stolz und Vorurteil* dürfen wir ihn uns als »rundköpfigen, dicken Onkel Phillips« vorstellen, der nach Portwein riecht und im Unterschied zu den stolzen Offizieren des Bürgerwehrregiments keine besonders gute Figur abgibt.

Die Geschichte beginnt Anfang September. Die Erzählerin führt uns geradewegs ins Longbourn House und lässt uns einer Unterhaltung der Bennets lauschen. Sie sitzen im Wohnzimmer beieinander. Mrs Bennet hofft für ihre Töchter auf eine gute Partie und bringt das Gespräch auf den jungen Bingley, der sich demnächst in der Nachbarschaft niederlässt. »Es ist eine allgemein anerkannte Wahrheit, dass ein Junggeselle im Besitz eines schönen Vermögens nichts dringender braucht als eine Frau. Zwar sind die Gefühle oder Ansichten eines solchen Mannes bei seinem Zuzug in eine neue Gegend meist unbekannt, aber diese Wahrheit sitzt in den Köpfen der ansässigen Familien so fest, dass er gleich als das rechtmäßige Eigentum der einen oder anderen ihrer Töchter gilt.«

Da die Geschichte fast durchweg aus der Perspektive von Elizabeth Bennet erzählt wird, müssen wir auf eine Beschreibung des Hauses und seiner Bewohner verzichten, was natürlich plausibel ist, denn es ist nicht zu erwarten, dass Elizabeth die ihr vertraute Umgebung schildert.

Die landwirtschaftliche Nutzfläche von Longbourn House beläuft sich auf etwa 400 Hektar – für einen Gutsherrn in damaliger Zeit ein durchschnittlich großer Besitz. Er bringt jährlich 2000 Pfund ein, die Mr Bennet, anstatt einen Teil zu sparen, immer bis auf den letzten Penny ausgibt. Die im Haus angestellten Dienstboten sind die Haushälterin Mrs Hill, ein Koch, zwei Dienstmädchen, ein Butler sowie ein

Faktotum, das wahrscheinlich auch als Bennets Kammerdiener fungiert. Für Dienste außerhalb des Hauses sind ein Kutscher und Stallburschen zuständig, die sich um die Reit-, Zug- und Kutschpferde kümmern. »Ich brauche sie bei der Feldarbeit öfter, als ich sie bekommen kann«, klagt Mr Bennet. Aber natürlich wird er auch Knechte für das Vieh, die Äcker und den Wald haben, und wohl auch einen Wildhüter, denn Bennet unterhält ein Fasanengehege auf seinem Land. »›Wenn sie Ihre eigenen Vögel geschossen haben, Mr Bingley‹, sagte [Mrs Bennet], ›kommen Sie bitte unbedingt zu uns und schießen Sie auf Mr Bennets Grund und Boden so viel Sie wollen. Er wird sich riesig freuen, Ihnen einen Gefallen tun zu können und wird die besten jungen Rebhühner für sie aufsparen‹.«

Longbourn House ist ein eher kleines Anwesen und stammt wahrscheinlich aus dem siebzehnten Jahrhundert. Hinter dem Haus stehen Sträucher, und an der Seite führt ein Kiesweg vorbei, hin zu einem verwilderten Hain, in dem sich eine »Klause« versteckt – ein dekoratives Sommerhäuschen, wie es damals in Mode war. Die Kutschauffahrt endet hinter dem Sattelplatz direkt vor den Eingangsstufen des Hauses. Die Haustür öffnet sich in ein Vestibül, von dem der Frühstücksraum, Mr Bennets Bibliothek, ein großes Wohnzimmer sowie ein großer Salon abgehen. In dem Salon gibt Mrs Bennet ihre Dinnerpartys für die »24 Familien« der Nachbarschaft.

Im ersten Obergeschoss befinden sich ein kleines, nach Westen ausgerichtetes Esszimmer, in dem es sommers unangenehm heiß werden kann, und ein kleiner Aufenthaltsraum mit Blick auf die Einfahrt. Vom Fenster dieses Raumes aus sehen die Mädchen Mr Bingley das erste Mal kommen – in blauer Jacke und auf einem schwarzen Pferd.

Die Eltern schlafen vermutlich in getrennten Schlafzimmern, und bestimmt hat Mrs Bennet einen eigenen Ankleideraum. Es scheint, dass auch jedes der fünf Mäd-

Wie das Ende des siebzehnten Jahrhunderts bei Redbourn in Hertfordshire gebaute Cumberland House könnte auch Longbourn House ausgesehen haben.

chen ein eigenes Zimmer hat und dass Mary überdies in einem separaten Raum ungestört Klavier spielen kann. Außerdem gibt es mindestens ein Gästezimmer, das Mr Collins während seines ersten Besuches in Longbourn bezieht. Natürlich werden auch jene Räumlichkeiten nicht fehlen, die den Bediensteten vorbehalten sind: ein Raum für die Haushälterin, eine Vorratskammer, Koch- und Spülküche, ein Esszimmer für die Dienerschaft und andere Wirtschaftsräume. Die Büroräume befinden sich vielleicht im Souterrain oder aber in einem Nebengebäude, zusammen mit den Unterkünften für die Dienerschaft. Der Kutscher und die Stallburschen werden irgendwo auf dem Pferdehof ihr Quartier haben.

Wir können davon ausgehen, dass Longbourn ein typisches Gutshaus seiner Zeit ist. Es wird also in etwa so aussehen wie jenes Haus in Bishops Stortford in der Grafschaft Herfordshire, das eine Zeitzeugin beschrieb als

»einen wuchtigen roten Ziegelbau mit kleinen Fenstern und Schornsteinstummeln. Nach vorn hin standen schüttere Sträucher, die die Straße kaum abzuschirmen vermochten, und jenseits eines kurzen, von Limonenbäumen gesäumten Wegs erstreckte sich ein grünes Feld. Hinterm Haus gab es üppigeren Strauchbewuchs sowie einen Blumengarten, der durch einen leichten Zaun von einer hübschen, mit Obstbäumen bestandenen Wiese abgetrennt war ... auf der einen Seite ein ummauerter Garten und das Gutskontor, auf der anderen der Küchenhof, die Ställe und der Viehhof sowie eine breite Eibenhecke als Grenze zum Gebüsch am Flussufer. Die Eingangshalle war ein großer, quadratisch geschnittener Raum mit niedriger Decke und mit dunklem Eichenholz vertäfelt. Aus demselben Holz bestand auch der schachbrettartig gemusterte, blank polierte Parkettboden. Die altmodische Feuerstelle mit ihrem weit vorkragenden Rauchfang war von Kacheln eingefasst, die biblische Szenen in Delfter Blau darstellten. In dieser Halle tischte meine Mutter im Sommer manchmal das Abendessen auf, denn im Speisezimmer auf der Südseite wurde es häufig trotz geschlossener Jalousien drückend heiß. Unterm Dach gab es dann noch eine lang gezogene Dachkammer. Der hübscheste Raum im ganzen Haus war das Schlafzimmer meiner Mutter mit seinen drei Bogenfenstern, die sich zum Obstgarten öffneten. Zu beiden Seiten des Kamins waren zwei begehbare Erker; in dem einen wusch sie sich und in den anderen zog sie sich zurück, wenn sie lesen wollte.«

Zurück nach Longbourn: Die Eheleute Bennet sind seit dreiundzwanzig Jahren verheiratet. Zu Beginn der Geschichte ist Jane, die älteste Tochter, zweiundzwanzig Jahre alt, Elizabeth zwanzig, Mary achtzehn oder neunzehn, Kitty siebzehn und

Lydia fünfzehn. Mrs Bennet hat ein Alter erreicht, das ihr keine Hoffnung mehr auf einen Sohn und Stammhalter lässt, der Longbourn übernehmen und so den Grundbesitz der Familie sichern könnte. Denn nach der damals bestehenden Erbordnung kam nur ein Sohn als Erbe des unveräußerlichen Familienbesitzes in Betracht. Wenn es den nicht gab, ging das Erbe an den nächsten männlichen Verwandten zweiten Grades über. Das wäre in unserem fiktiven Fall Bennets entfernter Vetter Mr Collins, und Mrs Bennet fürchtet deshalb nicht von ungefähr, dass Collins sie und ihre Töchter nach dem Tode ihres Mannes aus Longbourn vertreiben könnte. Diese Furcht lässt sie häufig in »nervöse Zustände« geraten, und es ist aus ihrer Sicht vollkommen verständlich, dass »ihre Lebensbeschäftigung ... die Verheiratung ihrer Töchter« ist.

Ein Mann mit mehr Weitsicht und Verantwortungsbewusstsein als Mr Bennet hätte sein Einkommen zu steigern versucht und mehr Geld auf die Seite gelegt, um seine Frau und seine Töchter wenigstens finanziell abzusichern. Doch Mr Bennet, in dem sich »Schlagfertigkeit, sarkastischer Humor, Gelassenheit und kauzige Einfälle« zu einer merkwürdigen Mischung vereinigen, ist träge geworden, zynisch

Thomas Hearne nach einer Zeichnung von Henry Edridge, 1800. Als gebildeter Herr mittleren Alters könnte Mr Bennet eine gewisse Ähnlichkeit mit Hearne gehabt haben.

und missmutig, angeblich nicht zuletzt aus Enttäuschung über seine Ehe – das hübsche Mädchen von damals zeigt sich heute als »eine Frau von geringer Einsicht, wenig Weltkenntnis und vielen Launen«. Außerdem ist er die Torheiten seiner drei jüngeren Töchter leid und hat es längst aufgegeben, korrigierend Einfluss auf sie zu nehmen. Jane, die Älteste, hat er ihrer Schönheit und freundlichen Art wegen herzlich gern, sein Liebling aber ist Elizabeth, denn sie hat seine Intelligenz geerbt.

Wie auch immer, von den Pflichten als Ehemann und Vater will er nichts mehr wissen. So verbringt er die meiste Zeit des Tages in seiner Bibliothek, denn mit einem Buch vergeht »ihm die Zeit wie im Flug«. Er hat es sogar versäumt, seinen Töchtern das in ihren Kreisen für unverzichtbar erachtete Maß an Erziehung zukommen zu lassen, weshalb Lady Catherine de Bourgh verständlicherweise schockiert ist, als Elizabeth gesteht, niemals eine Gouvernante gehabt zu haben. »Fünf Töchter zu Hause erzogen und ohne Gouvernante! Hat man so etwas schon gehört! ... Ohne Gouvernante! Sie müssen vernachlässigt worden sein.« Und Elizabeth räumt ein: »Im Vergleich mit anderen Familien war das sicher der Fall. Aber wer etwas lernen wollte, hatte immer Gelegenheit dazu. Wir wurden immer zum Lesen angehalten und hatten durch gute Bilder auch zum Malen Anregung genug. Aber wer nicht wollte, wurde nicht gezwungen.«

Wie die Dinge stehen, wird jedes der Mädchen mit einer minimalen Aussteuer von 1000 Pfund auskommen müssen, angelegt in zu vier Prozent verzinsten Staatsanleihen, die allerdings erst nach dem Tod der Mutter ausgezahlt werden. Es kann darum nicht verwundern, das Mrs Bennet versucht, ihre Töchter so früh wie möglich unter die Haube zu bringen. Bei der Suche nach geeigneten Männern geht sie nicht besonders klug vor, doch immerhin bemüht sie sich nach Kräften, was man vom Vater der Mädchen nicht sagen kann.

Über das Aussehen der Töchter erfahren wir nicht viel. Die Nachbarschaft in Meryton stimmt jedoch darin überein, dass sie alle recht ansehnlich sind und Jane sogar als ausgesprochen schön bezeichnet werden kann. Mary scheint etwas weniger attraktiv zu sein als die anderen, ist dafür aber die angeblich intelligenteste und »gebildeteste« in der Familie. Kitty ist klein und zierlich, »unselbständig, reizbar«. Wir erfahren, dass sie häufig kränkelt und insgesamt von einer eher schwächlichen Konstitution ist. Lydia ist der Liebling der Mutter und ihr offenbar sehr ähnlich, sowohl äußerlich als auch dem Wesen nach, ein Mädchen »mit klarem Teint und offenen Zügen«. Sie hat eine »natürliche Vitalität«, ein »gesundes Selbstvertrauen« und prahlt damit, als jüngste schon die größte der Schwestern zu sein. Über Elizabeth erfahren wir nach und nach, dass sie sehr hübsch ist, »schlank und graziös«. Sie erscheint »durch den strahlenden Ausdruck ihrer dunklen Augen ungewöhnlich intelligent«. Aus Miss Bingley spricht wohl pure Eifersucht, wenn sie sagt: »Ihr Gesicht ist zu mager, ihr Teint hat keinen Glanz, und ihre Züge sind überhaupt nicht hübsch. Ihre Nase ist unbedeutend. Sie hat nichts Ausgeprägtes. Ihre Zähne sind passabel, aber nichts Besonderes ...« – woraus sich wohl schließen lässt, dass Miss Bingley ein groß gewachsenes, hellblondes Mädchen mit großen Zähnen und Adlernase ist.

Charles Bingley, den sich Mrs Bennet zum Schwiegersohn wünscht, trifft mit seinen beiden älteren Schwestern und seinem Schwager Mr Hurst in Hertfordshire ein. Was ihn für Mrs Bennet besonders interessant macht, ist sein stattliches Erbe von 100 000 Pfund und ein Jahreseinkommen zwischen 4000 und 5000 Pfund. Es heißt, dass dieses Vermögen von seinem Vater angesammelt wurde, einem Geschäftsmann aus dem Norden von England. Er starb, ehe er Grund und Boden erwerben und damit in den Rang eines Landjunkers aufsteigen konnte. Über Charles' Herkunft erfahren wir sonst nichts. Da aber der Name Bingley in Yorkshire beheimatet ist, dürfen wir annehmen, dass Bingley senior mit Wolle gehandelt hat, wahrscheinlich in der großen Cloth Hall von Leeds. Der junge Bingley – er ist noch keine dreiundzwanzig – lebt momentan noch in London, wird aber von seinen Schwestern gedrängt, ein Landgut zu erwerben und sich niederzulassen. So pachtet er Netherfield Park, einen Herrensitz, der nördlich von Meryton und drei Meilen von Longbourn entfernt liegt.

Die Mitglieder der Familie Bingley erscheinen schon bald auf einer der Tanzveranstaltungen, die jeden Monat in Meryton veranstaltet werden. Sie sind in Beglei-

OBEN: Miniatur eines unbekannten Gentleman, von Henry Edridge um 1800.
Mr Darcy und seine »schlanke, große Gestalt, seine angenehmen Züge, seinen vornehmen Ausdruck« könnte man sich ähnlich vorstellen.
RECHTS: Mrs Walter Learmouth, um 1800 porträtiert von Sir Henry Raeburn.
Die schlanke Gestalt, das dunkle Haar, der amüsierte Ausdruck ihrer dunklen Augen – ganz wie sich Jane Austen Elizabeth Bennet vorgestellt hat.

tung von ihrem Freund Fitzwilliam Darcy, der eine noch interessantere Heiratstrophäe zu sein verspricht als Bingley.

Darcy kommt aus Derbyshire, wo er den Familienbesitz Pemberly mit einem jährlichen Ertrag von 10 000 Pfund unterhält. Später erfahren wir, dass Pemberly im Norden der Grafschaft liegt, nicht weit von Bakewell entfernt. Es könnte also sein, dass Darcy zumindest einen Teil seines Vermögens dem Handel mit Bodenschätzen verdankt und nicht nur der Landwirtschaft. Denn in der Hügellandschaft des besagten Teils von Derbyshire – genauer: im Peak District – wird nicht nur Kalkstein abgebaut, sondern auch Marmor und Alabaster für Baugewerbe und Kunsthandwerk sowie Blei, Eisen und Kohle für industrielle Zwecke.

Darcy ist 28 Jahre alt, also um einiges älter als Bingley, und schon fünf Jahre zuvor, als sein Vater starb, in den Besitz des großen Landgutes gelangt. Von Bingley wissen wir nur, dass er gut aussieht und wie ein Gentleman auftritt. Er hat »gewinnende Züge und ein offenes natürliches Benehmen«. Über Darcy ist zu erfahren, dass er den Gästen des Balls zunächst auffällt durch »seine schlanke, große Gestalt, seine angenehmen Züge, seinen vornehmen Ausdruck«. Dann aber nimmt er in den Augen der anderen wegen seiner hochtrabenden Art und der Weigerung, zu tanzen, plötzlich »abstoßende, widerliche Züge« an. Elizabeth fasst erste Vorbehalte gegen ihn, als sie mit anhören muss, wie Darcy seinem Freund Bingley erklärt, warum er nicht mit ihr tanzen will: »Sie ist ganz passabel, aber nicht hübsch genug, um mich zu reizen.« Ein plausibler Grund für dieses ungebührliche Verhalten wird nicht genannt. Offenbar ist der Autorin diese Unstimmigkeit nicht aufgefallen, als sie das Manuskript vor der Veröffentlichung »geputzt und gestutzt« hat.

Im Verlauf der nächsten Wochen besuchen sich die Nachbarn in Meryton gegenseitig. Ein weiterer Anwohner, Sir William Lucas, lädt zu einer Party in sein Haus, die Lucas Lodge. Jane Bennet zieht sich während eines Besuches in Netherfield eine schwere Erkältung zu und muss mehrere Tage dort bleiben. Elizabeth kommt, um sie zu betreuen – und sieht sich in ihrer Meinung über Darcy bestätigt.

Die Bingleys geben einen Ball. Es wird deutlich, dass Jane Bennet und Bingley einander anziehend finden, was Mrs Bennet laut und unverhohlen begrüßt, Darcy und die Schwestern Bingleys jedoch im Stillen missbilligen. Ersterer ist entsetzt über das vulgäre Verhalten von Mrs Bennet und ihrer jüngeren Töchter. Miss Bingley hingegen möchte, dass ihr Bruder Darcys jüngere Schwester Georgiana heiratet, weil sie sich selbst davon bessere Chancen bei Darcy verspricht.

Die nächsten Neuankömmlinge in Hertfordshire sind die Offiziere und Männer eines Bürgerwehrregiments, die den Winter über in Meryton und den umliegenden Dörfern Quartier beziehen. Bald stößt auch George Wickham zur Truppe, ein junger Leutnant, »der alle Vorzüge [besitzt], die einen Mann attraktiv machen – ein edel geschnittenes Gesicht, eine gute Figur und angenehme Umgangsformen. Nach der Vorstellung ließ er sich bereitwillig in ein Gespräch ein – bereitwillig, aber doch korrekt und bescheiden.« Nach und nach aber wird deutlich, was schließlich auch Elizabeth ihrer Schwester Jane gegenüber eingestehen muss: dass nämlich in Wirklichkeit Darcy derjenige ist, der alle vorzüglichen Eigenschaften auf sich vereint, während dies bei Wickham nur den Anschein hat. Wir können daraus schließen, dass Darcy dunkelhaarig ist und im Unterschied zu dem blonden Leutnant, der mit seinen offenen blauen Augen stets zu lächeln scheint, ernst und kühl und abweisend wirkt.

Jane Austen kann dem Regiment natürlich keinen realen Namen geben und beschränkt sich darauf, mit Blick auf die Offiziere von den »-shires« zu sprechen. Historisches Faktum aber ist, dass im Winter 1794-95 die Derbyshire Militia in Hertfordshire stationiert und auf Hertford und Ware sowie die umliegenden Ortschaften verteilt war. Vielleicht hat Jane gerade deshalb diese beiden Orte östlich der Great North Road zum Vorbild für Meryton und das ungenannte Dorf genommen. Dies macht wiederum deutlich, wie wichtig es ihr war, die Handlung möglichst glaubhaft zu gestalten. Wahrscheinlich hatte sie die Truppenbewegungen der Derbyshires in der Zeitung verfolgt. Möglich ist auch, dass solche Informationen über den Vetter von George Austen an die Verwandtschaft nach Hampshire gelangten. Es mag sein, dass die Verlegung der Derbyshires in den Süden Jane inspiriert hat, Pemberly, das Gut von Darcy, in eben diese Grafschaft zu platzieren. Damit wäre diskret erklärt, warum Darcy und Bingley plötzlich in Hertfordshire auftauchen. Da eine Bürgerwehr stets aus den Männern ein und derselben Grafschaft rekrutiert war, wird Darcy sehr wahrscheinlich die meisten Offiziere seines Regiments gut gekannt haben. Es wäre sonst schwer erklärlich, wieso er Bingley vorschlug, den Freunden Gesellschaft zu leisten, und warum sich beide gleichzeitig für den Kauf eines Hauses interessieren.

Eine Lokalzeitung, die Cambridge Chronicle, berichtete am 3. Januar 1795:

»Am Weihnachtstag bewirteten die Damen und Herren von Hoddesdon und Broxbourne [wenige Meilen südlich von Ware und Hertford gelegene Ortschaften] die daselbst stationierten Soldaten der Bürgerwehr von Derbyshire mit Roastbeef, Plumpudding und einem Krug Bier, in Anerkennung ihres gesitteten Verhaltens vor Ort und in der Kirche.«

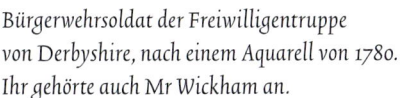

Bürgerwehrsoldat der Freiwilligentruppe von Derbyshire, nach einem Aquarell von 1780. Ihr gehörte auch Mr Wickham an.

Allerdings kommt Lydia Bennet im Roman mit der Nachricht nach Hause, dass einer der Soldaten ausgepeitscht worden sei, was – wenn dieser fiktive Vorfall der Wirklichkeit entlehnt wurde – die Vermutung nahe legt, dass es unter den Männern nicht immer so gesittet zugegangen ist.

Der charmante Leutnant Bingley fängt bald an, mit Elizabeth zu flirten. Er erzählt ihr durchaus glaubwürdig, von Darcy um das Erbe des Landgutes Pemberley betrogen worden zu sein, das ihm der verstorbene Mr Darcy senior in seinem letzten Willen vermacht habe. Diese Geschichte bestätigt Elizabeth in ihrer Abneigung gegen den für ihren Geschmack allzu stolz und selbstgefällig auftretenden Darcy. Doch ohne dass sie davon Notiz nimmt, ändert Darcy seine Meinung über sie und erkennt für sich, dass sie attraktiv und obendrein intelligent ist und dass er »noch nie von einer Frau so gefesselt gewesen [ist]. Er war ernsthaft überzeugt, sie hätte eine Gefahr für ihn bedeutet, wenn ihre Familie sozial nicht so weit unter ihnen gestanden hätte.«

Das Jahr geht zu Ende. Miss Bingley überredet ihren Bruder, den sie von Jane Bennet zu lösen versucht, für den Rest des Winters nach London zurückzukehren. Auch Darcy hält es für besser, Meryton zu verlassen – »er begann die Gefahr zu spüren, dass er Elizabeth zu viel Aufmerksamkeit schenkte«. Jane reiste ebenfalls nach London ab, wo sie bei den Gardiners (Mrs Bennets Bruder und dessen Frau) in der Gracechurch Street unterkommt. Sie hofft, Bingley wiederzusehen, doch Miss Bingley achtet argwöhnisch darauf, dass ihr Bruder nichts von Janes Ankunft erfährt.

Der nächste Besucher in Hertfordshire ist Reverend William Collins, ein Neffe von Mr Bennet und Erbanwärter auf den Besitz des Landguts Longbourn. Er ist vor kurzem in das Pfarrhaus von Hunsford (nahe Westerham in Kent) eingezogen und hat Mr Bennet brieflich vorgeschlagen, im November zu Besuch zu kommen, um die ihm bislang unbekannte Verwandtschaft kennen zu lernen. Er zeigt sich als ein »großer, schwerfälliger junger Mann von fünfundzwanzig. Sein Auftreten war feierlich und imposant und sein Benehmen sehr formell.« Mr Bennet bezeichnet seine Art als eine »Mischung aus Liebedienerei und Überheblichkeit«. Collins redet ständig über seine reiche Gönnerin Lady Catherine de Bourgh von Rosings Park bei Hunsford. »... mit wichtigtuerischer Miene erklärte er, in seinem ganzen Leben habe er noch bei keiner hochgestellten Persönlichkeit so viel Lebensart, Liebenswürdigkeit und Leutseligkeit erlebt wie bei Lady Catherine. ... Auch habe sie ihn schon zweimal zum Essen bei Rosings gebeten und erst am letzten Sonnabendabend zur Vervollständigung ihres Kartentisches nach ihm geschickt.« Collins fühlt sich sehr geehrt, dass sie offenbar ein derart großes Interesse an seinem Wohlergehen hat, dass sie ihm nahe legt zu heiraten. Nun stellt sich heraus, dass er in Befolgung ihres Rates nach Longbourn gekommen ist und beabsichtigt, um eine der Bennet-Töchter zu werben. Es folgt eine komische Szene, in der er Elizabeth einen lächerlichen Antrag macht. Als er endlich begreift, dass sie ihn als Ehemann ablehnt, wendet er sich sogleich ihrer Freundin Charlotte zu, der unscheinbaren ältesten Tochter von Sir William Lucas. Zu Elizabeths Verwunderung und Missfallen nimmt Charlotte seinen Antrag ohne zu zögern an und sagt traurig und nüchtern: »Ich bin nicht romantisch, ich war es nie. Alles, was ich will, ist, gut versorgt sein, und wenn ich Mr Collins' Charakter, Beziehungen und Stellung im Leben bedenke, dann sehe ich nicht ein, warum wir weniger Chancen haben sollten, glücklich zu werden, als jedes andere Brautpaar.« Zeitgenössische Leser werden ihr fraglos zugestimmt haben, wenn sie die Ehe als »die einzige standesgemäße Versorgung gebildeter junger Frauen ohne Vermögen [bezeichnet]; und auch wenn man dadurch nicht unbedingt glücklich wurde, war sie doch der angenehmste Schutz gegen Armut«.

Zu Beginn des 27. Kapitels wechselt der Schauplatz. In Begleitung von Sir William Lucas und seiner jüngeren Tochter Maria fährt Elizabeth nach Kent, wo sie bei dem frisch verheirateten Paar im Hunsforder Pfarrhaus wohnt. Hunsford ist ein fiktiver Ort, doch nahe Westerham und dem kleinen Städtchen Sevenoaks liegt realiter ein Dorf, das Jane Austen während ihrer frühen Reisen nach Kent häufiger passiert haben wird – vielleicht schon im Sommer 1788, als George und Cassandra Austen ihre beiden Töchter mit anderen Familienmitgliedern in Sevenoaks und Tonbridge zusammenbrachten.

Der Westteil dieser Grafschaft war und ist berühmt wegen seiner großen Kirsch-, Apfel-, Pflaumen- und Haselnussplantagen, die die Märkte in London versorgen. Weiter im Osten wird für Bierbrauereien Hopfen angebaut und getrocknet. Ein typisches Bild für Kent ist ein blühender Obstgarten mit grasenden Schafen und vereinzelten Trockenschuppen, die zwischen hohen Hopfenspalieren stehen.

In späteren Jahren lernte Jane auch den Osten von Kent recht gut kennen, wo sie ihren Bruder Edward in seinem zwischen Canterbury und Ashford gelegenen Landhaus Godmersham Park häufiger besuchte. Noch weiter ostwärts erheben sich die North Downs, jener Höhenrücken, der die Grafschaft in zwei Teile gliedert und mit den berühmten Kreidefelsen von Dover in den Ärmelkanal abbricht. Jahrhundertelang drohte diesem Südostzipfel Englands die Gefahr, von europäischen Invasoren überrannt zu werden, und zu Jane Austens Zeiten war ein großer Flottenverband der Royal Navy vor der Küstenstadt Deal stationiert, der ständig im Kanal patrouillierte. Maidstone, die Hauptstadt der Grafschaft Kent, war Garnison für mehrere Kavallerieregimenter, die sich im Ernstfall französischen Invasionstruppen zur Wehr gesetzt hätten.

Dort gab es auch eine florierende Papierindustrie. Viele Briefe von Jane Austen sind auf Papier geschrieben, das mit dem Wasserzeichen ansässiger Manufakturen gekennzeichnet ist und wahrscheinlich während des einen oder anderen Aufenthaltes in Godmersham dort von ihr gekauft wurde.

Das Pfarrhaus von Hunsford wird im Roman nur in groben Zügen beschrieben, denn der Leser braucht lediglich zu wissen, in welchen Verhältnissen Charlotte nun lebt und wie sie sich in ihrer Ehe mit Collins einrichtet. Das Haus ist wahrscheinlich recht modern, es heißt, dass es zwar eher klein, aber solide und zweckmäßig gebaut sei. Man kann es von der Straße aus sehen. Es steht inmitten eines leicht abschüssigen Gartens, der von einem grün gestrichenen Holzzaun umgeben und durch ein kleines, in eine Lorbeerhecke geschnittenes Tor zu erreichen ist. Ein kurzer Kiesweg führt auf den Hauseingang zu. Vielleicht sind die Fenster von Geißblatt, Jasmin, Rosen oder Wein umrankt – es entspräche jedenfalls dem Geschmack der Zeit. Collins' Bibliothek und auch das Wohnzimmer liegen zur Straße. Der Hausherr ist sehr überschwänglich, und Elizabeth hat den Eindruck, »dass er die Größe des Zimmers, seine Aussicht und sein Mobiliar vor allem um ihretwillen lobte, so als wolle er sie spüren lassen, was sie sich durch die Ablehnung seiner Hand hatte entgehen lassen«. Charlotte hält sich hauptsächlich im zweiten Wohnzimmer auf, das weniger attraktiv ist und nach hinten hinausgeht, wofür sie, wie Elizabeth bald bemerkt, einen einleuchtenden Grund hat. »... denn Collins hätte sich ohne Frage seltener in seinem eigenen Zimmer aufgehalten, wenn ihres ähnlich viel Abwechslung vor dem Fenster versprochen hätte. Und Elizabeth lobte sie in Gedanken für die Regelung.«

Hinter dem Haus liegt ein großer, sorgsam angelegter Ziergarten mit rechtwinklig ausgerichteten Wegen. Dahinter erstrecken sich zwei Wiesen. Collins kümmert sich persönlich um die Gartenpflege, und »Elizabeth bewunderte Charlotte für die Fassung, mit der sie über den Gesundheitswert der Gartenarbeit sprach und ausführte, wie sehr sie ihren Mann dazu anhalte... Sobald man nicht an Mr Collins dachte, herrschte überall wirklich große Gemütlichkeit, und aus Charlottes offensichtlicher Freude entnahm Elizabeth, dass seine Existenz ihrem Gedächtnis oft entfiel.«

Lady Catherine de Bourghs Rosings Park grenzt gleich an den Weg, der am Garten des Pfarrhauses entlangführt. Von seinem Haus aus kann Collins durch eine Lücke im Geäst der Bäume das Schloss schimmern sehen. Weil auch dessen Ansicht für die Geschichte selbst nicht wichtig ist, beschränkt sich die Autorin darauf zu erwähnen, dass es »ein stattliches modernes Gebäude [ist], eindrucksvoll an einem Abhang errichtet«, das heißt, es wurde aller Wahrscheinlichkeit nach in der Mitte oder zweiten Hälfte des achtzehnten Jahrhunderts gebaut, womöglich von dem berühmten Architekten Robert Adam, und zwar im Auftrag von Sir Louis de Bourgh, dem verstorbenen Gatten von Lady Catherine. Krämerhaft, wie er ist, denkt Collins nur an die hohen Kosten, die der Bau verschlungen haben wird. Als er, einer Einladung folgend, mit seiner Frau und Elizabeth zum Haus der Nachbarin geht, hält er es für bedeutsam, darauf hinzuweisen, dass Sir Louis für die Verglasung der vielen Fenster enorm viel Geld aufbringen musste und dass allein der Kaminsims eines der Wohnzimmer nicht weniger als 800 Pfund gekostet hat – eine wahrhaftig extravagante Anschaffung, wenn man bedenkt, dass ein marmorner Kaminsims zu jener Zeit für gewöhnlich allenfalls 300 Pfund zu haben war.

In der Eingangshalle macht Collins auf »die gelungenen Proportionen und die kunstvoll ausgeführten Ornamente« aufmerksam. Durch ein Vorzimmer geht es weiter in den Salon, wo Lady Catherine, »überaus liebenswürdig, sich zu ihrer Begrüßung« erhebt. Sie ist »eine große, stattliche Frau mit ausgeprägten Gesichtszügen, die früher wohl hübsch gewesen waren. Ihre Erscheinung war nicht sehr vertrauenerweckend, und ihre Art, die Gäste zu empfangen, nicht dazu angetan, sie ihren geringen Rang vergessen zu lassen. Nicht ihr Schweigen wirkte einschüchternd, aber alles, was sie sagte, wurde in einem autoritären Ton vorgebracht, der von ihrer Selbstbezogenheit zeugte ...« Lady Catherine ist es gewiss nicht gewohnt, dass man ihr widerspricht, doch hat sie ein durchaus wohlwollendes Wesen, insofern nämlich, als sie davon überzeugt ist, genau zu wissen, was für andere das Beste ist.

Während Elizabeth noch im Pfarrhaus weilt, kommen Darcy und sein Vetter Oberst Fitzwilliam Darcy zu Besuch nach Rosings Park. Einer Anspielung des Obersten entnimmt Elizabeth, dass Darcy das junge Liebespaar Bingley und Jane

Speisezimmer von Kedleston, Derbyshire, entworfen von Robert Adam, 1760–70. Adam hätte auch Rosings Park, das prächtige »moderne« Haus von Lady Catherine de Bourgh, entwerfen können.

Fächer, auf dem Pläne für das Militärlager auf den Klippen über Brighton dargestellt sind. Er war offenbar als Souvenir für eine Offiziersfrau gedacht (Sommer 1793).

vorsätzlich auseinander gebracht hat. Ein paar Tage später fällt sie aus allen Wolken, als Darcy ihr einen Antrag macht, und das auf eine recht taktlose Art und Weise. »Er sprach geschickt, aber er gestand ihr nicht nur seine Liebe, auch andere Dinge gingen in ihm vor, und sein Stolz machte ihn nicht minder beredt als seine Liebe. Das Bewusstsein ihrer sozialen Unterlegenheit, sein gesellschaftlicher Abstieg, die Überzeugung, dass familiäre Hindernisse seiner Neigung im Wege standen, wurden mit einer Leidenschaft vorgetragen, aus der seine ganze Selbsterniedrigung sprach, die aber nicht dazu angetan war, seiner Werbung zum Erfolg zu verhelfen. ... Er schloss damit, dass er ihr seine tiefe Liebe noch einmal gestand, die er trotz all seiner Bemühungen zu unterdrücken nicht imstande sei, und dass er hoffe, diese Liebe werde nun mit ihrer Hand belohnt.«

Darcy zögert nicht zuzugeben, dass er an dem Zerwürfnis zwischen Bingley und Jane nicht unbeteiligt gewesen ist. Doch als Elizabeth ihm dann auch noch vorhält, gegen Wickham ungerecht gewesen zu sein, artet das Gespräch zwischen den beiden in Streit aus, und sie weist seinen Antrag empört zurück.

Am folgenden Tag überreicht er ihr persönlich einen langen Brief, in dem er sie über Wickhams ehrloses Verhalten seiner Schwester Georgiana gegenüber aufklärt. Elizabeth muss einsehen, dass Wickham der Familie Darcy Leid zugefügt hat und nicht umgekehrt. Sie schämt sich »in Grund und Boden. Weder an Darcy noch an Wickham konnte sie denken, ohne zu empfinden, wie blind, ungerecht, voreingenommen und verbohrt sie gewesen war.«

Etliche Zeit später wird Lydia von ihrer Freundin Mrs Forster, der jungen Frau eines Obersten der nicht näher bezeichneten Bürgerwehr, eingeladen, mit ihr nach Brighton an die Küste von Sussex zu fahren. Dort haben auf den Klippen oberhalb der Stadt andere Regimenter ihr Lager aufgeschlagen. Auch in diesem Punkt hielt sich Jane Austen sehr genau an die Realität: Brighton war der Ort an der Kanalküste, von dem aus man am schnellsten nach London gelangte. Deshalb wurden nach der Kriegserklärung gegen Frankreich im Februar 1793 aus allen Teilen Englands Soldaten zusammengezogen, um diesen verwundbaren Küstenort zu verteidigen. Den ganzen Sommer über gab es militärischen Drill und Manöver, und in Scheinschlachten bereitete man sich auf überraschende Angriffe der Franzosen vor. Der Prince of Wales nahm in jenem Sommer mit seinem favorisierten Regiment, den Zehnten Leichten Dragonern, persönlich an diesen Übungen teil. Zur selben Zeit lagen auch

STOLZ UND VORURTEIL 195

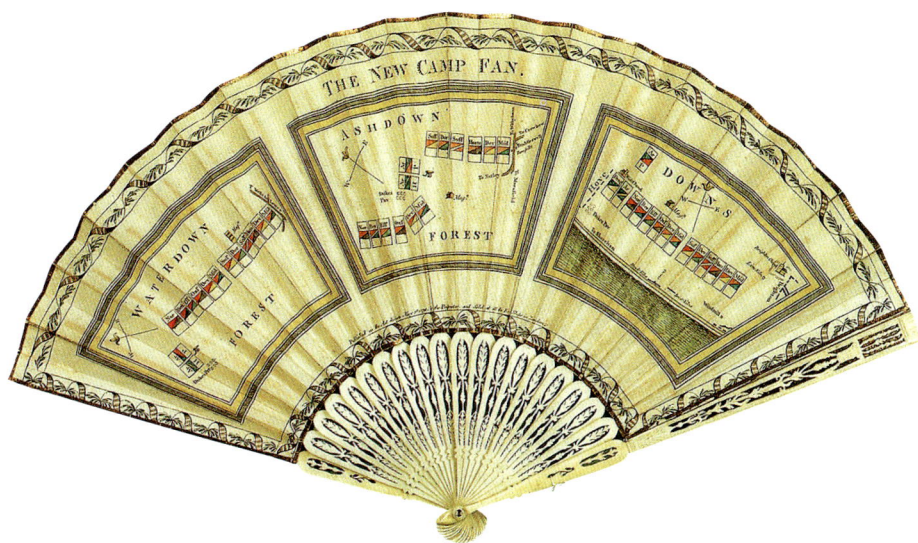

die Oxfordshires vor Ort, das von Jane Austens Bruder Henry angeführte Bürgerwehrregiment. »In Lydias Einbildung enthielt ein Aufenthalt in Brighton alle Versprechungen irdischen Glücks. Vor ihrem inneren Auge sah sie die Straßen dieses fröhlichen Badeortes voll von Offizieren. Sie sah sich selbst im Mittelpunkt der Aufmerksamkeit von Dutzenden, von Hunderten, die sie noch nicht kannte. Sie sah das Lager in all seiner Pracht – die Zelte prunkvoll ausgebreitet in geraden Reihen, bevölkert von jungen und fröhlichen Soldaten, schimmernd im Rot der Uniformen, und um das Bild abzurunden, sah sie sich selbst neben einem Zelt sitzen und mit mindestens sechs Offizieren zur gleichen Zeit zärtlich flirten.«

Auch Elizabeth geht gegen Ende des Sommers auf Reisen und fährt mit Onkel und Tante Gardiner in den Norden nach Derbyshire. Mrs Gardiner wünschte die Ortschaft Lambton wiederzusehen, in der sie einige Jahre ihrer Kindheit verbracht hat. Die Fahrt führt sie durch Orte, die zu der Zeit schon beliebte Touristenziele sind – Oxford und die klassizistische Schönheit seiner Colleges, der Palast des Herzogs von Marlborough bei Blenheim, das große Warwick Castle, die pittoresken roten Sandsteinruinen einer frühen Burg bei Kenilworth und schließlich im Kontrast dazu die schnell wachsende Industriestadt Birmingham, bekannt wegen ihrer vielen metallverarbeitenden Manufakturen. Ein Besucher aus Frankreich kommentierte 1784:

»... Birmingham ist eine der ungewöhnlichsten Städte in England. Wer einmal auf einen Blick zahllose Industrien in ihrer größtmöglichen Vielfalt und in ih-

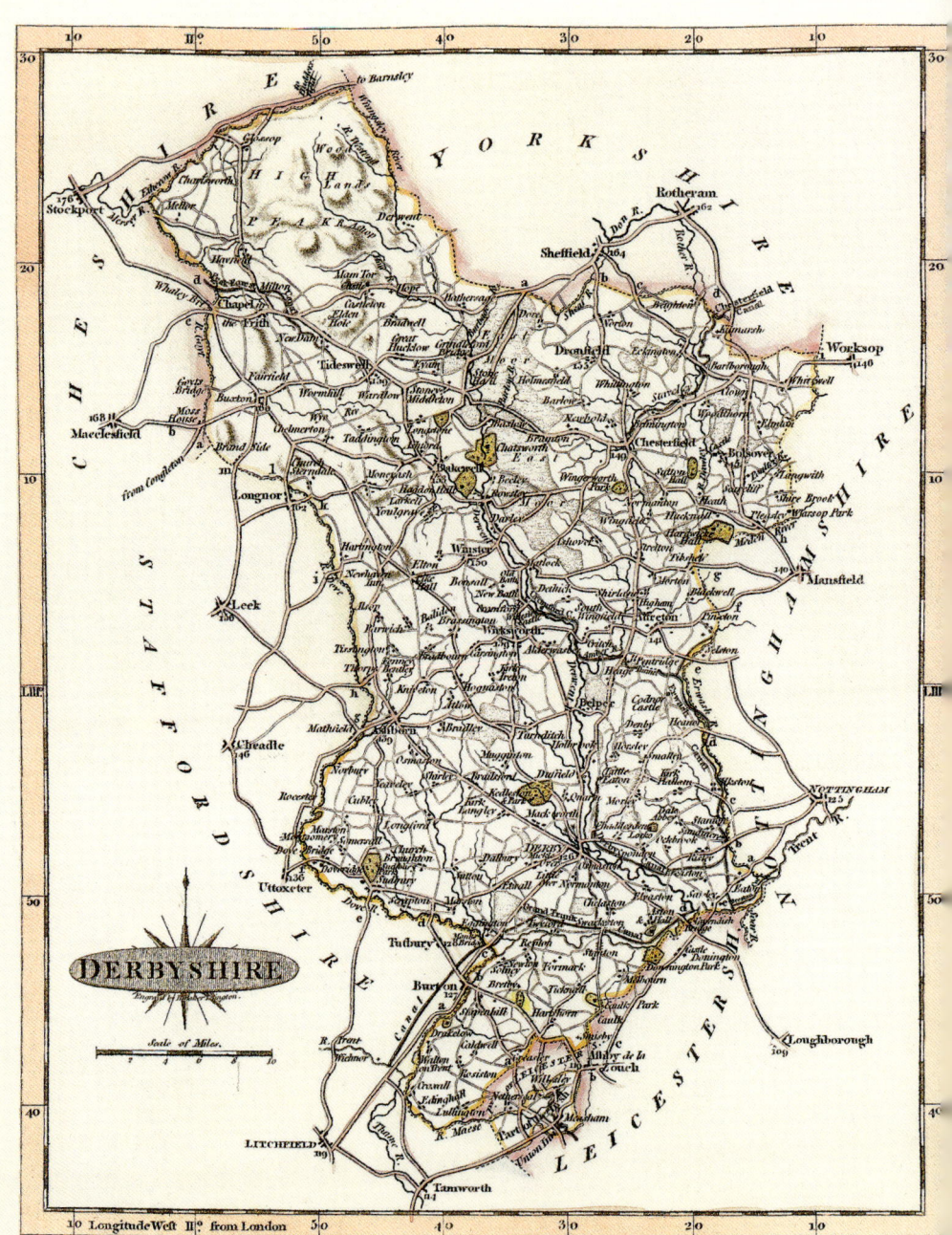

rem Beitrag zu Zwecken der Nützlichkeit, des Vergnügens und des Luxus sehen möchte, der muss hierher kommen ... in die riesigen Fabriken zur Herstellung von Dampfpumpen ... die Manufakturen, in denen pausenlos Kupfer-, Zinn- und Eisenbleche für den Schiffsbau gewalzt werden ... die umfangreiche Eisenwarenproduktion, in der über 30 000 Hände nützliche Arbeit leisten ... alles mögliche Zeug wird hier in größerer Perfektion, in größerer Menge und ökonomischer produziert als irgendwo anders.«

Die Reise nach Derbyshire führt weiter durch die wunderschönen Fels- und Waldlandschaften von Dove Dale und Matlock, ehe die kleine Stadt Bakewell erreicht ist. Das fiktive Lambton liegt nicht weit entfernt – Jane Austen hat es vielleicht irgendwo in der Nähe der Ortschaft Tideswell angesiedelt. Mrs Gardiner macht darauf aufmerksam, dass es nur eines kleinen Abstechers bedürfe, um auf Pemberley vorbeizuschauen. Als Elizabeth durch Informationen vor Ort bestätigt bekommt, dass sich Darcy und seine Schwester gegenwärtig nicht zu Hause aufhalten, stimmt sie dem Plan der Tante zu.

Zu Beginn des 43. Kapitels wird das Anwesen Pemberley ziemlich detailliert beschrieben. Der Park ist sehr groß – die Gardiners werden später darüber aufgeklärt, dass er zehn Meilen im Umfang misst – und vom Tor der Einfahrt ist eine halbe Meile durch den Wald bis auf einen Hügel zurückzulegen, ehe man das Haus selbst auf der anderen Seite des Tales sehen kann. Es ist »ein großes, prächtiges Steingebäude, dass sich an den Abhang lehnte und von einer Reihe bewaldeter Hügel eingerahmt wurde; davor war der ohnehin breite Fluss so kunstvoll zu einem kleinen See erweitert worden, dass die Anlage einen völlig natürlichen Eindruck machte. Seine Ufer waren weder begradigt noch überladen; Elizabeth war begeistert. ... Sie bewunderte alles aus vollem Herzen, und in diesem Augenblick wurde ihr klar, was es bedeuten musste, Herrin von Pemberley zu sein.«

Die Haushälterin Mrs Reynolds führt die Besucher durch die wichtigsten Räume des Hauses, zuerst von der Eingangshalle ins Speisezimmer, einen »gut proportionierten und geschmackvoll eingerichteten Raum«, der einen Rundblick über den Fluss und die über den Hügelhang gewundene Zufahrt bietet. Die anderen Zimmer sind »hoch und stattlich«, das Mobiliar edel, aber weder protzig noch unnütz, weniger prachtvoll als das von Rosings, aber umso eleganter. Die umfangreiche Biblio-

Landkarte von Derbyshire, frühes neunzehntes Jahrhundert.
Pemberley, Darcys Anwesen, wäre im Norden der Grafschaft nahe Bakewell zu lokalisieren.

thek enthält eine von vielen Generationen der Familie zusammengetragene Sammlung an Büchern. Wir wissen bereits, dass Darcy sie durch ständige Zukäufe auf dem neusten Stand zu halten versucht. Auf der kühleren Nordseite des Hauses liegt ein Salon, der im Sommer bevorzugt wird und der mit seinen bis auf den Boden reichenden Fenstern den Blick auf wunderschöne Eichen und Kastanien hinterm Haus freigibt. Weitere, kleinere Räume sind das an den Wänden und auf dem Kaminsims mit hübschen Miniaturen geschmückte Arbeitszimmer von Mr Darcy senior und nebenan das von Georgiana genutzte Musikzimmer mit einem neuen Pianoforte, das ihr erst neulich von ihrem Bruder geschenkt worden ist.

Über eine große Freitreppe gelangt man in eine geräumige Halle, von der ein hübscher Salon abzweigt, »der erst vor kurzem mit größerer Eleganz und helleren Farben als die unteren Räume ausgestattet worden« ist. Das Ganze geschah der jungen Georgiana zuliebe – um sie zu überraschen, wenn sie aus London nach Hause zurückkehrt.

Hier im Obergeschoss befinden sich außerdem zwei oder drei Schlafzimmer sowie eine lange Galerie, in der zahlreiche Porträts von Familienmitgliedern hängen. Es ist auch das Abbild eines Mannes darunter, der Darcy auffallend ähnlich sieht, vor allem auch im Hinblick auf sein ganz besonderes Lächeln, an das sich Elizabeth beim Betrachten des Bildes erinnert.

Während Mrs Reynolds die Gäste durchs Haus führt, preist sie Darcys Tugenden. »... er war immer der liebste und großherzigste Junge der Welt ... der beste junge Herr ... der jemals gelebt hat.« Elizabeth hört aufmerksam zu. Als die Gruppe nach draußen in den Park geht, wirft Mr Gardiner einen Blick über die Schulter zurück und stellt »Vermutungen über das Alter des Gebäudes« an. Es ist also offenbar keines, das erst vor kurzem errichtet wurde, vielmehr lassen Freitreppe und Gemäldegalerie erkennen, dass es aus elisabethanischer Zeit oder zumindest aus der Zeit James I. stammt. Wie viele andere englische Herrensitze ist zweifellos auch Pemberley im Laufe der Jahrhunderte etliche Male umgebaut und neu gestaltet worden.

Man hat sich schon ein Stück vom Haus fortbewegt, als Elizabeth plötzlich zu ihrem Erschrecken Darcy von den Ställen hinter dem Haus kommen sieht, offenbar soeben nach Hause zurückgekehrt, früher als erwartet. Auch er macht einen etwas verlegenen Eindruck, schließt sich aber den Gästen an und zeigt sich so höflich und gefällig, wie Elizabeth ihn noch nicht erlebt hat. Er bittet sie, mit ihm zu Abend zu essen, doch bevor sie der Einladung folgen kann, wird ihr ein verzweifelter Brief von Jane aus Meryton überbracht – mit der Nachricht, dass Lydia mit Wickham durchgebrannt ist. Die Gardiners brechen die Reise ab, um Elizabeth unverzüglich nach Hause zu bringen. Vorher aber muss sie sich der schrecklichen Peinlichkeit unterziehen, Darcy zu berichten, was geschehen ist.

Wie wir später erfahren, setzt Darcy aus Liebe zu Elizabeth während der folgenden Wochen alle Hebel in Bewegung, um der Familie Bennet zu helfen. Er sorgt dafür, dass Wickham Lydia heiratet, und ermutigt Bingley, nach Hertfordshire zurückzukehren und erneut um Jane zu werben. Als Darcy schließlich an einem sonnigen Oktobertag Longbourn besucht, finden er und Elizabeth Zeit für eine Aussprache unter vier Augen. Er wiederholt seinen Heiratsantrag, dem Elizabeth nun »mit Dankbarkeit und aus vollem Herzen« zustimmen kann. Noch ehe das Jahr vorbei ist, feiern Jane und Elizabeth eine Doppelhochzeit. So wird Elizabeth Herrin von Pemberley, gerade noch rechtzeitig, um die Gardiners zu einem Weihnachtsempfang in ihrem neuen Haus willkommen heißen zu können.

LINKS OBEN: *Pemberley House wird als ein großes, prächtiges Steingebäude beschrieben, über dessen Erbauungszeit Mr Gardiner Spekulationen anstellt. Es könnte wie dieses Ende des sechzehnten Jahrhunderts erbaute Haus – Barlborough Hall in Derbyshire – ausgesehen haben.*

RECHTS: *Die lange Galerie von Sudbury Hall, Derbyshire, aus der Zeit James I. Die Gemäldegalerie von Pemberley ließe sich ähnlich vorstellen.*

Jane Austen war mit ihrem Werk sehr zufrieden und bezeichnete es als »mein liebes kleines Kind«. Als sie am 27. Januar 1813 einen Vorabdruck erhielt, lasen sie und ihre Mutter der Nachbarin Miss Benn, die an jenem Abend zum Essen gekommen war, abwechselnd daraus vor. Am 29. Januar schrieb Jane an Cassandra:

»… [Miss Benn] scheint Elizabeth sehr zu bewundern. Offen gestanden halte auch *ich* sie für eines der wundervollsten Geschöpfe, die je in Druck erschienen sind, & wie ich diejenigen ertragen soll, die sie nicht zumindest gern haben werden, ist mir noch ein Rätsel.«

Der Roman fand großen Zuspruch. Die *Critical Review* pries insbesondere Elizabeths »gewitzte und liebliche Art« und attestierte ihr, »herkömmlichen Romanheldinnen an Verstand und Haltung weit überlegen [zu sein]. Mit ihrer Unabhängigkeit, die gleichwohl stets auf Anstand achtet, und mit ihrer klug genutzten Lebhaftigkeit hält sie der Familie stolz den Spiegel vor.« Auch der Rezensent der *British Critic* war voll des Lobes: »… wir haben diese Bände zu unserer großen Genugtuung und Freude gelesen und hegen keinen Zweifel daran, dass deren erfolgreiche Verbreitung die Autorin zu weiteren ähnlichen Werken motiviert.«

Wohl nicht zuletzt auch dank dieser günstigen Besprechungen kam die Lektüre von *Stolz und Vorurteil* im Frühjahr 1813 geradezu in Mode. Der Dramatiker R. B. Sheridan, Autor so bekannter Komödien wie *Die Lästerschule* oder *Die Nebenbuhler*, riet während einer Dinnerparty seinem Tischnachbarn, das Buch sofort zu kaufen. Er bezeichnete es als eines der cleversten Werke, die er je gelesen habe. Manche Leser waren der Überzeugung, dass sowohl *Stolz und Vorurteil* als auch *Verstand und Gefühl* von der lebhaften jungen Lady Boringdon geschrieben worden seien, der Frau des zweiten Lord Boringdon (und späteren Grafen von Morley), und sahen in Mr Darcy das perfekte Ebenbild von Lord Boringdon. Andere wiederum vertraten die Meinung, dass der Roman viel zu raffiniert durchdacht sei, als dass ihn eine Frau hätte schreiben können.

Viele Mitglieder der Highsociety kamen in ihrer Korrespondenz auf das Buch zu sprechen, und fast alle empfahlen es als eine kurzweilige, gut geschriebene Erzählung weiter. Doch eine gewisse Lady Davy hatte etwas zu bemängeln.

»*Stolz und Vorurteil* gefällt mir nicht besonders. Mangelnder Reiz ist eine Schwäche, die ich bei einem Werk der reinen Unterhaltung am wenigsten akzeptieren kann. Das Bild ordinärer Gedanken und Verhaltensweisen mag zwar durchaus realistisch gezeichnet sein, es findet jedoch keinen hinlänglichen Ausgleich in der Gegenüberstellung vornehmerer und kultivierter Charaktere, wie sie nur allzu sporadisch Aufmerksamkeit erregen.«

Mary Russell Mitford (1787-1855), die als Romanautorin äußerst erfolgreich werden sollte, zu jener Zeit aber noch eine junge Frau vom Schlage einer Mary Bennet war, schrieb 1814, zu einer Zeit also, da sich Jane einen Namen als Autorin machte:

»Der vielleicht einzige Mangel an Miss Austen ist, dass es ihr an Eleganz gebricht. Ich habe *Mansfield Park* nicht gelesen; aber jede Zeile von *Stolz und Vorurteil*, jedes Wort von Elizabeth zeugt bereits im Kleinen von jener Geschmacklosigkeit, mit der eine so freche, so profane Heldin, diese Geliebte eines Mannes wie Darcy, hervorgebracht wird. Und dieser Wickham ist nicht besser. Oh! Der würde sehr gut zu ihr passen, und ich kann diesem charmanten Darcy nicht verzeihen, dass er die beiden auseinander gebracht hat. Darcy hätte Jane heiraten sollen. Er ist von allen angenehmeren Figuren die am besten angelegte und entwickelte.«

Noch nach der Veröffentlichung suchte Jane in gemalten Porträts nach Ähnlichkeiten mit den Protagonisten ihres Romans, so wie sie in ihrer Vorstellung lebten. Als sie im Mai 1813 bei ihrem Bruder Henry in dessen Haus in der Londoner Sloane Street wohnte, schrieb sie an Cassandra:

»... Henry & ich haben die Ausstellung [der *Society of Painters in Oil and Water Colours*] in den Spring Gardens besucht. Die Sammlung steht in keinem besonders guten Ruf, doch war ich sehr angetan davon – besonders (bitte lass es Fanny wissen) von einem kleinen Porträt der Mrs Bingley, ganz ihr Ebenbild. Ich hatte auch gehofft, eine Schwester von ihr zu sehen, doch es gab keine Mrs Darcy; – aber vielleicht finde ich sie ja in der Great Exhibition [von der *British Academy* im Somerset House veranstaltet], die wir besuchen werden, wenn uns denn Zeit bleibt; – in der Ausstellung der Gemälde von Sir Joshua Reynolds, die zurzeit in der Pall Mall zu sehen ist [die *British Institution* hatte zu seinem Gedenken eine Ausstellung von 130 seiner Gemälde organisiert] und die wir ebenfalls besuchen wollen, werde ich sie wohl kaum antreffen. – Mrs Bingley ist jedenfalls genau getroffen, in ihrer Größe, Gesichtsform, Miene und Anmut; so viel Ähnlichkeit gibt es kein zweites Mal. Sie trägt ein weißes Kleid mit grünen Verzierungen, was mich nachträglich in meiner Auffassung bestätigt, dass Grün ihre Lieblingsfarbe ist. Ich wage zu behaupten, dass Mrs D. Gelb bevorzugt.«

Später am Tag schließt Jane den Brief mit den Worten:

> »Wir waren sowohl in der Exhibition als auch vor Sir J. Reynolds' [Werken], – und ich bin enttäuscht, denn weder da noch dort war jemand wie Mrs D. – Ich kann mir das nur so erklären, dass für Mr D. ein jedes Gemälde von seiner Frau viel zu kostbar wäre, als dass er es der Öffentlichkeit zur Schau stellen wollte. – Ein solches Gefühl kann ich mir bei ihm gut vorstellen – diese Mischung aus Liebe, Stolz & Takt.«

Für Jane Austen blieben die von ihr geschaffenen Figuren vor dem geistigen Auge präsent, und sie verfolgte mit Interesse ihre weitere Entwicklung. Der Familie vertraute sie an, dass Kitty Bennet mit einem Geistlichen glücklich verheiratet sei und in der Nähe von Pemberley wohne, während Mary ihren Wunschpartner in einem von Onkel Phillips' Buchhaltern gefunden habe und in der Gesellschaft von Meryton hoch angesehen sei. Über das Resümee im letzten Kapitel aber ließ sie sich nicht weiter aus. So bleibt es uns Lesern anheim gestellt, darüber zu spekulieren, ob denn wohl auch Miss Bingley einen Mann für sich finden konnte, wann und wen die scheue, gebildete Georgiana geheiratet hat, und schließlich, wie lange es wohl gedauert haben mag, ehe die Collins nach Hunsford zurückzukehren und sich dem Zorn von Lady Catherine zu stellen wagten. Es ließe sich sogar darauf hoffen, dass Mrs Bennet ihren »armen Nerven« schließlich erliegt, was Mr Bennet dann die Freiheit gäbe, ein zweites Mal zu heiraten – eine Frau, die besser zu ihm passt und einen Sohn zur Welt bringt, der dann Collins von dem unveräußerlichen Erbgut Longbourn vertreiben würde.

LINKS: *Portrait of Mrs Q– von J. F. M. Huet-Villiers. Jane Austen sah dieses Bild 1813 in einer Ausstellung. Wahrscheinlich beeinflusste es die Vorstellung, die sie von Jane Bennet hatte. »Mrs Q–« war Harriet, die Frau von Oberst Quentin und Geliebte des Prince of Wales.*

RECHTS: *Sir James Mackintosh nach einer Zeichnung von Adam Buck, 1801. Er hat die vornehme Gestalt und gewinnenden Züge, die wir in unserer Vorstellung auch Bingley zuschreiben.*

KLOSTER NORTHANGER

Jane Austen schrieb den dritten ihrer frühen Romane in den Jahren 1798-1799. Die Handlung sollte zeitgemäß und schlicht mit Susan überschrieben sein. 1802 sah Jane den Text noch einmal durch und fügte zur Aktualisierung eine Anspielung auf den populären Roman Belinda von Maria Edgeworth ein, der 1801 erschienen war. Mit Hilfe ihres Bruders Henry verkaufte Jane dann im Frühjahr 1803 das Manuskript und die Verwertungsrechte für 10 Pfund an das Londoner Verlagshaus Benjamin Crosby & Co, das noch im selben Jahr eine Veröffentlichung ankündigte – »Im Druck: Susan, ein Roman in zwei Bänden«. Dabei aber blieb es. Sechs Jahre später erinnerte Jane den Verlag schriftlich an dieses Versäumnis und fragte nach, ob das Manuskript eventuell verloren gegangen sei. Für diesen Fall versprach sie eine Kopie nachzureichen, anderenfalls wünsche sie das Manuskript zurück, um es woanders veröffentlichen zu lassen. In einem rüden Antwortschreiben drohte der Verlag mit rechtlichen Schritten gegen jeden anderen Verleger, der die Arbeit kaufe, bot der Autorin aber großmütig an, sie könne das Manuskript für den ursprünglichen Preis von 10 Pfund zurückkaufen. Janes finanzielle Möglichkeiten waren offenbar zu begrenzt, als dass sie diese Summe hätte aufbringen können, und so ließ sie die Sache auf sich beruhen.

Ungefähr 1815 oder 1816, nachdem Jane bereits vier Romane mit Erfolg publiziert hatte und dank der Tantiemen genügend Geld besaß, bat sie Henry, das Manuskript Susan von Crosby zurückzukaufen. Erst als dieser Handel besiegelt war, eröffnete Henry dem Verleger, dass das Manuskript von der Autorin von Stolz und Vorurteil verfasst worden sei. Jane überarbeitete den Text noch einmal und änderte den Namen der Heldin in »Catherine« um, weil 1809 ein anderer Roman unter dem Titel Susan erschienen war. Dann verfasste sie in der Absicht, erneut eine Veröffentlichung zu versuchen, ein »Avertissement« für die Leser, in dem sie die lange Entstehungsgeschichte des Werkes erklärte. Es scheint jedoch, dass Jane noch während der Arbeit an diesem Avertissement den Mut verloren hat, denn Anfang 1817 schreibt sie an ihre Nichte Fanny Knight: »Miss Catherine ist einstweilen in die Schublade verbannt, und ich weiß nicht, ob sie jemals wieder zum Vorschein kommen wird ...«

Frontispiz des dritten Bandes von
DIE GEHEIMNISSE UDOLPHOS
in der Ausgabe von 1803.
»Emily ... sah nur einen dunklen Vorhang, der auf der ganzen Breite der Kammer von der Decke bis auf den Boden herabhing. Sie griff danach und riss ihn, von einem wilden Impuls gedrängt, zur Seite. Dahinter lag eine Leiche, auf einer niedrigen Couch ausgestreckt und voller Blut ... Der vom Tod entstellte Gesichtsausdruck war grauenvoll, das Gesicht selbst von klaffenden Wunden verunstaltet.«

Erst nach Jane Austens Tod im Juli jenes Jahres nahm sich Henry Austen des Manuskripts an und sorgte dafür, dass es zusammen mit Janes letztem und ähnlich kurzem Roman Überredung von John Murray verlegt wurde. Das Buch erschien in vier Bänden zu 24 Shillings – »Von der Verfasserin von Stolz und Vorurteil, Mansfield Park &c.«.

Jane hatte vor ihrem Tod für die beiden Geschichten keine endgültigen Titel festgelegt, und so war es Henry, der sie Northanger Abbey beziehungsweise Persuasion nannte.

Kloster Northanger, noch heute eine vergnügliche Lektüre, wird den zeitgenössischen Lesern auf eine ganz besondere Weise amüsant vorgekommen sein. Jane konzipierte den Roman nämlich als eine Parodie auf das damals sehr populäre Genre des Schauerromans. Das waren jene – wir würden heute sagen – »Thriller«, von denen Isabella Thorpe im Roman etliche in ihrem Taschenbuch aufgelistet hat und Catherine Morland zur Lektüre empfiehlt: Die Italienerin oder Der Beichtstuhl der Schwarzen Büßenden, Schloss Otranto, Clermont, Mysterious Warnings, Necromancer of the Black Forrest, Midnight Bell, Orphan of the Rhine oder Horrid Mysteries. Unter Isabellas Anleitung liest Catherine Die Geheimnisse Udolphos. Später stellt sie sich General Tilney als Widergänger des düsteren Signor Montoni vor, der in dieser Geschichte als Frauenmörder sein Unwesen treibt.

Die Heldinnen solcher Romane sind samt und sonders von hoher Geburt, engelhafter Schönheit, überaus tugendhaft und verständig. Zudem sind sie von Natur aus so reich an Gaben, dass selbst das schwere Schicksal, elternlos und in bitterer Armut in irgendeiner einsamen Berggegend aufgewachsen zu sein, auch nicht den kleinsten Schatten auf ihre große weibliche Ausstrahlung wirft. Nach langen Irrfahrten, geprüft durch mysteriöse oder gespenstische Schrecken, entführt von böser Verwandtschaft oder skrupellosen Schurken, eingesperrt zwischen alten Burg- oder Klostermauern, werden sie schließlich von verkleideten Helden befreit, die so hochwohlgeboren und tugendhaft sind wie sie selbst.

Die Austens hatten ihr Vergnügen an solchen Romanen, die sie ansonsten ganz und gar nicht ernst nahmen. Sie saßen an langen Winterabenden beisammen und lasen daraus vor. Cassandra Austens Kommentar zu den altmodischen Räumen von Stoneleigh Abbey, die sie 1806 zu Gesicht bekam – »das herrschaftliche Schlafgemach mit hohem Himmelbett aus dunkelrotem Samt, eine *schauerliche* Wohnung, gerade recht für eine Heldin« –, zeigt, dass sie mit den populären Erzählungen ihrer Zeit durchaus vertraut war. Gegen 1816 jedoch gerieten sie wieder aus der Mode, weshalb sich Jane Sorgen machte, dass ihre Parodie womöglich überholt sein könnte.

Die Geschichte von *Kloster Northanger* umspannt einen Zeitraum von zehn Jahren. Wir lernen Catherine Morland schon als Kind kennen, doch fällt die eigentliche Handlung in die Monate Februar, März und April des Jahres 1798. Zu diesem Zeitpunkt ist sie siebzehn Jahre alt. Mit achtzehn heiratet sie Henry Tilney – »innerhalb eines Jahres nach ihrer ersten Begegnung«. Zu Anfang wird uns in einer kurzen Skizze Catherines durch und durch unromantische Familie und ihre wenig heldenhafte Kindheit vor Augen geführt. Ihr Vater Reverend Richard Morland ist amtierender Pfarrer von Fullerton, einem kleinen Dorf in Wiltshire, acht oder neun Meilen von der Domstadt Salisbury entfernt – also wahrscheinlich sehr entlegen irgendwo in der kahlen, windigen, graugrünen Tiefebene von Salisbury Plain. In Hampshire liegt an dem Fluss Test zwischen Winchester und Andover tatsächlich eine kleine Ortschaft namens Fullerton. Da sie aber sehr weit von Steventon, dem Heimatort der Austens, entfernt ist, wird Jane wahrscheinlich nie etwas von diesem Ort gehört haben – sonst hätte sie bestimmt einen anderen Namen gewählt.

Morland hat »neben seinen beiden einträglichen Pfarrstellen ein beträchtliches Vermögen«, ist also »durchaus nicht zu kurz gekommen oder verarmt«. Des weite-

Thomas Barker, Portrait von Priscilla Jones, 1796. Vielleicht sah Catherine Morland, als sie erstmals nach Bath kam, ein wenig aus wie die Dame auf dem Bild.

ren erfahren wir, dass er nicht gerade ansehnlich ist, aber ein Vater, der seinen Töchtern freien Lauf lässt. Mrs Morland ist eine einfache, lebenstüchtige Frau, von ausgeglichener Art und offenbar kerngesund: Sie hat schon drei Söhne, als sie mit Catherine niederkommt, und bringt anschließend noch sechs weitere Kinder zur Welt, zwei Mädchen und vier Jungen. »Eine Familie mit zehn Kindern kann immer

Anspruch auf das Wort ›stattlich‹ erheben; dafür sorgt schließlich schon die Zahl der Köpfe und Arme und Beine, aber bei den Morlands gründete sich das Anrecht auf diese Auszeichnung auf wenig anderes, denn sie waren im Großen und Ganzen recht bieder, und ausgesprochen bieder war viele Jahre lang auch Catherine. Sie war mager und ungelenk, hatte einen blassen, glanzlosen Teint, glattes dunkles Haar und ausgeprägte Züge.«

Bei so vielen Brüdern wundert es nicht, dass die zehnjährige Catherine ein lautes, wildes Mädchen wird, dem es ein Gräuel ist, sich zu waschen oder eingesperrt zu sein. Viel lieber tollt sie über die Wiese hinterm Haus und eifert den Jungen nach, die Cricket und Baseball spielen, reiten oder durch die Gegend streunen. »Sie lernte oder verstand nie etwas, bevor man es ihr erklärte – und manchmal nicht einmal dann, denn sie war oft unaufmerksam und gelegentlich sogar begriffsstutzig.« Sie hat kein Talent zum Zeichnen, und am Klavierspielen verliert sie schnell alle Lust. »Der Tag, an dem ihr Klavierlehrer entlassen wurde, war einer der glücklichsten in Catherines Leben.«

Den Eltern gelingt es schließlich, der Tochter schreiben, rechnen und ein wenig Französisch beizubringen. Eine Gouvernante scheinen sie zu keinem Zeitpunkt angestellt noch ihre Kinder zur Schule geschickt zu haben. Wäre Catherine eine »richtige« Romanheldin gewesen, hätte sie mit Puppen gespielt, kleine zahme Haustiere – Hamster, Kanarienvögel oder dergleichen – umsorgt und ihr größtes Vergnügen darin gefunden, einen Rosenstock zu wässern, oder, im Abendsonnenschein an einen Baumstamm gelehnt, Gedichte zu schreiben.

In der Pubertät wurde »… ihr Teint … klarer; Fülle und Farbe machten ihre Züge weicher; ihre Augen wurden lebhafter und ihre Figur betonter. Ihre Vorliebe für Schmutz wich der Freude an Samt und Seide, und mit dem Verstand kam auch die Sauberkeit.« Sie fängt an, sich für Literatur zu interessieren. »… obwohl sie keine Sonette schreiben konnte, zwang sie sich dazu, welche zu lesen, und obwohl anscheinend keine Aussicht für sie bestand, eine ganze Gesellschaft mit der Darbietung eines eigenen Préludes auf dem Klavier in Verzückung zu versetzen, konnte sie dem Spiel anderer zuhören, ohne merklich zu ermüden. Nur mit dem Zeichenstift wusste sie ganz und gar nicht umzugehen – sie hatte zum Zeichnen einfach kein Talent;

Bath, Die Brunnenhalle, Aquarell von John Nixon, 1790.
Kurgäste wie Catherine Morland tranken hier ihr Mineralwasser. Eine turbulente Szene: Links streiten zwei Schoßhündchen miteinander. Den Besitzerinnen gelingt es nicht, sie auseinander zu bringen. Auf der rechten Seite ist ein lachender Mann zu sehen, der den eigenen Hund davon abhält, sich an dem Kampf zu beteiligen.

es langte nicht einmal dazu, das Profil ihres Verehrers so zu skizzieren, dass ihre künstlerische Handschrift darin zu erkennen war.« Als sie fünfzehn ist, stellen die Eltern beruhigt fest: »Catherine wird ein richtig gut aussehendes Mädchen. Heute sieht sie beinahe hübsch aus.« Sie ist offenbar mittelgroß, hat dunkle Haare und graue Augen.

Leider taucht am Horizont von Fullerton niemand auf, der die Rolle des mysteriösen Liebhabers besetzen könnte. »In ihrem gesamten Bekanntenkreis hatte nicht eine einzige Familie einen Jungen großzuziehen, den sie zufällig vor ihrer Tür gefunden hatte – nicht einen einzigen jungen Mann, dessen Herkunft unbekannt war. Ihr Vater hatte kein Mündel und der reichste Mann der Gegend keine Kinder.« Die nächsten Nachbarn der Morlands sind der adelige Gutsbesitzer Allen und dessen

Frau. Ihr Anwesen liegt eine Viertelmeile vom Pfarrhaus entfernt, und Catherine schaut dort häufig auf einen Sprung vorbei. Allens Arzt empfiehlt seinem an Gicht leidenden Patienten einen Kuraufenthalt in Bath, und die Allens laden Catherine ein, sie auf der Anfang Februar beginnenden Reise zu begleiten.

Entgegen den Erwartungen, die der von Henry Austen gewählte Titel *Kloster Northanger* weckt, findet die Handlung des Romans vornehmlich in Bath statt, einer Stadt, die Jane und ihre Familie recht gut kannten. Und wenn wir den Spuren Catherines folgen, entdecken wir, dass noch immer viele Schauplätze kaum verändert sind. Die Allens beziehen eine komfortable Wohnung in der Great Pulteney Street, einem breiten, stattlichen Boulevard, der erst kürzlich auf der Ostseite des Avon vor den Mauern der Altstadt angelegt worden ist. Sonntags gehen sie in die Kirche (vermutlich in die Octagon Chapel in der Milsom Street) und flanieren anschließend über den Royal Crescent. Es mag überraschen, dass weder die Allens noch Catherine eines der Badehäuser aufsuchen.

In den *Upper (Assembly) Rooms*, dem Treffpunkt der feinen Gesellschaft in der Bennett Street, wartet Catherine vergeblich darauf, zum Tanz aufgefordert zu werden. Außerdem ist der Saal so überfüllt, dass sie nicht einmal diejenigen sehen kann, die das Glück haben zu tanzen. Auf dem *Pump Yard* gleich neben der Kathedrale von Bath befand sich der so genannte *Pump Room*, die Brunnenhalle, wo sich alle neu eingetroffenen Kurgäste in das Besucherbuch eintrugen und Mineralwasser tranken. Mit der Zeit hat sich dort vieles verändert, aber manches ist doch gleich geblieben, so zum Beispiel die »große Uhr«, eine drei Meter hohe Standuhr, die 1709 von ihrem Erbauer Thomas Tompion der Stadt Bath zum Geschenk gemacht wurde. Das von Catherine besuchte Theater liegt in der Orchard Street und ist als Gebäude noch erhalten, wird aber als Theater nicht mehr genutzt. Die älteren *Lower Rooms*, jene dem einfachen Volk vorbehaltenen Festsäle unten am Fluss, wo Catherine zum ersten Mal mit Henry Tilney tanzt, sind 1820 niedergebrannt. Das Gelände, auf dem sie gestanden haben, ist heute Teil der Parade Gardens.

Catherine lernt nun fast gleichzeitig zwei sehr unterschiedliche Familien kennen – die Thorpes und die Tilneys. Mrs Thorpe, eine alte Schulfreundin von Mrs Allen, ist eine verwitwete Anwaltsgattin, die mit ihren Kindern in Putney lebt, einer damals noch eigenständigen Ortschaft am Südwestrand von London. Sie ist mit ihren drei Töchtern Isabella, Anna und Maria nach Bath gekommen, wo sie in den Edgar's Buildings im Zentrum Unterkunft gefunden hat. Die blonde Isabella ist mit einundzwanzig Jahren die älteste der drei Schwestern, eine sehr hübsche junge Frau mit selbstsicherem Auftreten. Mit ihrer modisch-saloppen Art zu sprechen macht sie auf die unbedarfte und naive Catherine großen Eindruck. John Thorpe, Isabellas älterer Bruder und Oxford-Student, besucht seine Familie in Bath und bringt seinen Freund James Morland mit, Catherines älteren Bruder, der ebenfalls in Oxford studiert. James will wie sein Vater in den Dienst der Kirche treten, sobald er mit seinem Studium fertig ist. Er ist ein ehrlicher, stiller junger Mann und ähnelt seiner Schwester Catherine sowohl äußerlich als auch dem Wesen nach. Auch er bewundert den Schick von Isabella und lässt sich dazu hinreißen, ihr einen Heiratsantrag zu machen.

John Thorpe ist ein mittelgroßer junger Mann mit nichtssagendem Gesicht und von gedrungener Gestalt. Eine Konversation beschränkt sich bei ihm darauf, dass er mit seinen sportlichen Leistungen prahlt, und genau damit glaubt er auch Catherine für sich einnehmen zu können. In einer typischen Parodie eines Schauerromans, deren Strukturprinzip Jane Austen übernimmt, entspräche Isabella der falschen, gefährlichen Freundin, die die Heldin auf Abwege führt, und John wäre der Schurke, der die Heldin entführt und ihr seinen Willen aufzuzwingen versucht. In der erzählten Wirklichkeit jedoch besteht diese Entführung lediglich darin, dass John Catherine zu einem Ausflug in seiner zweirädrigen Kutsche überredet, der ihm Gelegenheit verschafft, ununterbrochen große Töne zu spucken.

Nicht lange nach ihrer Ankunft in Bath nimmt Catherine an einem Ball in den *Lower Rooms* teil. Dort wird ihr von Mr King, dem Zeremonienmeister (einer authentischen Figur jener Zeit) Henry Tilney vorgestellt, der einer sehr angesehenen Familie aus Gloucestershire entstammt und seit kurzem das Amt eines Pfarrers bekleidet. Er ist ungefähr fünfundzwanzig Jahre alt, recht groß gewachsen, hat dunkle Augen und dunkles Haar, ein freundliches Gesicht und einen sehr intelligenten, lebhaften Blick. Er ist zudem unterhaltsam, und Catherine wird seine Gesellschaft und Aufmerksamkeit ihr gegenüber bald zu schätzen wissen, selbst wenn sie seinen Witz nicht immer versteht. Seine Schwester Eleanor ist eine modische, ansehnliche junge Frau mit guter Figur, einem hübschen Gesicht, sehr angenehmen Zügen und von einer natürlichen Eleganz, die Catherine inzwischen vom mondänen Gehabe einer Isabella zu unterscheiden

Miniatur eines unbekannten jungen Mannes, von Samuel Shelley. Henry Tilney »mochte ungefähr vierundzwanzig oder fünfundzwanzig sein, war ziemlich groß, hatte angenehme Züge ...«

weiß. Die Tilneys wohnen in der exklusiven Milsom Street, wo Catherine auch das Familienoberhaupt General Tilney kennen lernt, eine große, autoritätsgebietende Erscheinung, schon betagt, aber noch sehr vital. Sein älterer Sohn Frederick, Hauptmann der Zwölften Leichten Dragoner, ist in Northampton stationiert, hat aber ein paar Tage Urlaub genommen, um mit der Familie zusammenzutreffen. Auch er ist groß gewachsen, dunkel und gutaussehend und nach Ansicht von Isabella Thorpe ungemein schick.

Die Zwölften Leichten Dragoner waren tatsächlich ein Regiment des stehenden Heeres. Dass Jane Austen den Namen übernahm, ist verwunderlich, wenn man bedenkt, wie wichtig es ihr in *Stolz und Vorurteil* war, die Bürgerwehr von Derbyshire zu maskieren. Es schien ihr vielleicht deshalb unverfänglich zu sein, weil das besagte Regiment in den Neunzigerjahren des achtzehnten Jahrhunderts zu keiner Zeit in Northampton stationiert gewesen war. Als Jane an ihrem Roman arbeitete, lag das Regiment in Portugal, von wo es erst 1802 nach England zurückkehrte.

Schockiert beobachtet Catherine, wie schnell Isabella mit Hauptmann Tilney zu flirten beginnt, obwohl sie doch mit James Morland verlobt ist. Irritierend findet Catherine auch den überaus schmeichelnden Ton, den General Tilney ihr gegenüber anschlägt, und ihr fällt auf, dass sich Henry und Eleanor in seiner Gesellschaft sehr unwohl fühlen. Als er sie jedoch bittet, ihre Ferien zu verlängern und vor ihrer Rückkehr nach Fullerton noch einen Abstecher nach Northanger Abbey, dem Landsitz seiner Familie, zu unternehmen, sagt Catherine spontan zu. Sie ist begeistert von der Vorstellung, an einem so romantisch-verwunschenen Ort wie dem der uralten Abtei zu wohnen, und freut sich auch darauf, Henry wiederzusehen. Was aber weder Catherine noch der Leser zu diesem Zeitpunkt der Geschichte wissen, ist, dass John Thorpe, der Aufschneider, dem General gegenüber fälschlicherweise behauptet hat, die Morlands seien eine sehr reiche Familie, in die seine Schwester demnächst einheiraten werde. Und er, John, gedenke, Catherine zur Frau zu nehmen. Der General hat keinen Grund, an diesen Worten zu zweifeln und beschließt, Catherine durch eine Einladung nach Northanger von Thorpe wegzulocken und als gute Partie seinem Sohn Henry zuzuführen. So erklären sich seine überzogenen Schmeicheleien, mit denen er Catherine in Verlegenheit bringt.

Mitte März fahren die Tilneys und Catherine nach Northanger, das dreißig Meilen nordwestlich von Bath liegt. Auf halber Strecke legen sie bei Petty France eine

Landkarte von Gloucestershire, frühes neunzehntes Jahrhundert.
Kloster Northanger, wohin Catherine von den Tilneys eingeladen wird, liegt angeblich dreißig Meilen nördlich von Bath, wo sie ihre Gastgeber kennen lernte.

Rast ein, einer kleinen, real existierenden Ortschaft zwischen Tetbury und Nailsworth (an der heutigen A46), die nicht viel mehr als eine große Poststation zu bieten hat – das georgianische Äquivalent zu einem Motel. Dieses Gebäude gibt es heute immer noch und wird als Hotel betrieben. Es ist ein breites, flaches Haus mit einem großen Stall im Hinterhof, wo einst Kutschpferde bereitgehalten wurden. Jane Austen lässt uns darüber im Unklaren, welchen Weg die Gruppe einschlägt, als sie ihre Fahrt fortsetzt und nach wenigen Meilen eine Straßengabel erreicht. Später verrät uns die Autorin allerdings, dass Catherines Heimweg von Northanger nach Fullerton über Salisbury führt und rund 70 Meilen lang ist. Das heißt, sie wird die Straße nach Nailsworth eingeschlagen haben und dann wieder nach Westen abgebogen sein, denn die besagte Entfernung lässt vermuten, dass die Autorin Northanger in die Niederung von Berkeley nahe Dursley und nicht weit vom River Severn angesiedelt hat.

Die Familie von Janes Mutter Cassandra, einer geborenen Leigh, gehörte dem Landadel an und war seit über 200 Jahren in Gloucestershire beheimatet. Im Sommer 1794 war Jane bei Kusinen mütterlicherseits in Adlestrop zu Besuch. Sie wird sich also in dieser Grafschaft ein wenig ausgekannt haben. Im Osten erheben sich die Cotswold Hills, ein Hügelland, das sich von Bath bis nach Chipping Campden erstreckt. Feldsteinmauern unterteilen die weiten Weiden für Schafe. Dank dieser Tiere wurden die Wollhändler des fünfzehnten Jahrhunderts so reich, dass jedes noch so kleine Dorf seine eigene Kirche hat, gebaut aus den Gewinnen des Handels. Die Grafschaft wird von dem fruchtbaren und landwirtschaftlich intensiv genutzten Tal des River Severn durchzogen. Im Westen breitet sich der Eichenwald Forest of Dean aus. Es gibt dort auch Kohlebergwerke und Eisenhütten. Gloucester, die Hauptstadt der Grafschaft, hat eine alte Kathedrale und einen betriebsamen Binnenhafen mit Kai, Werft und Zollhaus an den Ufern des Severn. Das östlich gelegene Vale of Berkeley ist eine von vielen Wasserläufen durchzogene Niederung, in der etliche Wildgänse aus dem Norden überwintern.

Von Eleanor weiß Catherine einiges über die Geschichte von Northanger: dass es zur Reformationszeit noch ein reiches Stiftskloster war und nach seiner Auflösung Mitte des sechzehnten Jahrhunderts in den Besitz eines Vorfahren der Tilneys gelangte. Und dass das gegenwärtige Wohnhaus immer noch zum großen Teil aus den alten Gemäuern besteht. Catherine ist schon ganz gespannt auf den »Anblick seiner massiven Mauern aus grauem Stein, die sich in einem Hain uralter Eichen [erheben], wobei die letzten Sonnenstrahlen in majestätischem Glanz auf ihren hohen gotischen Fenstern« spielen. Doch das Kloster ist von der Hauptstraße aus nicht zu sehen, und bevor Catherine auch nur einen alten Schornstein zu Gesicht bekommt, ist die Kutsche schon an den modernen Pförtnerhäuschen vorbei und über die mit feinem Kies bestreute Auffahrt bis fast vors Portal gefahren.

Während der Reformationszeit wurden viele Klöster aufgelöst und sogleich von wohlhabenden Edelleuten vereinnahmt und zu privaten Landsitzen umgebaut. Wahrscheinlich wird Jane in ihrer heimatkundlichen Lektüre von solchen Anwesen gelesen haben, vielleicht hat sie sogar Lacock Abbey in Wiltshire besucht, als sie im Herbst 1797 mit ihrer Familie nach Bath reiste. Möglich, dass sie auch die Abteien Mottisfont und Titchfield in Hampshire kennen gelernt hat. Zwar stimmt weder die eine noch die andere mit der Beschreibung von Northanger im Detail überein, aber da die viereckige Gestalt einer typischen Abteikirche auch nach den Umbauten meist erhalten blieb, waren solche Landsitze in ihrer Grundkonstruktion allesamt recht ähnlich anzusehen.

So ausführlich wie Northanger hat Jane keines der anderen Anwesen ihrer Romane geschildert. Dies hat einen doppelten Grund: Zum einen sehen wir die Gebäude mit Catherines Augen und verstehen ihre Enttäuschung darüber, nicht, wie erhofft, die geheimnisvollen Ruinen einer mittelalterlichen Abtei vorzufinden. Zum anderen erfahren wir viele Details von General Tilney, der Catherine, die er als Schwiegertochter gewinnen will, mit Hinweisen auf seinen luxuriösen Lebensstil zu beeindrucken versucht.

Am Abend der Ankunft in Northanger gehen wir mit Catherine zunächst ins Gästezimmer auf der Ostseite des Hauses und stellen fest, dass es weder unheimlich groß oder düster noch mit verschlissenen Gobelins oder Bettvorhängen aus mottenzerfressenem dunkelrotem Samt drapiert ist. Die Wände sind vielmehr tapeziert, der Fußboden ist mit Teppichen auslegt, und das Mobiliar, wenngleich schon älter,

Lacock Abbey in Wiltshire war wie Northanger ein Kloster, das nach seiner Auflösung in einen Herrensitz umgebaut wurde. Jane Austen mag auf dem Weg nach Bath dort Station gemacht haben.

durchaus stilvoll und zweckmäßig. Als sich Catherine zum Abendessen umzieht, fällt ihr Blick plötzlich »auf eine große, hohe Truhe..., die neben dem Kamin in einer tiefen Nische stand... sie war aus Zedernholz mit interessanten dunkleren Intarsien und stand auf einem dreißig Zentimeter hohen geschnitzten Sockel aus demselben Material. Die Beschläge waren aus Silber, das mit den Jahren seinen Glanz verloren hatte; an beiden Seiten befanden sich zerbrochene Griffe, ebenfalls aus Silber und vielleicht vor ihrer Zeit durch einen rätselhaften Gewaltakt beschädigt, und mitten auf dem Deckel hatte sie ein geheimnisvolles Monogram aus demselben Metall.« Catherine muss sich mächtig anstrengen, um den schweren Deckel zu öffnen, findet in der Truhe aber nur eine fein säuberlich gefaltete Tagesdecke aus weißer Baumwolle.

Später am Abend – Catherine sitzt noch am Esstisch – macht das Hausmädchen im Kamin in ihrem Zimmer Feuer, schließt die Fensterläden vor dem Frühjahrssturm, der draußen ums Haus pfeift, und zieht die langen Vorhänge vor die Fenster und Fensterbänke. Als sich Catherine anschickt, zu Bett zu gehen, nimmt sie von einem anderen interessant aussehenden Möbelstück Notiz, nämlich von einem altmodischen schwarzen Sekretär, »den sie trotz seines auffälligen Platzes bisher nicht bemerkt hatte... Sie nahm ihre Kerze und sah sich den Sekretär genauer an. Er war nicht eigentlich aus Ebenholz und Gold, aber es war eine Japanarbeit, schwarz und gelb, in erlesenstem japanischem Stil...« Mit zitternder Hand öffnet Catherine das

Schloss und findet nach hastiger Suche eine Papierrolle, in die mehrere Zettel eingerollt sind. Doch bevor sie die Schriftzüge darauf entziffern kann, erlischt die Kerze. Und weil auch das Feuer im Kamin heruntergebrannt ist, bleibt ihr nichts anderes übrig, als im Dunkeln ins Bett zu steigen.

Am nächsten Morgen stellt sie zu ihrer großen Enttäuschung fest, dass es sich bei den vermeintlich geheimnisvollen Dokumenten nur um gewöhnliche Rechnungen handelt, die der Diener eines ehemaligen Gastes in dem Sekretär hatte liegen lassen. Catherine schilt sich für ihre Torheit und steckt die Papierrolle mitsamt den Zetteln in den Sekretär zurück.

Rechnungen dieser Art sind für Catherine etwas Alltägliches, nicht so für die heutigen Leser: Fünf Zettel belegen die Ausgaben für die Reinigung von Hemden, Strümpfen, Krawatten und Westen, auf zwei weiteren hatte der Diener diverse andere Kosten aufgelistet – für Briefporto, Haarpuder, Schnürbänder und Lederseife. Das Blatt, in dem diese Belege eingerollt sind, ist die Rechnung eines Hufschmieds für das Beschlagen einer braunen Stute. Schnürbänder für Schuhe kamen damals übrigens gerade als Alternative zu den bislang üblichen Metallschnallen in Mode. Die Lederseife – *breeches-ball* – war ein Gemisch aus Scheuerpulver und Ochsengalle, mit dem man Fettflecken oder Schmutz von ledernen Reithosen entfernte.

Am nächsten Tag führt General Tilney Catherine durch das ganze Haus. Auch wenn die Protagonistin die Aufteilung der Räume nicht so recht versteht, scheint doch Jane Austen selbst sehr genau gewusst zu haben, wie die Umbauten einer solchen Abtei in der Regel durchgeführt wurden. Das Gebäude liegt in einem Tal und ist durch einen Wald aus alten, knorrigen Eichen vor den Nord- und Ostwinden geschützt. Die alte Abtei umfasst einen großen Innenhof – den ursprünglichen Kreuzgang der Klosteranlage. Den schönsten Anblick bietet das Haus von Südosten: Diese »zwei Seiten des Vierecks, reich an gotischen Verzierungen, forderten besonders zur Bewunderung heraus«. Dort befinden sich vermutlich das ursprüngliche Längsschiff, der Chor, das nördliche Querschiff und das Kapitel. An der Nordseite des Kreuzganges werden die Mönchszellen und das Refektorium gelegen haben. Die Steine des südlichen Querschiffs sind wahrscheinlich für den Aufbau der »alten Eingangshalle« inmitten der Südfassade verwendet worden.

Sekretär, in japanischem Stil schwarz und gelb lackiert, circa 1700.
Ein solches Möbelstück fand Catherine in ihrem Schlafzimmer von Kloster Northanger.
»... nachdem sie die beiden Türen hastig aufgerissen hatte..., bot sich ihrem Blick
eine Doppelreihe von kleinen Schubladen ... und in der Mitte eine kleine Tür, ebenfalls
mit Schloss und Schlüssel gesichert...«

An dieser Stelle schlägt der General einen Weg ein, der zum Küchengarten führt. Er ist »mehr als doppelt so groß wie der von Mr Allen und [Catherines] Vater zusammen, Kirchhof und Obstgarten eingeschlossen, und Catherine vernahm die Zahl der Hektar mit Bestürzung. Die Mauern schienen zahl- und endlos. Ein ganzes Dorf von Gewächshäusern schien sich zwischen ihnen zu erheben, und die Bewohner einer ganzen Gemeinde in seinen Mauern an der Arbeit zu sein.« An den Garten grenzt der *Hermitage Walk*, der Einsiedler-Steig, ein schmaler, gewundener Pfad, der durch ein dichtes Kiefernwäldchen zu einem Pavillon führt, dem so genannten Teehaus, das sich irgendwo im Park versteckt.

Wieder im Haus, geleitet der General seinen Gast durch sechs oder sieben große Räume, die, auf drei Flügel des Vierecks verteilt, allesamt nach außen weisen. Es handelt sich im Einzelnen um das vornehm und luxuriös eingerichtete Speisezimmer, die große, hohe Halle mit der breiten Treppe aus poliertem Eichenholz, das einfache, modern möblierte Wohnzimmer mit der Rumfordschen Feuerstelle, einen ungenutzten Vorraum, die prachtvolle Bibliothek und den repräsentativen Salon. Er beeindruckt sowohl durch seine Größe als auch durch sein Mobiliar und wird nur für hohen Besuch geöffnet.

Catherine und der General kehren auf der zum Innenhof gewandten Seite des Gebäudes nach unten zurück. Sie kommen durch weniger wichtige Räumlichkeiten wie zum Beispiel das Frühstückszimmer, das Abendbrotzimmer, ein Billardzimmer, das Arbeitszimmer des Generals und ein kleines, dunkles Zimmer, »das auf Henry als Bewohner schließen [lässt] und in dem ein Durcheinander von Büchern, Gewehren und Mänteln« herrscht. Während sie einen Gang mit hohem Gewölbe passieren, erfährt Catherine, dass sie auf »ehemaligem Klostergrund wandle«, und der General zeigt ihr »Überreste von früheren Zellen«, was sehr viel mehr nach ihrem Geschmack ist. Doch scheint er sich in puncto monastischer Architektur nicht besonders gut auszukennen, denn in diesem Teil des Gebäudes wird es früher keine Zellen, sondern allenfalls Mönchklausen – kleine Studierkammern – gegeben haben, wie sie noch heute im Kreuzgang der Kathedrale von Gloucester zu sehen sind.

Das Esszimmer liegt direkt neben der Küche, der alten Klosterküche, in der es »massive, verrauchte Wände aus früheren Zeiten und Herde und Warmhalteschränke der Gegenwart in Fülle« gibt. Der dahinter liegende Westflügel, also die vierte Seite des Gevierts, ist vom Vater des Generals in Gänze neu aufgebaut worden und dient als Wirtschaftsgebäude. »Catherine hätte rasen mögen über die Sorglosigkeit, mit der man aus purer Zweckmäßigkeit das abgerissen hatte, was alles andere an Wert übertroffen haben musste.« Sie kehren in die Halle zurück und gehen über die breite Treppe nach oben, wo der General auf »die Schönheit des Holzes und die

Verzierungen des reichen Schnitzwerks« aufmerksam macht. Nach vielen Stufen und vielen Absätzen erreichen sie eine Galerie. Sie verläuft rund um das Haus, wird auf der einen Seite durch die dem Innenhof zugewandten Fenster beleuchtet und führt auf der anderen Seite über eine Reihe von Türen zu den einzelnen Schlafzimmern. Die Schlafzimmer von Eleanor und Catherine befinden sich im Ostflügel. Im Südflügel gibt es Unterkünfte für bedeutendere Gäste – drei große Schlafzimmer und Ankleidezimmer mit allem, was dazugehört. Sie sind besonders schön hergerichtet. In diesem Flügel endet die Galerie vor einer Doppeltür, die zum Westflügel führt. Dort liegt das Schlafzimmer der verstorbenen Mutter, das laut Eleanor seit ihrem Tod vor neun Jahren unverändert geblieben ist. Der General will den Rundgang nicht weiter fortsetzen, und so kehren alle nach unten zurück.

Catherine ist inzwischen überzeugt davon, dass der General, ganz in der Tradition der Schauerromane, seine Frau aus »Eifersucht vielleicht oder willkürlicher Grausamkeit« entweder ermordet hat oder dass »Mrs Tilney, aus unerfindlichen Gründen eingesperrt, noch lebte und Nacht für Nacht ihre kärgliche Mahlzeit aus den gnadenlosen Händen ihres Mannes« empfängt. Bei der erstbesten Gelegenheit schleicht Catherine auf Zehenspitzen in Mrs Tilneys Schlafzimmer, in der Hoffnung, einen Hinweis »in Form eines bis zum letzten Atemzug geführten Tagebuchfragments ans Licht zu bringen«. Was sie beim Betreten des Zimmers erblickt, »hielt sie auf einen Fleck gebannt und erschütterte sie bis ins Innerste. Vor ihr lag ein großer gut proportionierter Raum, ein stattliches, ungenutztes und von einem der Mädchen mit Sorgfalt gemachtes Bett, ein moderner heller Kamin, Mahagonischränke und hübsch gestrichene Stühle, auf denen die warmen Strahlen der Nachmittagssonne lagen, die durch zwei Schiebefenster fielen. Catherine hatte damit gerechnet, in Erregung versetzt zu werden, und erregt war sie durchaus! Zuerst wurde sie von Überraschung und Zweifel überfallen, dann regte sich ihr gesunder Menschenverstand, und sie empfand tiefste Scham.« Ihre Scham kennt keine Grenzen mehr, als ausgerechnet jetzt Henry über die schmale Spindeltreppe neben dem Schlafzimmer hinzukommt und sie freundlich, aber doch ernst dafür rügt, solch törichte Gedanken zu hegen.

Ein paar Tage später fährt Catherine, von General Tilney und Eleanor begleitet, nach Woodston in das von Henry bewohnte Pfarrhaus, der zum Abendessen geladen hat. Auch diesmal beschreibt Jane Austen den Schauplatz – Dorf und Haus – sehr genau, denn hier wird sich Catherine ja in Kürze niederlassen. Der Ort liegt fast zwanzig Meilen südöstlich von Northanger – vierzehn Meilen entlang der Hauptstraße und dann fünf Meilen über eine schmale Landstraße. Jane mag also an die Gegend um Tetbury gedacht haben. Die Landschaft ist sehr flach, aber nicht ohne Reiz, der

Ort selbst recht groß und belebt. Catherine fühlt sich hier auf Anhieb sehr viel wohler als in Northanger und betrachtet »voller Bewunderung jedes adrette Häuschen, das nach mehr als einer Hütte aussah, und all die kleinen Lädchen, an denen sie vorbeifuhren. Am anderen Ende des Dorfes und in erträglicher Entfernung vom Rest der Häuser stand die Pfarrei, ein neues, geräumiges Steinhaus mit halbkreisförmiger Auffahrt und grünem Einfahrtstor. Und als sie an der Tür vorbeifuhren, stand Henry da mit den Freunden seiner Einsamkeit, einem großen jungen Neufundländer und zwei oder drei Terriern, um sie zu begrüßen und viel Aufhebens von ihnen zu machen.« Der General hat Catherine bereits darauf hingewiesen, dass das Haus, von üppigen Wiesen umgeben, mit seiner Front nach Südosten ausgerichtet ist, »wo auch der ausgezeichnete Küchengarten liegt. Ich selbst habe den Besitz meinem Sohn zuliebe vor ungefähr zehn Jahren einzäunen lassen und den Viehbestand angeschafft.« Henry pflanzt gerade Ziersträucher und stellt eine grüne gestrichene Bank davor auf. Im Inneren des Hauses befinden sich ein gemütliches Esszimmer, Henrys Arbeitszimmer und ein noch nicht möbliertes Wohnzimmer. Es hat »ein ansprechendes Format« und bis auf den Boden reichende Fenster, die zu Catherines Entzücken den Blick auf grünes Weideland und ein zwischen Apfelbäumen stehendes kleines Cottage freigeben. Der General bittet sie zu entscheiden, von welcher Farbe Tapete und Vorhänge des Raumes sein sollen, was sie sehr in Verlegenheit bringt, weil sie noch nicht weiß, ob Henry ihr auch wirklich zugetan ist.

Doch nur zehn Tage später fordert General Tilney, nachdem er von einem Kurzbesuch in London zurückgekehrt ist, Catherine auf denkbar schroffe Weise und ohne ein Wort der Erklärung auf, das Haus zu verlassen. Sie muss um sieben Uhr am nächsten Morgen ganz allein die Rückreise nach Fullerton antreten. Jane Austen hat die Strecke offenbar genau studiert, denn man kann sich recht gut vorstellen, wie Catherine mit der Postkutsche aus der Gegend um Dursley über Tetbury, Malmesbury, Chippenham, Devizes und Salisbury nach Fullerton fährt. Nach rund zwölf Stunden kommt sie zu Hause an. Sie hat also ungefähr siebzig Meilen zurückgelegt, wenn man eine durchschnittliche Reisegeschwindigkeit von sechs Meilen pro Stunde veranschlagt und mehrere Pausen für das Wechseln der Pferde mit einrechnet. Henry folgt ihr wenig später, hält um ihre Hand an und erklärt ihr das ungehörige Verhalten seines Vaters: Wieder einmal steckt John Thorpe dahinter. Zu guter Letzt heiraten die beiden – »die Glocken läuteten, und alle Welt lächelte«.

Eine im März 1818 in der *British Critic* erschienene Rezension ist voll des Lobes über Jane Austens Sorgfalt, was die Handlungsführung und Zeichnung der Charaktere betrifft. Sie wirft der Autorin jedoch vor, dass sie, anstatt eine eigene Welt zu erschaffen, lediglich aus dem alltäglichen Leben berichte.

»An Vorstellungsvermögen scheint es ihr erheblich zu mangeln; nicht nur, dass ihre Geschichten bar jeder Erfindung sind, auch die Charaktere, Begebenheiten und eigenen Ansichten sind ausschließlich aus der Erfahrung geschöpft. Die den handelnden Personen in den Mund gelegten Ansichten entsprechen genau dem, was wir tagtäglich zu hören bekommen..., sie scheint kein anderes Ziel im Sinn zu haben, als dasjenige, nachzuzeichnen, was sie mit eigenen Augen gesehen hat und von jedermann allenthalben so gesehen werden kann ... Ihre Helden und Heldinnen verlieben sich und heiraten, gerade so, wie dies auch bei den Lesern der Fall war oder sein wird; die Ereignisse, um die sich ihre Geschichten ranken, werden weder durch unerwartete Misslichkeiten noch durch glückliche Zufälle herbeigeführt. Sie scheint Leute zu beschreiben, wie sie allabendlich in den meisten gutbürgerlichen Häusern von London zusammentreffen, scheint Begebenheiten zu berichten, die wahrscheinlich jeder zweiten britischen Familie irgendwann einmal so oder ähnlich widerfahren ... Unsere Autorin liefert keine Definitionen; aber sie lässt ihre *dramatis personae* sprechen; deren Art zu sprechen und die Gedanken, die sie durch sie zum Ausdruck bringt, sind uns so vertraut, dass wir in ihren Figuren sofort irgendwelche Personen aus unserem Bekanntenkreis wiederzuerkennen meinen, ja, ihre Stimmen zu hören glauben.«

Letztlich aber preist der anonyme Kritiker *Kloster Northanger* zwar als »eines der besten Werke von Miss Austen, das für Zeit und Mühe der Lektüre in jeder Hinsicht entschädigt«, aber nicht ohne dieses Lob noch einmal zu relativieren, indem er General Tilney als eine unglaubwürdige Figur disqualifiziert, »die nicht mit dem üblichen Geschmack und Verstand unserer Autorin porträtiert ist«.

Kloster Northanger scheint in der Tat weniger gut angekommen zu sein als Janes voraufgegangene Werke, denn es sind nur sehr wenige zeitgenössische Kommentare darüber bekannt, und schon 1820 wurde der Rest der Auflage verramscht.

Auch hat Jane nicht, wie in anderen Fällen, ihrer Familie einen Ausblick auf die Entwicklung ihrer Figuren gegeben. Dies lässt uns jedoch Raum in unserer Hoffnung, dass sich der angeberische John Thorpe mit seinem Einspänner überschlägt und den Hals bricht und dass Isabella, die James Morland sitzen lässt und bei Hauptmann Tilney nicht landen kann, am Ende mit einem kleinen Krämer aus Putney als Ehemann vorlieb nehmen muss.

DIE WATSONS

Dass *Susan* 1803 von einem Verlag angenommen wurde, mag Jane dazu ermutigt haben, noch im selben Jahr oder ein wenig später ein neues Werk zu beginnen. Sie schrieb einen ersten Entwurf von über 17500 Wörtern ohne Kapiteleinteilung, legte den Text dann aber beiseite und nahm ihn nie wieder ernsthaft zur Hand. Immerhin bewahrte sie das Manuskriptfragment auf. Cassandra erbte es und gab es später an die gemeinsame Nichte Caroline Austen weiter. Erstmals erschien das Fragment 1871 in Reverend James-Edward Austen-Leighs *Memoir of Jane Austen*. Er betitelte es, da die Autorin keinen Vorschlag hinterlassen hatte, mit *The Watsons*.

Die Watsons sind eine große und recht unglückliche Familie und wohnen in Stanton, einem Dorf in Surrey am Rande einer größeren Ortschaft. Jane bezieht sich an einer Stelle des Manuskripts auf die »Stadt D-«, an anderer Stelle auf die »Stadt R-«, wobei sie offenbar Dorking beziehungsweise Reigate im Sinn hatte. Vielleicht wollte sie ihrem fiktionalen Schauplatz Elemente beider realen Städte zuweisen.

Das Familienoberhaupt Reverend Watson ist ein melancholischer, kränklicher, verarmter Witwer, der seinen Pflichten als Pfarrer kaum mehr gerecht werden kann und nahezu alle Kontrolle über seine zänkischen, unverheirateten Töchter verloren hat. Der älteste, ungefähr dreißig Jahre alte Sohn Robert lebt mit seiner blasierten Frau Jane und der verwöhnten kleinen Tochter Augusta als raffsüchtiger Anwalt in Croydon. Sam, der mit rund zweiundzwanzig Jahren jüngste Sohn, hat vor kurzem seine Ausbildung bei Mr Curtis in Guildford beendet und praktiziert jetzt als Arzt. Die älteste Tochter Elizabeth wohnt noch zu Hause. Mit ihren achtundzwanzig Jahren hat sie nach den Vorstellungen jener Zeit die Jugend längst hinter sich gelassen.

Das White Hart Inn in Reigate, Surrey, nach einer Zeichnung von Thomas Rowlandson. Möglicherweise hatte Jane Austen Reigate im Sinn, als sie sich das Dorf Stanton, den Wohnort der Watsons, vorstellte. Emma Watson nimmt an einer Tanzveranstaltung im White Hart Inn teil.

Tatsächlich ist sie ziemlich erschöpft von den Schwierigkeiten, mit nur wenig Geld einen Haushalt zu führen, ihren Vater zu pflegen und zwischen den jüngeren Schwestern Penelope und Margaret zu schlichten. Die beiden, sechsundzwanzig beziehungsweise vierundzwanzig Jahre alt, sind geradezu verzweifelt darauf aus, sich einen Ehemann zu angeln. Den Töchtern Watson ist bewusst, dass ihr Vater bald sterben wird und dass sie dann das Pfarrhaus für seinen Nachfolger räumen müssen. Und da sie kein eigenes Einkommen beziehen, bietet ihnen eine Heirat die einzige Hoffnung auf ein eigenes Zuhause und Schutz vor dem Abstieg in die Verelendung. Elizabeth wähnte sich früher einmal von einem Mr Purvis umworben, der jedoch die Flucht ergriff, als Penelope ihn für sich zu gewinnen versuchte. Tom Musgrave, ein schicker junger Mann, hat seinen Spaß daran, abwechselnd mit allen drei Schwestern zu flirten, und Margaret ist überzeugt davon, dass er am Ende ihr den Antrag macht.

Emma, die jüngste, inzwischen neunzehnjährige Tochter, wurde vierzehn Jahre zuvor von einer verwitweten Tante an Kindesstatt angenommen und in Shropshire großgezogen. Die Tante aber hat kürzlich wieder geheiratet, und ihr neuer Gatte will Emma nicht im Haus haben. So wird sie ohne weitere Umstände in ihr ärm-

liches Elternhaus zurückgeschickt, wo die Geschwister sie wie eine unliebsame Fremde empfangen.

Die Erzählung beginnt damit, dass Elizabeth, die der jüngsten Schwester immerhin das freundliche Kompliment macht, ein sehr hübsches Mädchen zu sein, mit ihr eines Nachmittags in die Stadt zum Haus der Familie Edwards fährt. Dort wird Emma über Nacht bleiben, um an ihrem ersten Ball teilnehmen und die Chance nutzen zu können, einen jungen Mann und möglichen Bewerber kennen zu lernen. Wir sehen die beiden Schwestern in einer klapprigen, von einer alten Mähre gezoge-

nen Kutsche über die staubige Landstraße von Stanton in Richtung Stadt rollen. Der Bankier Tomlinson besitzt am Ende der High Street ein schönes, neu errichtetes Haus mit Ziersträuchern und Auffahrt, wo er sich fühlt, als wohne er auf dem Lande. Das schönste Haus an der High Street ist jedoch das weiter stadteinwärts gelegene Haus von Mr Edwards. Es überragt die meisten Häuser der Nachbarschaft und hat zu beiden Seiten der über eine breite Treppe erreichbaren Eingangstür zwei Fenster, vor denen schwere Eisenketten hängen. Edwards leistet sich mehrere Dienstboten, unter anderem einen livrierten Lakaien mit gepuderter Perücke, wie Elizabeth der Schwester voller Bewunderung mitteilt. Mrs Edwards ist eine sehr freundliche Frau, bleibt aber stets reserviert und förmlich. Für die bevorstehenden Festlichkeiten der Wintersaison besitzt sie zwei Atlasgewänder. An jenem Abend trägt sie einen neuen Hut aus der Werkstatt der örtlichen Putzmacherin. Ihre Tochter Mary hat noch Lockenpapier in den Haaren, als Emma eintrifft.

Später am Abend macht sich die Gruppe auf den Weg ins White Heart Inn, wo der Ball veranstaltet wird. »Kurz vor acht hörte man die Tomlinson-Kutsche vorbeifahren, das notorische Signal für Mrs Edwards, die ihre vorfahren zu lassen, und in wenigen Minuten wurde die Gesellschaft aus der Stille und Wärme eines gemütlichen Wohnzimmers in das Getümmel, den Lärm und den Durchzug einer breiten Gasthofseinfahrt versetzt. Mrs Edwards, die ihr eigenes Kleid sorgfältig in Acht nahm, während sie mit noch größerem Eifer um die angemessene Bedeckung von Hals und Schultern ihrer jungen Schützlinge besorgt war, führte sie die breite Treppe hinauf. Außer dem Kratzen einer Violine war von dem bevorstehenden Ball noch nichts zu hören ... Mrs Edwards' Atlasrobe schleppte über den sauberen Fußboden des Ballsaals auf den Kamin am oberen Rand zu, wo nur eine Gesellschaft zeremoniell Platz genommen hatte, während drei oder vier Offiziere zu sehen waren, die das angrenzende Spielzimmer aufsuchten oder verließen ... Der kalte und menschenleere Zustand des Saales und das gezierte Getue der Gruppe weiblicher Wesen an dessen einem Ende löste sich allmählich. Das verheißungsvolle Geräusch weiterer Kutschen war zu hören, und ständig wurden neue Scharen würdevoller Anstandsdamen und junger Mädchen begrüßt, unter denen hier und da auch ein versprengter Jüngling auftauchte, der, falls er nicht verliebt genug war, sich neben einer Schönen zu postieren, froh zu sein schien, in das Spielzimmer zu entkommen.«

Rolinda Sharples, »Die Clifton Assembly Rooms«, 1819. Diese Gesellschaftsräume gibt es zwar immer noch, sie werden aber als solche nicht mehr genutzt. Im White Hart Inn hätte man eine ähnliche Szene erleben können.

Die hübsche Fremde fällt den übrigen Gästen bald auf und wird zum Tanzen aufgefordert. »Emma Watson war nur mittelgroß, gut gewachsen und vollschlank, mit der Ausstrahlung einer gesunden Vitalität. Ihre Haut war sehr dunkel, aber zart und weich und von blühender Frische, was ihr, mit ihrem lebhaften Blick, einem reizenden Lächeln und offenen Wesen eine Schönheit verlieh, die fesselte, eine Wirkung, die sich bei näherer Bekanntschaft noch steigerte.«

Die angesehensten Gäste dieses Abends kommen von Osborne Castle, einem Landsitz in der Nähe des Sprengels von Wickstead. Es sind die Witwe Lady Osborne, ihr Sohn und Stammhalter Lord Osborne, ihre Tochter Miss Osborne und deren Freundin Miss Carr sowie Reverend Howard, der Pfarrer des Sprengels, mit seiner verwitweten Schwester Mrs Blake und deren jungem Sohn Charles. Tom Musgrave, der eitle Stutzer, schließt sich dieser Gruppe an und schmeichelt sich, auf gesellschaftlichen Aufstieg bedacht, bei dem tölpelhaften und langweiligen jungen Lord Osborne ein. Emma tanzt mit Mr Howard, den sie sehr sympathisch findet, fühlt sich aber durch das rüpelige Benehmen von Lord Osborne und durch Tom Musgraves unverschämte Aufdringlichkeit belästigt.

Ungefähr eine Woche nach dem Ball kommen Robert und Jane von Croydon auf ein paar Tage zu Besuch nach Stanton. Sie bringen Margaret mit, und Emma nimmt zur Kenntnis, dass Margaret recht schön ist. »… sie hatte eine schlanke, reizende Figur…, doch ihr harter und gespannter Gesichtsausdruck machte ihre Schönheit im Allgemeinen nur wenig spürbar. Bei der Begegnung mit ihrer so lange abwesenden

Wahrscheinlich kannte Jane Austen Farnham Castle in Surrey. Vielleicht war es ihr Vorbild für Osborne Castle, den Wohnsitz der Familie Osborne, die Emma während des Balls im White Hart Inn kennen lernt.

Schwester war ihr Verhalten, wie bei jedem öffentlichen Anlass, nichts als Zärtlichkeit und ihre Stimme die Sanftmut selbst, und fortgesetztes Lächeln und eine sehr seltsame Sprechweise waren ihre ständigen Hilfsquellen, wenn sie es darauf anlegte, zu gefallen.« Doch schon bald lässt Margaret die Maske fallen und zeigt, wie eigensinnig und zänkisch sie ist. Auch Robert und Jane erweisen sich als unangenehme Zeitgenossen, von denen Emma weder Zuneigung noch Sympathie zu erwarten hat. Von Penelope heißt es, dass sie in Chichester auf Männerjagd ist, und Sam hat geschäftlich in Guildford zu tun. Deshalb lernen weder Emma noch die Leser diese beiden letzten Familienmitglieder kennen.

Nach Cassandras Erinnerungen, die sie an ihre jüngeren Nichten weitergab, hatte sich Jane den weiteren Verlauf der Geschichte so vorgestellt, dass Emma nach dem Tod von Mr Watson, um ein Dach über den Kopf zu haben, in die Abhängigkeit von Robert und seiner selbstsüchtigen kleinen Frau gerät. Einen Heiratsantrag von Lord Osborne schlägt sie aus und erwidert stattdessen die Zuneigung von Mr Howard, der seinerseits von Miss Osborne umworben wird – ein Dreiecksverhältnis, das den eigentlichen Reiz der Erzählung ausmachen sollte. Eine von Janes Nichten, die spätere Mrs Hubback, versuchte anhand dieser Skizze, das Fragment zu vollenden und brachte 1850 einen dreibändigen Roman unter dem Titel *The Younger Sister* heraus. In der Folgezeit wurden noch weitere Versuche dieser Art unternommen, wovon aber keiner überzeugen konnte.

Warum Jane Austen die Geschichte nicht zu Ende geschrieben hat, wird nicht mehr hinlänglich geklärt werden können. Es scheint aber nicht zuletzt am Zusammenspiel der Umstände gelegen haben: Ihr eigener Vater starb Anfang 1805, so dass Emmas Notlage der eigenen in diesem Punkt womöglich allzu ähnlich war. Vielleicht nahm aber auch die Geschichte um die drei hoffnungslos unsympathischen Schwestern eine für ihren Geschmack zu traurige Wendung an, die auf eine bittere Neuauflage von *Stolz und Vorurteil* hinausgelaufen wäre. Oder vielleicht war die Autorin einfach zu sehr von ihren Umzügen – zuerst von Bath nach Southampton und dann nach Chawton – in Anspruch genommen, um sich auf ihre literarische Arbeit konzentrieren zu können. Der Name Emma aber war ihr offenbar so lieb und teuer, dass sie ihn mit der unvollendeten Geschichte nicht verloren gehen lassen wollte und ihn zehn Jahre später einer anderen Heldin verlieh.

MANSFIELD PARK

Mansfield Park ist der erste der drei späteren Romane von Jane Austen und, nach einer schöpferischen Pause von rund sechs Jahren geschrieben, ein erstes Zeugnis ihrer Fähigkeiten als gereifte Schriftstellerin. Offenbar hatte sie diese Arbeit schon Anfang 1811 geplant, also in etwa um die Zeit, da *Verstand und Gefühl* sowie *Stolz und Vorurteil* im Buchhandel erschienen. In den Briefen, die die Autorin im Januar 1813 an Cassandra schrieb, deutete sie an, dass ungefähr die Hälfte der Geschichte erzählt sei. Ihren Bruder Frank bat sie im Juli 1813 in einem Brief um die Erlaubnis, die Namen einiger Schiffe, auf denen er gedient hat, unverändert übernehmen zu dürfen. Noch Ende desselben Jahres bot sie dem Verleger Egerton das Manuskript an, der den Roman am 9. Mai 1814 in drei Bänden zum Preis von 18 Shillings herausbrachte. Beworben mit dem Hinweis »von der Verfasserin von *Verstand und Gefühl* und *Stolz und Vorurteil*«, verkaufte er sich recht gut. Dennoch verzichtete Egerton auf eine zweite Auflage. Jane Austens Bruder Henry bot das Buch daraufhin im Namen seiner Schwester John Murray, einem anderen Londoner Verleger an, der in der Albemarle Street ansässig war. Er veröffentlichte es 1816 im Nachdruck.

Mansfield Park ist in Northamptonshire angesiedelt, einer Grafschaft, die Jane nie kennen gelernt hat. In einem im Januar 1813 aufgesetzten Brief bat sie Cassandra und Martha darum, ihr durch Auskünfte über den Schauplatz zu helfen. »Wenn ihr herausfinden könntet, ob Northamptonshire ein Land mit vielen Hecken ist, wäre ich sehr froh...« Vielleicht dachte sie daran, Fanny Price hinter einer Hecke Schutz suchen zu lassen, während sie ein Gespräch belauscht. (Diesen Kunstgriff verwen-

Landkarte von Northamptonshire, frühes neunzehntes Jahrhundert.
Mansfield Park, das Zuhause der Familie Bertram, liegt angeblich vier Meilen nördlich der Stadt Northampton. Dort und im Umland findet die Handlung des Romans statt.

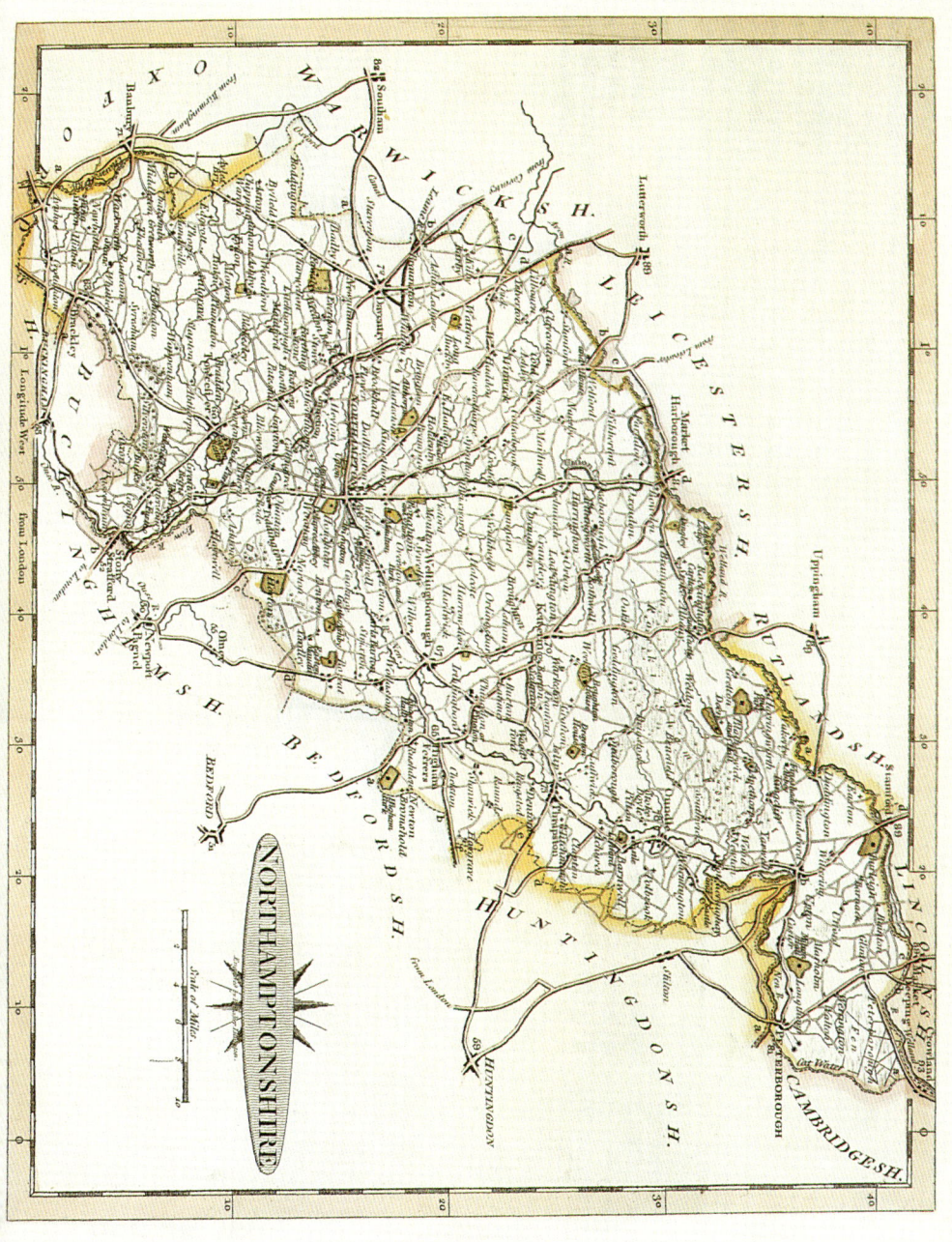

dete Jane Austen später in *Überredung* tatsächlich.) Oder aber sie wollte überprüft wissen, ob das, was sie bereits in Kapitel 22 über Hecken geschrieben hatte, in Wirklichkeit auch so zutraf. Wahrscheinlich war es Henry, der sie auf Northamptonshire als Schauplatz gebracht hatte, denn James Tilson, einer seiner Geschäftspartner, war mit der Baronet-Familie von Langham verwandt, deren Landsitz bei Cottesbrooke in der Nähe des fiktiven Mansfield lag. Zudem hatte Henry Sir James Langham durch diese geschäftliche Verbindung persönlich kennen gelernt. Cottesbrooke Hall selbst ist allerdings ein zu altes Haus, als dass es dem »modernen« (das heißt zwischen 1750 und 1780 gebauten) *Mansfield Park* als Vorlage hätte dienen können. Vielmehr scheint Jane, nachdem sie sich für Northamptonshire als Ort der Handlung entschieden hatte, in ihrer Vorstellung den Herrensitz Godmersham aus Kent nach Norden verlegt zu haben.

Die Geschichte beginnt mit einem kurzen Rückblick auf die Zeit um 1780, der erklärt, welche Auswirkungen die damals geschlossenen Ehen der drei Schwestern Ward auf ihre aktuelle Lebenssituation haben. Da sind: Lady Bertram, eine ruhige und träge Mutter von vier Kindern und Frau des reichen Baronets Sir Thomas Bertram von *Mansfield Park*, ihre ältere Schwester Mrs Norris, die gehässige, nervöse und kinderlos gebliebene Witwe des ehemaligen Pfarrers von Mansfield, und die jüngste der drei, Mrs Price, eine geplagte, von vielen Geburten ausgezehrte Frau, die mit ihrem Mann, einem invaliden Leutnant der Royal Marines, unter ärmlichen Verhältnissen in Portsmouth lebt. Die eigentliche Geschichte umspannt die Jahre 1801 bis 1811. Am Anfang steht die Ankunft des unglücklichen zehnjährigen Mädchens Fanny Price in Mansfield. In den vier Jahren von 1807 bis 1810 vollzieht sich der Hauptteil der Handlung, und irgendwann im Jahre 1811 erfolgt die Heirat von Fanny und Edmund Bertram.

Zur Zeit von Jane Austen war Northamptonshire bekannt als die Grafschaft der *spires and squires*, der Turmspitzen und Herrensitze, und zwar wegen seiner vielen prächtigen Kirchen und Gutshäuser, die entweder aus grauem Kalkstein oder jenem anderen für diese Gegend typischen Stein gebaut war, der wegen seines hohen Eisengehaltes goldbraun schimmerte. Rinder-, Schaf- und Pferdezucht waren dank der weiten üppigen Weideflächen ein einträgliches Geschäft. Northampton, die 66 Meilen von London entfernte Hauptstadt der Grafschaft, war berühmt wegen seiner im ganzen Königreich unübertroffen großen Pferdemessen, die achtmal im Jahr ausgetragen wurden. Darüber hinaus hatten sich hier bedeutende Schuh- und Stiefelmanufakturen niedergelassen. Die offene, sanft geschwungene Wiesenlandschaft Northamptonshires war wie auch die angrenzende Landschaft von Leicestershire zudem ideal für die Fuchsjagd. Und wie Henry Crawford hatte hier so mancher reiche junge Mann seine hunting-box, seine Jagdhütte, wo er im Winter viele Tage verbrachte, um auf die Jagd zu gehen, sooft das Wetter mitspielte.

Zwar bleibt die Handlung des Romans fast gänzlich auf die Gegend um Mansfield Park begrenzt, doch manchmal besuchen wir Leser mit den Protagonisten das eine oder andere Haus in weiter entfernten Teilen von Northamptonshire. Das Dorf Mansfield liegt rund siebzig Meilen von London entfernt, das heißt, es müsste sich im Norden der Grafschaft befinden. Mansfield Park ist ein ansehnlicher, geräumiger Wohnsitz, nach zeitgenössischem Geschmack auf einer Anhöhe erbaut. Nur fünfzig Schritt vom Hauseingang entfernt befindet sich ein Aussichtspunkt, der einen reizvollen Rundblick auf den Park, das Dorf und den gesamten Gutsbesitz bietet. Das Pfarrhaus liegt eine halbe Meile weit entfernt, doch die große Uhr über den Stallungen von Mansfield Park läutet so laut, dass man sie auch über diese Distanz hinweg hören kann. Das Dorf Mansfield findet man am Fuß des Hügels. Und als Mrs Norris, nachdem ihr Mann gestorben ist, das Pfarrhaus verlässt, zieht sie in das White House um, »die kleinste Wohnung …, die unter den Häusern der Gemeinde Mansfield als standesgemäß gelten konnte«. Es ist mit seinen drei Schlafzimmern gerade groß genug für Mrs Norris und ihr Dienstmädchen, und es bleibt noch ein zusätzliches Zimmer frei, wie sie sagt für Freunde, die zu Besuch kommen. Doch später stellt sich heraus, dass dieses zusätzliche Zimmer als Abstellkammer genutzt wird, woraus ersichtlich ist, dass die Freunde nur in Mrs Norris' Vorstellung existieren. Wie auch immer, sie hält sich ohnehin am liebsten im Herrenhaus von Mansfield Park auf, wo sie ihrem Schwager auf der Tasche liegt. Das weithin sichtbare Kennzeichen des Pfarrhauses ist ein Eichenbaum, unter dem Fanny an einem verregneten

Das ehemalige Pfarrhaus von Ecton bei Northampton. Vor den Fenstern, die fast bis auf den Boden reichen, ein kleiner Rasen, »umgeben von Büschen in üppigem Sommerlaub«. Dort sitzt Mary Crawford und entzückt Edmund Bertram mit ihrem Harfespiel.

Tag Schutz sucht. Das Haus selbst ist, wie Mary Crawford voller Anerkennung bemerkt, elegant und geräumig und bestens ausgestattet. Die übliche Auffahrt führt bis zur Eingangstür, Kutschhaus und Stall befinden sich gleich nebenan. Mrs Norris hatte ein paar Jahre zuvor einen Aprikosenbaum vor die Stallmauer gepflanzt. Dem neuen Pfarrer Reverend Dr. Grant schmecken die Früchte dieses Baumes jedoch allzu fad, was er Mrs Norris auch sagt. Nach seinem Einzug hat er etliche Veränderungen vorgenommen: Er hat die Gartenmauer erweitert, einen Sichtschutz vor den Friedhof gepflanzt und eine verwilderte Hecke am Rand des Grundstücks gelichtet und kultiviert. Mrs Grant pflegt in ihrem Teil des Gartens eine erlesene Auswahl an Pflanzen und zieht Federvieh heran.

Im Inneren des Hauses gelangt man über einen kleinen Vorraum in ein Wohnzimmer mit hübschem Mobiliar. Hier spielt Mary Crawford auf der Harfe, sehr zum Gefallen von Edmund, der verzückt zuhört. »Eine junge Frau, hübsch, lebhaft, mit einer Harfe so elegant wie sie selbst, beide in der Nähe eines bis auf den Boden reichenden und auf einen kleinen Rasen hinaussehenden Fensters platziert, umgeben von Büschen in üppigem Sommerlaub, hätte genügt, um das Herz eines jeden Mannes zu fesseln.«

Das Herrenhaus von Mansfield ist in seinem weitläufigen Park »so gut gelegen und so gut geschützt, dass es einen Platz in jeder Sammlung von Kupferstichen englischer Landsitze verdiente«. Nahe dem Haus befindet sich ein Garten mit Ziersträuchern und Blumen. Hier sitzt Lady Bertram eines heißen Tages in der Laube und stöhnt: »Dazusitzen und Mops zu rufen und zu versuchen, ihn von den Blumenbeeten fern zu halten, war fast zu viel für mich.« Derweil schneidet Fanny auf

Wunsch von Mrs Norris ein paar Rosen, die sie hernach ins White House bringen wird. Die Vornehmheit des Hauses und seiner Einrichtung war der kleinen Fanny anfangs aufs Gemüt geschlagen. »Die Zimmer waren zu groß, als dass sie sich darin zwanglos bewegen konnte; alles, was sie anfasste, fürchtete sie zu zerbrechen...« Wir erfahren nach und nach, dass es neben dem üblichen Speisezimmer und Frühstückszimmer ein großes Treppenhaus gibt, einen sehr langen Wohnraum, einen Salon und ein Billardzimmer mit hoher Stuckdecke und einer Tür, die in Sir Thomas' Arbeitszimmer führt.

Fanny schläft seit ihrer Ankunft in *Mansfield Park* in der kleinen weißen Dachkammer gleich neben der Kammer der Hausmädchen und dem alten Kinderzimmer. Unter dem Dachboden liegt das alte Schulzimmer der Bertram-Kinder, das jetzt Ostzimmer genannt wird und von Fanny inzwischen als eigenes Arbeitszimmer genutzt werden darf. Dort hat sie ihre Topfpflanzen untergebracht, ihre Bücher, den Schreibtisch und andere Habseligkeiten. Jane Austen beschrieb den Raum überraschend ausführlich: Die »an sich schon anspruchslosen Möbel [hatten] unter der üblichen schlechten Behandlung durch die Kinder noch gelitten ...; unter seinen wertvollsten Schmuckstücken waren eine von Julia angefertigte verschossene Fußbank, die für das Wohnzimmer zu nachlässig gehandarbeitet war; drei Transparente für die unteren drei Scheiben des eigenen Fensters, die während einer Begeisterungswelle für Transparente gebastelt worden waren und auf denen Tintern Abbey seinen Platz zwischen einer Höhle in Italien und einem mondbeschienenen See in Cumberland hatte; eine Serie von Familienporträts auf dem Kaminsims, die auf einen besseren Platz keinen Anspruch erheben konnten, und daneben, an die Wand genagelt, die kleine Skizze eines Schiffes, die William vor vier Jahren aus dem Mittelmeer geschickt hatte und unter der in Großbuchstaben groß wie der Hauptmast ›SMS Antwerp‹ stand.«

Vielleicht, so ließe sich spekulieren, entspricht dieses Ostzimmer dem Schulzimmer von Godmersham, so wie sich Jane daran erinnerte. Jane hatte zwar manche Landhäuser sowohl in Hampshire als auch in Kent besucht, wird aber als Gast wohl kaum in solch private Räumlichkeiten vorgelassen worden sein. Aus ihren Briefen wissen wir jedoch, dass sie während ihrer Besuche in Godmersham sehr viel mit den kleinen Kindern ihres Bruders gespielt und ihnen auch bei den Schulaufgaben geholfen hat.

Die Ostseite von Biggin Hall bei Oundle, Northamptonshire. Mansfield Park war »ein geräumiges, modernes Haus ... schön gelegen und gut abgeschirmt«.

Wir erfahren im Roman auch einiges über das Personal, das das Anwesen *Mansfield Park* in Ordnung hält. Sir Thomas beschäftigt sowohl einen Haushofmeister als auch einen Verwalter und außerdem einen Zimmermann, seinen »Freund Christopher Jackson«, dessen zehnjähriger Sohn Dick von Mrs Norris aus der Dienstbotendiele verjagt wird. Der rheumatische alte Wilcox ist der Kutscher, Stephen und Charles sind Laufburschen, die in der Dienstbotenhierarchie noch über John stehen, der als Stallknecht arbeitet. Baddely, der Butler, sorgt im Kamin des Salons für ein »stattliches Feuer«, in dem Mrs Norris dann aber so ungeschickt herumstochert, dass es schließlich verkümmert. Darüber hinaus versieht eine unbestimmte Anzahl von Lakaien Dienst im Haus. Einer von ihnen spielt Geige und wird eines Abends im September gerufen, um den jungen Bertrams zum Tanz aufzuspielen. Mrs Chapman ist die Zofe von Lady Bertram, Ellis dient den Töchtern Maria und Julia, und wenn Fanny beim Ankleiden Hilfe braucht, geht ihr das dienstälteste Hausmädchen zur Hand. Mrs Norris schikaniert die unglückliche, namentlich nicht genannte Haushälterin mit überaus lästigen Forderungen und treibt die Lakaien immer wieder zur Eile an.

Wie groß die jährlichen Einkünfte von Sir Thomas Bertram sind, wird an keiner Stelle ausdrücklich erwähnt, doch um seinen Lebensstil finanzieren zu können, ver-

English Harbour, Antigua, um 1845, aquarellierte Bleistiftzeichnung von Leutnant Herbert Grey Austen, einem Neffen von Jane Austen.

fügt er wahrscheinlich über mindestens 10 000 Pfund im Jahr. Ein Teil davon kommt aus der Landwirtschaft von Gut Mansfield, den Rest werfen seine Plantagen in Antigua ab, auf denen sich durch Sklavenarbeit hohe Profite erzielen lassen. Im wirklichen Leben setzte sich das von William Wilberforce und anderen evangelischen Christen gegründete Anti-Slavery Committee seit 1787 für eine Beendigung des Sklavenhandels in den britischen Kolonien ein. Im März 1807 verabschiedete das Unterhaus ein entsprechendes Gesetz, das im Mai des folgenden Jahres in Kraft trat. Diese für Plantagenbesitzer nachteilige Wendung findet ein Echo in den Worten von Mrs Norris, die schnell erkannt hat, »dass Sir Thomas' finanzielle Lage angespannt sein wird, wenn der Besitz in Antigua weiterhin so wenig abwirft«. Es ist deshalb durchaus plausibel, dass sich der Gutsherr im September 1807 genötigt sieht, persönlich nach Antigua zu reisen, »um seine Angelegenheiten in Ordnung zu bringen«. Er wird von seinem ältesten Sohn Tom begleitet, in der Hoffnung, »ihn dem schlechten Einfluss zu Hause zu entziehen«.

Zur Entstehungszeit des Romans unterhielten viele englische Familien ähnliche Beziehungen zu den Westindischen Inseln, denn seit Anfang des siebzehnten Jahrhunderts versuchte dort so mancher junge Mann sein Glück zu machen, indem er Pflanzungen anlegte und die geernteten Früchte in England auf den Markt brachte. Der Bürgerkrieg Mitte des siebzehnten Jahrhunderts förderte diese Entwicklung noch, denn von den unterlegenen Royalisten flohen viele vor Cromwells puritanischer Herrschaft auf die Westindischen Inseln. Jane Austen hätte Sir Thomas Bertram auch mit irgendwelchen Besitzungen innerhalb des Königreichs begünstigen können. Doch dies wäre dem Plot zuwidergelaufen, weil er ja dann seine Rückkehr wohl schriftlich angekündigt haben würde. Er sollte aber nach dem Willen der Autorin überraschend zu Hause auftauchen. Ihn auf die Westindischen Inseln abzuschieben war insofern durchaus logisch und für die zeitgenössischen Leser ganz und gar plausibel.

Im September 1808 kehrt Tom aus Antigua zurück. Er ist mittlerweile sechsundzwanzig, aber frivol und extravagant wie eh und je. Sir Thomas bleibt noch für ein Jahr in Übersee – »die außerordentlich große Ungewissheit, in der sich alles befand«, veranlasst ihn dazu. Fanny, obwohl immer noch das Aschenputtel in der Familie, hat sich inzwischen zu einem schlanken, reizenden blonden Teenager mit süßem Lächeln und sanften hellen Augen entwickelt. Edward ist ihr heimlicher Jungmädchenschwarm, und die Gehässigkeiten von Mrs Norris erträgt sie geduldig. Edmund hat sich für den Beruf eines Geistlichen entschieden und wird mit seinen vierundzwanzig Jahren bald zum Pfarrer ordiniert werden. Die 26-jährige Maria verlobt sich mit dem einfältigen jungen James Rushworth, der kurz zuvor den nahe gelegenen

Grundbesitz von Sotherton Court und damit jährliche Einkünfte von 12 000 Pfund geerbt hat. Julia Bertram ist zwanzig und hält ebenfalls Ausschau nach einer guten Partie. Henry und Mary Crawford, der jüngere Halbbruder und die Schwester von Mrs Grant – beide etwa Mitte Zwanzig – ziehen im Juli 1809 in das Pfarrhaus von Mansfield ein.

Fanny ist zu diesem Zeitpunkt gerade achtzehn geworden. Erst jetzt, in Kapitel fünf, gibt uns die Autorin erste Hinweise auf die äußere Erscheinung der Protagonisten, lässt aber wiederum nur wenig durchblicken. »Ihre Schönheit tat Miss Crawford bei den Miss Bertram keinen Abbruch. Sie waren selbst zu hübsch, um eine andere Frau deshalb abzulehnen, und fast so sehr wie ihre Brüder von ihren lebhaften braunen Augen und ihrem klaren dunklen Teint und ihrem allgemeinen Reiz eingenommen. Wäre sie groß, üppig und blond gewesen, dann hätte sie vielleicht eher eine Zumutung sein können, aber so kam ein Vergleich gar nicht in Frage, und sie gestanden ihr vorbehaltlos zu, ein reizendes, hübsches Mädchen zu sein, während sie selbst die stattlichsten jungen Damen der ganzen Gegend waren.« Henry, obwohl nur mittelgroß und nicht gerade gut aussehend, ist wie seine Schwester dunkelhaarig. Er hat »ausgeprägte Züge, und seine Zähne waren so gut, und er war so gut gebaut... Er war ohne Frage der umgänglichste junge Mann, den die Schwestern je kennen gelernt hatten, und beide waren gleich entzückt von ihm.« Schon als Schuljunge in Westminster erbte er Grundbesitz bei Everingham in Norfolk, der damals einen Zins von rund 4000 Pfund im Jahr erzielte und den Henry, kaum dass er volljährig war, zu einem noch wertvolleren Gut ausgebaut hatte. Aufgrund seiner Erfahrungen auf diesem Gebiet

LINKS: Miniatur einer unbekannten jungen Dame, von George Engleheart.
»Die Schönheit von Fannys Zügen und Erscheinung ... ihr Haar so sorgfältig gekämmt wie immer, wobei ihr eine kleine Locke beim Schreiben ins Gesicht fiel ...«
RECHTS: Lord Grantham, porträtiert von Ingres (1780–1867). Attraktiv und ernst – so hätte vielleicht auch Edmund Bertram ausgesehen.

rät er Mr Rushworth, mit den Ländereien von Sotherton, an denen seit dem Ende des siebzehnten Jahrhunderts nichts mehr gemacht worden war, ähnlich zu verfahren. Mitte Juli fahren einige Mitglieder der Familien Bertram und Crawford nach Sotherton, um Fragen in dieser Sache mit Mr Rushworth und dessen Mutter vor Ort zu besprechen.

Jane Austen lässt uns eine Menge Einzelheiten über Sotherton Court wissen, denn wir sehen das Anwesen zum Teil mit den Augen Fannys, die an diesem spontanen Ausflug teilnimmt. Das Dorf Sotherton liegt rund zehn Meilen von Mansfield entfernt, und die Fahrt dorthin führt unter anderem über einen Straßenabschnitt, der so schmal und voller Schlaglöcher ist, dass Kutscher Wilcox um das Gespann fürchtet, zumal ihm noch der lange Anstieg auf den Sandcroft Hill bevorsteht. Als dann die Anhöhe glücklich erreicht ist, wird die Straße, die nun durch den Forst von Sotherton führt, merklich besser, was Maria Bertram als das Werk von Mr Rushworth herausstreicht. Am Dorfrand stehen einige baufällige Häuser – warum Mr Rushworth hier noch nicht Abhilfe geschaffen hat, sagt Maria nicht. Die Kirche hat einen auffallend schönen Turm und liegt weit genug von dem Herrensitz entfernt, um mit ihrem Geläut nicht zu stören. Das Pfarrhaus ist in einem ordentlichen Zustand, was Maria zu der Bemerkung veranlasst, dass der Pfarrer und seine Frau sehr anständige Leute sind. Die Rushworths haben auch ein Armenhaus gebaut. Der Gutsverwalter wiederum, ein sehr geachteter Mann, wohnt in der Nähe des Einfahrttores.

Von diesem Tor aus ist noch fast eine Meile bis zum Haus zurückzulegen, das in einer Senke liegt und aus dem sechzehnten Jahrhundert stammt. Es ist ein großes, stattliches, symmetrisch angelegtes Gebäude aus rotem Ziegel mit einer breiten Steintreppe vor dem Haupteingang. Die Reisegesellschaft wird von der alten Mrs Rushworth und ihrem Sohn herzlich begrüßt und nach einem kleinen Imbiss zu einem Rundgang durchs Haus einladen. »... durch eine Reihe von Räumen ..., alle hoch und viele ausgedehnt und reich mit Mobiliar im Geschmack von vor fünfzig Jahren [also der Zeit um 1760] eingerichtet, mit gebohnerten Fußböden, solidem Mahagoni, schwerem Damast, Marmor, Vergoldungen und Schnitzereien, jeder auf seine Weise prächtig. Bilder gab es die Fülle, darunter einige wenige gute, aber der größere Teil waren Familienporträts, die niemandem mehr etwas bedeuteten außer Mrs Rushworth, die sich große Mühe gegeben hatte, alles darüber zu erfahren, was

Nordseite von Rockingham Castle, Northamptonshire. Sotherton Court »wurde in elisabethanischer Zeit gebaut und ist ein großer, regelmäßiger Ziegelbau, wuchtig, aber eindrucksvoll ...«

die Haushälterin ihr beibringen konnte, und nun beinahe ebensogut geeignet war, eine Führung durch das Haus zu machen.«

Zum Haus gehört eine eigene Kapelle – ein Luxus, der den Vorfahren wahrscheinlich deshalb zugebilligt wurde, weil die Pfarrkirche zwei Meilen entfernt im Dorf liegt. Die Kapelle lässt sich vom Parterre sowie vom ersten Obergeschoss aus betreten. Die romantisch veranlagte Fanny ist enttäuscht von dem rechteckigen, allein dem Zweck der Andacht vorbehaltenen Raum. Das Einzige, was schön oder feierlich zu nennen wäre, sind die verschwenderische Fülle von Mahagoni und die vielen purpurroten Samtkissen auf der Empore, wo die Familie Platz nimmt. Mrs Rushworth erzählt, dass die Mahagonibänke und -wandvertäfelungen gegen Ende des siebzehnten Jahrhunderts eingebaut wurden und dass die Bänke davor aus einfachem Holz und die Kissen aus schlichtem purpurrotem Tuch gemacht seien. Da Mahagoni erst zu Anfang des achtzehnten Jahrhunderts in größeren Mengen importiert wurde, mag dieser Hinweis so zu verstehen sein, dass die Rushworths zu jener Zeit vermögend genug waren, um sich dieses damals noch exotische Luxusholz leisten zu können. Die Besucher halten sich gerade in der Kapelle auf, als Mary Crawford zu ihrer Enttäuschung erfährt, dass Edmund, der ihr gut gefällt, zu Weihnachten, also in wenigen Monaten, zum Pfarrer bestallt wird.

Da Sotherton Court in einer Senke liegt, kann man von keinem seiner Räume aus weit sehen. Aus den Fenstern auf der Westseite blickt man über einen Rasen auf die Eichenallee, die hinter einem hohen schmiedeeisernen Tor beginnt. Sie steigt über eine halbe Meile bis zum Park an. Die Gruppe verlässt das Haus durch eine Tür auf der Südseite und geht über ein paar Stufen hinauf auf eine mit Ziersträuchern

bepflanzte Rasenfläche. Sie ist links und rechts von hohen Mauern eingefasst und grenzt nach vorn hin an ein *bowling-green*. Jenseits dieses Spielfeldes beginnt ein langer, von eisernen Staketen gesäumter Terrassenweg mit Blick auf die Wipfel der Bäume des so genannten Urwaldes. Wem es im Sommer auf der Terrasse zu heiß ist, dem bietet sich die Möglichkeit, durch eine Tür im Staketenzaun und über eine recht lange Treppe hinab in den Schatten des »Urwaldes« zu entfliehen. Er ist ein knapp ein Hektar großes Wäldchen aus Lärchen, Lorbeersträuchern und Buchen, durchzogen von rechtwinklig angelegten Pfaden, an denen in regelmäßigen Abständen eine Sitzbank steht. Ein Hegegraben am Rand des Wäldchens soll die im Park dahinter weidenden Tiere außen vor halten, Fußgänger können durch ein schmiedeeisernes Tor passieren. Edmund, Mary Crawford und Fanny haben sich von den anderen entfernt und nehmen auf einer der Bänke Platz. Mary kommt auf Edmunds bevorstehende Ordination zu sprechen und macht sich über seine Berufswahl lustig. Wenig später ziehen sich die beiden weiter in den Wald zurück und lassen Fanny allein auf der Bank sitzen.

Nach kurzer Zeit gesellen sich Maria, Mr Rushworth und Henry Crawford zu ihr, und sie muss mit anhören, wie Maria, um vor Henry aufzutrumpfen, wiederholt gegen Rushworth ausfallend wird. Dieser geht los, um den Schlüssel für das Eisentor zu besorgen, doch Henry und Maria wollen nicht länger warten. Sie zwängen sich durch die Eisenstangen des Tors und überwinden den Graben – später wird deutlich, dass Jane Austen hier die gegen Ende des Buches tatsächlich unternommene Flucht der beiden symbolisch vorweggenommen hat. Verärgert, erhitzt und schweißgebadet kehrt Rushworth zurück, nur um festzustellen, dass seine Verlobte und Henry Crawford verschwunden sind.

oben links: Miniatur eines unbekannten Gentleman, von Thomas Hazlehurst. Henry Crawford »war nicht hübsch, nein, als sie ihn zum ersten Mal sahen, fanden sie ihn ausgesprochen bieder, aber immerhin war er ein Gentleman mit ansprechenden Umgangsformen ...« oben rechts: Miniatur einer unbekannten jungen Dame, von Charles Jagger, um 1810. »Ihre Schönheit tat Miss Crawford bei den Miss Bertram keinen Abbruch. Sie waren ... fast so sehr wie ihre Brüder von ihren lebhaften braunen Augen und ihrem klaren, dunklen Teint und ihrem allgemeinen Reiz eingenommen.«

Am frühen Abend haben alle jungen Leute Streit miteinander: Fanny regt sich darüber auf, dass Edmund Mary Crawford auf den Leim geht, Mary ärgert sich über Edmunds unverrückbaren Entschluss, Pfarrer zu werden, Rushworth ist eifersüchtig auf Henry, Maria bereut ihr Verlöbnis mit Rushworth und Julia, die Henrys Bewunderung für sich reklamiert, ist wütend darüber, dass Maria mit ihm flirtet.

Tom Bertram kehrt von einem Badeurlaub aus Weymouth zurück und bringt seinen Freund John Yates mit, der leidenschaftlich gern Theater spielt. Nach langem Hin und Her einigen sich die jungen Leute schließlich darauf, *Das Kind der Liebe* aufzuführen, ein zu Anfang des neunzehnten Jahrhunderts tatsächlich sehr populäres Rührstück. Es ist längst in Vergessenheit geraten, weshalb die heutigen Leser nicht verstehen können, warum die Wahl im Haus der Bertrams ausgerechnet auf dieses Stück fiel. Janes Zeitgenossen aber werden sofort gewittert haben, dass es Ärger geben muss.

Das Stück stammt ursprünglich von August von Kotzebue und wurde später von der englischen Schauspielerin Mrs Inchbald ins Englische übertragen und adaptiert. Die Uraufführung fand am 11. Oktober 1798 im Covent Garden Theatre in London statt. Wir wissen nicht, wann oder wo Jane Austen das Stück gesehen hat. Es wurde jedenfalls über mehrere Jahre immer wieder aufgeführt, und das Skript war auch im Druck erhältlich. Ort der Handlung ist Deutschland, wo Wilhelmine (in der englischen Übersetzung heißt sie Agatha Friburg), eine Unschuld vom Lande, rund zwanzig Jahre zuvor von einem gewissen Baron Wildenhaim, der ihr die Ehe versprach, verführt und dann mit dem gemeinsamen Sohn Fritz (im Englischen: Frederick) im Stich gelassen wurde. In der Eröffnungsszene klärt Wilhelmine den Sohn über seinen Vater auf und informiert damit auch das Publikum. Der Baron war in Frankreich verheiratet und ist als Witwer mit seiner jungen Tochter Amalie (im Englischen: Amalia) auf sein angestammtes Anwesen in Deutschland zurückgekehrt. Er hofft auf eine Verbindung Amaliens mit dem reichen Reichsgrafen von der Mulde, doch sie liebt ihren Lehrer Pfarrer Ehrmann (im Englischen: Anhalt), der auch ihr in einer langen Aussprache seine Liebe gesteht. Zwischenzeitlich geraten Fritz und der Baron, ohne dass sie von ihrer Verwandtschaft wissen, heftig aneinander – mit dem Ergebnis, dass der Baron den Jungen einkerkern lässt. Zum Schluss erkennt der reumütige Baron Fritz als seinen Sohn an, heiratet Wilhelmine und gestattet der Tochter die Ehe mit Ehrmann. Obwohl das Stück am Ende die moralische Ordnung wiederherstellt, wurde es von manchen zeitgenössischen Kritikern für anstößig erachtet. Es wundert daher nicht, dass Fanny erschrocken ist, als sie den Text liest. »Wilhelmine und Amalie erschienen ihr jede auf ihre Art so völlig unangebracht für eine Aufführung im privaten Kreis, die Szenen der einen und die Sprache der anderen so ungeeignet für die Darstellung durch eine anständige Frau ...« Maria übernimmt die Rolle der Wilhelmine, Henry Crawford spielt den unehelichen Sohn Fritz, was beide häufig zu rührenden Szenen auf der Bühne zusammenführt: Mal drückt Wilhelmine den Jungen an ihre Brust, mal sinkt sie ohnmächtig in seine Arme. Edmund gibt den Pfarrer Ehrmann und Mary Crawford die Amalie. Im Beisein von Fanny proben sie ihren großen Auftritt. Die Szene handelt »nur von Liebe. Eine Liebesheirat sollte von dem Herrn beschrieben und eine kaum verschleierte Liebeserklärung von der Dame gemacht werden.« Zum großen Bedauern von Mr Yates, der sich in seiner Rolle des reumütigen Baron Wildenhaim sehr gefällt, kehrt Sir Thomas Bertram überraschend nach Hause zurück und setzt dem Spiel ein Ende.

Dass die Autorin der Laienaufführung in *Mansfield Park* allem Anschein nach ablehnend gegenüberstand, mag manche Leser verwundern, zumal im Hause Austen selbst Theater gespielt wurde. Prinzipiell hatte Jane Austen tatsächlich an Laienspielen nichts auszusetzen. Sie muss jedoch im Interesse des Romangeschehens darauf aufmerksam machen, dass Sir Thomas solche Lustbarkeiten nicht duldet und dass die Familie seine Abwesenheit nutzt, um sich über ihn hinwegzusetzen. Außerdem wählt sie ein Spiel aus, das sich für eine häusliche Aufführung ganz und gar nicht eignet und nur dazu angetan ist, die Eifersüchteleien und Streitigkeiten unter den jungen Leuten noch weiter ausufern zu lassen. Folglich kommt es während der allzu enthusiastisch aufgenommenen Proben zwischen Maria und Henry Crawford auf der einen sowie zwischen Edmund und Mary Crawford auf der anderen Seite zu sexuellen Spannungen, die schließlich im Auseinanderbrechen der Familie Bertram kulminieren.

Sir Thomas ist bei seiner Rückkehr von Antigua abgemagert, sonnenverbrannt und reisemüde. Fanny liebt es jedoch, dem Onkel zuzuhören, wenn er von seinen Reisen erzählt, und Sir Thomas ist zweifellos gern bereit, seiner Familie die exotischen Früchte der Westindischen Inseln zu beschreiben – Tamarinde, Mango, Süßkartoffeln, Pampelmuse und Ananas. Vielleicht berichtet er auch von Stechmücken, Spinnen, Kakerlaken, Skorpionen, Tausendfüßlern, von den heimtückischen Wespen, die in Holzritzen nisten, und von den Landkrebsen, die nach Einbruch der Dunkelheit aus ihren Verstecken gekrochen kommen. Saint Johns ist zwar die

Hauptstadt von Antigua, bestand damals aber nur aus ein paar armseligen Holzhütten auf geziegelten Fundamenten und aus staubigen Straßen, auf denen während der Regenzeit Gras wuchs. Von den Ausschweifungen, die unter den weißen Siedlern gang und gäbe waren, wird Sir Thomas nichts erzählt haben. Ein junger, über mehrere Jahre in der Karibik stationierter Offizier erinnerte sich:

> »Unser Nachbar Mr Dow, ein Angestellter der Werft, der, eine knappe Meile entfernt, auf dem Bergrücken von Antigua lebte, hatte außer seinen fünf hübschen weißen Töchtern unter demselben Dach wohl ebenso viele schwarze Töchter, die er den Offizieren als Lustmädchen feilbot. Intime Beziehungen dieser Art waren für die Anwohner beileibe nicht ungewöhnlich.«

Maria hatte gehofft, dass Henry Crawford ihren Vater förmlich um die Hand seiner Tochter anhalten würde, worauf sie ohne zu zögern ihre Verlobung mit Mr Rushworth rückgängig gemacht hätte. Doch zu ihrer Enttäuschung und Wut kommt Henry diesem Wunsch nicht nach. Stattdessen bricht er von Mansfield auf und reist nach Bath. Im November heiratet Maria den ungeliebten Mann. »Da sie auf die Ehe durch den Hass auf ihr Zuhause, die Beschränkung und die Ereignislosigkeit, durch die Verzweiflung über eine enttäuschte Liebe und die Verachtung für den Mann, den sie heiraten sollte, vorbereitet war, hätte sie *seelisch* nicht besser vorbereitet sein können.« Julia begleitet das jung vermählte Paar auf dessen Reise nach Brighton. Auch Tom verlässt das Haus und fährt zum Pferderennen nach Newmarket. So ist letztlich Fanny alleinige Zeugin von Edmunds zunehmender Verliebtheit in Mary Crawford, die darauf hofft, dass er seine Absicht, in den Dienst der Kirche zu treten, aufgibt und sie zu ihren Bedingungen heiratet.

Anfang Dezember, pünktlich zum Auftakt der Jagdzeit, kehrt Henry nach Mansfield zurück und beschließt aus einer herzlosen Laune heraus, mit Fanny zu flirten. Seiner Schwester gegenüber gesteht er: »... mein Plan ist, Fanny Price in mich verliebt zu machen ... Nein, ich werde ihr nichts zuleide tun, der armen kleinen Seele. Ich möchte nur, dass sie mich freundlich anblickt, um meinetwillen lächelt und errötet, einen Stuhl für mich freihält, wo immer wir sind, und aufblüht, wenn ich mich zu ihr setze und mit ihr spreche; dass sie denkt, wie ich denke, sich für all meinen Besitz und all meine Vergnügungen interessiert, versucht, mich länger in Mansfield festzuhalten, und wenn ich abreise, fühlt, dass sie nie wieder glücklich werden kann. Mehr will ich gar nicht.« Doch es kommt anders. Für Henry wird Fanny bald kein Ohr mehr haben, denn ihr geliebter älterer Bruder William, den sie seit sieben Jahren nicht mehr gesehen hat und der inzwischen zum Fähnrich zur See aufgestiegen ist, hat Urlaub und kommt nach *Mansfield Park* zu Besuch.

Ende des achtzehnten Jahrhunderts begannen junge Anwärter eine Laufbahn als Marineoffizier bereits im Grundschulalter. Schon mit zehn Jahren konnte ein Junge als Kadett Mitglied einer Schiffsmannschaft werden. Mit vierzehn wurde er dann Fähnrich zur See, als der er mindestens sechs Jahre lang dienen musste, ehe er einen Antrag auf Beförderung zum Leutnant stellen konnte. An Bord eines Schiffes gab es immer mehrere Leutnants, und jeder junge Mann hoffte darauf, in den Rang des Oberleutnants aufzurücken, sobald ein Vorgesetzter starb oder selbst befördert wurde. »A bloody war and a sickly season!« – »Auf einen blutigen Krieg und eine ungesunde Jahreszeit!« – war ein in den Offiziersmessen häufig gehörter Trinkspruch junger Leutnants. Vom Rang des Oberleutnants konnte man, gute Leistungen oder Kriegsglück vorausgesetzt, zum Kapitänleutnant und weiter zum Kapitän zur See aufsteigen. Die Beförderung in den Admiralsrang folgte dann automatisch.

Die höchste Hürde war also für den Fähnrich zu überwinden, der Leutnant werden wollte. Um sich bei Fanny einzuschmeicheln, bittet Henry Crawford folglich seinen Onkel, einen Admiral außer Dienst, seinen Einfluss geltend zu machen und sich für Williams Beförderung einzusetzen.

Während des Besuches von William kommt wieder Edmunds bevorstehende Ordination zur Sprache. Mary Crawford erfährt zu ihrem Verdruss, dass er Mansfield Park bald verlassen und in das mehrere Meilen entfernte Pfarrhaus von Thornton Lacey einziehen wird. Edmund und Henry unterhalten sich darüber, welche Verbesserungen an Haus und Grundstück vorgenommen werden müssen, wodurch die Leser einen guten Eindruck von diesem Gebäude vermittelt bekommen.

Thornton Lacey ist ein verschlafenes kleines Dorf, zwischen sanft geschwungenen Hügeln gelegen. Es wird über eine Straße erreicht, die, von einem Bach begleitet, an einem von Eiben geschützten Bauernhaus vorbeiführt, dann am Fuß eines kleinen Hügels, auf dem die große, ansehnliche Kirche steht, und schließlich am

1801 schenkte Leutnant Charles Austen jeder seiner Schwestern ein Topaskreuz, gekauft von seinem ersten Prisengeld. Janes Kreuz hatte fünf ovale Steine. In MANSFIELD PARK bedankte sie sich dafür, indem sie Leutnant William Price ein solches Kreuz – mit Bernsteinen – seiner Schwester Fanny schenken lässt.

The Seahorse Inn in Deene bei Corby, Northamptonshire. Ursprünglich war dies das Altenteil der ansässigen Gutsherrn, der Brudenells von Deene, bevor es im zwanzigsten Jahrhundert in ein Hotel umgewandelt wurde. Thornton Laceys Pfarrei könnte so ausgesehen haben.

alten Pfarrhaus auf der anderen Straßenseite, von dem Henry ganz begeistert ist. Er beschreibt es als »eine solide, geräumige, einem Herrenhaus ähnliche Pfarre, von der man annehmen könnte, dass eine angesehene, alteingesessene Familie darin von Generation zu Generation gelebt hat, mindestens zweihundert Jahre lang, die nun pro Jahr zwei- bis dreitausend darin ausgibt«. Da weit und breit kein Herrenhaus steht, könnte nach Henrys Vorstellung das Pfarrhaus zum dominierenden Gebäude der Umgebung ausgebaut werden und man könnte »... ihm eine Atmosphäre geben, dass der Besitzer von allen Durchreisenden als der Großgrundbesitzer der Gemeinde angesehen wird«. Henry empfiehlt in diesem Sinne, dass das Bauernhaus gänzlich verschwindet und Bäume gepflanzt werden, die die Hufschmiede abschirmen. Die Vorderfront des Pfarrhauses weist nach Norden. Auch das wäre zu ändern, der Eingang und die repräsentativen Räume auf die Ostseite zu verlegen, die einen hübscheren Ausblick gestattet und durch den jetzigen Garten zu erreichen ist. Auf dem Hang hinter dem Haus könnte ein neuer Garten angelegt werden, und die Weiden dahinter mit ihren hübschen Bäumen ließen sich zu einer großen Wiese zusammenfassen. Edmunds Pläne hingegen sind vernünftiger und weniger extravagant. Ihm reicht es, wenn zur Verschönerung der Anfahrt auf das Haus der hässliche Hof verschwindet. »Ich muss mich wohl mit etwas weniger Pracht und Schönheit zufrieden geben.«

Sir Thomas trifft Vorbereitungen zu einem Weihnachtsball in *Mansfield Park*, damit William, ehe sein Urlaub zu Ende ist, noch einmal das Vergnügen hat, zu tanzen. Wie der Ausflug nach Sotherton führt auch dieses Ereignis zu emotionalem Aufruhr unter den vier Hauptakteuren. Mary Crawford und Edmund sind gleichermaßen verärgert aufeinander. Sie will nie mehr mit ihm tanzen, falls er weiterhin darauf bestehen sollte, Pfarrer zu werden. Henry Crawford zweifelt nun selbst nicht mehr daran, ernstlich in Fanny verliebt zu sein, was er Mary gegenüber zugibt: »...ich bin regelrecht gefesselt. Du weißt, wie leichtsinnig meine Absichten zu Anfang waren, aber damit ist es nun vorbei.« Weil sich aber Fanny sehr gut erinnern kann, wie er mit den Schwestern Bertram geflirtet und die beiden unglücklich gemacht hat, misstraut sie ihm und entzieht sich seinem drängenden Werben. Als er ihr ein paar Tage später einen Antrag macht, fällt sie aus allen Wolken. Sir Thomas kann nicht verstehen, warum sich Fanny gegen eine so vortreffliche Partie sträubt, und schlägt ihr vor, ihre armen Eltern in Portsmouth zu besuchen. Denn er glaubt, »dass ein zeitweiliger Verzicht auf die Annehmlichkeiten und den Luxus in *Mansfield Park* sie zur Besinnung bringen und veranlassen würde, den Wert des beständigeren, aber nicht minder großzügigen Heims, das man ihr bot, angemessener zu würdigen.«

Als William, dank der Fürsprache von Admiral Crawford zum Leutnant befördert, im Februar 1810 nach Hampshire zurückkehrt, um seinen Dienst auf der HMS Thrush anzutreten, nimmt er seine Schwester Fanny mit auf die zweitägige Reise nach Hause. Sie führt über Northampton und Oxford nach Newbury, wo sie übernachten, um am nächsten Tag nach Portsmouth weiterzufahren.

Portsmouth war zu jener Zeit Englands größter Marinestützpunkt. Sein Hafen war selbst für die größten Schiffe tief genug. Auch die Armee unterhielt dort eine Garnison, zum Schutz von Stadt und Hafen gegen eine feindliche Invasion zu Wasser oder zu Lande. Zur Landseite hin war die Stadt mit Wehrgräben, Mauern, Schutzwällen und Bastionen abgesichert. Durch diesen Verteidigungsriegel führte nur ein einziger schmaler Durchlass, die Landport Gate, die ihrerseits nur über eine Zugbrücke zu erreichen war. »Sie fuhren über die Zugbrücke und in die Stadt hinein, und es begann gerade zu dunkeln, als der Wagen ... ratternd in eine schmale Straße einbog, die von der Hauptstraße abging, und vor der Tür eines kleinen Hauses anhielt, das Mr Price jetzt bewohnte.«

Die Verteidigungsanlagen sind längst verschwunden, und obwohl die Landport Gate immer noch an derselben Stelle zu finden ist, wird sie längst nicht mehr als Stadttor genutzt. Wie immer, wenn Jane Austen authentische Schauplätze verwendete, verzichtete sie auf konkrete Angaben. Es könnte also sein, dass die Prices entweder in der Highbury Street oder der Peacock Lane wohnen. Beide Straßen zweigen von der High Street ab, die eine nach Westen, die andere nach Osten. Die High Street und die beiden kleineren Straßen existieren immer noch. Ebenfalls auf der High Street, ein Stück weiter Richtung Meer, befinden sich die anderen Örtlichkeiten, die

Fanny später besuchen wird – die Garnisonskirche, der Befestigungswall und das Werftgelände. All dies steht auch heute noch, sodass man zumindest hier Fannys Spuren folgen kann.

Wie das Haus der Familie Price ausgesehen haben mag, lässt sich vielleicht am besten nachvollziehen, wenn man sich die alten Reihenhäuser in der St Thomas Street, der Parallelstraße der High Street, anschaut. Sie sind vermutlich, obwohl sehr schmuck und gut gepflegt, zumindest der Größe und dem Aussehen nach ganz ähnlich wie jenes Haus, in dem Jane Fannys Familie wohnen lässt. Wir betreten mit Fanny einen schmalen Flur und von dort ein kleines Wohnzimmer, das der einzige Aufenthaltsraum der Familie zu sein scheint. Der Teppich ist abgenutzt, Fettflecken verunzieren die Wand – da, wo der Vater, in seinem Sessel sitzend, den Kopf anlehnt –, und der Tisch ist von den drei jüngeren Brüdern zerkratzt und voller Kerben. Das Teetablett, das darauf liegt, ist offenbar noch nie richtig sauber gemacht worden. Irgendwo hinter dem Wohnzimmer befindet sich die Küche, aus der man Rebecca und Sally, die beiden schlampigen Dienstmädchen, krakeelen hört. Fanny muss sich ein Schlafzimmer mit ihrer jüngeren Schwester Susan teilen. Es ist klein, kalt und nur dürftig möbliert.

Während William auf der HMS Thrush davonsegelt, kommt sich Fanny in der bedrückenden Enge des kleinen verwahrlosten Hauses wie eine Gefangene vor. Der Lärm und die üblen Gerüche sind für sie nur schwer zu ertragen. Außerdem muss sie Hunger leiden, weil sie es nicht über sich bringt, »Rebeccas Puddings und Rebeccas Frikassees« zu essen, die auf nachlässig abgewaschenen Tellern auf den Tisch kommen. Mrs Price hantiert umständlich im Haushalt herum, so dass sie nie die Zeit hat auszugehen. Doch sonntagsmorgens besucht sie stets den Gottesdienst in der Garnisonskirche und geht anschließend auf den Schutzwällen spazieren. Die Stadt ist voller Soldaten und Seemänner, weshalb Fanny und Susan nie ohne

Wie eins dieser Häuser in der St. Thomas Street in Portsmouth könnte man sich auch das Haus der Familie Price vorstellen.

Begleitung sein dürfen, da sie sonst Gefahr laufen, für Prostituierte gehalten zu werden.

Auf der Suche nach Fanny kommt wenige Wochen später Henry Crawford nach Portsmouth. Zu ihrer großen Überraschung hat er sich charakterlich offenbar sehr zu seinen Gunsten verändert. Er ist »viel sanfter, nachgiebiger und [nimmt] mehr Rücksicht auf die Gefühle anderer als je in Mansfield«. Er führt sie und Susan auf einem Spaziergang zum Hafen, wo sie ein Schiff im Trockendock besichtigen. Fanny weiß, dass Edmund nach London gefahren ist, um Mary Crawford einen Antrag zu machen, wagt es aber nicht, Henry nach dem Ergebnis dieser Reise zu fragen.

Die Geschichte nähert sich nun schnell ihrem Höhepunkt. Anstatt nach Norfolk zu fahren und sich um die Geschäfte auf seinem Gut Everingham zu kümmern, wie er es Fanny versprochen hat, bleibt Henry in London, wo er sich wieder mit Maria trifft, die sich als Gattin des einfältigen Mr Rushworth äußerst unwohl fühlt und Henrys Annäherungsversuchen nicht widerstehen kann. Schließlich drängt sie ihn, mit ihr durchzubrennen. Aus Angst, nach Mansfield zurückzitiert zu werden, nimmt auch Julia Reißaus und fährt mit Yates nach Gretna Green. Tom erleidet einen Unfall in Newmarket und wird, ernstlich erkrankt, nach Hause gebracht. Und als Edmund schließlich Mary Crawford wiedersieht, ist er von ihrer herzlosen, berechnenden Art so schockiert, dass ihm endlich bewusst wird, sie nie wirklich gekannt und statt ihrer nur eine Wunschvorstellung geliebt zu haben.

Fanny kehrt im Mai nach Mansfield zurück, wo sie von Sir Thomas und Lady Bertram als die einzige Tochter, auf deren Ehrlichkeit und Zuneigung Verlass ist, willkommen geheißen wird. Am Ende des Romans teilt uns die Autorin mit: »Ich enthalte mich bei diesem Anlass absichtlich aller Daten, damit jeder Leser die Freiheit hat, seine eigenen einzusetzen; denn ich bin mir bewusst, dass die Heilung unüberwindlicher Leidenschaften und der Wandel unwandelbarer Neigungen bei verschiedenen Menschen zeitlich sehr variieren kann. Ich bitte meine Leser aber zu glauben, dass Edmund genau zu dem Zeitpunkt, als es völlig natürlich schien, und nicht eine Woche früher aufhörte, sich für Miss Crawford zu interessieren, und so ungeduldig wurde, Fanny zu heiraten, wie Fanny selbst es sich nur wünschen konnte.«

Im Sommer 1813 verbrachten Janes Bruder Edward Knight und seine Familie ihre Ferien in Chawton Great House. Eine der Töchter, die neunjährige Louisa, lauschte einem Gespräch ihrer Tanten. Sie erinnerte sich viele Jahre später, gehört zu haben, dass Cassandra Jane zu überreden versuchte, das Ende der Geschichte umzuschreiben und Henry Crawford Fanny Price heiraten zu lassen. Jane blieb in der heftig geführten Auseinandersetzung jedoch standhaft und mochte keine Veränderung akzeptieren. Vielleicht hat dieses Gespräch dann aber doch noch seinen Niederschlag gefunden, nämlich an jener Stelle des letzten Kapitels, wo Jane einräumt, dass das Ende durchaus anders hätte sein können. »Henry Crawford, von frühzeitiger Unabhängigkeit und schlechten häuslichen Beispielen verdorben, frönte den Exzessen kaltblütiger Eitelkeit ein bisschen zu lange. Einmal hatte diese ihn durch einen unbeabsichtigten und unverdienten Schachzug auf den Weg zum Glück geführt. Hätte er sich damit zufrieden gegeben, die Zuneigung einer einzigen liebenswürdigen Frau zu erobern, hätte er ausreichende Abwechslung darin gefunden, Fanny Prices Zögern zu überwinden und sich ihrer Achtung und ihrer Zärtlichkeit wert zu erweisen, hätte er alle Aussicht gehabt, erfolgreich und glücklich zu werden. ... Hätte er ernst gemeinte Ausdauer bewiesen, wäre Fanny innerhalb einer überschaubaren Zeit nach Edmunds Heirat mit Mary bestimmt seine Belohnung geworden – und zwar eine ihm freiwillig zufallende Belohnung.«

Aber wären Edmund und Fanny denn glücklicher geworden, wenn sie die Crawfords geheiratet hätten? Kaum anzunehmen, dass sich Mary mit einem Leben im ländlichen Northamptonshire an der Seite eines ernsten, gewissenhaften Pfarrers zufrieden gegeben hätte. Wahrscheinlich hätte sie Edmund ständig in den Ohren gelegen mit dem Wunsch, nach London zu ziehen. Und Henry – mit seinem Talent, in verschiedene Rollen zu schlüpfen – hätte vielleicht ein paar Monate lang Fannys treuen Gatten gemimt, wäre dann aber wahrscheinlich ihrer Tugendhaftigkeit und Frömmigkeit überdrüssig geworden. Fanny wiederum hätte sich wohl kaum im Kreis jener schicken, aber herzlosen Freunde wohl gefühlt, von denen wir Mary Crawford reden hören. Eine Autorin mit trivialerem Geschmack hätte die Crawfords womöglich durch Edmund und Fanny zu einem tugendhaften Lebenswandel bekehren lassen. Doch eine solche Wendung, zumal in so kurzer Zeit, wäre jedoch sehr unwahrscheinlich und mit Jane Austens unsentimental-realistischer Psychologie nicht vereinbar gewesen.

Die Erstausgabe des Romans wurde, aus welchen Gründen auch immer, nie rezensiert. Umso wichtiger waren wohl für Jane Austen die von der Familie und den Freunden geäußerten »Meinungen zu *Mansfield Park*«, über die sie Buch führte. Ihr Bruder Henry war sehr angetan von dem Roman, was Jane ihrer Schwester Cassandra im Frühjahr 1814 in drei Briefen mitteilt.

»Ihm haben Lady B. & Mrs N. ausgesprochen gut gefallen, & er ist voll des Lobes für die Zeichnung der Charaktere. Er versteht sie alle, findet Fanny sympathisch & sieht angeblich voraus, wie sich alles entwickelt. ... Ich glaube, jetzt weiß er doch nicht mehr so recht, wie die Sache ausgeht; gestern sagte er, dass er niemandem zutraue vorherzusehen, ob sich H. C. reformieren ließe oder nicht doch eher

Fanny in kürzester Zeit vergessen werde ... Henry hat *Mansfield Park* zu Ende gelesen und von seinem Beifall nichts zurückgenommen. Er findet die zweite Hälfte des letzten Bandes *äußerst interessant.*«

Janes Bruder Frank und seine Frau Mary schrieben:

»Wir finden es nicht so vollkommen wie P. & P. – aber es ist an vielen Stellen schön und groß. Fanny ist eine reizende Gestalt! und mir gefällt Tante Norris ganz besonders. Die Figuren sind natürlich & gut durchdacht, & viele Dialoge vortrefflich gelungen. – Du brauchst wahrhaftig nicht zu fürchten, dass man das Buch abtun könnte als eines, das den Talenten der Autorin nicht entspräche.«

Ihr Neffe James-Edward, der Sohn von James, war zwar noch Schüler, doch er mochte das Buch sehr. Und als die Frage einer zweiten Auflage diskutiert wurde, wünschte er sich eine Zugabe. »Der Roman hat einen Fehler, man hat ihn zu schnell durchgelesen ...«

Wie es den Bertrams in ihrem zukünftigen Leben ergangen sein könnte, hat Jane Austen ihrer Familie nie erzählt, wohl aber, dass Edmund einer ihrer Lieblingshelden sei. Tom, so ließe sich spekulieren, wird aufgrund des Unfalls mit der anschließenden Krankheit womöglich nicht mehr lange gelebt haben, so dass *Mansfield Park* vielleicht das Zuhause von Sir Edmund und seiner Familie wurde, die, wenn Fanny die Fruchtbarkeit ihrer Mutter geerbt hat, zahlenmäßig bestimmt sehr groß geworden sein dürfte.

Die Meinungen der einzelnen Familienmitglieder der Autorin gehen recht weit auseinander. Die einen sind voll und ganz auf Fannys Seite, die anderen finden sie langweilig und fade. Eine der Nachbarinnen, nämlich Mrs Bramston von Oakley Hall, war, wie berichtet wird, von dem Roman

»sehr angetan, besonders von Fanny als einer so natürlichen Person. Sieht für sich selbst viele Ähnlichkeiten mit Lady Bertram. Zieht [dieses Buch] allen anderen vor – was aber nichts heißen will, weil sie, wie sie sagt, einen unbedarften Geschmack habe und so manche witzige Anspielung nicht verstehe.«

Miss Augusta Bramston, Janes notorisch exzentrische Schwägerin, nahm offenbar kein Blatt vor den Mund und »hält S. & S. und P. & P. für ausgemachten Blödsinn, glaubt aber, dass ihr MP. besser gefallen wird, oder hofft zumindest, mit dem ersten Band den schlimmsten Teil überstanden zu haben«.

Andere zeitgenössische Leser erwähnten die Lektüre des Buches in ihren Briefen. Eine gewisse Mrs Grant aus Laggan in Schottland, selbst Romanautorin, schrieb:

> »Es freut mich, dass Ihnen *Mansfield Park* so gut gefällt, es ist eins meiner großen Favoriten, weil es für gesittete Formen und Moral einsteht, und zwar nicht mit dem Zeigefinger, sondern auf subtile Art, die mir überhaupt die beste zu sein scheint.«

Die verwitwete Lady Vernon berichtete einer Freundin:

> »Ich empfehle dir *Mansfield Park* zu lesen, wenn es dir denn in die Hände fallen sollte. Es ist eigentlich kein richtiger Roman, eher die Geschichte einer Familiengesellschaft auf dem Lande, sehr natürlich und mit gut gezeichneten Figuren.«

Und Lady Anne Romilly fragte:

> »Hast du *Mansfield Park* gelesen? Es hat hier [in London] allenthalben sehr viel Anklang gefunden, und ich finde, alle Romane sollten so wirklichkeitsnah sein wie dieser und mit einem guten Schuss Moral versehen. Ihm eignet zwar nicht jene Beförderung überweltlicher Tugendhaftigkeit, die einem Roman den größten Reiz verleiht, enthält aber doch das ganz natürliche Alltagsleben, das trotz seiner Fehler in Mußestunden durchaus amüsant sein kann.«

EMMA

Noch während Jane Austen an den Korrekturfahnen von *Mansfield Park* arbeitete, begann sie am 21. Januar 1814 mit der Niederschrift von *Emma*, die sie am 29. März 1815 abschloss. Die Handlung erstreckt sich über einen Zeitraum von vierzehn Monaten, vom September des einen bis zum November des folgenden Jahres. Wahrscheinlich hatte Jane die Jahre 1813–1814 im Sinn. Im Spätsommer 1815 fuhr sie mit dem Manuskript nach London und bat wie schon zuvor ihren Bruder Henry, einen Verleger zu finden. Diesmal betraute Henry den Verleger John Murray aus der Albemarle Street mit der Veröffentlichung des Buches. Es kam Ende Dezember 1815 in den Handel, doch da sich die Druckarbeiten ursprünglich verzögern sollten, ist das Titelblatt – »Von der Verfasserin von *Stolz und Vorurteil* &c. &c.« – auf 1816 datiert. Der Roman erschien in dem üblichen dreibändigen Format zum Preis von 21 Shillings.

Die Schriftstellerin Mary Russell Mitford, die *Stolz und Vorurteil* noch als mangelhaft in puncto Eleganz und Geschmack abgetan hatte, war jetzt, 1816, voll des Lobes für Janes Romane. »Nebenbei bemerkt, wie entzückend ist doch ihre *Emma*! das beste, wie mir scheint, von allen ihren bezaubernden Werken.« In späteren Jahren kommentierte sie:

»Auch in Büchern lege ich Wert auf einen begrenzten Handlungsort, und den fordern auch die Kritiker, wenn sie von den Einheiten sprechen. Nichts ist so ermüdend, als auf den Rädern eines Heldengespanns durch halb Europa gewirbelt zu werden, in Wien einzuschlafen, um dann in Madrid wieder aufzuwachen; so

Landkarte von Surrey, frühes neunzehntes Jahrhundert.
Jane Austen besuchte Angehörige in Great Bookham bei Leatherhead, in der Nähe von Dorking und Reigate. Die fiktive Ortschaft Highbury liegt angeblich neun Meilen von Richmond-upon-Thames und sieben Meilen von Box Hill entfernt.

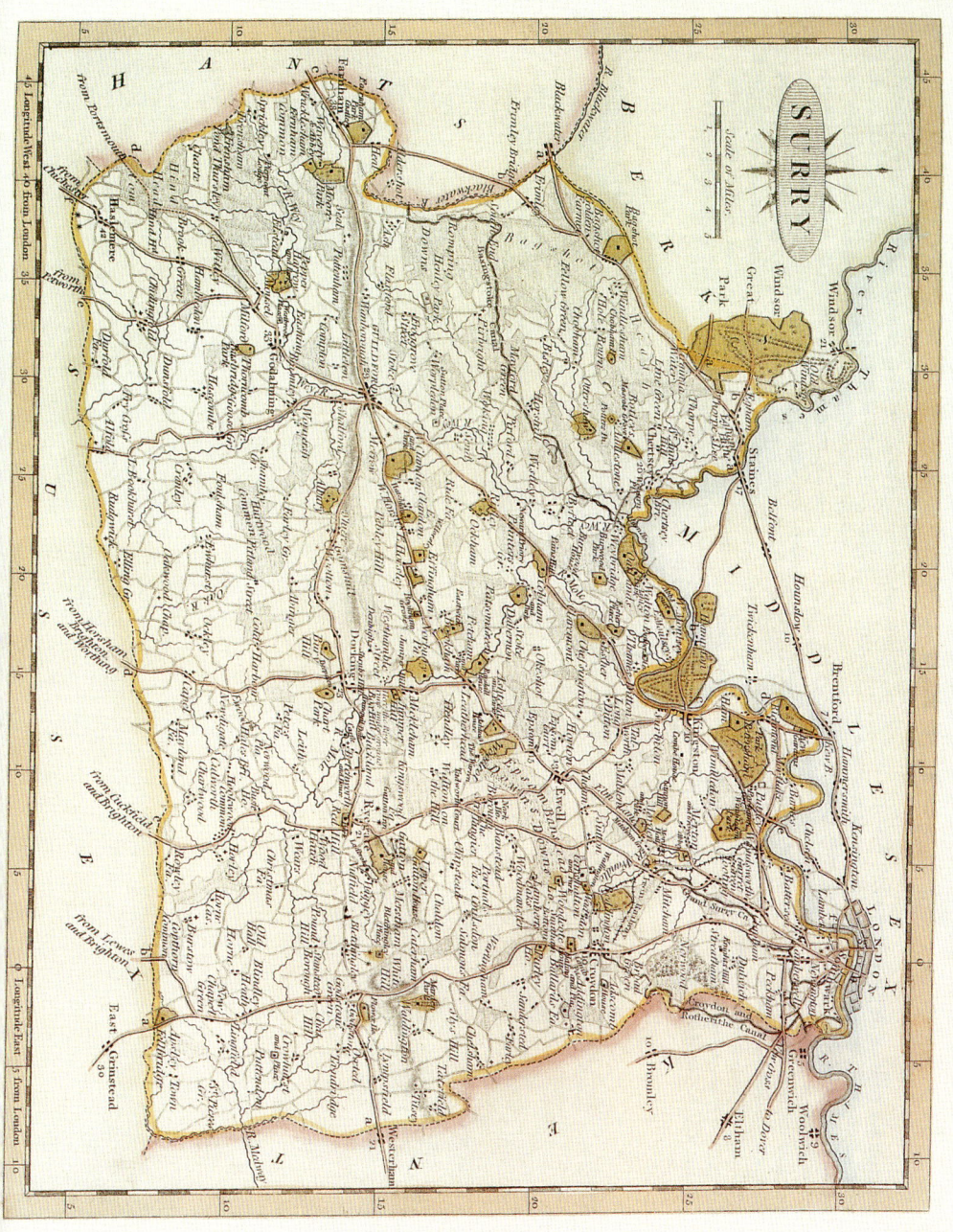

etwas macht den Geist wirklich matt und müde. Andererseits ist nichts so vergnüglich, als ein ländliches Dorf in einem der köstlichen Romane von Miss Austen aufzusuchen und über die Zeit des Verweilens mit jedem Winkel darin, mit jeder Person, die dort lebt, vertraut zu werden…«

Vielleicht dachte sie an Emma, als sie diese Zeilen schrieb, denn es ist die statischste aller Austen-Geschichten, mit einer Heldin, die sich von ihrem Zuhause in Highbury nie weiter als sieben Meilen entfernt.

Die Austens hatten Verwandtschaft in Surrey, nämlich Pfarrer Samuel Cooke und seine Frau, die in der nahe bei Leatherhead gelegenen Ortschaft Great Bookham wohnten und die Jane ab und zu besuchte. Zweifellos haben diese Reisen sie mit dazu angeregt, den Schauplatz ihres nächsten Romans in diese Grafschaft zu verlegen. Traditionsgemäß hat auch das fiktive Highbury sein konkretes Vorbild, in diesem Fall Leatherhead, ohne dass eine Stelle oder ein Haus genau identifiziert werden könnte. Im Sommer 1814 hielt sich Jane vierzehn Tage lang in Great Bookham auf und wird in dieser Zeit bestimmt auch einen Ausflug zum nahe gelegenen Box Hill unternommen haben.

Surrey bietet eine sehr abwechslungsreiche Landschaft. Im Norden wird sie teilweise von der Themse begrenzt, im Westen erstreckt sich sandiges Heideland, wo nicht viel mehr als Kiefern, Erika und Farn wachsen. In der Mitte ragen die North

Ausblick vom Box Hill, um 1840. Die Picknickgesellschaft in EMMA *war zwar Jahrzehnte früher hier, wird aber ein ähnlich schönes Panorama vorgefunden haben, das sich heute so nicht mehr bietet.*

Downs auf, ein lang gezogener Kalksteinrücken mit Höhen zwischen 120 und 270 Metern über dem Meeresspiegel. Er verläuft in ost-westlicher Richtung auf einer Linie zwischen Hampshire und Kent. Der 200 Meter hohe, zwischen Mickleham und Dorking gelegene Box Hill ist ein beliebter Aussichtsberg. Die Südflanke der North Downs ist zum großen Teil mit Hartholzbäumen und robustem Buschwerk bewachsen, vor allem mit Eibe und Buchsbaum (im Englischen: *box* – daher auch der Name Box Hill), Buche und Wachholder. Am Fuße der Hügel breiten sich Wälder und fruchtbare Niederungen aus, reich bewässert von zahlreichen kleinen Flüssen, die im Norden in die Themse münden. Die uralte, zehn Meilen von der Londoner City entfernte Stadt Kingston-upon-Thames, in der mehrere frühe Sachsen-Könige gekrönt wurden, war zu Janes Zeiten noch selbstständig und zählte neben London und Richmond-upon-Thames zu den drei wichtigsten Städten der Grafschaft.

Jane wollte für diesen Roman eine Heldin schaffen, die »außer mir niemandem gefallen wird«. Und nachdem Emma Woodhouse vorgestellt ist als »schön, aufgeregt und reich, bei einem sorgenfreien Zuhause und einem glücklichen Naturell«, kommt gleich die Warnung hinterher, »dass Emma zu leicht ihren Willen bekam und dazu neigte, eher zu viel von sich zu halten. Hier lauerten Gefahren, die ihrem ungetrübten Dasein drohten.« Wie in den anderen Romanen, wird das Geschehen aus der Perspektive der Heldin erzählt – doch diesmal ist der Blick der Heldin ironisch verzerrt. Dies erschließt sich dem Leser allerdings erst zum Ende des Buches, da er bislang Emmas Ansichten geteilt hat und folglich in die Irre geführt worden ist.

Im Aufbau entspricht das Buch einem Kriminalroman (ohne Mord), und erst beim zweiten Lesen entdecken wir die Hinweise auf das heimliche Verlöbnis zwischen Frank Churchill und Jane Fairfax, die auch der Protagonistin nicht aufgefallen sind.

Highbury ist ein großes Dorf, fast schon eine Stadt, angeblich sechzehn Meilen von London entfernt und neun Meilen von Richmond, und bis zum Box Hill sind es nur sieben Meilen. Unser Besuch beginnt Ende September und führt uns nach Hartfield, in Emmas Zuhause. Es ist Abend. Emma sitzt mit ihrem ältlichen Vater Henry Woodhouse beieinander. Sie haben tagsüber an der Hochzeitsfeier von Miss Taylor, Emmas Gouvernante und Freundin, teilgenommen. Die Familie Woodhouse ist der jüngere Zweig eines sehr alten Geschlechts und lebt seit einigen Generationen in Highbury. Hartfield selbst ist allerdings ein modernes Haus, das schätzungsweise um 1770 gebaut wurde, wahrscheinlich von Emmas Vater, als dieser den Grundbesitz erbte. Ein kleiner, aber hübscher und gepflegter Landschaftsgarten – samt großem Baum mit einer Bank ringsum, dahinter wachsen Lorbeerbüsche – grenzt nach vorn hin an das schmiedeeiserne Tor der Auffahrt und die Dorfstraße. Zu Hartfield gehört nur sehr wenig landwirtschaftlich genutzte Fläche, gerade so viel, dass die Kutschpferde Gras zum Weiden haben und auch für die Schweine, die Mr Woodhouse mästet, genügend Platz ist. Alle übrigen Ländereien von Hartfield und der Nachbargemeinde Donwell gehören einem gewissen George Knightley von Donwell Abbey. Nichtsdestotrotz ist Mr Woodhouse ein vermögender Mann, der Emma, wenn sie heiratet, eine Mitgift von 30 000 Pfund bieten kann. Wie er an sein Vermögen gekommen ist, wird an keiner Stelle erwähnt. Henry Woodhouse erzielt aus seinen Geldanlagen einen Erlös von ungefähr 3000 Pfund pro Jahr.

Da Hartfield Emmas Zuhause ist, besteht für sie keine Veranlassung, den Wohnsitz zu beschreiben, und so erfahren die Leser nur so viel, dass es sich um ein für damalige Verhältnisse komfortables Familienhaus handelt, mit mehreren Wohnräumen und zusätzlichen Schlafzimmern, in denen Emmas ältere Schwester Isabella, ihr Mann John Knightley und deren fünf Kinder untergebracht werden können, wenn sie hin und wieder zu Besuch kommen. Mr Woodhouse kommt mit wenigen Dienstboten aus: Für die Arbeiten im Haus sind lediglich die Köchin und Haushälterin Serle sowie ein Butler und ein paar Hausmädchen zuständig. James ist der Kutscher, dem ein paar Stallburschen unterstellt sind. Er scheint großen Respekt zu genießen, denn Woodhouse ist in seinen Forderungen als Dienstherr ihm gegenüber sehr rücksichtsvoll. »Aber es ist James bestimmt nicht recht, für einen so kurzen Weg die Pferde einzuspannen, und wo sollen die armen Pferde bleiben, während wir den Besuch machen?« Serle hingegen wird zugemutet, den Diätwünschen ihres hypochondrischen Hausherrn nachzukommen. Dessen Lieblingsspeise ist »eine schöne Schüssel Haferschleim«. Wenn aber die Freundinnen Mrs und Miss Bates und Mrs Goddard kommen, um mit ihm Karten zu spielen, gibt es zum Beispiel Briesfrikassee mit Spargel, Geflügelhackfleisch, gedünstete Austern, weich gekochte Eier und zum Nachtisch Apfeltorte mit Vanillesauce oder Bratäpfel und Gebäck. Obwohl Henry Woodhouse gebratenes Schweinefleisch für unbekömmlich hält, isst er überraschenderweise doch ganz gern mal ein gegrilltes Kotelett oder ein Stück Eisbein, gekocht mit Steckrüben, Möhren und Pastinaken.

Henry Woodhouse ist klein und dünn, ja schmächtig, vermutlich Ende Sechzig oder Anfang Siebzig, und »da er in seiner geistigen und körperlichen Unbeweglich-

Thorncroft Manor bei Leatherhead, Surrey. Dieses elegante Haus wurde um 1765 gebaut, stammt also aus derselben Zeit wie Emmas Hartfield.

keit sein Leben lang ein kränkelnder Mann gewesen war, wirkte er älter, als er war; und wenn er auch wegen seiner Herzensgüte und seiner immer gleichbleibenden Freundlichkeit überall sehr beliebt war, hatte er doch nie durch Talente geglänzt ... Er war kein ausgeglichener Mensch, sondern neigte zu Depressionen; er hing an Menschen, an die er gewöhnt war, und ließ sie ungern gehen, denn jeder Wechsel war ihm zuwider.« In seiner harmlosen Selbstbezogenheit kann er sich nicht vorstellen, dass andere Menschen womöglich anders denken und empfinden. Er hat spät geheiratet, seine Frau ist jung gestorben, so dass er mit seinen Töchtern Isabella und Emma allein dastand, als diese zwölf beziehungsweise fünf Jahre alt waren. Jane Austen lässt die Todesursache der Mutter unerwähnt – vielleicht hat sie sich eine Erkältung zugezogen, die zu einer Lungenentzündung ausgeartet ist, und vielleicht reagiert Woodhouse deshalb so panisch auf Durchzug und Erkältungsrisiken. Die Autorin verzichtet auch darauf, zu erklären, warum Woodhouse überhaupt eine so drastische, aufreibende und potenziell gesundheitsgefährdende Lebensumstellung erwogen und vollzogen hat, die Ehestand und Vaterschaft notwendigerweise mit sich bringen. Vielleicht ist er, der schon einen leicht senilen Eindruck macht, dreißig Jahre zuvor ja doch ein wenig normaler und vitaler gewesen.

Emma ist fast einundzwanzig Jahre alt und wird auf Hartfield wie eine Märchenprinzessin gefangen gehalten – wenn auch nicht von einem Unhold, so doch von ihrem Pflichtgefühl als Tochter und ihrer Zuneigung dem hilfsbedürftigen alten Vater gegenüber. Sie verlässt nur ganz selten das Haus und verbringt ihre Zeit damit, dass sie lernt, zeichnet und Klavier spielt, ohne es auch nur in einem Fach zu besonderen Leistungen zu bringen. Ansonsten sorgt sie für die Unterhaltung des Vaters. Eine Reise, etwa ans Meer, hat sie noch nie unternommen. Wahrscheinlich ist sie bis-

LINKS: Andrew Robertsons Miniatur einer unbekannten jungen Dame, 1816.
Ihr leicht überheblicher Ausdruck lässt eine Ähnlichkeit mit Emma Woodhouse zu Beginn des Romans vermuten.

RECHTS UNTEN: Great Fosters Manor House, Egham, Surrey.
Donwell Abbey »war größer als Hartfield und ganz und gar anders, ... großzügig, weitläufig, unsymetrisch ...«

lang nicht einmal in London gewesen, um Isabella und ihre Familie am Brunswick Square zu besuchen, denn für Hin- und Rückweg hätte sie mindestens vier oder fünf Stunden Fahrzeit gebraucht, was für einen Tagesausflug einfach zu lange gewesen wäre.

Emma selbst ist sowohl körperlich als auch geistig das genaue Gegenteil ihres Vaters. Sie steckt voller Energie und weiß offenbar gar nicht, was Unpässlichkeit heißt. Mrs Weston, die ihr während der vergangenen sechzehn Jahre eine liebe Lehrerin und Mutterersatz gewesen ist, findet das Mädchen bildschön. »Und ihre Augen! Haselnussbraun und so strahlend! Gleichmäßige, offene Züge, und der Teint, oh, welch gesunde, rosige Frische! Und Figur und Größe wohlproportioniert! Wie schlank und aufrecht ihre Figur ist! ... Sie ist die Anmut selbst.« Und Mr Knightley sagt: »Ich stimme mit Ihrer Beschreibung völlig überein ... Ich sehe sie mit dem größten Vergnügen an ...«

Es ist die ihr eigene ruhelose, von einem starken Willen und von Illusion gespeiste Energie und Intelligenz, begünstigt von der Langeweile ihres zurückgezogenen häuslichen Lebens, die Emma dazu treibt, ihre Nase in Dinge zu stecken, die sie nichts angehen. Dadurch beschwört sie viel Kummer und Unglück herauf.

Isabella ähnelt sehr ihrem Vater. Sie ist klein, zierlich und auf übertriebene Weise besorgt um die eigene Gesundheit und die ihrer Kinder. Mit Ende Zwanzig ist sie eine hübsche, elegante Frau von stiller Art, sehr liebenswürdig und herzlich. Ihr Mann John Knightley, der jüngere Bruder des Eigentümers von Donwell, hat die Dreißig überschritten, ist ein groß gewachsener, vornehmer und kluger Mann und als Anwalt sehr erfolgreich. Er hat Isabella sieben Jahre zuvor geheiratet und mit ihr immerhin schon fünf Kinder in die Welt gesetzt: Henry, mit sechs Jahren der älteste, gefolgt von John, Bella, George und Emma, die erst acht Monate alt ist. Sie wohnen in einer Gegend am Nordrand von London, die erst in den Neunzigerjahren des achtzehnten Jahrhunderts bebaut wurde und vordem offenes Land war. So kann Isabella ihrem Vater voller Stolz versichern: »Unser Stadtteil ist ... besser als die meisten anderen ... Wir haben ausgezeichnete Luft!« Den Garten in der Mitte der Wohnanlage gibt es noch heute, wie auch einige der ursprünglichen Häuser, und trotz des Massenverkehrs, der hier inzwischen herrscht, ist noch etwas von der Frische geblieben, die Isabella hervorhebt.

Rund eine Meile südlich von Hartfield liegt, bereits auf dem Grund der Nachbargemeinde, Donwell Abbey, ein ehemaliges kleines Kloster, das im sechzehnten Jahrhundert zu einem Wohnhaus umgebaut wurde und jetzt von George Knightley bewohnt wird. Wir sehen das Haus durch Emmas Augen, deren Schilderung in diesem Fall recht ausführlich ist. »Das Gebäude war größer als Hartfield und ganz und gar anders, da es großzügig, weitläufig, unsymmetrisch und mit vielen gemütlichen und ein oder zwei ausgesprochen repräsentativen Räumen ausgestattet war.« Mr Knightley zeigt seinen Gästen Bücher mit alten Stichen und Vitrinen voller kleiner Sammelstücke wie Medaillen, Kameen, Korallen und Muscheln. Das Haus und die dazugehörenden Nebengebäude liegen in einer geschützten Senke am Fuße eines recht steil ansteigenden Hügels. Der weitläufige Park wird von einem Wasserlauf begrenzt, dahinter breiten sich saftige Wiesen aus. Auffallend ist auch »die Fülle der Bäume an Wegen und Alleen, die weder aus Gründen der Mode noch der Extravaganz gefällt

worden waren«. Das heißt, die Gartenanlage entspricht noch dem Geschmack vergangener Zeit und ist nicht der allgemeinen Erneuerung zum Opfer gefallen. Auch hat sich die Familie Knightley nicht aus etwaigem Geldmangel gezwungen gesehen, diesen wertvollen Baumbestand, der ihr nur zur Zierde und Erholung dient, zu verkaufen. Der Küchengarten von Donwell ist in der ganzen Region bekannt für

John Fernley, Sir John Palmer auf seinem Lieblingspferd, mit seinem Schafhirten John Green und seinem preisgekrönten Leicestershire-Schaf, 1823. So könnte man sich auch Mr Knightley im Austausch mit seinem Verwalter William Larkins vorstellen.

seine Erdbeerbeete, und es gibt auch einen schönen Obsthain, von dem Knightley jedes Jahr einen Sack Äpfel an Mrs und Miss Bates schicken lässt. Eine breite, kurze Lindenallee lädt zu einem Spaziergang ein, hin zu einem flachen Steinwall mit hohen Säulen. Diese Stelle bietet einen herrlichen Ausblick auf »einen Steilhang von imposanter Höhe, und am Fuß dieses Hanges erhob sich, geschützt und in einer schönen Lage, die Abbey Mill Farm mit ihren davorliegenden Wiesen und dem Fluss nahebei, der in einer eleganten Schleife an ihr vorüberfloss. Es war ein wohltuender Anblick – wohltuend für Auge und Gemüt: englisches Grün, englische Landschaftskultur, englisches Behagen, wie es im hellen Sonnenschein unaufdringlich dalag.«

George Knightley, der Eigentümer des schönen Anwesens Donwell Abbey, ist »ein Mann von Charakter, etwa sieben- oder achtunddreißig Jahre alt«. Weil er kein Geld verschwenden kann, dafür aber sehr gesund ist, aktiv und unabhängig, verzichtet er auf eine Kutsche und absolviert die Strecken, die er zurückzulegen hat, lieber im Sattel oder zu Fuß. Er ist groß gewachsen, von kräftiger und aufrechter Gestalt und hat wohl, weil er sich viel unter freiem Himmel aufhält, ein frisches, gesundes Aussehen. Einen Teil des Gutes bewirtschaftet er mit Hilfe seines treuen Verwalters William Larkins selbst – sie züchten Schafe und prüfen gemeinsam die Wochenabrechnungen. Ansonsten hat er in der Familie Martin ausgesprochen tüchtige Pächter. Sein Einkommen beläuft sich wahrscheinlich auf 4000 Pfund im Jahr, und als Junggeselle braucht er nicht viele Dienstboten. Er hat mit Mrs Hodges nur eine Haushälterin angestellt sowie den ungeschickten Hausdiener Harry, der wahrscheinlich, wenn keine Gäste da sind, auch auf dem Hof mit anpacken muss. Knightley hat als Magistrat der Gemeinden Donwell und Highbury auch öffentliche Aufgaben wahrzunehmen. Während der knapp bemessenen Freizeit, die ihm bleibt, hält er sich gern in seiner Bibliothek auf, oder er geht hinüber nach Hartfield, um mit den Woodhouses zu Abend zu essen. Den Kindern seines Bruders John ist er ein fürsorglicher Onkel. Er spielt mit ihnen und wirbelt sie so schwungvoll durch Luft, dass der alte Woodhouse kaum hinsehen kann. Im Übrigen ist er einer der Wenigen, dem Emmas Fehler auffallen, und der Einzige, der sie darauf hinweist.

Die Familie Martin in der Abbey Mill Farm besteht aus der verwitweten Mutter und ihren drei Kindern – Sohn Robert, der Pächter des Hofes, und seine beiden jüngeren Schwestern, die erst kürzlich in Mrs Goddards Schule in Highbury ihre Ausbildung abgeschlossen haben. Zu Beginn der Geschichte widerstrebt es Emma noch, Robert Martin vorbehaltlos zu respektieren und anzuerkennen, dass er ein adretter und vernünftig aussehender junger Mann ist. George Knightley bezeichnet ihn dagegen wie selbstverständlich als einen Gentleman-Farmer und verlässt sich auf seinen guten Rat ebenso wie auf den von William Larkins. Robert reitet jeden Samstag zum Wochenmarkt nach Kingston-upon-Thames und ist ehrgeizig bemüht, sein landwirtschaftliches Wissen durch Fachlektüre aufzubessern.

Um zum Wohnhaus der Abbey Mill Farm zu kommen, muss man das große weiße Tor an der Straße passieren, das sich auf einen breiten, gepflegten Kiesweg öffnet. Er führt zwischen einem Spalier aus Obstbäumen auf die Eingangstür zu. Das Haus hat zwei geräumige Wohnzimmer. Manchmal wird der Sohn des Schäfers gebeten, der Familie, die am Abend in dem einen oder anderen Zimmer versammelt ist, ein Ständchen zu bringen. Robert Martin unterhält eine große Schafherde und erzielt gute Wollpreise. Und obwohl die Familie gesellschaftlich noch nicht so gut dasteht, als dass sie einen Diener einstellen könnte, hat sie doch mehrere Hausmädchen in ihren Diensten. Mrs Martin rechnet damit, in einem oder zwei Jahren auch einen Diener anstellen zu können. Acht Kühe sorgen täglich für Milch, ferner gehören ein Obstgarten und ein Gehege fürs Federvieh zum Hof, aus dem Mrs Martin eine schöne Gans für Mrs Goddard auswählt. Das Sommerhaus im Garten ist so groß, dass zwölf Personen darin Platz finden. An lauen Abenden vergnügt sich die Familie mit lustigen Spielen oder Spaziergängen im Mondschein.

Wir lassen uns gern darauf ein, mit George Knightley über die Donwell Lane – die selbst im Sommer nie staubig und deshalb auch für Damen mit feinerem Schuhwerk begehbar ist – in nördlicher Richtung nach Hartfield und Highbury zu marschieren. Das Örtchen Langley liegt ganz in der Nähe. Der Fußweg dorthin führt über eine der Wiesen von Donwell Abbey. Hartfield liegt am Südende der breiten, aber unebenen Hauptstraße von Highbury – »dem munteren, fröhlichen, friedlich daliegenden [Städtchen]«. An dieser Hauptstraße beziehungsweise High Street befinden sich die Geschäfte und Häuser verschiedener Personen, von denen wir hören oder die uns begegnen.

Mr Perry, der Apotheker und ein enger Freund des alten Woodhouse, bewohnt mit Frau und Kindern sowie einem oder zwei Lehrlingen ein stattliches Haus mit einer großen Messingtafel am Eingang, ganz seiner Stellung als erfolgreicher Geschäftsmann entsprechend. Bald wird er sich nach dem Wunsch seiner Frau eine Kutsche leisten können. Auch das Haus der Coles springt vermutlich ins Auge. Sie leben seit zehn Jahren in Highbury und sind dank der steigenden Profite, die ihr Geschäft in London abwirft, immer reicher geworden. So sind sie inzwischen fast so vermögend wie die Woodhouses. Die Coles besitzen bereits eine eigene Kutsche und Pferde – Robert Martin macht Harriet Smith darauf aufmerksam, dass der Weg hinterm Stall der Coles eine Ausweichstrecke nach Hartfield bietet, wenn die High Street zu nass ist. Außerdem hat Mrs Cole einen Esel, auf dem sie durch Highbury reiten kann, ohne sich die Schuhe staubig oder schmutzig zu machen. Vor kurzem haben sie eine neue Auffahrt zum Haus angelegt und ein neues Speisezimmer angebaut, zusätzliche Dienstboten eingestellt und für das Wohnzimmer einen Konzertflügel der Firma Broadwood gekauft – in der Hoffnung, dass eines der kleinen Mädchen darauf zu spielen lernt.

Emma ist den Coles gegenüber ambivalent eingestellt. Einerseits muss sie ihnen konzedieren, durchaus freundlich, aufgeschlossen und unprätentiös zu sein, kann aber andererseits nicht darüber hinwegsehen, dass sie von niederer Herkunft, im Handel tätig und nicht besonders vornehm sind. Zuerst ist sie geneigt, die Einladung der Coles zum Dinner auszuschlagen, doch die vernünftigeren Westons überreden sie, zuzusagen.

Auf dem Weg zur Dorfmitte kommen wir an dem Haus vorbei, in dem Mr Weston aufgewachsen ist und gewohnt hat, ehe er den Grundbesitz der Randalls erwerben konnte, und wo immer noch einige Kusinen von ihm leben. In unmittelbarer Nachbarschaft befindet sich die Post, die Jane Fairfax an jedem Morgen aufsucht. Sie holt die Briefe von Frank Churchill lieber selbst ab, als den Laufburschen damit zu beauftragen und zu riskieren, dass womöglich ganz Highbury von dem heimlichen Briefwechsel erfährt. John Saunders, der Uhrmacher vor Ort, hat sein kleines Anwesen wahrscheinlich ebenfalls hier, und es mag auch einen kleinen Laden geben, wo man billige, strapazierfähige Arbeitskleidung für die Knechte und Diener auf dem Dorf kaufen kann. Mit der Kutsche von John Saunders wird Reverend Eltons Koffer zur nächsten Poststation gebracht und dann nach Bath vorausgeschickt, ehe dieser selbst dort eintrifft, um von Emma, die seinen Antrag zurückgewiesen hat, Abstand zu gewinnen.

In einem der älteren Häuser in der Dorfmitte ist die Metzgerei untergebracht. Mit einem beladenen Tablett auf dem Kopf geht der Metzger die High Street hinauf und hinunter, um die von Kunden bestellten Fleischstücke abzuliefern. Und es ist zweifellos vor seinem Laden, dass sich, wie Emma beobachtet, zwei Köter um einen dreckigen Knochen streiten, während eine gepflegte ältere Dame mit einem gefüllten Korb an ihnen vorbei nach Hause geht.

Gleich neben der Kirche in der Dorfmitte zweigt die Broadway Lane von der High Street ab. Sie führt zu dem Bauernhaus der Mitchells, wo sich Mr Weston vier Jahre zuvor nach plötzlich einsetzendem Nieselregen zwei Regenschirme für Emma und Mrs Taylor ausgeborgt hat, was Emma auf die Idee brachte, die beiden miteinander zu verkuppeln. Die Vicarage Lane zweigt mit einer scharfen Kurve – die nach Ansicht von Mr Woodhouse für Fuhrwerke viel zu gefährlich ist – in die Gegenrichtung ab und führte an mehreren kleinen, armseligen Cottages vorbei. Dort wohnt wahrscheinlich das alte Kindermädchen von Frank Churchill. Danach kommt das

Pfarrhaus, in das vor kurzem der neue Gemeindepfarrer Reverend Philip Elton eingezogen ist. Elton stammt aus London und ist nicht unvermögend. Er hat vor dem alten, bescheidenen Pfarrhaus, das viel zu nahe an der Straße steht, einen Lattenzaun errichtet und manche Renovierungsarbeiten im Haus vorgenommen, unter anderem gelbe Vorhänge in die nach vorn hinausgehenden Fenster gehängt. Dies erweckt insbesondere bei Miss Nash, einer der Lehrerinnen von Mrs Goddards Schule, große Bewunderung. Ihre Schwester ist mit einem Leinwandhändler verheiratet. Wahrscheinlich hat Miss Nash durch sie den Wert solcher Vorhänge zu schätzen gelernt. Als Junggeselle kommt Elton mit einer Haushälterin – Mrs Wright – und einem oder zwei Dienern aus. Es ist verständlich, dass er sich von Emma gern nach Hartfield zum Essen einladen lässt.

Nicht weit entfernt steht eine jämmerliche, baufällige Hütte, in der eine sehr arme Familie lebt, die Emma und Harriet Mitte Dezember aufsuchen. »Emma hatte sehr viel natürliches Mitleid, und die Armen konnten sich darauf verlassen, dass ihr unglückliches Schicksal ebenso durch ihre persönliche Anteilnahme und ihr Verständnis, durch ihren Rat und ihre Geduld wie durch ihr Portemonnaie erleichtert wurde. Sie konnte mit ihnen umgehen, hatte Verständnis für ihre Unwissenheit und ihre Versuchungen, hatte keine romantischen Vorstellungen von der außerordentlichen Tugend derjenigen, die kaum eine Erziehung genossen hatten, nahm sich ihrer Sorgen schnell und verständnisvoll an und gab ihre Unterstützung mit ebensoviel Überlegung wie Bereitwilligkeit.« Emma fordert eines der Kinder auf, nach Hartfield zu laufen und sich dort einen Krug Brühe oder Eintopf geben zu lassen. Gleich darauf unterhält sie sich mit Pfarrer Elton über die Frage, wie man diesen armen Leuten längerfristig helfen könnte.

Wenn man von der Kreuzung nach Norden in die High Street einbiegt, kommt man rechts an der Bäckerei vorbei, die von den Eheleuten Wallis geführt wird. Das alte Haus hat ein kleines Bogenfenster, an dessen Scheibe sich gern Kinder die Nasen platt drücken und begehrlich auf das Ingwerbrot in der Auslage schauen. Manche Leute behaupten, dass Mrs Wallis manchmal sehr unhöflich sei und ruppige Antworten gebe. Doch Miss Bates, die sich bei ihr die Donwell-Äpfel backen lässt, weiß nur Gutes über sie zu berichten, obwohl sie selbst beileibe keine gute Kundin ist.

Das größere Haus in unmittelbarer Nachbarschaft gehört der Familie Cox, zwei Brüdern und zwei Schwestern, die über den Geschäftsräumen im Erdgeschoss wohnen. William Cox ist, wie Emma findet, ein adretter junger Anwalt. Die Schwestern aber sind ihrer Meinung nach die vulgärsten Mädchen von Highbury.

John Beckett, Ansicht der South Street, Dorking, 1830.

Fast am oberen Ende der High Street wohnen Mrs Bates, die Witwe des verstorbenen Pfarrers von Highbury – eine sehr betagte Dame, fast taub und für nichts mehr zu interessieren außer für Tee und Kartenspiel –, und ihre Tochter Hetty Bates, eine kleine, adrette, flinke Frau mittleren Alters, die selbst über die simpelsten Dinge enorm viele Worte verliert. Die beiden haben nur ein sehr geringes Einkommen und müssen deshalb mit diesem kleinen alten Haus vorlieb nehmen, das Geschäftsleuten gehört, Getreide- oder Malzhändlern vielleicht. Diese haben das Erdgeschoss renoviert und den unteren Teil der Fassade mit Ziegelsteinen verkleidet und mit neuen Schiebefenstern versehen. In die Fachwerkwände des Obergeschosses sind noch die alten Flügelfenster eingelassen. Das Treppenhaus ist eng und dunkel und führt – über eine gefährliche Stolperstufe vor dem Zwischenpodest – in die erste Etage, wo Mutter und Tochter drei oder vier kleine Räume zur Miete bewohnen. Das Fenster des Wohnzimmers blickt auf die High Street hinaus. Nebenan schläft Mrs Bates, und es scheint, dass Hetty das Schlafzimmer mit der Mutter teilen muss, denn das andere Zimmer wird für Jane Fairfax freigehalten, die ab und an zu Besuch kommt. Patty, das einzige Dienstmädchen der beiden Damen, hält sich meist in der Küche im Parterre auf. Obwohl weder jung und hübsch noch reich oder verheiratet, ist Miss Bates ein von Natur aus heiterer Mensch und in Highbury allenthalben sehr beliebt. »Sie mochte alle, nahm an dem Glück aller teil, sah in allen nur das Gute

und hielt sich für den glücklichsten Menschen der Welt, weil sie gesegnet war mit einer so ausgezeichneten Mutter, so vielen guten Nachbarn und Freunden und einem in jeder Hinsicht so ausreichenden Zuhause.« Allerdings macht sie sich große Sorgen um den alten John Abdy, den Vater des ersten Hausdieners aus dem Gasthof »Krone«. Old John war unter dem verstorbenen Reverend Bates siebenundzwanzig Jahre lang Küster der Gemeinde. Jetzt ist er ans Bett gefesselt und leidet stark an Gicht. Obwohl der junge John eine gute Anstellung hat, ist er doch darauf angewiesen, dass Pfarrer Elton in der Gemeinde für die Pflege des kranken Vaters Geld einsammelt. Miss Bates hat sich fest vorgenommen, den alten John zu besuchen, sobald sie Zeit dafür findet.

Auf der linken Straßenseite liegt das Geschäft von Mrs Ford, die mit Wolle, Leinen und Kurzwaren handelt und in Highbury konkurrenzlos ist. Hier kauft Frank Churchill ein Paar Handschuhe, und Harriet Smith kann sich nicht entscheiden zwischen einfarbigem oder gemustertem Musselin. Und obwohl sie ein gelbes Band braucht, würde sie doch viel lieber das schöne blaue kaufen. Ganz in der Nähe von Mrs Fords Laden wohnt eine junge Frau, von der sich Harriet aus dem Musselin ein Kleid schneidern lässt. Sie, die Schneiderin, unterrichtet auch an der Mädchenschule von Mrs Goddard.

Das Schulgebäude muss sehr geräumig sein, denn neben Mrs Goddard, der Eigentümerin und Leiterin, unterrichten dort drei weitere Lehrerinnen – Miss Nash, Miss Prince und Miss Richardson. Zudem ist eine Schreiblehrerin auf Besuch. Insgesamt werden über vierzig Mädchen in dem Gebäude unterrichtet, dazu gibt es noch sechs junge Kostgängerinnen, nämlich die beiden Abbotts, Miss Bickerton, die beiden Martins, die gerade ihren Schulabschluss gemacht haben, sowie Harriet Smith, um deren Zukunft sich Emma gegenwärtig Gedanken macht. Ganz zu schweigen von den Köchinnen und Stubenmädchen, die in einem solchen Institut gebraucht werden. Jane Austen schilderte Mrs Goddard voller Sympathie, die »ein richtiges, solides, altmodisches Pensionat [leitet], wo eine angemessene Menge von Fertigkeiten für einen angemessenen Preis erworben wird und wohin man Mädchen schicken kann, damit sie aus dem Weg sind und sich ein bisschen Bildung zusammenkratzen können, ohne Gefahr zu laufen, als Genie zurückzukommen … Haus und Garten waren weitläumig, und sie gab den Mädchen reichlich gesunde Nahrung, ließ sie im Sommer viel draußen frei herumlaufen und behandelte im Winter eigenhändig ihre Frostbeulen.« Mrs Goddard ist eine einfache, mütterliche Frau, die in ihrer Jugend schwer gearbeitet hat, um diese Schule gründen zu können. Nun kann sie sich in ihrem schmucken Wohnzimmer entspannt zurücklehnen, es sei denn, sie geht am Abend aus, um mit Henry Woodhouse Karten zu spielen.

Am Dorfausgang, der Wohnung der Bates' gegenüber, liegt der von Mrs Stokes geführte Gasthof »Krone«. Er ist zwar die erste Adresse am Ort, nichtsdestotrotz aber ein kleines und ziemlich schäbiges altes Haus. John Abdy, Mrs Stokes Diener, hält hier eine Kalesche und vier Kutschpferde zur Miete bereit, nicht weil dies aus Transportgründen unbedingt notwendig wäre, sondern eher aus Gefälligkeit der Nachbarschaft gegenüber. Vor vielen Jahren wurde ein großer Raum an das Haus angebaut, der als Festsaal gedacht war und als solcher gelegentlich auch in Anspruch genommen wird, obgleich schon lange nicht mehr darin getanzt worden ist. Vielmehr treffen sich dort einige Gentlemen zu ihrer allwöchentlichen Whist-Partie oder es tagt dort der Gemeindevorstand.

Der Anbau hat zwei große Schiebefenster. Die Tapete ist schmutzig, die Wandvertäfelung ausgeblichen und verhunzt. Als es aber den Westons und Frank Churchill gelingt, einen Ball zu organisieren, bringt Mr Weston den Saal zum Glänzen, und Miss Bates ruft freudig: »Oh, Mr Weston, Sie müssen wirklich Aladins Wunderlampe besitzen. Die gute Mrs Stokes erkennt ihren eigenen Saal nicht wieder.« Nebenan befindet sich ein kleiner Raum, in dem Kartenspiele ausgetragen werden, doch wenn die Tänzer essen wollen, müssen sie durch einen langen, verwinkelten Gang bis auf die andere Seite des Gebäudes gehen.

Auf dem Fest lernen wir weitere angesehene Anwohner aus der näheren Umgebung kennen: die Familie Otway mit ihren vier erwachsenen Kindern sowie Reverend Dr. Hughes mit Frau und Sohn Richard – Dr. Hughes scheint Pfarrer der Gemeinde von Donwell zu sein.

Am nördlichen Ende der High Street teilt sich die Straße. Der eine Abzweig führt nach Kingston-upon-Thames und passiert Randalls, Mr Westons bescheidenen Grundbesitz, den ein brachliegender Gemeindeanger von Highbury trennt. Haus Randalls ist wahrscheinlich Ende des siebzehnten Jahrhunderts gebaut worden. Es handelt sich um einen symmetrischen kleinen Ziegelbau. Das Esszimmer bietet allenfalls zehn Personen Platz, und das Wohnzimmer ist auch nicht größer. Im Obergeschoss sind vier Schlafzimmer untergebracht. Der alte Woodhouse hat sich freundlicherweise bereit erklärt, Hannah, die Tochter seines Kutschers James, Mrs Weston in Randalls als Dienstmädchen zur Hand gehen zu lassen.

Schon ein ganzes Stück außerhalb von Highbury, aber immer noch in dem für Apotheker Perry zuständigen Kreis, liegt Clayton Park, der mutmaßliche Wohnsitz der Gilberts, jener untadeligen Familie, die von den Coles zur Dinnerparty eingeladen werden und die später im Jahr auch auf dem Ball in der »Krone« erscheinen.

Der andere Abzweig am Ende der High Street führt nach Richmond-upon-Thames. Ungefähr eine halbe Meile hinter Highbury knickt die Straße in einer scharfen Kurve ab und zieht sich dann dahin, von Ulmen überschattet und kaum befahren. Hier lauern die Zigeuner, um arglose Fußgänger zu erschrecken, wie etwa Miss Bickerton und Harriet. Die beiden werden jedoch glücklicherweise von Frank Churchill in Schutz genommen, der gerade nach Richmond unterwegs ist und wie ein rettender Engel auftaucht.

Zu Beginn der Geschichte sitzen Henry Woodhouse und die Damen Mrs und Miss Bates sowie die Schulmeisterin Mrs Goddard wie so häufig nach einem gemeinsamen Abendessen beim Kartenspiel in Hartfield beieinander. Solche langweiligen Zusammenkünfte sind für Emma ein Graus, zumal Mrs Weston ihr keine Gesellschaft mehr leisten kann. Doch eines Abends bringt Mrs Goddard einen ihrer Pensionsgäste mit, die siebzehnjährige Harriet Smith, »ein ausgesprochen hübsches Mädchen und genau der Typ von Schönheit, den Emma besonders bewunderte. Sie war klein, mollig und blond, mit zartem frischem Teint, blauen Augen, hellem Haar, regelmäßigen Gesichtszügen und einem lieblichen Ausdruck.« Sie ist zwar unehelich, wird aber deshalb nicht schief angesehen. Ihr Vater, der anonym bleibt, hat für ihre Unterkunft und Ausbildung schon vor Jahren eine ausreichende Summe Geldes bei Mrs Goddard hinterlegt. Emma ist sofort davon überzeugt, dass Harriets Vater ein Gentleman sein muss, und fühlt sich berufen, aus Harriet eine feine Dame zu machen.

Mit diesem Ziel vor Augen mischt sich Emma nun auf haarsträubend überhebliche Art und Weise in Harriets Leben ein. Zuerst überredet sie sie, den Heiratsantrag des jungen Bauern Robert Martin auszuschlagen, und glaubt, sie stattdessen mit Pfarrer Philip Elton verbandeln zu müssen. Er wohnt erst seit ungefähr zwölf Monaten in Highbury, wird aber schon von allen Lehrerinnen und Schülerinnen aus Mrs Goddards Pensionat angehimmelt – ja das ganze Dorf bewundert ihn. Er gilt als gut aussehend, doch findet Emma, dass »seinen Zügen die wirkliche Vornehmheit« fehle. Dennoch lädt sie ihn immer wieder nach Hartfield ein, um ihn und Harriet zusammenzubringen. Harriet aber lässt ihn kalt. Vielmehr bildet er sich ein, Emma den Kopf verdreht zu haben, und so nimmt er das Weihnachtsfest zur Gelegenheit, ihr einen Antrag zu machen. Nun gerät Emma zum ersten Mal in arge Verlegenheit, muss sie doch den Bewerber brüskieren und die in Tränen aufgelöste Harriet dafür um Verzeihung bitten, ihr falsche Hoffnungen gemacht zu haben.

Kurz nach Weihnachten kommt Jane Fairfax zu Besuch nach Highbury. Sie ist die verwaiste Enkelin von Mrs Bates. Ihr Vater, ein Soldat, fiel einige Jahre zuvor im Feld, und bald darauf starb auch die Mutter. So wurde Jane von Oberst Campbell und dessen Frau an Kindesstatt angenommen und nach London geholt. Die leibliche Tochter der Campbells hat inzwischen geheiratet und ist mit ihrem Mann Mr Dixon nach Irland ausgewandert, und auch Jane Fairfax muss nun lernen, auf eigenen Füßen zu stehen. Doch bevor sie eine Anstellung als Gouvernante antritt, soll sie nach dem Willen ihrer Pflegeeltern noch ein paar Monate bei der Verwandtschaft in Highbury wohnen. Sie und Emma sind ungefähr gleich alt und kennen einander seit frühester Kindheit, allerdings ohne dass sich zwischen ihnen so etwas wie Freundschaft entwickelt hätte. George Knightley glaubt den Grund dafür zu kennen und behauptet, Emma sehe in Jane all das erreicht, was sie selbst gern darstellen würde. Und Emma ist ehrlich genug, diese Feststellung nicht einfach als unzutreffend abzutun.

Jane hat sich zu einer sehr eleganten jungen Dame entwickelt. Sie hat dunkle Haare, graue Augen, dunkle Brauen und Wimpern und eine blasse, aber makellose Haut. Sie ist groß und anmutig, für den Geschmack ihrer Tante, die sich Gedanken um ihre Gesundheit macht, allerdings allzu schlank. Emma ist ernstlich darum bemüht, Jane ein wenig näher zu kommen, fühlt sich aber durch deren unverbindliche Art und ausweichende Antworten auf Fragen zu ihrer Person immer wieder vor den Kopf gestoßen. So drängt sich ihr schließlich der Verdacht auf, dass Jane etwas zu verheimlichen hat. Hierin hat sie Recht, irrt aber in der Annahme, dass sie in Dixon, den Mann ihrer Halbschwester, verliebt sei.

Im Februar taucht noch ein Neuankömmling in Highbury auf – Frank Churchill, Mr Westons Sohn aus erster Ehe. Wie Jane Fairfax wurde auch Frank von seinem Onkel und seiner Tante adoptiert und auf deren Gut Enscombe in Yorkshire großgezogen. Seit Monaten sehnsüchtig erwartet, ist er nun endlich gekommen, um seine Stiefmutter kennen zu lernen. Emma ist von ihm angetan. Es sieht sehr gut aus,

Anonymus, Porträt einer unbekannten Dame.
Harriet Smith »war klein, mollig und blond, mit zartem frischem Teint, blauen Augen, hellem Haar, regelmäßigen Gesichtszügen und einem lieblichen Ausdruck«.

»Größe, Erscheinung, Umgangston – alles machte einen ausgezeichneten Eindruck auf sie, und sein Gesichtsausdruck hatte viel von der Lebhaftigkeit und Heiterkeit seines Vaters; er sah wach und verständig aus. Sie spürte sofort, dass er ihr gefallen werde, und er strahlte eine gutgezogene Zwanglosigkeit und eine Bereitschaft aus, sich zu unterhalten, die sie davon überzeugten, dass er in der Absicht kam, sie besser kennen zu lernen, und kennen lernen würden sie sich bald.«

Frank und Emma kommen sich sehr schnell näher und stehen bald auf so vertrautem Fuß miteinander, dass sie ihm ihre unschönen und ungerechtfertigten Verdächtigungen gegen Jane Fairfax mitteilt. Daraufhin schmeichelt er ihr und macht ihr das Kompliment, mit dieser Entdeckung bewundernswerten Scharfsinn zu beweisen. Emma kann nicht verstehen, warum Knightley ihre Begeisterung für Franks Gesellschaft nicht teilen mag. Natürlich kann sie nicht wissen, dass sich Frank und Jane Fairfax im Herbst des vergangenen Jahres in Weymouth am Meer kennen gelernt haben und seitdem heimlich verlobt sind und dass er Emma nur deshalb so viel Aufmerksamkeit widmet, weil er die neugierige Nachbarschaft von seinem Interesse an Jane ablenken will. Das Verlöbnis muss geheim bleiben, weil Frank fürchtet, dass seine kränkliche und kapriziöse Tante die Verbindung ablehnen und seinen Onkel überreden könnte, ihn zu enterben.

Schließlich kommt auch noch Eltons Frau nach Highbury, eine geborene Augusta Hawkins aus Bristol, die er in Bath kennen gelernt und sehr bald danach geheiratet hat – mit der hübschen Dreingabe ihrer Mitgift von fast 10 000 Pfund. Ihr Vater war ein kleiner Händler, und bis zu ihrer Hochzeit hat sie in der Innenstadt von Bristol bei ihrem Onkel, einem Anwaltsgehilfen, gelebt.

Eine solche Herkunft musste in vornehmeren Kreisen auf Argwohn stoßen. Bristol war damals bekannt als verkommener, übervölkerter Seehafen und als Wirtschaftszentrum, das auch lose Beziehungen zum Sklavenhandel unterhielt. Es war ein verdreckter Ort, verpestet vom Rauch der Zuckerraffinerien und der Glashütten, in denen ein bestimmtes dunkelblaues Glas hergestellt wurde, das begehrte *Bristol Blue*. Die reicheren Händler zogen aus der City fort und ließen sich in

Clifton nieder, einer Ortschaft nordwestlich von Bristol, auf einer luftigen Anhöhe über dem engen Avon-Tal gelegen. Dort drängten sich noch Docks und hohe Häuser aus dem Mittelalter.

In Clifton, diesem vornehmen Vorort von Bristol, wohnen Mrs Eltons Schwester Selina und ihr Ehemann, Mr und Mrs Suckling. Ihr Anwesen Maple Grove ist nach Mrs Eltons prahlerischer Auskunft von einem »riesigen Park« umgeben. Sie ist überhaupt, wie sich herausstellt, eine sehr eitle Frau, die sich protzig herausputzt – mit Spitzen und Perlen, zusätzlichen Verzierungen für ihr weißes und silberfarbenes Popelinkleid und einer lächerlich aussehenden violett-goldenen Handtasche. Mrs Elton wirkt äußerst selbstgefällig, hält sich für ungemein wichtig und legt dabei ein zugleich freches und leutseliges Benehmen an den Tag. »Sie war nicht hässlich und gesellschaftlich nicht ungewandt, aber so beschränkt in ihrem Urteil, dass sie sich einbildete, sie komme mit überlegener Weltkenntnis in eine ländliche Gegend, um sie zu bereichern und zu verfeinern.« Sie und Emma entwickeln eine gegenseitige Abneigung, und da Harriet Emmas Freundin ist, mögen die Eltons auch sie nicht. Stattdessen richtet Mrs Elton ihre Aufmerksamkeit ganz auf Jane Fairfax und hofiert sie auf fast unerträgliche Weise, was aber der Betroffenen selbst nichts weiter auszumachen scheint.

Während der nächsten Monate, als der Frühling in den Sommer übergeht, kommt es unter den Hauptakteuren zu immer neuen Missverständnissen. Mr und Mrs Weston hoffen auf eine Annäherung zwischen Emma und Frank Churchill. Dieser flirtet auch unablässig mit ihr, woran Emma durchaus Gefallen findet, allein, sie verliebt sich nicht in

LINKS UNTEN: Mrs Robert Plampin in einer Miniatur von Adam Buck, um 1805. Jane Fairfax hatte dunkles Haar, ihre Augen waren dunkelgrau, mit dunklen Brauen und Wimpern.

RECHTS: Mr Thomas Haynes Bayley, um 1820, porträtiert von Thomas Elliott Rosenberg. Frank Churchill war »ein sehr gut aussehender junger Mann, Größe, Erscheinung, Umgangston – alles machte einen ausgezeichneten Eindruck…«

ihn. Stattdessen denkt sie sich aus, dass es zwischen ihm und Harriet zu einer vielversprechenden Romanze kommen könnte. Derweil lassen sowohl Frank als auch Emma keine Gelegenheit aus, Jane Fairfax wegen ihrer vermeintlichen Schwärmerei für Dixon aufzuziehen. Und während im Dorf das Gerücht die Runde macht, dass sich Knightley in Jane verguckt habe, ist dieser überzeugt davon, dass Emma ernstlich in Frank verliebt sei. Als der Ball in der »Krone« stattfindet, ist Elton so taktlos, dass er Harriet, die mit ihm tanzen will, vor aller Augen einen Korb gibt. George Knightley hilft ihr aus der Verlegenheit, indem er sich ihr selbst als Tanzpartner anbietet. Hier und jetzt nimmt Emma zum ersten Mal Notiz davon, dass George ein attraktiver Mann ist und nicht bloß eine Art älterer Bruder, für den sie ihn bislang gehalten hat.

Die beiden Mittsommerpartys – das Picknick in Donwell Abbey und der tags darauf unternommene Ausflug zum Box Hill – treiben die Irrungen und Wirrungen auf die Spitze: Empört über Frank Churchills unverhohlenes Getändel um Emma, akzeptiert Jane Fairfax Mrs Eltons Angebot, ihr in Bristol eine Anstellung als Gouvernante zu vermitteln. Auch Emma beträgt sich ungebührlich, nämlich Miss Bates gegenüber, worauf sie von Knightley mit deutlichen Worten gescholten wird. Zu ihrer Scham und Pein muss sie dann auch noch mit anhören, dass Harriet, anstatt Frank Churchill heiraten zu wollen, nur für George Knightley schwärmt und ihre Zuneigung von ihm erwidert wähnt. Nun endlich erkennt Emma, wie viel ihr Knightley bedeutet und dass sie nicht einmal daran denken mag, er könnte eine andere als sie zur Frau nehmen.

Die Missverständnisse lösen sich auf, als Frank Churchills Tante plötzlich stirbt und er seinem Onkel beichten kann, dass er mit Jane Fairfax heimlich verlobt ist. Gegen seine Absicht, ein mittelloses Mädchen zu ehelichen, hat der alte Churchill nichts einzuwenden. Knightley und Emma gestehen einander ihre Zuneigung, und Harriet kann dem erneuten Antrag des geduldigen Robert Martin nicht länger widerstehen. Die beiden heiraten im September. Jane und Frank werden vor den Traualtar treten, sobald der dreimonatigen Trauerpflicht im Andenken an die verstorbene Tante Genüge getan ist. Und George Knightley und Emma schließen im Oktober den Bund fürs Leben, nachdem George die egoistischen Einwände des Brautvaters

Brautkleid, Modekupfer aus ACKERMANN'S REPOSITORY, 1816.
»Ein Kleid aus gestreifter französischer Seide über einem weißen Satin-Unterrock; das Kleid säumt ein Volant aus Brüsseler Spitze, verziert mit einer weißen Satinbiese und einem Kranz aus Rosen … Das Haar schmückt eine elegante Perlenkrone … dazu passen Halskette, Ohrringe und Armreif.«

mit dem Versprechen hat ausräumen können, dass er Emma nicht etwa nach Donwell entführt, sondern selbst in Hartfield einzieht. »Die Hochzeit unterschied sich nicht wesentlich von anderen Hochzeiten, bei denen den Beteiligten nichts an Aufwand und Pomp liegt, und aus den Einzelheiten, die ihr Mann ihr mitteilte, schloss Mrs Elton, das alles furchtbar schäbig und mit ihrer eigenen Hochzeit gar nicht zu vergleichen gewesen war. Kaum weißer Atlas, kaum Spitzenschleier, eine höchst beklagenswerte Angelegenheit! Selina würde Augen machen, wenn sie davon hörte. Aber trotz all dieser Mängel wurden Wünsche, Hoffnungen, Vertrauen und Vorhersagen einer kleinen Gruppe treuer Freunde, die der Zeremonie beiwohnten, durch das vollkommene Glück des Paares erfüllt.«

Während der Schauplatz von Emmas Liebesgeschichte durchweg auf ihren Wohnort begrenzt bleibt, nimmt die Romanze zwischen Frank und Jane ihren Ausgang in dem noblen Seebad Weymouth an der Küste von Dorset. Ein Reiseführer aus dem frühen neunzehnten Jahrhundert beschreibt Weymouths jüngere Geschichte wie folgt:

> »Seine Berühmtheit verdankt dieser bezaubernde Ort zum großen Teil dem verstorbenen Herzog von Gloucester, der sich hier seiner Gesundheit zuliebe im Winter des Jahres 1780 aufhielt. Das von ihm gebaute Gloucester Lodge wurde vom König gekauft. Ihrer Majestäten bezogen dort im Jahre 1789 Quartier, und die verstorbene Prinzessin Charlotte wohnte daselbst... Von den umliegenden Hügeln geschützt und dank seiner frischen Luft, der ruhigen Bucht und seinem feinen, über zwei Meilen langen, im Halbkreis geschwungenen Strand ist Weymouth der Gesundheit und Erholung ausgesprochen zuträglich und als Badeort wohl beispiellos. Bis vor zwanzig oder dreißig Jahren standen hier nur ein paar kleine armselige Häuser. Dann aber setzte mit der Errichtung vieler eleganter Hotels ein großer Aufschwung ein, und inzwischen ist Weymouth mit seinen 6000 Einwohnern eine angesehene Stadt... In Friedenszeiten bietet sich ein Ausflug auf den Kontinent oder auf die Inseln Guernsey, Jersey und Alderney an; dafür stehen ausgezeichnete Jachten und erfahrene Skipper zur Verfügung.«

Wie dem auch sei, mindestens ein Besucher war von Weymouth ganz und gar nicht angetan. Verärgert schrieb er in sein Tagebuch:

> »... ein Sandstrand, hervorragend zum Baden, hat zuerst die Anwohner aus der Umgebung angelockt; und seit der Herzog von Gloucester gebaut hat und der Ort in Mode gekommen ist, tummelt sich hier das ausgelassene Volk. Der irische

Beau, der gichtige Peer und der elegante Kaufmann – sie alle mischen sich zu einer übermütigen Melange. Und ebenda mangelt es auch nie an Vertreterinnen des schönen Geschlechts, die älteren Damen finden reichlich Gelegenheit zu Kartenspiel und Geselligkeit, die jungen Fräulein finden plänkelnde Galane und mitunter auch einen Ehemann. Dass die Gebrechlichen und die Parvenüs solcherorten Urlaub machen, ist noch verständlich; dass sich aber gesunde Eigentümer von Parks, guten Häusern und guten Betten freiwillig in diese Enge, diesen Schmutz und dieses Elend begeben, ist mir mit dem Verstand nicht nachvollziehbar.«

Der Verleger John Murray war in der Bewerbung seiner Publikationen offenbar tüchtiger als Thomas Egerton, denn im Frühjahr und Sommer des Jahres 1816 wurde *Emma* immerhin achtmal einer Rezension für würdig befunden. Die Kommentare sind fast alle kurz und freundlich abfällig.

»Die Geschichte ist nicht schlecht durchdacht; sie beschreibt häusliches Glück bar jeglicher romantischen Verklärung ... Züge echten natürlichen Humors ... ein amüsanter, anständiger und gesitteter Roman ... schildert sehr präzise Gewohnheiten und Gebräuche der begüterten Mittelschicht auf dem Lande und der ihr sozial nachgeordneten Dorfbewohner ...«

Andere Kritiken waren aber doch um einiges vorteilhafter. Sir Walter Scott schrieb zum Beispiel für die *Quarterly Review* einen Essay über den modernen Roman, in dem er *Verstand und Gefühl* sowie *Stolz und Vorurteil* lobend hervorhebt (seltsamerweise nicht *Mansfield Park*) und mehrere Abschnitte der Besprechung von *Emma* widmet.

Reverend James Stanier Clarke, der Bibliothekar des Prinzregenten, bestätigte den Empfang des Freiexemplars und schrieb:

»Es war sehr gütig von Ihnen, dass Sie mir *Emma* haben zukommen lassen – was ich gar nicht verdiene. Das Buch ist jetzt beim Prinzregenten. Ich habe nur einige wenige Seiten gelesen und diese sehr bewundert; die Figuren sind vorzüglich charakterisiert, und Sie beschreiben alles so natürlich.«

Ob der Prinz den Roman wirklich gelesen hat, bleibt fraglich, jedenfalls schrieb Dr. Clarke wenige Monate später einen zweiten Brief.

»Seine königliche Hoheit der Prinzregent hat mir aufgetragen, Ihnen für das schöne Exemplar Ihres jüngsten vorzüglichen Romans seinen Dank zu entrichten. Bitte, verehrte Madam, schreiben Sie bald wieder und wieder. Lord St Helens und zahlreiche Vertreter des Hochadels, die hier gewesen sind, zollen Ihnen ganz zu Recht Preis und Lob.«

Auch weniger hochrangige Leser setzten sich mit dem Roman auseinander. Lady Morley schrieb ihrer Schwägerin:

»Ich habe mit keinem Wort gesagt, dass ich Emma nicht mag – ich sagte nur, dass mir das Buch weniger gut gefällt als Mansfield Park oder Stolz & Vorurteil. Dennoch finde ich vieles an ihm durchaus bewundernswert. Mr Woodhouse, Mrs Elton, Miss Bates & einige andere Figuren sind entzückend; aber da ist kaum Handlung & so wenig, was die Heldin sympathisch macht, so wenig, was einen für den Helden einnehmen könnte, der einfach nur ein älterer, vernünftiger, netter Mann zu sein scheint ... Dass Emma, selber noch ein Fräulein, sich als Eheanbahnerin geriert, ist dann sogar unnatürlich; so etwas erwartet man allenfalls von einer ältlichen Matrone. Außerdem passt es doch wohl nicht, dass eine so vernünftige & clevere Person, als die Emma dargestellt wird, eine dermaßen innige Freundschaft mit einem so ordinären kleinen Dummchen wie Harriet unterhält. Ferner reden die Protagonisten für meinen Geschmack ein bisschen zu viel. Die aus Gesprächen zwischen Miss Bates & Mrs Elton bestehenden Seiten würden zusammen einen eigenen Band ergeben & das ist entschieden zuviel. Nichtsdestotrotz sind die Dialoge durchaus bewundernswert.«

Die Romanautorin Maria Edgeworth mochte das Buch nicht.

»Es hat keine Handlung, außer dass Miss Emma am Ende feststellt, dass der Mann, den sie für Harriet ausgesucht hat, ihr eigener Verehrer ist – & dass er sich eine Abfuhr von ihr gefallen lassen muss & Harriet ein Dummchen ist – und dass Emmas Vater dünnen Haferschleim für eine gute Sache hält & kaum eine Köchin begreifen kann, wie ein solcher *dünner Haferschleim* anzurühren sei!!«

Auch Lady Anne Romilly fand in dem Roman nur »wenig, was in der Erinnerung haften« bliebe, doch der geistreiche irische Dichter Thomas Moore erachtete ihn als »Romanschriftstellerei in Vollendung«. Susan Ferrier, ebenfalls Romanautorin, betrachtete das Werk aus professioneller Perspektive.

»Ich habe ›Emma‹ gelesen, ein ausgezeichnetes Buch. Es hat zwar keine Handlung, und die Heldin ist nicht besser als andere Leute; aber die Charaktere sind so lebensnah, der Stil so delikat, dass es der Spannungselemente aus Schauer- oder Abenteuergeschichten gar nicht bedarf.«

Wie schon im Fall von *Mansfield Park* legte Jane eine Liste über »Meinungen zu Emma« aus dem Familien- und Freundeskreis an. Ihrem Bruder Frank zum Beispiel hatte das Buch »sehr gefallen; er findet zwar in P & P mehr Witz und in MP höhere Moralstandards, doch wegen der besonderen durchgängig naturalistischen Note zieht er es den anderen beiden vor.« Charles, der jüngste, zur See fahrende Bruder, schrieb nach Hause: »Emma kam gerade im rechten Augenblick. Ich glaube, ich habe sie mit noch größerer Begeisterung gelesen als meinen Favoriten *Stolz & Vorurteil*, und das dreimal nacheinander.« Für Mrs Austen war es »unterhaltsamer als MP, aber nicht so interessant wie P & P. Von den Figuren kommt keine an Ly. Catherine & Mr Collins heran.« Die Nachbarin Mrs Digweed gestand, dass sie das Buch »nicht so gut fand wie die anderen und wohl kaum bis zum Ende durchgelesen hätte, wäre ihr die Autorin nicht persönlich bekannt gewesen«.

Jane Austen widmete der Familie einen kurzen Nachtrag und stellte in Aussicht, dass Henry Woodhouse noch zwei Jahre mit dem jung vermählten Paar in seinem Haus zusammenleben sollte, das dann nach seinem Tod nach Donwell umziehen würde. Sie bekannte, dass George Knightley einer ihrer beiden Lieblingshelden sei, der andere sei Edmund Bertram. Die Zettel, die Frank Churchill am Ende jenes irritierenden Buchstabenratespiels im Wohnzimmer von Hartfield Jane Fairfax vorlegte und die diese ungelesen beiseite wischte, enthielten das Wort »Pardon«. Jane Fairfax sollte nur noch neun oder zehn Jahre zu leben haben – und wahrscheinlich einer ererbten Anfälligkeit für Tuberkulose erlegen sein. Man darf aber wohl sicher sein, dass Emma, gesund und vital wie sie war, viele kräftige kleine Knightleys zur Welt gebracht hat und als liebevolle Frau und treu sorgende Mutter dermaßen beschäftigt war, dass sie keine Zeit mehr hatte, in der Nachbarschaft Ehen zu stiften – es sei denn, Anna, das neugeborene Mädchen von Mrs Weston, ließ sich zu gegebener Zeit als ideale Partnerin für einen von Isabellas Söhnen empfehlen.

ÜBERREDUNG

Am 8. August 1815 begann Jane Austen mit der Arbeit an *Überredung*, ihrem letzten zur Vollendung gebrachten Werk. Offenbar ist sie darin einmal durch die Erkrankung von Henry Austen im Herbst jenes Jahres unterbrochen worden und dann noch ein zweites Mal durch den Konkurs seiner Firma im Frühjahr 1816, der für mehrere Mitglieder der Familie Austen finanziell sehr schmerzlich gewesen sein muss. Zu jener Zeit machten sich auch erste Anzeichen von Janes lebensbedrohlicher Krankheit bemerkbar. Vielleicht waren all diese unglücklichen Umstände mit Ursache dafür, dass *Überredung* kürzer und ernster im Ton geriet als die anderen Romane. Mit dem ersten, am 18. Juli 1816 abgeschlossenen Entwurf war Jane nicht zufrieden. Die Art und Weise, auf die das Liebespaar wieder zueinander findet, gefiel ihr nicht, und ihr Neffe und Biograf James-Edward Austen-Leigh erinnerte sich:

»Sie hielt [diesen Passus] für allzu zahm und fade und wollte etwas Besseres daraus machen. Das hat ihr sehr zu schaffen gemacht, wohl umso mehr, da sie gesundheitlich geschwächt war; und so begab sie sich eines Abends tief betrübt zur Ruhe. Doch eine solche Depression passte nicht zu ihrem Naturell und war bald abgeschüttelt. Am nächsten Morgen erwachte sie mit heiterer Aussicht und helleren Inspirationen; ihre Lebensgeister meldeten sich zurück und mit ihnen ihre Vorstellungskraft.«

Schließlich, am 6. August 1816, konnte Jane Austen die Arbeit an diesem Buch zu ihrer Zufriedenheit abschließen. Das Manuskript des noch unveränderten ersten Entwurfs wird in der British Library in London aufbewahrt.

Jane hatte es im Grunde nie eilig mit der Veröffentlichung ihrer Bücher, was ihr Bruder Henry bestätigte: »Sie war zwar in ihrer Arbeit schnell und präzise, doch riet ihr ein unüberwindliches Misstrauen gegen das eigene Urteilsvermögen davon ab, ihre Manuskripte zurückzuhalten, bis sie sich endlich nach langem Zögern und zahllosen Lesedurchgängen damit zufrieden geben konnte.« Leider führten diese Hemmungen dazu, dass *Kloster Northanger* und *Überredung* erst nach ihrem Tod veröffentlicht wurden. Obwohl Jane, wie aus Familienkreisen bekannt wurde, auf ihr letztes Buch immer als *The Elliots* Bezug nahm, geht der Titel, unter dem es erschien, wie schon im Fall von *Kloster Northanger* auf Henry zurück. Beide Romane wurden von John Murray verlegt. Ende Dezember 1817 erschienen sie (mit einem auf 1818 datierten Titelblatt) zusammen in vier Bänden, zwei Bände pro Roman, zu einem Preis von 24 Shillings.

Wohl kein anderer von Jane Austens Romanen basiert so sehr auf Schauplätzen und Ereignissen, die sie persönlich kennen gelernt beziehungsweise miterlebt hat. Nach der Niederschrift von *Kloster Northanger*, worin das Leben in Bath aus der Sicht eines Besuchers dargestellt wird, hatte Jane tatsächlich ungefähr fünf Jahre lang in dieser Stadt gewohnt. So konnte sie ihren Figuren authentische Adressen zuordnen und sie bei ihren alltäglichen Geschäften oder beim Einkaufen begleiten. Sie war auch zweimal zu Besuch in Lyme Regis, nämlich im November 1803 und August 1804, und ist auf dem Weg dorthin bestimmt unter anderem durch Crewkerne gekommen. Darüber hinaus hatte sie bereits bei ihren Recherchen zu *Mansfield Park* von ihren zur See fahrenden Brüdern Charles und insbesondere Frank genaue Informationen über Marineangelegenheiten beziehen können sowie Hinweise darauf, in welchem Tonfall Marineoffiziere miteinander reden.

Die Handlung von *Überredung* erstreckt sich über einen Zeitraum von neun Monaten – vom Sommer 1814 bis zum Frühjahr 1815 – und ist gewissermaßen nur das Ende eines umfassenderen, aber nie geschriebenen Romans: die Romanze zwischen dem Fregattenkapitän Frederick Wentworth, der im Sommer 1806 auf Urlaub in Somerset landete und nichts mit sich anzufangen wusste, und einem einsamen Mädchen, das sich in ihrem reichen, aber freudlosen Zuhause vernachlässigt fühlte. »Er war damals ein ungewöhnlich stattlicher junger Mann, voller Geist, Leben und Feuer, und Anne ein außerordentlich hübsches Mädchen, voller Sanftheit, Bescheidenheit, Geschmack und Empfindsamkeit ... Es wäre schwer gewesen zu entscheiden, wer im anderen das vollkommenere Vorbild gesehen hatte oder wer von beiden glücklicher gewesen war – sie, als sie seine Erklärung und seinen Heiratsantrag entgegennahm, oder er, als er erhört wurde.« Doch sowohl Annes Vater Sir Walter Elliot als auch ihre Patentante Lady Russell widersetzten sich dieser Verbindung und redeten Anne ein, »dass die Verlobung falsch war – unbesonnen, ungehörig, mit wenig Aussicht und keinerlei Anspruch auf Erfolg«. Wentworth wurde dann auch tatsächlich von Anne zurückgewiesen und kehrte verbittert und voller Groll auf sein Schiff zurück.

Landkarte von Somerset, frühes neunzehntes Jahrhundert.
Kellynch, der Heimatort von Anne Elliot, soll nahe Crewkerne liegen. Bis Bath, wo sie den Winter verbringt, sind es fünfzig Meilen.

Acht Jahre sind seitdem vergangen. Die Geschichte beginnt abermals in Somerset, genauer: in Kellynch Hall, Annes Zuhause. Somerset ist eine milde, feuchte, grüne Grafschaft. Sanft geschwungene Kalk- und Sandsteinhügel erheben sich über enge, versteckte Täler und weite Moorlandschaften, durch die sich kreuz und quer Entwässerungskanäle und von Weiden gesäumte Chausseen erstrecken. Noch heute findet man dort viele unverändert schöne Dörfer, aus blaugrauen oder golden schimmernden Bruchsteinen gebaut – Höfe und Cottages, die zum Teil bis auf das sechzehnte Jahrhundert zurückgehen und die mit ihren großen, fest gemauerten Scheunen von jahrhundertelanger reicher Landwirtschaft zeugen. Von dem allgemeinen Wohlstand profitierten nicht zuletzt die Gemeindekirchen, die zu jener Zeit neu aufgebaut wurden. Die Gegend ist berühmt für seine besonders prächtigen Glockentürme. Das im Roman genannte Dorf Kellynch liegt fünfzig Meilen von Bath entfernt und drei Meilen von der Nachbargemeinde Uppercross. Die nächste Stadt ist Crewkerne. Wie immer gibt Jane Austen auch in diesem Fall über die gewählten Schauplätze nicht allzu viel preis, doch scheinen sowohl Kellynch als auch Uppercross – und später im Roman auch Winthrop – irgendwo im Rechteck zwischen den Orten Ilminster, South Petherton, Crewkerne und Chard zu liegen.

Kellynch Hall ist der alte Familienbesitz der Baronets von Elliot, ein Haus aus dem sechzehnten Jahrhundert, wie es scheint, doch brauchen wir nicht viel darüber zu wissen, weil sich die Handlung bald auf einen anderen Ort verlagert. Später erfahren wir allerdings noch durch Admiral Croft, dass das Frühstückszimmer immer voller Rauch ist, wenn der Wind von Nord kommt, dass sich die Tür zur Waschküche nur schwer öffnen lässt und dass der gegenwärtige Eigentümer, Annes Vater Sir Walter Elliot, eitel und töricht wie er ist, sein ganzes Ankleidezimmer voller Spiegel gestellt hat, in die der Admiral gar nicht schauen mag. In der Nachbarschaft gibt es nur noch ein Haus, das ähnlich groß ist, nämlich Kellynch Lodge. Es gehört ebenfalls zum Besitz von Sir Walter und wird von Annes verwitweter Patin Lady Russell bewohnt. Sie ist »eine wohlmeinende, gütige, ehrliche Frau und zu starken Bindungen fähig, äußerst korrekt in ihrem Benehmen, streng in ihren Vorstellungen von Anstand und mit Umgangsformen, die für den Inbegriff einer guten Kinderstube gehalten« werden. Obwohl Kellynch eine sehenswerte Kirche hat, ist von einem Gemeindepfarrer oder Vikar an keiner Stelle die Rede. Vielleicht ist Sir Walter allzu snobistisch, als dass er einen einfachen Landpfarrer überhaupt zur Kenntnis nehmen, geschweige denn in sein Haus einladen würde.

Im wirklichen Leben gab es in England im Jahre 1814 allen Grund zu jubeln, denn im Frühjahr hatten die alliierten Truppen große Erfolge in Frankreich errungen und ein Ende des langen Krieges in Aussicht gestellt. Im April musste Napoleon abdanken und ins Exil auf die Insel Elba ziehen. Am 30. Mai wurde in Paris ein Friedensvertrag mit Frankreich unterzeichnet. Zwischen dem 6. und 27. Juni kamen Zar Alexander I. von Russland und der Preußenkönig Friedrich Wilhelm III., begleitet von anderen europäischen Politikern und Generälen, nach England zu Besuch, um den siegreichen Frieden zu feiern.

Privat hat die Familie Elliot im Jahr 1814 noch wenig Grund zum Feiern. Durch seinen extravaganten Lebensstil ist Sir Walter so tief in Schulden geraten, dass er nun zur Sparsamkeit gezwungen ist. »Eitelkeit war das A und O von Sir Walters Charakter – persönliche und gesellschaftliche Eitelkeit. Er hatte in seiner Jugend bemerkenswert gut ausgesehen und war mit vierundfünfzig noch immer ein ausgesprochen ansehnlicher Mann ... Seiner Meinung nach wurde der Segen der Schönheit nur vom Segen eines Baronats übertroffen, und der Sir Walter, der diese Gaben in sich vereinigte, war der ständige Gegenstand seiner tiefsten Ehrfurcht und Anbetung ... Er hatte es nicht fertig gebracht, weniger auszugeben; er hatte nur getan, wozu Sir Walter Elliot unbedingt verpflichtet war. Aber schuldlos, wie er war, geriet er nicht nur immer tiefer in Schulden, sondern bekam es auch so oft zu hören, dass es aussichtslos wurde, es auch nur teilweise länger ... zu verheimlichen.« Sein Anwalt und Mittelsmann Shepard wird aus Crewkerne gerufen und gebeten, die finanziellen Probleme beseitigen zu helfen. Er schlägt den Elliots vor, Kellynch Hall zu verpachten und nach Bath zu ziehen, wo der Lebensunterhalt weniger teuer ist.

Sir Walter, ein groß gewachsener, blonder Mann mit rötlichem Gesicht, ist seit dreizehn Jahren Witwer. Seine älteste, inzwischen 29-jährige Tochter Elizabeth, hat sowohl dem Aussehen nach als auch charakterlich sehr viel Ähnlichkeit mit ihm. Außenstehenden präsentiert sie sich als hübsche junge Frau mit vornehmen Manieren, macht

LINKS UNTEN: Miniatur einer unbekannten Dame, von George Engleheart.
Anne Elliot könnte ähnlich ausgesehen haben, als sie 1806 Kapitän Wentworth kennen lernte.
UNTEN RECHTS: William Roth junior zugeschriebene Miniatur eines unbekannten Marineoffiziers.
Ob Frederick Wentworth so ausgesehen hat, als er 1814 nach Kellynch zurückkehrte?

aber zu Hause kein Hehl aus ihrer Selbstsucht und Arroganz. Beide, Elizabeth und ihr Vater, sind sich einig in ihrer Geringschätzung für Anne. Anne schlägt dem Wesen nach und äußerlich ihrer verstorbenen Mutter nach. Sie war »ein sehr hübsches Mädchen gewesen, aber ihre Schönheit war früh vergangen; und da sie für ihren Vater auch in ihrer vollen Blüte wenig Bewundernswertes gehabt hatte (so völlig verschieden waren ihre feinen Züge und freundlichen dunklen Augen von seinen eigenen), besaß sie jetzt, wo sie verwelkt und dünn war, nichts mehr, was seinen Beifall fand«. Im Gegenteil, er findet sie hässlich und verhärmt. An anderer Stelle wird Anne durchaus glaubwürdig beschrieben als »eine elegante junge Frau von siebenundzwanzig ... mit allen Attributen der Schönheit, außer jugendlicher Blüte, und mit ebenso bewusst gepflegten wie gleichbleibend liebenswürdigen Umgangsformen ... Anne mit ihrer geistigen Überlegenheit und ihrem ausgeglichenen Charakter, die ihr die Achtung aller wirklich einsichtigen Menschen einbringen mussten, bedeutete weder ihrem Vater noch ihrer Schwester etwas; ihr Wort zählte nicht, auf ihre Bequemlichkeit kam es nicht an; sie war nur Anne.«

Mr Shepard streicht heraus, dass, wer ein Landhaus zu vermieten habe, von der gegenwärtigen politischen Lage begünstigt sei. »Dieser Friede wird alle unsere reichen Marineoffiziere an Land bringen. Sie werden alle ein Haus brauchen.« Und so findet sich bald auch für Kellynch Hall ein Pächter – in Gestalt des jüngst aus dem Kriegsdienst entlassenen Admirals Croft und seiner Frau, die Verwandtschaft im nahe gelegenen Minehead haben und sich auch deshalb gern hier zur Ruhe setzen möchten. Anne wird von traurigen Erinnerungen an ihr gebrochenes Verlöbnis heimgesucht. Denn obwohl sie

ihr nie begegnet ist, weiß sie doch, dass Mrs Croft die ältere Schwester von Frederick Wentworth ist. Es wird vereinbart, dass Sir Walter und Elizabeth Mitte September nach Bath ziehen werden und dass Elizabeth Shepards verwitwete Tochter Mrs Clay als Gesellschafterin mitnimmt. »Sie war eine geschickte junge Frau, die es verstand, sich beliebt zu machen, jedenfalls in Kellynch Hall, und die sich so bei Miss Elliot eingeschmeichelt hatte, dass sie trotz aller Anspielungen auf Vorsicht und Zurückhaltung von Lady Russell, die diese Freundschaft für völlig unstandesgemäß hielt, dort schon mehr als einmal länger zu Besuch gewesen war.« Sowohl Lady Russell als auch Anne argwöhnen, dass sich Mrs Clay um die Gunst von Sir Walter bemüht. Immerhin ist sie – von ihren Sommersprossen, einem vorstehenden Zahn und knochigen Handgelenken einmal abgesehen – nicht unattraktiv. Darüber hinaus ist sie mit einem klaren Verstand gesegnet und insgesamt recht gefällig.

Anne zieht zu ihrer jüngeren Schwester Mary in das benachbarte Dorf Uppercross. Mary ist mit Charles Musgrove verheiratet, dem ältesten Sohn des Gutsherrn von Uppercross. Dieser wird, was die Größe des Grundbesitzes und das Gewicht seines Einflusses in diesem Teil der Grafschaft angeht, nur von Sir Walter übertroffen. Die Autorin beschrieb die Familie und deren Zuhause aus Annes Perspektive. »Uppercross war ein Dorf von mittlerer Größe, das noch bis vor ein paar Jahren ganz die alte englische Dorfanlage und daher nur zwei Häuser gehabt hatte, die großzügiger gebaut waren als die der Bauern und Landarbeiter – das Herrenhaus des Gutsbesit-

OBEN: *Newton Surmaville Manor bei Yeovil, Somerset. Uppercross Hall war das »Herrenhaus des Gutsbesitzers mit hohen Mauern, großen Toren und alten Bäumen, ausgedehnt und altmodisch...«*

zers mit seinen hohen Mauern, großen Toren und alten Bäumen, ausgedehnt und altmodisch, und das gedrängte, enge Pfarrhaus in seinem eigenen gepflegten Garten, um dessen Fenster wilder Wein und ein Birnenspalier rankten. Aber bei der Heirat des jungen Herrn war ein Bauernhof renoviert und für ihn als Wohnhaus in ein Cottage umgebaut worden; und Uppercross Cottage mit seiner Veranda, den Schiebefenstern und sonstigen Reizen zog die Aufmerksamkeit des Reisenden vermutlich ebenso auf sich wie das harmonischere und gewichtigere Aussehen und die Räumlichkeiten des Herrenhauses, ungefähr eine Viertelmeile entfernt.« Die jungen Musgroves hatten das Cottage nach ihrer Heirat neu möbliert. Als Anne das Haus betritt, findet sie ihre Schwester in dem »hübschen kleinen Wohnzimmer, dessen früher elegantes Mobiliar unter der Einwirkung von vier Sommern und zwei Kindern nach und nach schäbig geworden war…«

In Uppercross Hall, dem großen Herrenhaus, wohnt der Rest der Familie. »Der Vater und die Mutter hatten noch ganz den alten englischen Stil und die jungen Leute den neuen. Mr und Mrs Musgrove waren sehr nette Leute, liebenswürdig und gastfreundlich, nicht besonders gebildet und ganz und gar nicht vornehm. Ihre Kinder hatten modernere Vorstellungen und Umgangsformen. Sie waren eine kinderreiche Familie, aber die beiden einzigen Herangewachsenen außer Charles waren Henrietta und Louisa, junge Damen von neunzehn und zwanzig, die von einer Schule in Exeter den üblichen Vorrat an Fertigkeiten mitgebracht hatten und jetzt wie Tausende anderer junger Damen nur auf der Welt waren, um elegant, glücklich und ausgelassen zu sein. Ihre Kleidung besaß allen Schick, ihre Gesichter waren ziemlich hübsch, ihre Stimmung war bestens, ihre Umgangsformen ungezwungen und angenehm; innerhalb ihrer Familie waren sie tonangebend und außerhalb beliebt … Die Zahl der Nachbarn war nicht groß, aber die Musgroves wurden von allen besucht und hatten mehr Dinnerpartys und mehr Gäste, mehr eingeladene und zufällige Besucher als irgendeine andere Familie. Sie waren eben am beliebtesten.«

Später, als die jüngeren Kinder zu den Weihnachtsferien aus dem Internat nach Hause kommen, trifft Anne im Wohnzimmer auf eine fröhliche Szene. »Auf der einen Seite stand ein Tisch, an dem ein paar schwatzende Mädchen damit beschäftigt waren, Seiden- und Goldpapier auszuschneiden, und auf der anderen Seite standen Klapptische und Tabletts, die sich unter dem Gewicht von Sülze und kalter Pastete bogen und wo ausgelassene Jungen sich gütlich taten. Das Ganze wurde vervollständigt von einem lodernden Weihnachtsfeuer, das es anscheinend darauf angelegt hatte, sich trotz des allgemeinen Lärms Gehör zu verschaffen.«

Die Musgroves sind verwandt mit der ärmeren Familie Hayter. Diese lebt im zwei Meilen entfernten, auf der anderen Seite des Hügels gelegenen Winthrop und

bekommt eines schönen Novembertages von einer Wandergesellschaft aus Uppercross Besuch, zu der auch Anne gehört. Mary Musgrove, versnobt wie ihr Vater, will mit diesem sehr viel weniger vornehmen Teil der Familie nichts zu tun haben und ist verärgert über den Blick, der sich ihr von der Hügelkuppe aus bietet. »Winthrop lag ohne Schönheit und ohne Würde ausgebreitet vor ihnen. Ein durchschnittliches Haus, niedrig gelegen und von Scheunen und Stallungen eines Bauernhofs umgeben.« Winthrop stammt offenbar noch aus dem Mittelalter und scheint weder vergrößert noch umgebaut worden zu sein. Der älteste Sohn der Hayters aber hat sich vorgenommen, den Hof zu modernisieren, sobald er ihn geerbt hat.

Die Crofts ziehen zu Michaeli am 29. September in Kellynch Hall ein. Anne ist gespannt darauf zu erfahren, ob es zwischen Schwester und Bruder irgendwelche Ähnlichkeiten gibt. »Mrs Croft, obwohl weder groß noch dick, war von einer Gesetztheit, Geradheit und Vitalität, die ihrer Person Gewicht verlieh. Sie hatte strahlende dunkle Augen, gute Zähne und ein durchaus ansprechendes Gesicht, obwohl man aus ihrem geröteten und wettergebräunten Teint – einer Folge davon, dass sie beinahe ebensoviel Zeit auf See verbracht hatte wie ihr Mann – geschlossen hätte, dass sie schon etwas länger auf der Welt war als achtunddreißig Jahre. Ihr Benehmen war offen, ungezwungen und bestimmt wie bei jemandem, dem es an Selbstvertrauen nicht fehlt und der sich im Klaren ist, was er zu tun hat, ohne jedoch in die

OBEN: *Gurney Street Manor, Cannington, Bridgwater, Somerset.*
»Winthrop ... niedrig gelegen und von Scheunen und Stallungen eines Bauernhofs umgeben.«

Nähe von Gewöhnlichkeit oder Humorlosigkeit zu geraten.« Die Frage, ob Mrs Croft ihrem Bruder nun ähnlich sieht, bleibt seltsamerweise unbeantwortet. Auch als Wentworth, wie es Anne gefürchtet hat, nach Kellynch kommt und uns, den Lesern, wie auch der Familie Musgrove vorgestellt wird, bleibt sein Äußeres undeutlich. Durch Annes Augen erfahren wir lediglich, dass »die Jahre, die ihre Jugend und ihre Blüte zerstört hatten, ... ihm nur ein strahlendes, menschlicheres, offeneres Aussehen gegeben [hatten], ohne seine persönliche Anziehungskraft im Geringsten zu beeinträchtigen.«

Acht Jahre zuvor hatte Wentworth Anne und deren Familie zu überzeugen versucht, indem er ihnen versprach, bei der Marine Karriere zu machen und bald reich und erfolgreich zu sein. »Solch Selbstvertrauen, mitreißend durch seinen Enthusiasmus und bestrickend durch die geistreiche Art, in der er sich oft ausdrückte, hatten Anne offenbar genügt, aber Lady Russell sah es ganz anders... Er war brillant, er war dickköpfig. Lady Russell hatte wenig für geistreiche Bemerkungen übrig und verabscheute alles, was an Leichtsinn grenzte.«

Inzwischen hat Wentworth es tatsächlich schon bis zum Fregattenkapitän gebracht und darf sich alle Hoffnungen darauf machen, auch noch wie sein Schwager in den Rang eines Admirals aufzusteigen. Während des Krieges hat er Prisen im Wert von bis zu 25000 Pfund angesammelt (heute umgerechnet etwa 1,5 Millionen Euro). Jetzt, da der Krieg vorbei und er mit seinen einunddreißig Jahren mit der Hälfte seiner Pensionsbezüge in den Ruhestand versetzt ist, will er heiraten und sich niederlassen.

Der Erfolg hat sich jedoch weder auf sein Temperament noch auf sein Benehmen mäßigend ausgewirkt. Er ist Anne immer noch gram, dass sie ihn zurückgewiesen hat, und kann ihr gegenüber nur mit Mühe die Fassung wahren. Umso mehr genießt er die Aufmerksamkeit von Henrietta und Louisa Musgrove, die gebannt und mit großen Augen seinen Berichten vom Leben an Bord eines Kriegsschiffes lauschen. Er ist überdies so taktlos, den Mädchen zu sagen, dass er Anne fast nicht wiedererkannt habe, so verändert, wie sie sei – was er ihr sogar ins Gesicht sagt. Und den Crofts gegenüber bemerkt er in unhöflichem Ton, »dass er freiwillig keine Damen an Bord eines Schiffes lassen würde, das er kommandierte, es sei denn zu einem Ball oder einem Besuch, der einige Stunden nicht überschreiten würde«. Damit brüskiert er natürlich seine Schwester, die sich an der Seite ihres Mannes auf Schiffen immer sehr wohl gefühlt hat.

Aus dem wirklichen Leben wird von einer intelligenten jungen Dame, die 1817 an Bord der HMS Bellerophon gewesen war, berichtet, dass sie sehr überrascht gewesen sei vom

»raffinierten Komfort der Kabinen, besonders der des Kapitäns, so licht, luftig und frisch, von der gründlichen Sauberkeit, jede Oberfläche makellos weiß, jedes Metallstück blank poliert, von der Ordnung, der Ruhe, der Sorgfalt, mit der das Meiste aus jedem noch so kleinen Raum gemacht wird, von der Eleganz mancher Arrangements«.

Kapitän Wentworth erfährt nun, dass alte Freunde von ihm, nämlich Kapitän Harville samt Familie und Kapitän Benwick, den Winter über im Seebad Lyme Regis an der Küste von Dorset Urlaub machen und dass die Gruppe aus Uppercross sie dort besuchen will. Lyme liegt nur siebzehn Meilen entfernt, aber weil die Straße dorthin bergauf und bergab geht und allein die Hinfahrt dreieinhalb Stunden in Anspruch nimmt, schlägt Mr Musgrove, nicht zuletzt um die Kutschpferde zu schonen, vor, eine Nacht in Lyme zu verbringen. Der Weg von Crewkerne nach Lyme führt über Clapton, Three Ashes, Blackdown, Marshwood und Uplyme, also entlang der heutigen B3165, eben jener Strecke, die wohl auch die Austens zurückgelegt haben, als sie im November 1803 und dann wieder im Sommer 1804 von Lyme nach Bath reisten. Während des fiktionalen Ausflugs sitzen Henrietta, Louisa, Anne und Mary in der Musgrove'schen Familienkutsche, während Charles Musgrove, von Kapitän Wentworth begleitet, in dessen offenem Zweispänner vorausfahren. Nachdem man die Reise für ein Frühstück gegen neun kurz unterbrochen hat, erreicht die Gruppe Lyme mittags um halb eins.

Ein Anfang des neunzehnten Jahrhunderts erschienener Reiseführer empfahl Lyme taktvoll als einen Urlaubsort für Erholungsuchende mit limitiertem Einkommen.

»... die Pensionen und Unterkünfte in Lyme sind nicht nur günstig, sondern billig; Vergnügungen für Gesunde und Kuren für Kranke liegen preislich ebenfalls im Bereich des durchschnittlich Erschwinglichen. Es verkehren hier vor allem Mitglieder der Mittelschicht ... Aufwendungen für gehobene Ansprüche oder Repräsentationszwecke ersparen sich.«

Dieser Ort entspricht genau dem, was für Kapitän Harville in Frage kommt, denn er hat Frau und mehrere Kinder und laboriert nun schon seit zwei Jahren an einer schweren Verwundung. In dem Reiseführer heißt es weiter:

»[Der Ort] liegt am Abhang eines zerklüfteten Hügels, vor Kopf eines kleinen Meeresarms, und besteht, insbesondere im oberen Teil, aus vielen ansehnlichen

Häusern mit hübschen Gärten. Wer etwas auf sich hält, erklimmt den Hügel über der Stadt, wo er mit einem hinreißenden Rundblick belohnt wird. Während der Badesaison findet man in Lyme viel Gesellschaft. Am Kieselstrand stehen dann mehrere Badekarren zur Verfügung. Der Ort hat ein kleines Kasino, einen Raum zum Kartenspielen und ein Billardzimmer – zweckmäßigerweise unter einem Dach. Und wäre auch noch die Bibliothek hier untergebracht, hätte man sämtliche Annehmlichkeiten, die der Ort zu bieten hat, an einer Stelle zusammengefasst. Der Hafen von Lyme ist eine ganz einzigartige Anlage; sie nennt sich *The Cobb* und garantiert den ankernden Schiffen absolute Sicherheit. Der Hafendamm besteht aus mächtigen Felsbrocken, die aus dem Meer geborgen wurden und jede noch so starke Welle brechen ... Die Promenade mit ihren prächtigen Ausblicken aufs Meer beginnt am Kasino und endet nach rund einer halben Meile am Hafen, in dem Boote für Besucher bereit liegen.«

Natürlich hat sich Lyme im Laufe von zwei Jahrhunderten erheblich verändert. Von den alten Gebäuden sind heute etliche verschwunden. Doch man kann nach wie vor der langen, abschüssigen Straße folgen, über die Ausflügler von Uppercross mit ihren Kutschen vom Hügel hinabgefahren und dann am Ortseingang in die noch steilere Broad Street eingebogen sind. Es gab damals zwei gute Gasthäuser: den »Lion« auf halber Höhe und »Three Cups« am Fuße des Hügels, direkt am Wasser. Da der zitierte Reiseführer letzteres als das erste Hotel am Ort empfiehlt, lässt sich vermuten, dass sich unsere Ausflugsgesellschaft dort einquartiert und zu Abend gegessen hat. »Nachdem sie sich in einem der Gasthöfe eine Unterkunft besorgt und ein Dinner bestellt hatten, mussten sie zunächst natürlich unbedingt zum Meer hinuntergehen. Es war schon zu spät im Jahr, als dass Lyme als Badeort noch irgendwelche Unterhaltung oder Abwechslung geboten hätte. Die Kuranlagen waren geschlossen, die Gäste fast alle verschwunden, kaum eine Familie war außer den Ansässigen übrig geblieben; und da es an den Gebäuden nichts zu bewundern gibt, sind es die ungewöhnliche Lage des Ortes mit seiner Hauptstraße, die direkt zum Wasser hinunterführt, der Weg zum Cobb unmittelbar an der hübschen kleinen Bucht entlang, die während der Saison mit Badekarren und Menschen belebt ist, der Cobb selbst mit seinen alten Wundern und neueren Verbesserungen, mit seiner höchst eindrucksvollen Kette von Klippen, die sich westlich des Ortes hinzieht, die den Blick des Fremden auf sich ziehen ...«

Und so spazieren auch die Besucher aus Uppercross rund um die Bucht bis zum Cobb, wo die Harvilles in einem kleinen Haus am Fuße eines alten Piers wohnen. Die Räume in diesem Haus sind entsprechend eng. Doch als guter Handwerker, der er ist, hat Kapitän Harville am Mobiliar und der Ausstattung alle möglichen Verbesserungen vorgenommen, nicht zuletzt auch Maßnahmen zum Schutz vor den bevorstehenden Winterstürmen. »Seine Verwundung hinderte ihn an ausgedehnter körperlicher Bewegung, aber ein Sinn fürs Praktische und sein Einfallsreichtum verschafften ihm ständige Beschäftigung im Haus. Er entwarf, er lackierte, er tischlerte, er klebte. Er machte Spielzeug für die Kinder, er schnitzte neue Klöppelnadeln, und wenn alles getan war, setzte er sich an sein großes Fischernetz in eine Ecke des Zimmers.« Mary Musgrove findet es unmöglich, dass sich die Harvilles keinen Diener leisten können und mit einem einfachen Mädchen vorlieb nehmen müssen, das bei Tisch serviert.

Am nächsten Morgen geht die Gesellschaft noch einmal zum Hafen, um anschließend die Rückreise anzutreten. Da erleidet die eigensinnige Louisa einen fast tödlichen Unfall. »Der Wind war zu stark, um den oberen Teil des neuen Cobb für die Damen angenehm zu machen, und sie einigten sich, die Stufen zum unteren Teil hinunterzusteigen, und waren bereit, manierlich und vorsichtig die steile Treppe hinabzugehen – außer Louisa. Sie musste mit Kapitän Wentworths Hilfe unbedingt die Treppe hinunterspringen ... Er riet ihr davon ab, hielt den Aufprall für zu stark, aber nein, er argumentierte und redete vergeblich ... sie kam ihm eine halbe Sekunde zuvor, sie schlug auf dem unteren Cobb aufs Pflaster und wurde bewusstlos aufgehoben.« Wie sich herausstellt, hat Louisa eine Gehirnerschütterung mit Verdacht auf einen leichten Schädelanriss und wird in das Cottage der Harvilles gebracht. Daraufhin kehren Kapitän Wentworth, Anne und Henrietta mit der schlimmen Nachricht so schnell wie möglich nach Uppercross zurück.

Der Gasthof »Lion« – er heißt heute »Royal Lion« – liegt nach wie vor an der Broad Street. Das Gebäude aber, in dem ursprünglich »Three Cups« untergebracht war, brannte Mitte des neunzehnten Jahrhunderts bis auf die Grundmauern nieder. Der Name ging dann auf ein Haus jüngeren Datums über, das ebenfalls an der Broad Street dem »Royal Lion« gegenüber liegt und zu Jane Austens Zeiten als Hiscott's Boarding House bekannt war. Das Kasino existierte bis ins frühe zwanzigste Jahrhundert, wurde dann eine Zeit lang als Kino genutzt und 1927 schließlich abgerissen. An seiner Stelle befindet sich heute ein Parkplatz. Den beschaulichen Promenadenweg entlang der Bucht bis zum Weiler beim Hafen gibt es immer noch, so auch den Cobb selbst, obwohl er seit damals natürlich immer wieder ausgebessert werden musste. Von der besagten Treppe, die zum unteren Cobb führte, sind am unteren Ende noch einige der Originalstufen erhalten – unebene Steinquader, die aus der

The Cobb von Lyme Regis heute.

Mauer herausragen und von den Anwohnern scherzhaft »Granny's Teeth« – Großmutters Zähne – genannt werden. Auch wenn es keinen Beweis dafür geben kann, dass Louisa genau an dieser Stelle verunglückt ist, so wird man doch hier den besten Eindruck davon gewinnen, wie es passiert sein könnte.

1824 fegte ein gewaltiger Sturm über die Bucht hinweg und richtete an dem kleinen Weiler am Hafen großen Schaden an, weshalb es auch nicht mehr möglich ist, das Cottage zu identifizieren, in dem Jane Austen die Harvilles hat wohnen lassen.

An einem verregneten Nachmittag im Januar 1815 fährt Lady Russell mit Anne nach Bath, um sie dort mit ihrer Familie zusammenzubringen. Durch die Fenster der Kutsche sieht Anne lange Straßenzüge vorbeiziehen, begleitet vom Lärm der Stadt, »dem Rollen anderer Kutschen, dem lautende Gepolter von Karren und Wagen, dem Geschrei der Zeitungsjungen, Brezelverkäufer und Milchmänner und dem endlosen Geklapper von Holzschuhen«. Sie fahren über die Old Bridge und halten sich nordwärts, Richtung Camden Place, wo Sir Walter Elliot ein Stadthaus besitzt, zweifellos das beste in der Straße. Elizabeth ist hocherfreut, Anne die beiden großen, miteinander verbundenen Wohnzimmer zeigen zu können, die geschmackvolle Einrichtung – die Spiegel, das Porzellan –, und berichtet voller Stolz von ihren gesellschaftlichen Erfolgen in der Stadt. »Ihre Bekanntschaft war außerordentlich gefragt. Man riss sich darum, sie zu besuchen. Sie hatten bewusst auf viele Bekanntschaften verzichtet, und doch wurden ständig Visitenkarten von Leuten bei ihnen

abgegeben, die sie gar nicht kannten.« Sogar Sir Walter ist immerhin so gut gelaunt, dass er Anne das Kompliment macht, sie sähe besser aus. »Er fand ihre Figur, ihre Wangen nicht mehr so mager, ihre Haut, ihren Teint wesentlich verbessert, klarer, frischer.«

Es gefällt Elizabeth auch, Anne erzählen zu können, dass sich ihr entfernter Vetter William Elliot, der Erbanwärter auf das Baronat und den Landsitz Kellynch, zurzeit in Bath aufhält und ihr und Sir Walter sehr viel Aufmerksamkeit entgegenbringt. Als er eines Abends zu Besuch kommt, erkennt Anne in ihm jemanden, den sie in Lyme gesehen hat – einen Urlauber, der sie mit bewundernden Blicken bedachte, als sie auf den Stufen, die vom Strand heraufführen, an ihm vorbeiging. »Sie sah bemerkenswert gut aus, da ihre sehr regelmäßigen, sehr hübschen Züge bei dem leichten Wind, der ihr ins Gesicht wehte, und der Lebhaftigkeit, die er in ihren Augen hervorrief, ihre jugendliche Blüte und Frische wiedergewonnen hatten.« Mr Elliot ist in den Dreißigern, trägt unverkennbar Elliotsche Züge und sieht recht gut aus, trotz des hervorstehenden Unterkiefers. Und weil er sehr vornehm, elegant und gewandt aufzutreten versteht, hat Sir Walter auch nichts dagegen, mit ihm gesehen zu werden.

Anne kennt sich in Bath gut aus. Nach dem Tod ihrer Mutter ist sie hier drei Jahre lang zur Schule gegangen. Zudem hat sie im Winter 1806-07 im Anschluss an ihr Zerwürfnis mit Wentworth einige unglückliche Monate mit Lady Russell in Bath verbracht. Wir wissen zwar, dass Lady Russell ein Reihenhaus in der Rivers Street besitzt, in einer ruhigen, gutbürgerlichen Gegend nahe dem Royal Crescent und dem Circus. Doch den Namen der Schule, die Anne besucht hat, erfahren wir nicht. Es hätte das große, von den Damen Lee geführte Mädchenpensionat Belvidere House in der Lansdown Road sein können, denn es galt als die beste Schule in der Stadt. Es hatte fünfzig Pensionats- und zwanzig Tagesschülerinnen, die von den Damen Lee,

LINKS: J. C. Nattes, Camden Crescent von der Bathwick-Fähre aus gesehen, 1806.
OBEN: Miniatur eines unbekannten Gentleman, von J. C. D. Engleheart. Der starke Kiefer und der zynische Ausdruck sind auch William Elliot eigen.

zwei Gouvernanten und drei weiteren Lehrerinnen unterrichtet wurden. Die Mädchen bekamen gutes Essen und eine gute Ausbildung und trieben viel Sport. Einmal wurde der Schulabschluss mit einem großen Ball in den Assembly Rooms gefeiert, zu dem sämtliche Mädchen in feinen Musselinkleidern mit breiten, langen, blassgelben Schärpen erschienen. Auf den Köpfen trugen sie Blumenkränze in derselben Farbe. Zufällig hielt sich der Prince of Wales zu jener Zeit in Bath auf und nahm an diesem Ball teil. Er trug einen grünen Rock und eine weiße Weste, und an der Brust prangte sein Diamantstern am Band. Sein Haar war gepudert und im Nacken zu einem Zopf zusammengefasst.

Anne sucht in der Schule eine ehemalige Lehrerin auf. Von ihr erfährt sie, dass eine ihrer Mitschülerinnen, eine verwitwete Mrs Smith, unter rheumatischem Fieber leidet und als Patientin nach Bath zurückgekehrt ist, um in den heißen Mineralquellen Linderung zu suchen. Anne lässt die Freundschaft mit Mrs Smith, die in den Westgate Buildings wohnt, wieder aufleben – sehr zum Missfallen ihres Vaters, denn dieser ältere Teil der Stadt steht nicht im besten Ruf. »Westgate Buildings wird über den Anblick einer Kutsche ... gestaunt haben.« Sir Walter wählt sich seine Freunde natürlich nach deren sozialer Stellung aus. So ist er hocherfreut, sich einer entfernten Kusine aus Irland, der verwitweten Vicomtesse Dalrymple, und deren »hochverehrter« Tochter Miss Carteret vorstellen zu können, die in dem modernen, teuren Hotel Laura Place im Osten der Stadt residieren. Anne schämt sich für ihren Vater, der ständig mit »unseren Verwandten im Laura Place« angibt, die, von ihrem Adelstitel abgesehen, nur wenig an sich haben, was ihre Gesellschaft besonders erstrebenswert macht. Immerhin ist die füllige Witwe durchaus umgänglich, sie hat für jeden ein Lächeln und ein freundliches Wort übrig. Miss Carteret dagegen ist ausgesprochen farblos, unbeholfen und weiß nichts Eigenes zu sagen. William Elliot stellt seinen Freund Oberst Wallis vor, der in den Marlborough Buildings wohnt, und weil der Oberst ein hoher Militär ist, findet er trotz seiner sandfarbenen Haare Gnade vor Sir Walters Augen.

In früheren Jahren waren die North and South Parades die Flanierstraßen schlechthin. Doch zu der Zeit, da sich die Elliots in Bath aufhalten, empfehlen einschlägige Reiseführer, dass nunmehr die Strecke

> »vom oberen Teil der Milsom Street über die Bond Street und Union Street bis zur Trinkhalle die mittägliche Promenade aller modebewussten Besucher darstellt; die vielen eleganten Damen, die während der Hochsaison hier hin- und herschlendern, bieten ein Schauspiel von allgemeinem Interesse.«

Sir Walter jedoch beklagt, dass es so viele unansehnliche Frauen gibt.«›... als er in einem Laden in der Bond Street gestanden hatte, hatte er siebenundachtzig Frauen gezählt, die eine nach der anderen vorbeigegangen waren, ohne dass ein einziges passables Gesicht darunter gewesen wäre.‹« Wie in der Bond Street in London so finden sich auch in der gleichnamigen Straße in Bath eine Vielzahl vornehmer, teurer Geschäfte. Jane Austen hatte bestimmt eine sehr genaue Vorstellung von dem Laden, in den sie Sir Walter eintreten lässt. Wir können nur vermuten, dass es sich entweder um den Juwelier und Goldschmied William Bassnett in Nr. 1 handelt oder um den Uhrmacher Thomas Field in Nr. 2, um das Hut- und Strumpfmachergeschäft Harding & Frankham in Nr. 3, um die Weinhandlung von Samuel Faulkner oder die Buchhandlung von Joseph Barratt. Wenn Sir Walter mit Elizabeth unterwegs war, hat er vielleicht in Thomas Cowards Kurzwarenhandlung oder in der Nr. 8 bei der Putzmacherin Mme. Rosalie auf sie gewartet, während sie sich ein Häubchen oder einen Hut aussuchte.

Anfang Februar kommen die Crofts nach Bath und ziehen in die Gay Street. Wenig später gesellt sich Wentworth zu ihnen. Anne wagt zu hoffen, dass er wieder Zuneigung zu ihr entwickeln und vielleicht sogar eifersüchtig auf William Elliot werden könnte, der häufig im Camden Place zu Besuch kommt. Als die Gesellschaft einmal vor einem plötzlichen Regenschauer in der Konditorei Molland's in der Milsom Street Nr. 2 Schutz sucht, spielt jemand darauf an, dass es wohl bald zur Hochzeit zwischen William und Anne kommen werde, was Kapitän Wentworth nicht überhören kann. Ein paar Tage später, während eines Konzertes in den *Upper Assembly Rooms*, reagiert er sehr ungehalten auf Elliots Bemühungen um Anne. Sie wiederum weiß nicht so recht, wie sie Wentworth beibringen soll, dass sie an Elliot kein Interesse hat. Das Problem löst sich wenige Tage später von allein, als die Familie Musgrove, von Kapitän Harville begleitet, in Bath eintrifft und im White Hart absteigt, einem erstklassigen Hotel in der Stall Street. Henrietta Musgrove ist inzwischen mit einem ihrer Hayter-Vettern verlobt, und Louisa hat sich, während sie von den Harvilles gesund gepflegt wurde, in deren Freund Kapitän Benwick verliebt. Deshalb ist Mrs Musgrove nach Bath gereist: Sie will für ihre Töchter Brautkleider kaufen. Als die ganze Verwandtschaft mit den Freunden im Salon des White Hart versammelt ist, verfallen Anne und Kapitän Harville auf eine Diskussion über die bei Männern und Frauen unterschiedliche Art zu lieben – eine Diskussion, in deren Verlauf Anne ein Bekenntnis ablegt. »Den einzigen Anspruch, den ich für mein eigenes Geschlecht erhebe (und es ist kein beneidenswerter, Sie brauchen ihn nicht anzustreben), ist, dass wir länger lieben, wenn die Liebe oder die Hoffnung darauf verschwunden sind.« Nachdem Kapitän Wentworth diese Worte gehört hat, bittet er

Anne in einer eilig geschriebenen Notiz, die er ihr heimlich in die Hand drückt, um Entschuldigung und erneuert seinen Antrag. Sie ist auf dem Nachhauseweg, als er sie auf der Straße einholt, »und bald waren zwischen ihnen Worte genug gewechselt worden, um ihre Schritte zu dem verhältnismäßig ruhigen und abgelegenen Kiesweg zu lenken, wo die Macht des Gespräches die gegenwärtige Stunde zu einem glücklichen Ende bringen und dem ewigen Andenken überliefern würde, das die schönsten Erinnerungen ihres eigenen zukünftigen Lebens gewähren konnten.«

Besucher des modernen Bath können fast jeden einzelnen Weg nachgehen, den Anne Elliot im Roman zurückgelegt hat. Verschwunden ist allerdings das White Hart, das 1867 abgerissen und als Pump Room Hotel an derselben Stelle in der Stall Street wiederaufgebaut wurde. Dieses musste jedoch in späteren Jahren einem Bürokomplex weichen: dem Arlington House. Anstelle der Old Bridge überspannt jetzt die um ein Stück weiter nach Westen versetzte Churchill Bridge den Avon. Camden Place heißt heute Camden Crescent, und wenn Sir Walter, woran nicht zu zweifeln ist, das beste Haus am Platz gemietet hat, kann es sich nur um dasjenige handeln, das in der Mitte der alten Häuserzeile steht und durch einen besonders schmuckvollen Giebel auffällt. Lady Russells Haus in der Rivers Street könnte die Nr. 10 gewesen sein, wo in Wirklichkeit Mrs Lillingston, eine Freundin der Familie Austen, wohnte. Die Milsom Street ist nach wie vor eine der schickeren Einkaufsstraßen von Bath, auch wenn die Konditorei Molland's aus der Nr. 2 verschwunden ist. Kapitän Wentworth würde damals seinen Schirm bei Ashley's in der Bond Street Nr. 11 gekauft haben, und der Büchsenmacher, mit dem Charles Musgrove eine Verabredung hat, könnte William Smith in der New Market Row gewesen sein. Die Kunsthandlung in der Milsom Street, vor deren Schaufenster Admiral Croft steht, hat ihr reales Pendant wahrscheinlich in der Nr. 28, dem Atelier des Landschaftsmalers Archibald Sharp.

Der Admiral vertraut Anne an, dass seine Frau eine Blase an der Ferse hat, »so groß wie ein Drei-Shilling-Stück«. Das war keine Münze, sondern eine Silbermarke, die zwischen 1811 und 1816 kurzfristig in Umlauf gebracht wurde, weil es an Kleingeld mangelte und die Einführung der neuen Silberwährung noch in Vorbereitung war. Diese Marke hat einen Durchmesser von fast vier Zentimetern – die Blase der armen Mrs Croft scheint also sehr groß gewesen zu sein.

Die bevorzugte Lektüre von Sir Walter Elliot dürfte Debretts *Baronetage of England* gewesen sein, ein Adelskalender, der 1808 in zwei Bänden erschien. Und da er wie auch Elizabeth und Mary sehr viel Wert auf die strikte Einhaltung der Etikette legte, die in Adelskreisen gepflegt wurde, wird die Gesellschaft in folgender Reihenfolge durch die Tür gegangen sein: die Vicomtesse Dalrymple als Peeress vor ihrer Tochter, der hochmögenden Miss Carteret, dann Lady Russell als die Witwe eines Geadelten vor Elizabeth, Anne und Mary, den Töchtern eines Baronets, gefolgt von Mary Musgrove, ebenfalls Tochter eines Baronets, vor ihrer Schwiegermutter Mrs Musgrove, der Frau eines Gutsherrn ohne Adelstitel. Mary beschwert sich, »dass Mrs Musgrove dazu neigte, den ihr zukommenden gesellschaftlichen Rang nicht anzuerkennen, wenn sie mit anderen Familien im Herrenhaus zum Dinner war; und sie sah nicht ein, warum man sie als so sehr zur Familie gehörig betrachten sollte, dass sie ihre Stellung einbüßte«. Henrietta und Louise geben Mary prinzipiell Recht und kritisieren nur ihren Stil. »Es bestreitet ja keiner, dass sie Mama gesellschaftlich überlegen ist, aber es würde einen sehr viel besseren Eindruck machen, wenn sie nicht immer so darauf beharrte.«

Jane Austens erster Entwurf für das Wiedersehen der beiden Liebenden war knapp und wenig überzeugend: Anne begegnet Admiral Croft auf der Straße, wird von ihm zu einem Besuch in der Gay Street eingeladen und trifft dort unter anderem Wentworth an. Auch den Crofts ist zugetragen worden, dass Anne und William Elliot angeblich heiraten wollen und in Kellynch Hall zu leben gedenken. Als Anne nun Kapitän Wentworth versichert, dass an diesem Gerücht rein gar nichts stimmt, macht er ihr sofort einen Antrag. Jane sah ein, dass diese Version allzu zahm und flach gewesen wäre, zumal Wentworth zu jenem Zeitpunkt unmöglich davon ausgehen kann, dass Anne immer noch an ihm interessiert ist. Erst der Ausbau dieser Szene – das wechselseitige Belauschen der beiden während des turbulenten Familienfestes im White Hart – gibt Anne Gelegenheit, ihren Gefühlen auf eine Weise Ausdruck zu verleihen, die plausibel macht, dass Wentworth seinen Antrag wiederholt.

Im Frühjahr 1818 erschienen drei Rezensionen zu *Überredung*. Der *British Critic* widmete sich vor allem *Kloster Northanger* und sagte zu *Überredung* lediglich:

»… eine in jeder Hinsicht sehr viel weniger geglückte Darbietung als die im Voraufgegangenen besprochene. Es ist unverkennbar das Werk derselben Autorin und hat durchaus gute Stellen. Dazu gehört aber gewiss nicht seine *Moral*, derzufolge junge Leute stets nach ihren Neigungen und gemäß eigenem Dafürhalten heiraten sollten…«

Eine ähnliche Auffassung vertritt das *Gentleman's Magazine*.

»Die beiden jüngst veröffentlichten Romane haben wenig Verbindendes. Gemein ist ihnen nur, dass die handelnden Personen der Mittelschicht angehören und begütert sind. *Kloster Northanger* ist dem anderen Roman jedoch eindeutig vorzuziehen, nicht nur was seine Handlung angeht, sondern insbesondere auch seiner moralischen Tendenzen wegen.«

Der Rezensent des *Edinburgh Magazine* urteilt: »Der eine Roman ist heiter, der andere eher Mitleid erregend ... Beide bringen eine ähnlich vernünftige Haltung, Zufriedenheit und Unschuld zum Ausdruck.«

In den abschließenden Sätzen des Romans versichert uns die Autorin: »Anne war voller Zärtlichkeit und wurde dafür voll und ganz durch Kapitän Wentworths Liebe belohnt. Nur sein Beruf ließ ihre Freunde manchmal wünschen, ihre Zärtlichkeit wäre geringer. Nur die Furcht vor einem zukünftigen Krieg konnte ihre Heiterkeit überschatten.«

Das Ende des Romans lässt darüber hinaus allerdings etliche Fragen bezüglich der Zukunft offen. Der Leser erfährt zwar, dass Kapitän Wentworth Anne zur Hochzeit einen kleinen Landauer schenkt, doch es wird nichts darüber gesagt, wo die beiden zukünftig leben werden. Selbst wenn man davon ausgeht, dass Wentworth irgendwo ein Haus kauft – wird er sein Leben vollständig ändern und sich für immer als Gutsherr niederlassen? Oder wird er sich nicht vielmehr immer wieder bemühen, in den aktiven Dienst auf See zurückkehren zu können? Und wenn ihm dies gelingt – wird er dann seine Meinung über Frauen an Bord ändern und Anne mitnehmen?

Und was Anne betrifft: Zwar bewundert sie die Art und Weise, wie Mrs Croft und Mrs Harville leben, aber wird sie selbst jemals eine robuste Seemannsgattin werden? Bislang hat sie nichts anderes getan als in vertrauter häuslicher Umgebung Klavier zu spielen und Gedichte und religiöse Schriften zu lesen. Sie ist im Grunde noch recht naiv, prüde und reserviert. Wird Anne zu einer warmherzigen, lebenstüchtigen Frau heranreifen, oder ist es dazu nach all den Jahren ihres körperlich und seelisch vereinsamten Lebens in Kellynch bereits zu spät?

SANDITON

Gegen Ende des Jahres 1816 verbesserte sich Jane Austens Gesundheitszustand. Am 27. Januar 1817 ging es ihr wieder so gut, dass sie die Arbeit an einem neuen Roman aufnahm: an *Sanditon*. Im Laufe der nächsten Wochen schrieb sie ungefähr 24 000 Wörter einer satirisch angelegten Geschichte über eine Gruppe von hoffnungsvollen, törichten, zum Teil auch cleveren Einwohnern eines Küstenstädtchens. Sie entwickeln den Ehrgeiz, ihr Fischerdorf in ein mondänes Seebad zu verwandeln. Der Roman sollte offenbar recht umfangreich werden, denn in den fertig gestellten zwölf Kapiteln werden viele Personen eingeführt, und erst gegen Ende dieser Kapitel zeigen sich Hinweise auf eine Art Verschwörung zwischen zwei Figuren.

Das Manuskript wurde innerhalb der Familie Austen von einer Generation auf die nächste weitergereicht. Auszüge findet man zitiert in *Memoir of Jane Austen*, jener 1871 von ihrem Neffen, dem Pfarrer James-Edward Austen-Leigh, geschriebenen Biografie. Er bezeichnete das Fragment lediglich als ihr »letztes Werk«, ohne ihm einen Titel zu geben. Das ganze Manuskript wurde erstmals 1925 als *Fragment of a Novel* veröffentlicht. Später aber einigte man sich auf *Sanditon* als den angemesseneren Titel, weil dies der Name des Fischerortes ist, dessen Entwicklung im Mittelpunkt des Interesses steht. Mehr noch als in *Emma* gab die Autorin ihren Lesern ausführliche geografische Informationen über den Schauplatz an die Hand, so dass man sich beides ziemlich genau vorstellen kann: das alte Dorf und das neu entwickelte Wohngebiet.

Die Geschichte beginnt im Juni 1816, zur Zeit der Heuernte. Der junge Thomas Parker, einer der vermögendsten Landbesitzer in der Gemeinde Sanditon, fährt mit seiner Frau ins Hinterland nach Willingden, einer kleinen Ortschaft an der Grenze zwischen Kent und Sussex. Er hat die Absicht, einen Arzt anzuwerben, der sich um die Gesundheit der zukünftigen Gäste seiner Ferienhäuser in Sanditon kümmern soll. Auf einem holprigen Weg kippt die Kutsche um, und als Parker aus dem Fahrzeug klettert, verstaucht er sich den Fuß. Ihm und seiner Frau eilt nun Mr Heywood zu Hilfe, der sich gerade bei seinen Heumachern aufhält und den Unfall bemerkt hat. In einiger Entfernung ist ein Cottage zu sehen. Parker hält es fälschlicherweise für das Haus des gesuchten Arztes. In Wahrheit wohnen darin ein Schäfer und drei alte Frauen. Parker hat sich in der Adresse geirrt und ist in Willingden gelandet, einem Weiler, den die Autorin in der Nähe der tatsächlich existierenden Ortschaft Heathfield angesiedelt hat. Dabei ist sein eigentliches Ziel Great Willingden oder Willingden Abbots, das angeblich sieben Meilen östlich der Stadt Battle liegt.

Das verstauchte Fußgelenk zwingt die beiden Parkers, ihre Geschäftsreise zu unterbrechen. Sie werden gastfreundlich von den Heywoods aufgenommen, einer angesehenen Familie, bei der sie vierzehn Tage lang bleiben. Mr Heywood ist ein gut aussehender, rüstiger Gentleman von siebenundfünfzig Jahren, der nie woanders gelebt hat als in Willingden. Mit seiner Frau hat er in dreißig Ehejahren vierzehn Kinder in die Welt gesetzt. Deren Erziehung und Ausbildung kostet so viel Geld, dass nichts übrig bleibt für die Reparatur der Wege, geschweige denn für Ferienreisen nach Tunbridge Wells oder Bath. »Außer zwei jährlichen Reisen nach London, um seinen Aktiengewinn in Empfang zu nehmen, wagte sich Mr Heywood nie weiter, als seine Füße oder sein erfahrenes altes Pferd ihn trugen; und Mrs Heywoods Abenteuer bestanden lediglich darin, in der alten Kutsche, die bei ihrer Heirat neu gewesen war und zum zehnten Geburtstag ihres ältesten Sohnes neu bezogen worden war, ihre Nachbarn zu besuchen.« Die unfreiwillig eingelegte Ruhepause bietet Thomas Parker häufig Gelegenheit, seinen Gastgebern gegenüber von den Plänen zu schwärmen, die er mit Sanditon hat. Und zum Dank für die Gastfreundschaft der Heywoods lädt er deren Tochter Charlotte – »eine höchst umgängliche junge Dame von 22, die älteste der Töchter im Haus« – ein, mit ihm und seiner Frau nach Sanditon zurückzufahren, damit sie sich von der vorzüglichen Lage des Ortes ein Bild machen kann. Das Romanfragment enthält keinerlei Beschreibung von Charlottes Aussehen. Tatsächlich kannte die Autorin eine Charlotte Williams, Tochter eines Geistlichen aus Hampshire, über die sie sich 1813 in einem Brief an Cassandra folgendermaßen äußerte: »Ich bewundere die Klugheit & den guten Geschmack von Charlotte Williams. Die großen dunklen Augen treffen immer ein richtiges Urteil. – Ich werde ihr das Kompliment machen, eine Heldin nach ihr zu benennen.« Vielleicht hat also Charlotte Heywood mit der intelligenten Pfarrerstochter aus Hampshire nicht nur den Vornamen, sondern auch die großen dunklen Augen gemein.

Die Grafschaft Sussex reicht bis zum Ärmelkanal. Der Küste vorgelagert sind die malerischen South Downs, Kreidekalkzüge, die nach Süden hin steil abfallen und nahe Eastbourne am so genannten Beachy Head jäh ins Meer stürzen. Im Osten

Landkarte von Sussex, frühes neunzehntes Jahrhundert.
Das fiktive Sanditon liegt angeblich eine Meile vor Eastbourne an der Straße nach London.

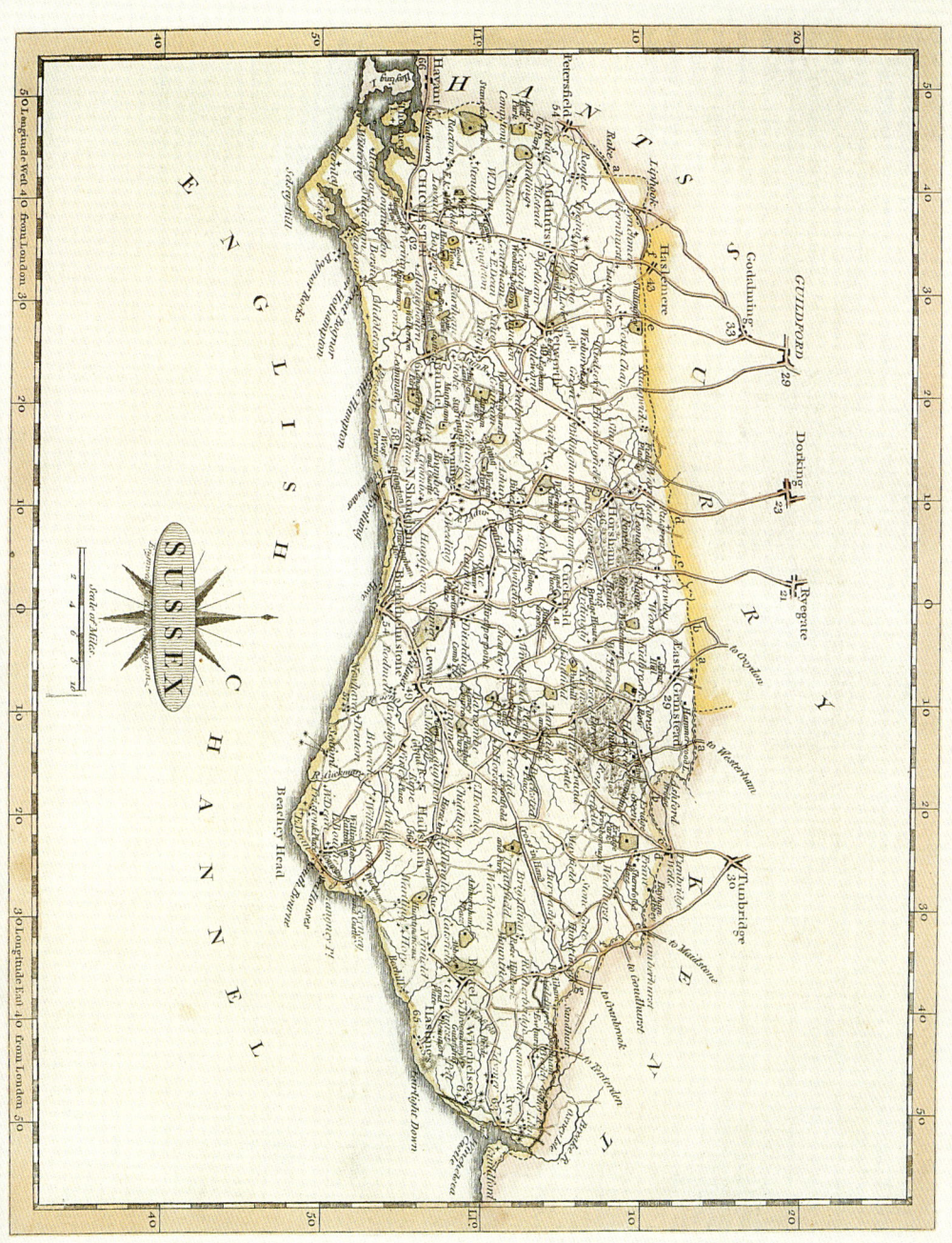

schließt eine vielgestaltige Küstenlandschaft an, die sich mal felsig zeigt, mal mit langen Sandstränden oder als Marsch und bis in die Grafschaft Kent hineinreicht. Das Hinterland ist zum Teil dicht bewaldet – wie die Gegend um Heywoods Willingden – oder als fruchtbares Ackerland urbar gemacht. Zur Zeit von Jane Austen waren die Straßen dort in einem notorisch schlechten Zustand und im Winter häufig unpassierbar.

Das bekannteste Seebad in Sussex war und ist Brighton, das früher Brighthelmstone hieß und noch gegen Ende des achtzehnten Jahrhunderts ein einfaches Fischerdorf war. Dann jedoch nahm der Ort einen beispiellosen Aufschwung, weil der Prince of Wales dort ein großes Gutshaus als seinen ständigen Urlaubssitz einrichtete und immer wieder umbaute, bis schließlich der exotische Brighton Pavilion daraus hervorging. Dem Beispiel Brightons folgten andere Ortschaften an der Küste von Sussex, allerdings in kleinerem Maßstab und ohne königliche Patronage, sodass zu Beginn des neunzehnten Jahrhunderts die weniger vermögenden Urlauber zwischen den Badeorten Hastings, Eastbourne, Bognor, Littlehampton und Worthing wählen konnten. Im Herbst 1805 verbrachte Jane einige Wochen in Worthing. Ihre Erinne-

rungen an diesen Urlaub sowie an die Besuche des Badeortes Ramsgate in Kent in früheren Jahren haben gewiss zur Kolorierung des fiktiven Sanditon beigetragen.

Nach Auskunft von Thomas Parker hat Sanditon von allen Küstenorten die beste Seeluft und exzellente Bademöglichkeiten zu bieten, nicht zuletzt dank seines schlick- und seetangfreien Sandstrandes, der schon nach wenigen Schritten in tiefes Wasser abfällt. Außerdem liegt der Ort genau eine Meile näher an London als Eastbourne. Brinshore, jener neu eingerichtete Badeort am selben Küstenstreifen, ist nach Parkers Einschätzung nur ein armseliger Flecken in unvorteilhafter Lage und für Sanditon keine Konkurrenz. Wenn man von Eastbourne in Richtung London an der Küste entlangfährt, ist tatsächlich nach einer Meile Langney Point zwischen den Wiesen und Dämmen der Pevensey Levels erreicht. In einer an späterer Stelle gegebenen Beschreibung von Sanditon zeigt sich jedoch, dass Jane eine steilere Küstenlinie im Sinn hatte, etwa nach dem Vorbild von Ramsgate mit seinen Neubaugebieten East Cliff und West Cliff und der alten Fischersiedlung dazwischen.

Die Ländereien von Sanditon sind seit zwei oder drei Generationen im Familienbesitz der Parkers und werfen so viel Gewinn ab, dass sich Thomas Parker mit seinen fünfunddreißig Jahren eigentlich schon zur Ruhe setzen könnte. Schließlich sind auch seine jüngeren Brüder und Schwestern – Diana, Susan, Sidney und Arthur – gut versorgt und nicht auf seine finanzielle Unterstützung angewiesen. Als Charlotte dieser Verwandtschaft vorgestellt wird, lernen wir Diana und Susan als schmächtige Hypochonder kennen, die sich ihrer krankhaften Freude an mangelnder Gesundheit widmen. Sie tragen ihren Teil dazu bei, dass Arthur, der jüngste Bruder, schon mit einundzwanzig Jahren an Fettsucht leidet und so kränklich und übellaunig ist wie sie selbst es sind. Sidney, der gegen Ende der abgebrochenen Erzählung nur einen kurzen Auftritt hat, ist offenbar die löbliche Ausnahme in dieser sonderbaren Familie, »ausgesprochen gut aussehend mit zwanglosen, modisch eleganten Umgangsformen und lebhaften Zügen«.

Noch zwei Jahre zuvor wohnten Thomas Parker und seine Familie in dem angestammten Herrensitz von Sanditon, der, zwei Meilen vom Meer entfernt, in einer geschützten Senke liegt. Es ist ein mittelgroßes Haus mit einem reichhaltig bestellten Garten, Obstbäumen und Wiesen, die das Anwesen augenfällig zieren. Doch inzwischen haben die Parkers dieses alte Haus ihrem Hauptpächter, dem Bauern Hillier,

John Nixon, Die Küste bei Worthing, zwischen Montague Place und New Turn, Aquarell um 1800.
Jane Austen hielt sich 1805 für einige Wochen in Worthing auf. Als sie Sanditon schrieb, hatte sie vielleicht auch eine solche Szene im Sinn.

zur Miete überlassen und sind selbst in ein neu gebautes Haus gezogen, das auf einer Klippe hoch über dem Meer thront. Am Fuße der Anhöhe liegt das malerische Dörfchen Sanditon mit seiner Kirche. Zu seiner Genugtuung stellt Parker fest, dass manche der Cottages herausgeputzt worden sind und ein Schild mit der Aufschrift »Zu vermieten« im Fenster hängen haben. Im Schaufenster des Schuhmachers William Heeley sind blaue Schuhe und Stoffstiefel ausgestellt. Aus der Bäckerei tönt Harfenmusik, und zwei elegant in Weiß gekleidete Damen sitzen lesend im Vorgarten eines alten Bauernhauses. An anderer Stelle windet sich ein kleiner Bachlauf dem Meer entgegen, durch ein Tal, in dem eine Reihe von Fischerkaten zu sehen ist.

In ihrer bergan rollenden Kutsche kommen die Parkers am Tor der Einfahrt von Sanditon House vorbei, wo die alte Lady Denham lebt, die andere Großgrundbesitzerin der Gemeinde und Parkers Partnerin in der Erschließung des Ortes als Seebad. Für einen kurzen Moment ist das Dach des Hauses zwischen den Wipfeln der Bäume zu erkennen, und zwar als die Kutsche die Anhöhe erreicht: das Neubaugebiet. Auf dem höchsten Punkt steht Trafalgar House, ein elegantes Gebäude, das Parker schon 1814 fertig stellen ließ. Es liegt von einem Rasen und jungen Anpflan-

Entwurf eines cottage ornée von J. B. Papworth, 1818. Falls es Sir Edward Denham gelungen sein sollte, sein Gartenhäuschen zu bauen, wird es vielleicht so ausgesehen haben.

zungen umgeben rund hundert Schritt vom Rand der steilen, aber nicht besonders hohen Klippe entfernt. Die bis zum Boden reichenden Fenster im Wohnzimmer weisen zur Straße hinaus. Charlottes Schlafzimmer hat ein dreigeteiltes Fenster, das über die Dächer von The Terrace, einer kurzen Häuserreihe am Klippenrand, aufs Meer blicken lässt. Weil die Bäume im Garten noch klein sind, spannt Parker eine Zeltleinwand auf, um seine Kinder vor der Sommersonne zu schützen. Er bedauert es inzwischen, sein Haus »Trafalgar« genannt zu haben, denn der Name »Waterloo« wäre mittlerweile moderner. Und so hat er sich fest vorgenommen, sein nächstes Bauprojekt Waterloo Crescent zu nennen.

Die übrigen Neubauten auf der Hügelkuppe sind das Prospect House, das Bellevue Cottage und der aus zwei Einzelhäusern bestehende Denham Place. Sir Edward, Lady Denhams Neffe aus zweiter Ehe, der im Hinterland auf seinem Herrensitz Denham Park wohnt, hat versprochen, einen Beitrag zur Entwicklung von Sanditon zu leisten und ein *cottage ornée* – einen Zierpavillon – zu bauen.

The Terrace besteht aus acht Häusern, deren kleine schmucke Wohnzimmer alle aufs Meer hinausblicken. Die Nr. 8 ist das größere Eckhaus mit Balkon. Der beste Putzmacher am Ort hat hier ein Geschäft eröffnet und stellt Strohhüte und Spitzenborte im Schaufenster aus. In Mrs Whitby's Leihbücherei nebenan kann man auch Sonnenschirme, Handschuhe, Ringe und Broschen und viele unnütze, hübsche Souvenirs kaufen. Das Hotel mit einem Billardzimmer liegt in der Verlängerung von The Terrace, wo ein breiter Kiesweg zum Strand und den Badekarren hinunterführt.

Charlotte macht Bekanntschaft mit der lebhaften, eindrucksvollen und leicht vulgären Lady Denham, die nach zwei kinderlosen Ehen zu Vermögen gekommen und gesellschaftlich aufgestiegen ist. Sie knausert mit ihrem Geld, zum Leidwesen des jungen Sir Edward Dunham, der, wie es sich für einen Baronet gehört, lieber auf größerem Fuß leben würde. So aber kann er sich statt einer zweispännigen Chaise nur ein einspänniges Gig leisten. Durch ihre erste Heirat ist Lady Denham an das große, stattliche Sanditon House gelangt, das sie mit ihrer armen, aber schönen jungen Kusine Clara Brereton bewohnt. Als Charlotte in Begleitung von Mrs Parker über die lange Auffahrt auf das Haus zugeht, sieht sie zufällig, wie sich Clara und Sir Edward, vom Zaun und Gesträuch halb verdeckt und außer Sichtweite des Hauses, angeregt miteinander unterhalten. An dieser Stelle bricht das Fragment ab.

Es hat in den vergangenen Jahren mehrere Versuche gegeben, den Roman zu Ende zu schreiben. Alle Versuche scheiterten jedoch, wohl auch, weil es keinerlei

Hinweise darauf gibt, wie Jane Austen die Handlung weiter auszuführen gedachte. Zweifellos sind Charlotte Heywood und Sidney Parker die sympathischen Protagonisten der Geschichte. Sir Edward wird wohl durchgängig der törichte, erfolglose Gegenspieler sein, der sich vergeblich um die kluge Clara Brereton bemüht. Aber was wird aus all den Besuchern von Sanditon, die schon namentlich vorgestellt wurden, aber noch im Hintergrund auf ihren Einsatz warten? Oder auch aus den Mit-

gliedern der Familie Parker? Es wurden so viele Figuren ins Spiel gebracht, dass sich unzählig viele Entwicklungsmöglichkeiten daraus ergeben.

So kurz der Text auch ist, er birgt doch manche interessanten Verweise auf die Gesellschaft der Nachkriegszeit. Weil jetzt auf hoher See keine Gefahren durch französische Kriegsschiffe mehr drohten, konnten die neureichen Plantagenbesitzer von den Westindischen Inseln ungehindert nach England reisen und sich in die feine Gesellschaft einkaufen. Lady Denham sieht im Romanfragment diese Entwicklung gar nicht gern, fürchtet sie doch zu Recht, dass deren Prasserei die Lebenshaltungskosten in die Höhe treiben wird, nicht zuletzt auch in Sanditon.

Zu den Badegästen zählen unter anderem auch Mrs Griffith und drei ihrer älteren Schülerinnen aus dem von ihr geführten Mädchenlyzeum von Camberwell. »Von diesen dreien, ja, von allen, war Miss Lambe konkurrenzlos am bedeutendsten und wertvollsten, denn sie zahlte proportional zu ihrem Vermögen. Sie war ungefähr 17, eine halbe Mulattin, kühl und zerbrechlich, hatte eine eigene Zofe, sollte das beste Zimmer im gemieteten Haus bekommen und spielte in Mrs Griffiths Plänen immer die größte Rolle.« Als Lady Denham von dieser reichen, kränklichen jungen Dame erfährt, bietet sie ihr umgehend zur Stärkung Milch von ihren beiden Melkeseln an. Lady Denham besitzt außerdem ein *chamber-horse* – eine Art Heimtrainer, bestehend aus einem Holzstuhl mit einer ziehharmonikaähnlichen Sitzfläche, auf der man sich wie auf einem trabenden Pferd auf und ab bewegt. Dieses Gerät hofft sie Gewinn bringend an invalide Kurgäste vermieten zu können.

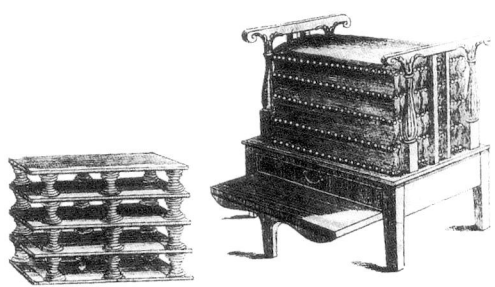

OBEN: Sheratons Entwurf eines *chamber-horse*, 1793.
Die Querschnittansicht zeigt die vier Spiralfederböden des Sitzes.
LINKS: Aquarell von W. Foster, 1812. Eine wahrscheinlich erfundene Szene, gedacht als Vorlage für ein Modekupfer und nicht als Porträt der abgebildeten Frauen. Man könnte sich Mrs Parker als die sitzende Dame vorstellen, mit Charlotte Heywood plaudernd, während Mary Parker mit grünem Parasol vom Strand herbeischlendert.

EPILOG

Jane Austen nahm in ihrer unmittelbaren Umgebung wahrscheinlich nur wenig wahr von der industriellen Revolution, die in der Mitte und im Norden von England bereits große Veränderungen mit sich brachte. Gleichwohl war ihr bewusst, dass sich die Qualität der Erzeugnisse, die in den Keramikwerkstätten von Staffordshire produziert wurden, verbessert hatte. Dies belegt allein schon jener Satz aus *Kloster Northanger*, in dem es heißt: »Als Catherine zu Tisch gebeten wurde, fiel ihr sofort das elegante Frühstücksservice auf ...« Elizabeth Bennet und die Gardiners wiederum kündigen an, Birmingham besuchen zu wollen, um die dortigen Eisenhütten zu bewundern. Manchester war zu jenem Zeitpunkt bereits Zentrum der Baumwollindustrie. Die Geschäfte, in denen Baumwollerzeugnisse vertrieben wurden, nannten sich Manchester Warehouse oder machten mit »Manchester-Waren« Reklame. Auch der Musselinstoff, den Harriet Smith im Laden von Mrs Ford in Highbury kauft, wird in Manchester produziert worden sein.

Das immer weiter ausgebaute Netz der Wasserstraßen für die Binnenschifffahrt sorgte dafür, dass die in Newcastle abgebaute Kohle besser abgesetzt werden konnte. Selbst in Privathaushalten wurde schon bald darauf in erster Linie mit Kohle geheizt. Dass erhitzte Kohle ein leicht entflammbares Gas abgibt, war schon im frühen achtzehnten Jahrhundert beobachtet worden. Im Jahre 1803 nutzte man dieses Gas erstmals zur Beleuchtung einer Fabrik in Birmingham. Leuchtgas aus Kohle brannte in Londons Straßenlaternen seit 1807, doch den privaten Haushalten blieb es wegen der allzu hohen Produktions- und Vertriebskosten noch viele Jahre vorenthalten. Allerdings illuminierte Leuchtgas das Covent Garden Theatre schon 1817. Ein Jahr später hatte der Prinzregent seinen Brighton Pavilion mit dieser Technik ausgestattet, obwohl das grelle, grünliche Licht häufig beanstandet wurde, weil es dem Teint der Damen sehr viel weniger schmeichelte als sanfter Kerzenschein.

In der Zeche Wylam bei Durham wurde 1813 erstmals eine Dampflokomotive, scherzhaft »Puffing Billy« genannt, als Zugmaschine für Loren eingesetzt. 1814 verkehrte der erste dampfgetriebene Schaufelraddampfer auf der Themse zwischen London und Richmond, und ab 1815 fuhren Dampfer aufs offene Meer hinaus. Die Strecke von London nach Margate an der Nordküste von Kent konnte jetzt in nur zwölf Stunden zurückgelegt werden. 1821 wurde der Pendelverkehr zwischen Dover auf der einen und dem französischen Calais auf der anderen Seite des Ärmelkanals aufgenommen. Und falls Kapitän Wentworth in den aktiven Militärdienst zurückgekehrt wäre, hätte er nicht mehr Segel setzen, sondern stattdessen Kessel heizen lassen.

Als 1814 der Krieg zu Ende war, war es endlich wieder möglich, den Kontinent zu bereisen. Ein populäres Lied jener Zeit beinhaltete die Zeile: »All the world's in Paris – Alle Welt ist in Paris«. Frank Churchill kann in *Emma* eine Reise in die Schweiz in Erwägung ziehen – zu einer früheren Zeit wäre er auf einen solchen Gedanken gar nicht erst gekommen. Janes Bruder Henry unternahm 1816 tatsächlich eine Auslandsreise und fuhr mit zweien seiner Neffen nach Frankreich.

Die englische Thronerbin Charlotte von Wales heiratete 1816 den jungen deutschen Herzog Leopold von Sachsen-Coburg, und Reverend James Stanier Clarke hatte wohl Recht, als er Jane Austen davon zu überzeugen versuchte, dass »eine historische Romanze, die die Geschichte des hohen Hauses von Coburg illustriert, gerade jetzt sehr interessant wäre«. Zum großen Kummer der ganzen Nation starb Charlotte am 6. November 1817 im Wochenbett, und da auch das Kind nicht überlebte, hatte König George III. keinen legitimen Enkel als Nachfolger. Erst 1819 wurde dem Herzog von Kent, Georges viertem Sohn, und seiner selbstgefälligen Gattin ein Kind geboren. Es wurde auf den Namen Alexandrina Victoria getauft und gab der Zukunft der Krone neue Hoffnung.

George III. verbrachte seine letzten zehn Jahre abgeschieden und in geistiger Umnachtung auf Windsor Castle, wo er Ende Januar 1820 friedlich verstarb. Zu seinem Begräbnis vierzehn Tage später kamen nahezu 30000 Menschen nach Windsor. In der Tagebuchaufzeichnung eines Zeitzeugen heißt es: »... und so senkte man ins Grab den besten Mann und besten König, dessen sich die Menschheit rühmen durfte. Tröstlich ist nur, dass diesen Souverän viele tausend treuliebende Untertanen zur ewigen Ruhestätte begleiteten und ihm, der sechzig Jahre seinem Volk ein Vater war, die letzte Ehre erwiesen.«

1949 heiratete Patricia, die als Tochter des Grafen Mountbatten von Burma in direkter Linie von George III. abstammte, den siebten Lord Brabourne, einen direkten Nachfahren von Reverend George Austen. Damit fanden die beiden Familien in einer Romanze zueinander, wie sie sich Jane, die Schöpferin so ganz alltäglicher bürgerlicher Welten, im Traum nicht hätte einfallen lassen.

Nach Janes Tod bewahrte ihre Schwester Cassandra die noch verbliebenen Manuskripte und manche ihrer Briefe auf und verteilte sie schließlich kurz vor ihrem eigenen Tod im Jahre 1845 unter den Brüdern und deren Familien. In späteren Jahren gelangten diese Dokumente nach und nach an die Öffentlichkeit – nicht zuletzt deshalb, weil man sich wieder zunehmend für Jane Austens Werke interessierte. Zwischenzeitlich – während der zwanziger Jahre des neunzehnten Jahrhunderts – gerieten ihre Romane jedoch in Vergessenheit, denn das Lesepublikum war plötzlich versessen auf die so genannten *silver fork*-Romane. Sie waren von Aristokraten wie Lord Bulwer Lytton oder Mrs Trollope verfasst, die die illustre Welt der Prominenten beschrieben und wiedererkennbare Porträts von Vertretern der feinen beziehungsweise mondänen Londoner Gesellschaft zeichneten.

Jene Leser aber, die sich an der Lektüre von Jane Austens Werken erfreut hatten, erinnerten sich gern daran zurück. Mary Russell Mitford, in den dreißiger Jahren des neunzehnten Jahrhunderts mit dem Kurzgeschichtenband *Our Village* berühmt geworden, kommt gegen Ende ihres Lebens noch einmal mit überschwänglichen Worten auf Jane Austens Romane zu sprechen.

»Bath ist ein Ort voller Assoziationen. Als wir mit seinen realen Bewohnern halbwegs durch waren, konnten wir uns großen fiktiven Gestalten zuwenden... den Helden und Heldinnen von Miss Austen zum Beispiel... Die hervorragende Erzählung *Überredung* ist mir lange nachgegangen. Sooft es regnete (und während meines Aufenthaltes in Bath hat es mit der Ausnahme eines Tages tagtäglich geregnet), musste ich an Anne Elliot denken, wie sie vor einem Regenschauer in ein Schuhgeschäft flüchtet und dort auf Kapitän Wentworth trifft. Immer wenn ich auf den ansteigenden Straßen außer Atem geriet (was recht häufig geschah, wenn ich bedenke, dass eine liebe Freundin von mir im Lansdown Crescent und eine andere auf Beechen Cliff wohnte), sah ich mich gleichfalls an jenes charmante Wesen Anne Elliot erinnert, das auf ihrem steilen Anstieg in die Oberstadt all ihren Kummer ablegt. Und sooft ich mir vom vielen Laufen eine so profane Kalamität wie die einer Blase am Fuß einhandelte, wurde mir jene schon klassische Parallele bewusst, die der guten Mrs Croft in Begleitung des wanderlustigen Admirals beschieden war. Ich bezweifle, dass unter uns Schriftstellern irgend jemand so nachhaltig eindrückliche Figuren und Schauplätze geschaffen hat wie eben jene Jane Austen.«

ANHANG

LITERATURVERZEICHNIS

Austen, Jane: *Verstand und Gefühl*, Reclam: Stuttgart, 1982;
- *Stolz und Vorurteil*, ebd., 1977;
- *Kloster Northanger*, ebd., 1981;
- *Mansfield Park*, ebd., 1984;
- *Emma*, ebd., 1980;
- *Überredung*, ebd., 1983;
  Alle aus dem Englischen übersetzt von Ursula und Christian Grawe.
- Fragmente: *Die Watsons* (übersetzt von Elizabeth Gilbert, in: Jane Austen: *Lady Susan*, Insel Verlag, 1989; *Sanditon* (übersetzt von Chr. Grawe, in: Christian Grawe: *Jane Austen*, Reclam: Stuttgart, 1988).
  My Dear Cassandra. Ausgewählte Briefe, Ullstein: Berlin 1993.

Austen-Leigh, William, und Richard Austen-Leigh: *Jane Austen. Die Biographie*, Berlin 1998.

Batey, Mavis: *Jane Austen and the English Landscape*, 1996.

Beck, Angelika: *Jane Austen. Leben und Werk in Text und Bildern*, Frankfurt/M. 1995.

Black, Maggie und Deirdre Le Faye: *The Jane Austen Cookbook*, 1995.

Byrde, Penelope: *Jane Austen Fashion*, 1999.

Chancellor, E. Beresford: *Life in Regency and Early Victorian Times*, 1926.

OBEN »L'aimable Jane« – die reizende Jane. Dieser Schattenriss wurde im Jahr 1944 zufällig entdeckt, er war einem Exemplar der zweiten Auflage von MANSFIELD PARK (1816) beigefügt. Heute befindet er sich in der National Portrait Gallery, London. Wahrscheinlich handelt es sich um ein echtes Porträt von Jane Austen.

Collins, Irene: *Jane Austen and the Clergy*, 1993.
Darton, F. J. Harvey (Hrsg.): *The Life and Times of Mrs Sherwood 1775-1851*, 1910.
Devonshire, The Duchess of: *The House, a portrait of Chatsworth*, 1982.
Gotch, J. Alfred: *The English Home from Charles I to George IV*, 1919.
Grant, Elizabeth (Hrsg. Andrew Tod): *Memoirs of a Highland Lady*, 1988.
Grawe, Christian: *Jane Austen*, Stuttgart 1989.
Hart, A. Tindal: *The Eighteenth Century Country Parson*, 1955.
Hett, Francis P. (Hrsg.): *Memoirs of Susan Sibbald, 1783-1812*, 1926.
Hibbert, Christopher: *George IV, Prince of Wales*, 1972.
 - *George IV, Regent and King*, 1975.
 - *George III, a personal history*, 1998.
Johnson, Joan (Hrsg.): *The General, the travel memoirs of General Sir George Whitmore*, 1987.
Kiste, John van der: *George III's Children*, 1992.
Lane, Maggie: *Jane Austen and Food*, 1995.
Le Faye, Deirdre: *Jane Austen, a Family Record*, 1989.
Le Faye, Deirdre: *Writers' Lives: Jane Austen*, 1998.
Maletzke, Elsemarie: *Jane Austen*, Frankfurt/M. 1997.
Martynkewicz, Wolfgang: *Jane Austen*, Reinbek 1995.
Murray, Venetia: *High Society in the Regency Period*, 1999.
Piggott, Patrick: *The Innocent Diversion: Music in the life and writings of Jane Austen*, 1979.
Sackville-West, V.: *Knole and the Sackvilles*, 1958.
Scott, A. F.: *Every One a Witness, the Georgian Age*, 1970.
Selwyn, David: *Jane Austen and Leisure*, 1999.
Southam, B. C.: *Jane Austen and the Navy*, 2000.
Summerson, Sir John: *Georgian London*, 1988.
Thomson, James: *Die Jahreszeiten*, Hamburg 1745.
Tomalin, Claire: *Jane Austen, a Life*, 1997.
Tucker, George Holbert: *A History of Jane Austen's Family*, 1998.
Watson, Steven: *The Reign of George III*, 1960.
Whatman, Susanna (Hrsg. Thomas Balston): *The Housekeeping Book of Susanna Whatman 1776-1800*, 1956.
Wild, Antony: *The East India Company, trade and conquest from 1600*, 1999.

DIE ROMANE – DATEN UND PROTAGONISTEN

1. *Verstand und Gefühl*: erste Fassung gegen 1795 unter dem Titel *Elinor and Marianne*; überarbeitet zu *Sense and Sensibility* zwischen 1797 und 1798, erschienen 1811

   Oberst BRANDON aus Delaford in Dorset
   Familien DASHWOOD von Norland Park und Barton Cottage: Mrs Dashwood mit den Töchtern Elinor, Marianne und Margaret; ihr Stiefsohn John Dashwood, seine Frau Fanny (geb. Ferrars) und Sohn Henry
   Familie FERRARS aus London: Mrs Ferrars mit den Söhnen Edward und Robert
   Mrs JENNINGS aus der Berkeley Street, London
   John MIDDLETON von Barton Park, Devon, mit Frau Mary (geb. Jennings) und Kindern
   Thomas PALMER aus Cleveland in Somerset und Frau Charlotte (geb. Jennings)
   Die Schwestern Nancy und Lucy STEELE aus Plymouth
   John WILLOUGHBY aus Combe Magna, Somerset und London

2. *Stolz und Vorurteil*: erste Fassung 1796–97 unter dem Titel *First Impressions*; überarbeitet zu *Pride and Prejudice* zwischen 1811 und 1812, erschienen 1813

   Familie BENNET von Longbourn House in Hertfordshire: Mr und Mrs Bennet mit den Töchtern Jane, Elizabeth, Mary, Kitty und Lydia
   Charles BINGLEY aus London; seine Schwestern Miss Bingley und Mrs Hurst
   Reverend William COLLINS, Pfarrer von Hunsford in Kent
   Fitzwilliam DARCY von Pemberley in Derbyshire; seine Schwester Georgiana
   Lady Catherine DE BOURGH von Rosings Park in Kent
   Mr und Mrs GARDINER aus der Gracechurch Street, London
   William LUCAS und Familie von Lucas Lodge, Hertfordshire
   Leutnant George WICKHAM von der »-shire-Bürgerwehr«

3. *Kloster Northanger*: erste Fassung 1798–99 unter dem Titel *Susan*; überarbeitet 1803 und 1816; 1818 unter neuem Titel posthum veröffentlicht

Mr und Mrs ALLEN aus Fullerton, Wiltshire
Reverend Richard MORLAND und Mrs Morland aus Fullerton mit den Kindern James und Catherine
Mrs THORPE aus Putney; ihre Kinder John, Isabella und andere
General TILNEY von Kloster Northanger in Gloucestershire; seine Kinder Kapitän Frederick, Reverend Henry und Eleanor.

4. *Die Watsons*: begonnen um 1804, nicht vollendet; 1871 erstmals als Fragment veröffentlicht

Mr und Mrs EDWARDS mit Tochter Mary aus Dorking (?), Surrey.
Reverend Mr HOWARD aus Wickstead, Surrey
Tom MUSGRAVE, Freund von Mr Osborne
Mr OSBORNE von Osborne Castle, Surrey; seine Mutter, Witwe Lady Osborne, und Schwester
Reverend Mr WATSON aus Stanton, Surrey, und seine Kinder Robert, Elizabeth, Margaret, Penelope, Emma und Sam

5. *Mansfield Park*: geschrieben zwischen 1811 und 1813; erschienen 1814

Sir Thomas und Lady BERTRAM von Mansfield Park, Northamptonshire; ihre Kinder Tom, Edmund, Maria und Julia
Henry CRAWFORD aus London und Everingham, Norfolk; seine Schwester Mary; deren Onkel Admiral Crawford aus London
Reverend Dr. GRANT, Pfarrer von Mansfield, und Mrs Grant
Mrs NORRIS, Schwester von Lady Bertram
Leutnant PRICE, Offizier der Royal Marines, Portsmouth; seine Frau Fanny, Schwester von Lady Bertram; die gemeinsamen Kinder William, Fanny, Susan und andere
James RUSHWORTH von Sotherton Court, Northamptonshire, und seine Mutter
Hon. John YATES aus London

6. *Emma*: geschrieben zwischen 1814 und 1815; erschienen 1816

   Mrs und Miss BATES aus Highbury, Surrey
   Frank CHURCHILL von Enscombe, Yorkshire
   Reverend Philip ELTON und Mrs Elton aus Highbury
   Jane FAIRFAX aus London und Highbury
   Mrs GODDARD, Lehrerin in Highbury
   George KNIGHTLEY von Donwell Abbey; sein Bruder John mit Frau Isabella (geb. Woodhouse) und fünf Kindern
   Familie MARTIN von Abbey Mill Farm bei Highbury: Mrs Martin, ihr Sohn Robert und zwei Töchter
   Harriet SMITH aus Highbury
   Mr und Mrs WESTON von Randalls, nahe Highbury
   Mr Henry WOODHOUSE von Hartfield, Highbury, und seine Tochter Emma

7. *Überredung*: geschrieben zwischen 1815 und 1816; 1818 posthum veröffentlicht

   Kapitän James BENWICK, Royal Navy
   Mrs Penelope CLAY aus Crewkerne, Somerset
   Admiral CROFT, Royal Navy, und Mrs Croft
   Sir Walter ELLIOT, Baronet, von Kellynch Hall, Somerset; seine Töchter Elizabeth, Anne und Mary (Mrs Charles Musgrove jun.)
   William ELLIOT aus London, Erbe von Sir Walter
   Kapitän HARVILLE, Royal Navy, und Familie aus Lyme Regis
   Familie HAYTER aus Winthrop, Somerset
   Familie MUSGROVE aus Uppercross, Somerset: Mr und Mrs Charles Musgrove sen.; Mr und Mrs Charles Musgrove jun. und ihre Kinder Louisa und Henrietta Musgrove
   Lady RUSSELL von Kellynch Lodge
   Mrs SMITH aus Bath
   Kapitän Frederick WENTWORTH, Royal Navy

8. *Sanditon*: begonnen 1817, nicht vollendet; 1925 erstmals als Fragment veröffentlicht

Clara BRERETON aus Sanditon, Sussex
Lady DENHAM aus Sanditon; ihr Neffe und ihre Nichte, Sir Edward Denham und Esther Denham
Familie HEYWOOD aus Willingden, Sussex: Mr und Mrs Heywood und ihr Tochter Charlotte; dreizehn weitere Kinder
Familie PARKER aus Sanditon: Mr und Mrs Thomas Parker und ihre Kinder; Thomas Parkers Brüder und Schwestern Sidney, Arthur, Diana und Susan

REGISTER

Adlestrop, Gloucestershire 30, 76, 214
Afrika 46f, 52
Alton, Hampshire 32f, 41, 58, 61
Amerika 45f, 49f
Armee, Bürgerwehr, Freiwilligenregimenter 78-80, 149f, 188-90, 212
Ashe, Hampshire 14, 110
Austen, Anna 21, 24, 139, 149, 151f
Austen, Caroline 24, 92, 111, 222
Austen, Cassandra (Mutter)
    Familie, Leben in Steventon 9-15, 23f, 56, 89, 92f
    Leben in Bath 24-31
    Leben in Chawton 32f, 113, 117
    Kommentar zu Janes Romanen 277
Austen, Cassandra (Schwester):
    Kindheit, Erziehung und Bildung 9-11, 20-24, 89, 100
    Erwachsenenalter 24f, 28f, 48, 51, 139f, 249
    Janes Briefe an Cassandra 58, 99, 150, 178, 201, 228, 249f, 302
    Überlieferung von Janes Manuskripten 222, 227, 310
Austen, Charles:
    Kindheit 10f
    Marinelaufbahn 19, 24, 33, 49, 78, 244
    Heirat, Tod der Frau 33, 117
    Kommentar zu Janes Romanen 277
Austen, Edward *siehe* Knight, Edward
Austen, Francis (Frank):
    Kindheit 9-11, 19, 96
    Marinelaufbahn 24, 28, 31-33, 49, 78
    Heirat, Tod der Frau 31, 117
    Kommentare zu Janes Romanen 150f, 250, 277
Austen, Francis, in Sevenoaks 85
Austen, Reverend George:
    Familie, Leben in Steventon 9-15, 17f, 47, 60, 80f, 139f, 309
    Leben in Bath 28f
    fördert Janes schriftstellerischen Werdegang 23, 178

Austen, George Junior 9f
Austen, Henry:
    frühe Kindheit 9-11, 19, 21
    Militärlaufbahn 24, 48, 80, 195
    als Bankier in London 24, 33, 50f, 69, 119, 201
    fördert die Veröffentlichung von Janes Romanen 29, 35-39, 155, 204f, 228, 252, 278f
    Kommentare zu Janes Romanen 249f
    Frankreichreise 309
Austen, James 9-11, 18, 20f, 24, 28, 32, 41, 92, 106
Austen, Jane
    Geburt, Familie 9-11
    Erziehung und Bildung 19f, 89
    häusliches Theaterspiel 20, 106, 242
    Leben in Steventon 11-15, 17-21, 26, 56, 59, 99f, 107, 125, 139f
    Reisen nach Kent 21, 28, 191f, 233
    Liebschaften 26, 28
    Bath als Reiseziel und Wohnort 23-29
    Reiseziele in Südwestengland 28, 288f
    Leben in Southampton 31-33, 99
    Reisen nach London 35f, 58, 69, 72f, 119, 150, 173, 201, 252
    Leben in Chawton 32-38, 41, 117, 154, 248
    Krankheit, Tod und Beisetzung 36-39, 66, 278, 299
    politische Stellungnahmen 45, 50
    das literarische Werk:
        Juvenilia 20-23, 39
        Lady Susan 23
        Verstand und Gefühl (Elinor und Marianne) 154-177, passim
            reale Vorbilder und Informationsquellen 52, 126, 158-161
            Entstehung und Veröffentlichung 23, 34f
        Stolz und Vorurteil (Erste Eindrücke) 178-203, passim
            reale Vorbilder und Informationsquellen 80, 179-181

Entstehung und Veröffentlichung
23, 26, 34f
Kloster Northanger (Susan) 204–21, passim
reale Vorbilder und
Informationsquellen 24, 126
Entstehung und Veröffentlichung
24, 29, 36–39
Die Watsons 222–227, passim
Entstehung und Veröffentlichung 29, 39
Mansfield Park 228–251, passim
reale Vorbilder und Informations-
quellen 20, 30f, 47, 69, 126
Entstehung und Veröffentlichung 35
Emma 252–77, passim
reale Vorbilder und Informations-
quellen 20, 88f
Entstehung und Veröffentlichung 35f
Überredung 278–298, passim
reale Vorbilder und Informations-
quellen 28, 126
Entstehung und Veröffentlichung
36, 39
Sanditon 299–307, passim
reale Vorbilder und Informations-
quellen 28, 67
Entstehung und Veröffentlichung
36–39
Austen-Leigh, Reverend James-Edward 24, 56, 140, 222, 250, 278, 299
Australien 51
Basingstoke, Hampshire 14, 21, 28, 41, 125, 139, 158, 181
Bath 11, 23–29, 49, 126, 208–212, 279, 282, 284, 292–297, 310
Beleuchtung *siehe* Wohnhäuser
Bigg-Wither, Harris 28f
Boringdon, Lady (später verh. Lady Morley) 155, 200, 276
Bramston, Familie 14, 63, 95, 98, 112, 250
Bridges, Elizabeth (Edward Knights Frau) 21, 24, 32, 90, 117
Brighton 27, 67, 194f, 303
Bristol 47, 54, 66, 270
Cadell, Thomas (Verleger) 23, 178
Cawley, Mrs 19

Chatsworth, Derbyshire 63, 127, 129
Chawton, Hampshire 10, 32f
Chute, Familie 14, 76, 87, 112
Clarke, Reverend James Stanier 36, 153, 275f, 309
Colyton, Devon 28
Cooper, Reverend Edward 31
Crosby, Benjamin & Co. (Verleger) 29, 34, 36, 204
Dawlish, Devon 28, 66, 163
Deane, Hampshire 11, 14, 21, 24, 56, 80
Derbyshire 187f, 197
Devonshire 158–161
Digweed, Familie 13f, 41, 129, 277
Dorset 164–169
Egerton, Thomas (Verleger) 34f, 155, 179, 228
Einkaufsmöglichkeiten 124f
England 52–54, 308f
Ernährung und Essgewohnheiten 118–123
Erziehung und Ausbildung
  der Jungen 82–84
  der Mädchen 88–90
Etikette und familiäres Leben 114–18
Feuillide, Eliza de (geb. Hancock) 16–21, 24, 48
Feuillide, Jean-François Capot de 17, 48
Fowle, Reverend Tom 48
Frankreich, Franzosen 17, 45–49, 149f, 175, 282
Freizeitvergnügen:
  Briefe und Tagebücher 110f
  Jagd und Sport 87f
  Lektüre 107–110
  Theater 72, 106, 241f
  Zeichnen und Malen 111f
Geld *siehe* Lebensstandard
George III. 40–42, 66, 121, 309
gesellschaftliche Rolle
  der Frauen 88–95
  der Männer 74–77
Gibson, Mary (Frank Austens Frau) 28, 31f, 117
Gloucestershire 214
Godmersham, Kent 10, 18, 21, 24, 29, 153, 233
Hampshire 12f

Hamstall-Ridware, Staffordshire 31
Hancock, Mrs Philadelphia (geb. Austen)
    15–18, 69
Hancock, Tysoe Saul 16, 52
Handarbeiten 112f
Harwood, Familie 14
Hastings, Warren 16f
Häuser in der Fiktion 131–133
Hauspersonal 123f
Heizung *siehe* Wohnhäuser
Hertfordshire 179f
Holder, Mr 14, 110
Indien 15f, 51f
Isle of Wight, Hampshire 13, 31, 88
Kent 191f
Knight, Edward (geb. Austen):
    Kindheit 9–11, 84
    Erwachsenenalter 18–21, 23f, 80, 82, 117
    Anwesen in Chawton 32f, 117, 248
Knight, Familie, auf Godmersham 10, 14, 18f, 84
Knight, Fanny 32, 105, 204
Kosmetik 101–104
Kurbäder, Ferienreisen und Landpartien 63–69
La Tournelle, Mrs 19f, 47, 89
Landschaftsarchitektur 30, 76f, 236–240, 245
Leatherhead, Surrey 62, 153, 254
Lebensstandard, Münzgeld 129–131
Lefroy, Familie 14, 26, 61
Leigh, Familie 11, 30, 76, 214
Leigh-Perrot, Mr und Mrs 23f, 25, 47
Lloyd, Martha 29, 32, 45, 50, 93, 178, 228
Lloyd, Mary (James Austens zweite Frau) 24, 30
London 16, 68–72, 110, 124–126, 142, 172f, 259
Lyme Regis, Dorset 28, 66, 126, 166, 279, 288–291
Marine 77f, 83, 150, 244, 287f
Mathew, Anne (James Austens erste Frau) 21, 24
Mitford, Mary Russell 201, 252, 310
Mode
    Herrenmode 84–87
    Damenmode 94–101, 124f

Murray, John (Verleger) 35, 38, 205, 228, 252, 279
Northamptonshire 126, 228–230
Overton, Hampshire 14, 63, 125, 181
Oxford 10, 18f, 83
Palmer, Fanny (Charles Austens Frau) 33, 117
Pfarramt 80–82
Portsmouth, Hampshire 13, 19, 31, 246–248
Prince of Wales/Prinzregent
    zur Biografie 43–45, 67, 86, 88, 195, 294, 303, 308
    als Bewunderer von Jane Austens Romanen 35f, 70, 153, 275f
Ramsgate, Kent 28, 66, 303
Reading, Berkshire 19f, 47f, 89
Reisen und Verkehrsmittel 55–63
Repton, Humphrey (Landschaftsarchitekt) 30, 76f
sanitäre Einrichtungen *siehe* Wohnhäuser
Sidmouth, Devon 28, 66
Somerset 279–281
Southampton, Hampshire 13, 19, 31f, 99, 105
soziale Hierarchie 73f, 296f
Steventon, Hampshire 9–15, 24, 29, 41, 206
Stoneleigh Abbey 30f
Surrey 254f
Sussex 301–303
Tanz, Musik, Theater und Spiele 104–107
Tunbridge Wells, Kent 64
Walter, Familie 9, 17, 20f, 47
Westindische Inseln 33, 45–47, 234f, 242f, 307
Weymouth, Dorset 27, 66, 166, 241, 274f
Winchester, Hampshire 13, 38
Wohnhäuser, Landsitze 126–133
Wohnhäuser, Innenausstattung 133–147
    Wände, Fenster und Vorhänge 133–136
    Bodenbeläge, Teppiche 136f
    Möbel, Betten 137–141
    sanitäre Einrichtungen 141–144
    Heizung 143–145
    Beleuchtung 146f
Worthing, Sussex 29, 67, 303

ABBILDUNGSVERZEICHNIS

Der Verlag Frances Lincoln Limited hat sich intensiv darum bemüht, alle Rechteinhaber an den in diesem Buch enthaltenen Abbildungen zu ermitteln. Diejenigen Inhaber von Bildrechten, die nicht ausfindig gemacht werden konnten, werden gebeten, sich mit dem Verlag in Verbindung zu setzen, damit sie in den folgenden Auflagen aufgeführt werden können.
Der Verlag dankt allen im Folgenden genannten Personen und Institutionen für die Bereitstellung von Bildern beziehungsweise für die Genehmigung zum Abdruck von Bildern, an denen sie das Copyright besitzen.

Bath & North East Somerset Heritage Services: 102–3
Bridgeman Art Library: 174 (Leeds Museums & Art Galleries, Temple Newsam House), 224 (Bristol City Museum and Art Gallery), 260 (Christie's Images, London)
British Library: 12 (Karten 19.a.7), 22 (Karten 19.a.7), 38, 49 (C.119.f.1), 53 (Karten 19.a.7), 57 (190.c.1), 151 (C.119.f.1), 159 (Karten 19.a.7), 167 (Karten 19.a.7), 180 (Karten 19.a.7), 196 (Karten 19.a.7), 205 (1508/384), 213 (Karten 19.a.7), 229 (Karten 19.a.7), 253 (Karten 19.a.7), 273 (C.119.f.1), 280 (Karten 19.a.7), 292 (199.i.7), 301 (Karten 19.a.7)
© Copyright The British Museum: 62, 65, 130, 202
© Christie's Images Limited, 2002: 203, 216
Tim Clinch © Frances Lincoln Limited: Schmutztitel, Frontispiz, 8, 34, 87, 120, 148, 244, 311
The Dowager Countess Crawford, Cawdor Castle, Nairn, Scotland: 157
Bob Croxford: 291
Dorking & District Museum: 265
© English Heritage Photographic Library: 211, 241, 258, 270
The Trustees of the Holburne Museum of Art, Bath: 207
Jackson-Stops & Staff: 231 (Ecton House, Ecton, Northampton. Eigentümer Paul Hobden, RIBA)
A. F. Kersting: 193, 215, 226, 284, 286
Louvre, Paris: 168
© Eric G. Meadows: 182
aus der Collection of Merton Libraries & Heritage Services: 223
The Director, National Army Museum, London: 165, 189
National Portrait Gallery, London: 170, 171
Private Sammlungen: Titel, 11, 19, 25, 26, 32, 33, 39, 68, 78, 85, 94, 97, 109, 119, 122, 128, 138, 144, 160, 162, 163, 166, 186, 187, 198, 232, 234, 236, 237, 239, 240, 245, 247, 254, 257, 259, 282, 283, 293, 304, 306, 307
© Royal Academy of Arts, London: 134–5
The Royal Collection © 2002, Her Majesty Queen Elizabeth II: 37, 42–3
V&A Picture Library: 112, 184
Victoria Art Gallery, Bath and North East Somerset Council: 209, 268, 271
Photo © Woodmansterne: 199
Worthing Museum & Art Gallery: 195, 302